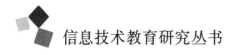

信息技术教育研究丛书

信息技术教育研究进展（2021）

中国教育技术协会信息技术教育专业委员会

第十六届学术年会论文集

杨　宁　张义兵　主编

厦门大学出版社　国家一级出版社
XIAMEN UNIVERSITY PRESS　全国百佳图书出版单位

图书在版编目(CIP)数据

信息技术教育研究进展.2021/杨宁,张义兵主编.—厦门:厦门大学出版社,2022.7
ISBN 978-7-5615-8646-4

Ⅰ.①信…　Ⅱ.①杨…　②张…　Ⅲ.①信息技术—应用—教育工作—中国—学术
会议—文集　Ⅳ.①G52-53

中国版本图书馆 CIP 数据核字(2022)第 102671 号

出 版 人　郑文礼
责任编辑　郑　丹

出版发行　厦门大学出版社
社　　址　厦门市软件园二期望海路 39 号
邮政编码　361008
总　　机　0592-2181111　0592-2181406(传真)
营销中心　0592-2184458　0592-2181365
网　　址　http://www.xmupress.com
邮　　箱　xmup@xmupress.com
印　　刷　厦门集大印刷有限公司

开本　787 mm×1 092 mm　1/16
印张　23
字数　545 千字
版次　2022 年 7 月第 1 版
印次　2022 年 7 月第 1 次印刷
定价　68.00 元

本书如有印装质量问题请直接寄承印厂调换

厦门大学出版社
微信二维码

厦门大学出版社
微博二维码

前　言

　　由中国教育技术协会信息技术教育专业委员会主办、福建师范大学承办的中国教育技术协会信息技术教育专业委员会第十六届学术年会于 2021 年 7 月 13—14 日在位于中国福州的福建师范大学顺利召开。本次大会的主题为"后疫情时代信息技术教育的挑战与机遇"。大会邀请了美国纽约州立大学奥尔巴尼分校的张建伟教授和美国纽约州立大学奥斯威戈分校的杨浩教授做特邀报告。大会通过线上线下相结合的方式,吸引了来自国内外千余位专家、学者、中小学教师、教育信息化管理人员以及教育技术领域硕博士研究生参会。与会人员就后疫情时代教育技术学学科发展、信息技术教育新课程的实施、学习科学研究、技术促进学习、学习分析与应用、教育信息化发展规划与评估、学校信息化建设与应用、中小学人工智能教学等众多领域展开充分的交流,尤其突出了技术支持的学习和人工智能与 STEM 教育,探讨了后疫情时代信息技术教育发展面临的机遇与挑战,对推进教育信息化发展具有重要的意义。

　　中国教育技术协会信息技术教育专业委员会是我国信息技术教育与应用领域的同行们进行专业发展、学术交流和成果展示的平台。每年一次学术年会的举办,每年一部学术论文集的出版,均是中国教育技术协会信息技术教育专业委员会十多年以来一直坚持的工作重点。本届年会除 2 场特邀报告以外,还同时举办了 4 场共 19 个大会报告、14 个英文专场、8 个博士论坛、19 个专题研究和 20 组论文发表专场,收到参会论文共 246 篇,本论文集汇编了其中 54 篇优秀论文。

　　本届年会受到了国内教育技术领域各学术期刊和杂志社的大力支持,《电化教育研究》杂志社、《中国电化教育》杂志社、《开放教育研究》杂志社、《现代教育技术》杂志社、《中国远程教育》杂志社、《远程教育杂志》杂志社、《现代远程教育研究》杂志社、《现代远距离教育》杂志社、《中国信息技术教育》杂志社、《中小学信息技术教育》杂志社、《数字教育》杂志社作为本次大会的协办单位全程参与了会议的筹备和举办等工作。主办单位中国教育技术协会信息技术教育专业委员会对本届年会给予了全方位的指导,确保了会议的圆满举行;会议学术委员会的论文评审专家、专业委员会秘书处为会议论文的征集、评审以及论文集的编辑付出了辛勤的劳动;厦门大学出版社为论文集的出版提供了大力支持;福建师范大学教育学部资助了本书的出版。在本年会论文集即将出版之际,我们向福建师范大学教育学部、专业委员会秘书处、专业委员会学术委员会、青年学者委员会等同仁表示诚挚的谢意。同时也感谢为本次学术年会顺利召开予以支持的全体参会代表和论文作者,正是大家长期不懈的努力,不断拓展了我国信息技术教育和教育信息化的发展新空间。

编　者

2021 年秋

目 录

专题一 信息技术教育新课程的实施、学习科学研究

专题二　技术促进学习研究

专题三　学习分析应用研究

专题四　教育信息化发展规划与评估研究

专题五　学校信息化建设与应用研究

专题六　中小学人工智能教育教学研究

专题七　STEAM 教育教学研究

专题一

信息技术教育新课程的
实施、学习科学研究

在线实地实验研究在教育技术研究中的应用

胡　舟　吴文涛

（安徽师范大学，安徽芜湖　241000）

摘　要：在线实地实验是21世纪以来基于计算机技术和互联网的发展所兴起的控制性实验研究方法，总体而言，在线实地实验的研究目前仍处于起步阶段。本文首先介绍了在线实地实验的定义，继而阐述了在线实地实验的设计与开展原则，以及与传统实验研究方法相比的优势和潜在问题。然后通过文献搜索，总结了近年在线实地实验的最新进展，结合中国当下的教育热点，对未来的研究方向给出了展望。

关键词：在线实地实验；在线学习；教育技术

一、引言

在线实地实验（online field experiments）是近十年发展迅猛的一种控制性实验方法，可以通过对比未接受干预的控制组和接受干预的处理组的区别，从而评估这一干预手段的平均效应。相较于传统的实地实验，在线的实验模式可以更方便广泛地收集数据。[①]

就目前国内外文献来看，虽然在线实地实验在经济学领域中应用较多，但少有人将其应用在教育领域中作为实验研究的方法。结合这一现实情况，本文尝试回答以下问题：何为在线实地实验？它的应用对象和实施设计是怎样的？从已有的使用在线实地实验方法进行研究的案例中，可以得到哪些应用启示？在线实地实验在教育技术研究中的应用价值和存在的局限性有哪些？

二、在线实地实验的应用对象与设计开展

在线实地实验与传统的实验室实验的不同表现为其在教育技术研究领域中以在线平台的用户为研究对象。同时在线实地实验的设计也不同于以往的实验，它是依托网络开展。

---

① 翁茜,李栋.在线实地实验研究进展[J].经济学动态,2020(5):132-145.

(一)应用对象

传统的实验室实验一般在实验室开展,以大学生为被试。实验室实验产生的数据或者结论,一旦用于真实的环境,往往会受到各方面的质疑,最根本的原因就是这些实验参与者根本不是"真正的用户",那他们的决策显然也很难代表真实的被试反应了。

在线实地实验是以在线平台或社区的用户为研究对象、以社区运转的软件为介质,通过互联网实施操控来开展的自然实地实验。

(二)实验设计与开展

1.在线实地实验的影响因素

Chen 等人将众多影响因素总结为了四点:(1)实验者在不同的在线实验所需要的控制程度是不一样的,且不同的在线学习实验需要的学生个人信息的程度也不一样。(2)招募、知情同意和 IRB(institutional review board,伦理委员会)问题。计划进行实验的研究人员应该通过 IRB 流程,让一个无利害关系的第三方评估拟议实验的伦理方面。(3)受试者的可识别性和认证。(4)对照组的性质。在许多情况下,有必要设计至少两个不同的对照组,其中一组接受精心匹配的刺激。

2.在线实地实验的常用干预手段

Chen 等人将在线实地实验特有的技术干预方法总结为三类:(1)发送电子邮件、短信和网站或应用程序消息提示。网络技术允许研究者向不同网站用户发送差异化的定制信息来实现干预。(2)修改网页或应用程序界面。在线实地实验另一种常用的技术干预手段是修改网站界面。通过向不同实验的网站用户显示包含不同形式或内容的界面来实现干预。(3)编写自动程序或脚本。研究者通过编写自动程序或脚本,为网站用户提供新的功能,通过调整程序的适用范围或面向不同用户的程序功能来实现干预。①

三、基于在线实地实验的案例分析

本文对两篇使用在线实地实验的外文文献进行解读,并从中分析在线实地实验应用在教育研究领域会产生怎样奇妙的火花。

(一)Paolo Parigi:共享经济对信任行为的影响

Parigi 指出在线实地实验依托大数据进行数据筛选,可以进行预测,把没有兴趣参与实验的人剔除,从而减少损耗。同时,在线实地实验也无须将受试者随机分配至对照组或实验组,在线实地实验只需从网站(或其他在线社区)的人口中随机选择一个样本进行参与,使用大数据和预测算法将参与者分为实验组和对照组,然后观察参与者的实验结果。由于在线实地实验从头到尾都捕获了在线社区中的上下文和整个交互,因此研究人员可

---

① CHEN Y,KONSTAN J. Online field experiments:a selective survey of methods[J]. Journal of the economic science association,2015,1(1):29-42.

以更轻松地依靠在线收集的数据来分析许多可能影响感兴趣的实验的潜在干预因素。Parigi 使用在线实地实验的方法探究共享经济中的经验如何影响参与者，探究使用 Airbnb 获得声誉的会员是否可以将人际信任扩展到具有不同社会人口统计学特征的其他人。①

（二）Eytan Bakshy：设计和部署在线实地实验

Eytan Bakshy 指出在线实地实验具有高度的迭代性，虽然很容易描述，但设计、部署和分析的现实情况会使实验变得相当复杂，这就需要改变当前实验或启动新的实验，使得研究变得耗时耗力②。因此针对这一弊端，此文介绍了一种用于在线实地实验的语言 PlanOut。PlanOut 将实验设计与应用程序代码分开，允许实验者简洁地描述实验设计，无论是普通的"A/B测试"和析因设计，还是涉及条件逻辑或多个实验单元的更复杂的设计。后一种设计通常有助于理解用户行为中的因果机制。此文展示了文献中的实验是如何在 PlanOut 中实现的，并描述了在 Facebook 上用 PlanOut 进行的两个大型现场实验。对于以迭代和并行方式运行实验的常见场景，引入了一个名称空间的管理系统，鼓励合理的实验实践，暗示了未来研究的另一个领域：我们应该如何最好地评估设计、运行和分析实验的新工具？一些最有效的实验直接告知决策者如何设置他们所操纵的参数，但其他设计良好的实验可以通过对设计师、开发者、科学家和管理者的信念产生更广泛、更长期的影响③。

四、在线实地实验在教育技术研究中的应用价值

本节通过对比分析在线实地实验与其他数据收集方式（观测和调查、线下实地实验）的研究全过程，总结出了在线实地实验在教育技术研究中的应用价值。

（一）样本收集省时省力

传统的实验方法往往需要投入大量的人力、物力、财力去收集论文分析所需的数据资料，以实地实验为例，由于需要到实地对实验对象逐个进行问卷、访谈和观察等，总体而言，获取样本的成本投入较大且获取样本数量有限。而在线实地实验依据互联网收集数据，可以同时收集多人多种数据，样本数量多且成本较低，在收集完数据后也可以利用计算机技术将其及时进行归纳和整理。同时，由于在线学习者的学习地点不固定，采取实地实验进行数据收集显然难以进行，故此时由在线实地实验来收集记录数据更为妥帖。

① PARIGI P, SANTANA J J, COOK K S, Online field experiments: studying social interactions in context [J]. Social psychology quarterly, 2017,80(1):1-19.
② BAKSHY E, ECKLES D, BERNSTEIN M S. Designing and deploying online field experiments[EB/OL].[2021-07-30].http://dx.doi.org/10.1145/2566486.2567967.
③ BAKSHY E, ECKLES D, BERNSTEIN M S. Designing and deploying online field experiments[EB/OL].[2021-07-30].http://dx.doi.org/10.1145/2566486.2567967.

(二)控制条件更为隐秘

在过去常用的实地实验中,实验者需要通过在被试旁边观察记录,或者是通过直接采访被试、给予问卷等方式收集样本。这使得在实验的过程中,实验者对被试施加的控制行为会被发觉,使得被试心理产生抗拒或表现出不符合自己平时水平的行为,这也许会对被试的行为结果产生影响,从而影响到数据分析。而在线实地实验的控制行为更为隐秘,因为可以根据不同的实验要求直接将不同的控制条件发送给被试,被试受影响小,行为更加稳定,从而使实验结果更为真实可靠。

(三)干预因素更易控制

在传统的实地实验中,由于现实环境的复杂性,往往会出现意料之外的变数,从而被试的干预因素也会随之变化,或是达不到预期的控制效果。而在网络上的实验中,干预因素较少,因为每个人在网络终端前都是单独的个体,脱离了群体的环境,由互动造成的不可控因素就会大大减少。此时在线实地实验便可以通过跟踪被试 ID,结合大数据了解被试近期的动态,控制网站发送给不同被试的指令或页面,从而达到控制的效果。

五、在线实地实验的局限

(一)被试和任务的局限性

由于网络活动的参与者需要掌握基本的上网技能,拥有网络连接设备,这对被试的知识技能水平和经济状况做了隐性限制。这就意味着,如果研究者关注的是低收入、低受教育水平群体,或者希望在网络普及率和人均知识技能水平偏低的欠发达国家或地区开展研究,应当慎重考虑在线用户的代表性和研究结果的外部有效性。同时,在线实地实验的在线特性,也将实验局限在了可以用互联网学习的任务,其他实验活动依然需要依赖于传统的实地实验进行研究。

(二)网页运营者协作难

在需要网站或平台协助的情况下,说服网站运营者配合完成实验干预或向研究者共享数据并不容易。具体包含两个重要方面:一方面是成本问题,共享数据可能给网站运营者带来潜在的信息泄露风险、将数据转换为研究用数据的成本等,在不确定能否给网站带来好处时,网站运营者通常不会同意这种协作。有的研究室会开设自己运营的网站,这意味着需要长期稳定地投入资金和精力维护网站的运营。另一方面是伦理问题,Parigi 指出私人信息是这种方法的核心,因为它允许将现实生活经验与在线"实验室"中对其效果的测量联系起来。然而，目标在线社区的用户可能不想让研究人员访问他们的私人信息。①

（三）伦理问题与 IRB 标准

除了考虑任务的局限性和网站协作者的同意，研究人员还必须考虑与受试者招募相关的问题以及与实验相关的伦理问题。在线实地实验由于其控制条件的隐秘性往往不易被受试者发现，所以考虑实验中存在的伦理问题十分必要。一般来说，计划进行在线实地实验的研究人员应该通过 IRB 流程，让一个无利害关系的第三方评估拟议实验的伦理方面，即使该流程可能无法筛选出所有不道德的研究。因为有的实验为了确保其真实性，会要求自由选择的被试人群在不知情的情况下参加实验。

六、结语

在线实地实验虽然诞生并不久，但作为一种新型的研究方法已赢得了诸多赞誉，同时也面临许多挑战，还有许多问题有待进一步的研究。例如，在线实地实验目前应用领域尚窄，且对此方法进行深入剖析探究的文献不多，对比传统的田野实验、实地实验等究竟有何进步，依然是个待深入分析的问题。在线实地实验尚无一个更加规范的程序，且在其研究过程中存在伦理问题。此外，还包括如何在设计与研究之间更好地建立联系、在线实地实验怎样与其他研究方法结合等问题。想要成为一种成熟的研究方法，在线实地实验还有很长的路要走。

尽管如此，在线实地实验作为一种新兴的实验方法，很好地利用了如今网络和大数据的便捷，使得实验中收集数据的范围变大，且节约了时间和成本。虽然如今在线实地实验更多的是应用在经济学和社会学领域，但是由于它最重要的在线特性，可以把在线学习与在线研究结合在一起，在学生进行在线学习的同时，老师可以通过这一方法几乎同步获得学生的学习数据，并且可以通过总结一段时间的学习数据，判断学生的学习水平，从而给出针对性的指导，因此，在线实地实验将成为教育技术学领域有潜力的、具有学科自身特色的研究方法之一。

参考文献

[1]姚俊，程华，应卫勇.基于探究式学习的在线实验设计与研究[J].中国电化教育，2014（9）：100-104.

[2]MCMANUS B，BENNET R. The demand for products linked to public goods：evidence from an online field experiment[J]. Journal of public economics，2011（95）：403-415.

[3]JIN G Z，KATO A. Price，quality and reputation：evidence from an online field experiment [J]. RAND journal of economics，2006，27（4）：982-1005.

---

① PARIGI P，SANTANA J J，COOK K S. Online field experiments：studying social interactions in context [J]. Social psychology quarterly，2017，80（1）：1-19.

　〔4〕JACKSON C K，MAKARIN A. Simplifying teaching：a field experiment with online "off-the-shelf" lessons〔J〕. nber working papers.，2016.DOI：10.3386/w22398：22398.

　〔5〕DEUTSCH M. Life cycle cost disclosure，consumer behavior，and business implications：evidence from an online field experiment〔J〕.Journal of industrial ecology，2010，14(1)：103-120.

　〔6〕MUISE D，PAN J. Online field experiments〔J〕. Asian journal of communication，2019，29(3)：217-234.

基于 UbD 的初中 Python 编程
教学设计与实践研究

梁 婷 李 艳

(浙江大学教育学院,浙江杭州 310058)

摘 要:随着编程教育受到广泛重视,中小学校纷纷开设以 Python 语言为主的编程课程,但由于教学经验缺乏,存在诸多问题,学生往往忽略对知识的理解。UbD(understanding by design)作为一种追求理解的教学设计模式,提倡"逆向设计",有利于促进学生对知识的真正理解,从而进行意义的建构和知识的迁移。研究将 UbD 理论应用于初中 Python 编程教学,首先分析现存问题,接着阐述 UbD 理论的概念和应用于 Python 编程教学的可行性分析,最后围绕具体课例进行教学设计并开展实践研究,通过线上教学平台授课并收集学生相关数据,探索 UbD 理论在初中 Python 编程教学的应用经验,同时也可以为初中信息技术教师更好地开展 Python 编程课程提供借鉴。

关键词:UbD 理论;初中信息技术;Python 教学设计;编程教育

一、初中 Python 编程教学的问题

2017 年,国务院印发《新一代人工智能发展规划》,其中明确提出应在中小学阶段推广编程教育,其中 Python 以其简单易学、语法简洁且突出逻辑思路[1]的特点成为初中编程教学的主要程序设计语言。但由于教师普遍缺乏教学经验,初中 Python 编程教学反映出两大类问题:一是容易忽视对所学知识的梳理和内化,一旦脱离平台或硬件支持,知识迁移难以完成;二是纯代码的教学本身就会使学生产生距离感,加之教学实例大多以数学问题为主题,脱离生活实际,学生更易产生抵触心理。

二、UbD 简述

(一)UbD 的概念

UbD 是一种追求理解的教学设计理论,由 Grant Wiggins 和 Jay McTighe 于 1998 年首次提出,该理论提倡"逆向设计",要求设计者首先确定预期结果,其次确定合适的评估

---

① 刘承林.计算思维培养视角下高中 Python 课程教学模式探究[D].济南:山东师范大学,2019.

证据,最后设计学习体验和教学活动,是对传统教学设计模式的一个翻转。此方法可以有效解决传统设计的两个误区,即"以活动为导向的设计"和"灌输式学习",让学生真正收获理解[1]。在 UbD 追求理解的理念引导下,学生积极地对知识进行意义的建构和迁移,与 Python 教学目标相吻合,且有利于信息学科核心素养的形成,以期改善初中 Python 编程教学现存的问题。

(二)逆向教学设计

逆向教学设计分为三个步骤,图 1 呈现了完整的逆向教学设计过程。

图 1 逆向教学设计过程

明确的目标导向是开展后续设计的基础和依据,有效地避免了盲目的活动式或灌输式教学。Grant Wiggins 和 Jay McTighe 为我们提供了一个目标制定的模板,如表 1 所示。

表 1 目标制定模板

明确目标	
所确定的目标: 例如内容标准、课程或项目目标、学习成果	
学生将理解: 需要深入和持久理解的大概念	基本问题: 为了更好地理解大概念,需要学生去认真探究的问题
学生将会知道: 学生要掌握的知识,即那些相对直接的事实和概念的总结	学生将能够做到: 学生要掌握的技能,即学生能够做什么

如何根据合适的证据评估学生对知识的理解,Grant Wiggins 和 Jay McTighe 认为具体情境中的应用是激发和评估持久理解的恰当手段。真实的表现性任务可以评估学生的意义建构和知识迁移水平,进而反映学生对于学习的理解程度。GRASPS 是表现性任务的要素,每个字母代表一个元素:目标 goal、角色 role、对象 audience、情境 situation、表现或产品 perfomance/product、标准 standards。使用 GRASPS 工具可以帮助设计者构建表现性任务[2],同时,与之对应的评价量规也要结合表现性任务的具体项目来确定其

---

[1] WIGGINS G, MCTIGHE J. Understanding by design: expanded 2nd edition[M]. Alexandria VA: ASCD, 2005.

[2] WIGGINS G, MCTIGHE J. Understanding by design: expanded 2nd edition[M]. Alexandria VA: ASCD, 2005.

标准①。

第三步中教学活动的设计可以参考 WHERETO 要素，这其中包含一个有效且参与性强的教学活动所应具备的特征，表2呈现了对各个要素的具体解释①。

表2 WHERETO 要素解释

要素	解释
W——学习方向 where 和原因 why	确保学生了解所学单元的目标和原因
H——吸引 hook 和保持 hold	从一开始就吸引学生并保持他们的注意力
E——探索 explore 和体验 experience，准备 equip 和使能 enable	为学生提供必要的经验、工具、知识和技能来实现表现目标
R——反思 reflect 与修改 revise	为学生提供大量机会来重新思考大概念，反思进展情况并修改自己的设计工作
E——评价 evaluate	为学生评估进展和自我评估提供机会
T——量身定制 tailor	量体裁衣，反映个人的天赋、兴趣、风格和需求
O——组织 organize	合理组织，以使学生获得深刻理解

（三）应用可行性分析

一方面，UbD 理论在美国不少学校展开过教学试验和推广，成为当代教学设计中具有代表性的模式之一②。该模式是一种非常成熟的教学设计模式，可以应用于初中 Python 编程教学设计。

另一方面，学校的教学任务是要帮助学习者对所学内容进行深入的理解、反思和创新，使他们能够在今后遇到的各种问题和事件中熟练地运用所学知识，因此，学校教学的中心任务就是"意义学习，理解为先"③。编程教学的初衷也是培养学生理解并运用知识解决生活中的算法问题，追求理解的 UbD 理论和学校教学任务以及编程教学的初衷是吻合的。

三、基于 UbD 的初中 Python 编程教学设计

根据逆向教学设计相关理论，针对 Python 中 turtle 模块教学开展了基于 UbD 的教学设计，分三个步骤进行。

（一）制定目标

结合江苏省教育厅印发的《江苏省义务教育信息技术课程纲要（2017 年修订）》中关于算法与程序设计模块的教学目标，使用目标制定模板设计了 Python 中 turtle 模块的教

---

① 魏朋娟,肖海龙.表现性评价的量规设计[J].教育测量与评价,2016(11):15-20.
② 张皓迪.基于 UbD 模式的高中地理教学设计与实践研究[D].大连:辽宁师范大学,2020.
③ 盛群力,何晔.意义学习,理解为先:UbD 模式对课堂教学改革提出的新建议[J].课程教学研究,2013(8):22-31.

学目标,详见表 3。

表 3　明确目标

所确定的目标： 通过本课的学习,熟悉算法设计的一般方法,初步了解并体会 Python 编程语言中内置模块的强大之处,尝试完成编程实例(小金机器人导航系统),了解利用计算机解决生活中问题的基本方法、过程和思想。	
学生将理解： 对于生活中的问题,可以通过算法分析并将其描述出来,再利用计算机程序语言来解决。	基本问题： 1.如何进行算法分析并通过自然语言描述算法? 2.Python 的编程环境是什么? 如何使用它来编程?
学生将会知道： 1.算法就是解决问题的方法和步骤。 2.IDLE 是 Python 的编程环境,".py"是 Python 文件的拓展名。 3.模块是指可以重复使用的程序代码的集合。Python 中的内置模块是该语言的一大重要特征,模块编程也是 Python 编程的重要特点。	学生将能够做到： 1.分析生活中的问题,将其分解为算法的步骤,用自然语言描述出来。 2.打开 IDLE,新建文件,编写代码,保存并运行调试(F5 调试)。 3.按照 Python 编写规则,编写 print() 和 input() 语句。 4.将 turtle 模块导入 Python 中,并使用该模块中的 fd()、rt() 函数编写代码,实现绘制导航线路图的功能。

(二)确定评估证据

将学生放入真实的情境中,完成和生活相关的实例任务。结合 Python 内置模块 turtle 教学内容,选取生活中的导航软件为主题,通过 GRASPS 要素工具建构表现性任务：请同学们(角色)为我们学校(情境)的小金机器人(对象)设计导航系统(产品和目标),打开系统,系统会问用户"请问您想去哪里",用户便向系统输入"目的地",之后小金会使用御用导游(海龟)将线路图完整地绘制给用户,并输出回答"您好,目的地线路图已到达屏幕,请查收"(标准)。

表现性任务的评价量规要结合任务的具体内容来确定其标准,根据小金机器人导航系统任务确定的具体评估证据如下：

(1)对任务进行分析和算法设计,并能用自然语言描述算法。

(2)能够完整实现 Python 编程的全过程。

(3)代码编写正确,且格式规范。

(4)有一定的创新度。

除了表现性任务的评估证据,还需要配合传统的评估手段来完善对学生理解程度的评估,例如,使用课堂随堂测试如选择题等形式评估学生对于基本概念的掌握情况。

（三）教学活动的设计

在明确的目标引导和评估标准下，对教学活动进行设计，并采用 WHERETO 元素来检验设计的有效性和参与性，使用表 4 呈现本课的教学活动设计。

表 4　教学活动设计

1.课前发布本课目标，呈现设计小金机器人导航系统的任务，学生课前阅读
2.学生观看微课视频《导航机器人》，了解导航机器人应该具备什么功能
3.结合老师的任务描述，学生尝试写下"小金机器人导航系统"的算法。组织学生小组讨论，进行算法互评，每个人将交流后最满意的算法答案写在"算法提交区"
4.学生观看微课视频《Python 操作指南》，新建一个 Python 文件，并保存为"姓名.py"
5.学生在"学习提示"的辅助下用 Python 实现"小金机器人导航系统"的算法
6.学生再次观看微课视频，运行并调试自己编写的代码
7.运行成功后，提交作业（包含运行界面和代码界面）
8.拓展任务：请绘制一条新的线路图，实现在原有的基础上，继续"左转"，并向前 100 步。代码参考：turtle.pencolor("pink")语句可以实现线路颜色的修改，请尝试使用
9.老师使用思维导图梳理总结本课所学内容
10.学生填写纸质课堂自我评价表

四、基于 UbD 的初中 Python 编程教学实践

在基于 UbD 的初中 Python 编程教学设计参考下，选取苏州某中学初二年级的一个班级开展了教学实践，并利用易加学院平台授课。教学实践班级学生均系统地学习过 App Inventor，有一定的编程基础，不过尚未系统学习过任何程序设计语言。易加学院基于网络环境进行教学，教师可以使用内置的教学环节在线备课、发布课程和作业，并查看学生学习记录以及作业完成情况等；学生可以查看并学习课程，完成任务并提交作业。易加学院平台改变了传统的教学模式，对实现高效的教学课堂有极大的促进作用[①]。

（一）备课阶段

前学环节中，使用达成目标模块来发布本课任务，使用微云课模块放置《导航机器人》视频；共学环节中，使用课堂训练模块发布算法和程序设计的成果，使用学习任务模块分步骤引导学生完成任务并辅以学习提示；延学环节使用课堂训练模块布置拓展任务，使用思维导图模块总结课堂内容。

---

① 葛盼盼.依托易加互动任务驱动教学模式的小学信息技术课堂探究与应用[J].中国现代教育装备,2019（12）:22-25.

(二)授课阶段

教学实践班级学生均有易加学院使用经验,且具备利用平台开展自主探究学习的能力。课堂导入阶段,学生首先在教师的引导下进入平台,从阅读任务开始,观看微课并讨论、完成算法设计,教师同步进行及时的指导,并选取 1～2 个典型例子进行全班点评,随后学生完善自己的算法并自评分数。

在完成课程任务及拓展任务阶段,学生利用平台上的任务清单、学习提示和资源开展自主探究学习,学有余力的则继续拓展任务的学习;教师在其中担任指导者的角色,随时观察学生完成任务的情况,及时解答疑问并对典型的疑难点进行全班演示讲解。最后的课堂总结阶段,教师使用思维导图呈现本课的大纲,学生填写纸质的课堂自我评价表。

(三)学生数据

教学实践班级共有学生 38 人,任务成果提交 38 份。任务成果包含三个部分,分别呈现了 Python 代码、运行结果以及 turtle 绘图结果。

根据表现性任务评估证据计算学生的任务成果得分,使用 4 分作为满分值。得到 38 份成绩,其中一份为无效成绩 0 分,因此实际收集 37 份有效成绩。使用 37 份成绩计算出班级平均分,为 2.9 分;使用图表分析 37 份成绩,得出 67.5% 的学生在平均分左右水平,仅有 0.1% 的学生能够接近满分。

另易加学院平台课程报告数据显示,学生在课程学习各个环节的参与度很高。同时收集的学生课堂自我评价表数据中,全班有 70% 的学生都给自己评了优秀等级。

五、总结与展望

(一)UbD 应用于初中 Python 编程教学的总结

从教学效果总结,在基于 UbD 的教学设计引导下,学生课程学习参与度较高,充分发挥了其作为学习主体的主观能动性,对于学生进行知识的意义建构有很大的促进作用;过半数的学生可以达到平均分水平,但是高分段学生比例较少,因此建议教师对于学习能力较强的学生要有更多的延伸指导,激发其求知欲;对于课堂自我评价,超半数的学生给自己评定了优秀等级,说明学生的学习自信较为充足,这对于后续学习的积极性是至关重要的。

从教学目标设计总结,UbD 提供了明确有效的模板来指导目标设计,其中强调的大概念是指需要学生深入持久理解的知识,这启示了教师在制定目标时要由大到小,从大的目标出发,在大概念的引导下,细化到小目标。特别是信息学科,如何从工具型学科转化为理解型学科,目标的指定是尤为重要的,教师应善于思考如何从具体的技能小目标中升华出具有理解性的大目标。

从教学评价设计总结,UbD 提倡的逆向教学设计中指出,教学评估设计应早于教学活动设计,这样学生将更加明确为何而学以及如何表明自己已经掌握了所学,更利于学生积极地投入课程学习。在评价方式上,UbD提倡应多元化,鼓励学生自评,反思自己对知识的理解和学习方法等,发挥元认知策略的作用。

(二)展望

UbD是一种有别于传统教学设计习惯的革新模式,对于一线教师来说是一个挑战,因此在国内推广UbD教学模式可能还需要较长的时间。建议一线教师们合理地分配时间,尝试使用新模式进行教学设计,如此将会有事半功倍的收获。

参考文献

[1]刘承林.计算思维培养视角下高中Python课程教学模式探究[D].济南:山东师范大学,2019.

[2]WIGGINS G,MCTIGHE J. Understanding by design:expanded 2nd edition[M]. Alexandria VA:ASCD,2005.

[3]魏朋娟,肖海龙.表现性评价的量规设计[J].教育测量与评价,2016(11):15-20.

[4]张皓迪.基于UbD模式的高中地理教学设计与实践研究[D].大连:辽宁师范大学,2020.

[5]盛群力,何晔.意义学习,理解为先:UbD模式对课堂教学改革提出的新建议[J].课程教学研究,2013(8):22-31.

[6]葛盼盼.依托易加互动任务驱动教学模式的小学信息技术课堂探究与应用[J].中国现代教育装备,2019(12):22-25.

国内教育领域高阶思维研究综述

——基于国内核心期刊文献的可视化分析

李秀玲 李 岩

(哈尔滨师范大学教育科学学院,黑龙江哈尔滨 150025)

摘 要:为探索国内教育领域高阶思维的研究历程、研究热点以及未来研究趋势,以中国知网中核心期刊和 CSSCI 源期刊为检索源,利用文献题录信息统计分析工具和社会网络分析工具,对国内教育领域"高阶思维"这一主题相关文献进行分析和讨论。研究发现高阶思维的研究历程可划分为起步阶段(2004—2007)、兴起阶段(2008—2016)和快速发展阶段(2017—2020),其与深度学习、核心素养和教育教学培养三方面研究最为密切,并且在未来有关高阶思维的研究可更关注以下五方面研究:高阶思维在不同教育内容的培养策略、路径等;高阶思维与线上学习、远程教育相结合;特殊学习者、在职人员等不同学习者的高阶思维;培养高阶思维与培养思维品质的结合;高阶思维与人工智能的结合。

关键词:高阶思维;教育教学;可视化分析

一、问题的提出

高阶思维,是发生在较高认知水平层次上的心智活动或较高层次的认知能力。在教学目标分类中表现为较高认知水平层次的能力。[1][2] 近些年,我国对高水平技能人才需求剧增,而高水平技能就体现了学习者在各学科领域的高思维水平。高阶思维在教育中的研究热点内容有哪些,高阶思维在教育中的研究的经历了怎样的发展演进,等等,这些问题值得人们关注和思考。因此,本文从文献计量分析的视域梳理高阶思维在教育中的研究热点内容,并考察高阶思维在教育中的研究进展与现状可视化分析,以期更好地促进教育中的高阶思维研究。

二、研究方法、工具和数据源

本文对国内各类教育领域中学术水平和社会影响力相对较高的核心期刊中的研究文献

---

① 洛林·W.安德森.布鲁姆教育目标分类学[M].修订版.北京:外语教学与研究出版社,2009:23-24.
② 钟志贤.面向知识时代的教学设计框架[D].上海:华东师范大学,2004:18-23.

进行了研究，从国内各类核心期刊、CSSCI 等为基础的核心期刊中分别进行了筛选，对国内教育领域高阶思维进行词频分析、文献计量分析和社会网络关系分析，以求从不同方面系统分析高阶思维相关文献。

（一）研究方法

本文主要采用了词频分析法、文献研究法和文献计量分析法来进行文献的研究和分析。关键词是以词频分析为重点而进行分析，文献计量分析法是通过使用统计学的方法来描述、评价和预测与研究对象相关的领域的现状与未来的发展趋势的相关分析方法。

（二）研究工具

关于相关文献的研究，主要是采用 Microsoft Excel 2010 对所获得的资料和数据进行处理和编辑，制成一份图表，数据资料均参考中国知网文献中心提供的可视化分析资料；采用 CiteSpace 软件分析工具；文献计量的分析和词频的分析参考了 SATI 的数据，并结合 SATI 分析工具本身能够实现社会网络分析的功能，以实现社会网络化的分析。

（三）数据源

本研究从中国知网上选取主要数据来源，检索的方式是高级检索，检索对象为期刊，输入的检索条件是："主题＝高阶思维，关键词＝高阶思维、高阶思维能力、学科高阶思维"，时间跨度是"2004—2020"，限定文献的来源是核心期刊、CSSCI，然后进行检索；检索到 406 篇有关高阶思维的文章后，筛选本研究所需要的文献，最后获得与本研究相关的共 175 篇文章。

三、研究内容

本文通过对文献的搜集、整理与分析，现将文献进行文献计量初步分析及关键词分析。

（一）文献计量初步分析

对我国高阶思维研究的期刊文献数量的变化趋势进行分析，有助于宏观上把握该领域研究变化特征与知识积累规模。本文将在中国知网检索的 406 篇高阶思维研究期刊文献数据导入 Excel 表格，并且将期刊文献总量和核心期刊进行数据列分离，随后生成期刊文献总量与核心期刊数量趋势图，如图 1 所示。

由图 1 可知，我国高阶思维研究的核心期刊与学术期刊文献数量都呈波动变化的趋势，从文献和时间分布来看，国内高阶思维的研究主要有三个阶段。第一阶段是起步阶段（2004—2007），核心期刊与普通期刊发表的极少。虽然有学者早在 2004 年就注意到了高阶思维问题，但没有引起广泛关注。第二阶段是兴起阶段（2008—2016），

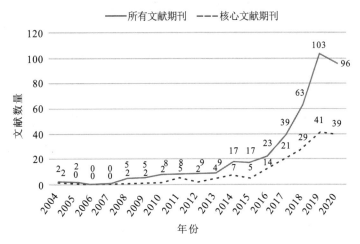

图1 2004—2020年我国高阶思维研究期刊文献数量变化趋势图

发表的期刊论文逐渐增多,学术期刊101篇,核心期刊43篇。第三阶段是快速发展阶段(2017—2020),文献总数301篇,核心期刊有130篇。由此可见,与高阶思维相关的研究目前进展较慢,但是可以断定的是,高阶思维目前已经逐步成为国内教育领域研究的重要论题。

(二)文献关键词分析

1. 高频关键词网络知识图谱

由得到的高频关键词网络知识图谱可知:(1)从节点大小来看,高阶思维、深度学习和高阶思维能力所代表的圆形面积最大,这说明,除了作为检索词的"高阶思维"以外,"深度学习"和"高阶思维能力"两个关键词也反映了目前国内外教育领域中高阶思维中的研究热点。(2)从节点间连线的厚度来看,着眼于高阶思维研究,深度学习和高阶思维能力是与高阶思维的联系最紧密且和高阶思维的距离是最为接近的,这说明了高阶思维与深度学习和高阶思维能力的关系最为密切。(3)从整体网络分析,人工智能、学习模式、学习工具、测量模型等处于边缘位置,且与其他关键词节点之间的联系是稀松的,这也表明了对主题的研究还不够深入。

2. 高频关键词分析

关键词是一篇论文最核心的要点提炼,可以通过关键词的分析来得知文献的研究重点和研究方法。将获得的175份文献导入 CiteSpace 软件中以计算关键词频,共获得487个关键词。去除掉一些与本研究无关的关键词(如"价值、启示、构建、规范"等),把含义相近的关键词整理合并(如将"化学教学、数学教学"合并为"学科教学"),把高频关键词定义为出现的频次不低于3次的关键词,最后得到高频关键词20个,表1将这些关键词按照频次从高到低进行了降序排序。

表1　高频关键词频次统计表

序号	关键词	频次	序号	关键词	频次
1	高阶思维	99	11	教学模式	9
2	深度学习	50	12	低阶思维	6
3	学科教学	36	13	高阶学习	5
4	高阶思维能力	34	14	教学实践	5
5	思维	34	15	深度教学	5
6	核心素养	18	16	翻转课堂	4
7	教学策略	12	17	教学设计	4
8	高阶思维评价	10	18	高阶思维培养	4
9	课堂教学	9	19	高阶能力	3
10	创新能力	9	20	课堂变革	3

如表1所示，将以上关键词进行分析可以得到以下特点。

（1）注重高阶思维与深度学习的相关研究

朱旻媛指出深度学习视域下，高职课程混合式教学设计对培养学生在认知、人际和个人领域的高阶思维与能力有明显的促进作用[①]。由此看来，我国研究者对高阶思维和深度学习的相关研究的关注度很高，尝试从深度学习的角度阐释学习者高阶思维培养、提升等方面的策略，以及探讨高阶思维与深度学习的内在关系等[②]。

（2）注重高阶思维与核心素养的相关研究

高中学科核心素养视域下的深度学习以发展学生的高阶思维能力为目标，具体包括认知领域、人际关系领域和自我领域的目标[③]。

（3）注重高阶思维在教育教学中的研究

在教育教学领域中，我国教育研究者对高阶思维的培养已经有了一定的研究成果，结合表1，"学科教学""教学策略""课堂教学"等都体现了高阶思维在教育教学中的研究。

①关注不同学科领域

国内高阶思维的研究主要关注语文、政治、生物、信息技术等基础教育中的学科内容。孙宏志等以语文学科为例，提出了基于思维结构、高阶思维结构等的基本理论[④]。

---

① 朱旻媛.深度学习视阈下高职课程混合式教学设计与应用[J].职教论坛,2020,36(10):63-69.
② 吴秀娟,张浩.基于反思的深度学习实验研究[J].远程教育杂志,2015,33(4):67-74.
③ 朱宁波,严运锦.高中学科核心素养视域下深度学习的路径研究[J].教育科学研究,2020(7):67-72.
④ 孙宏志,解月光,姜玉莲,等.课堂教学情境下学科高阶思维的结构与发展规律:以语文学科为例[J].电化教育研究,2020,41(6):91-97,104.

②关注不同学习者类别

杨翊、赵婷婷构建了中国大学生高阶思维能力测试蓝图①。在研究范围内关注不同学习者类别的高阶思维研究中(如图 3 所示),有关中学生高阶思维的相关研究数量最多(47 篇),其次是大学生(6 篇),对儿童(2 篇)、教师(1 篇)等学习者的相关研究少之又少。

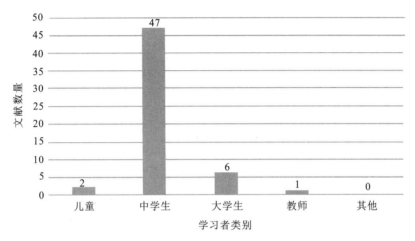

图 2　不同学习者类别文献发表篇数

③关注不同教学模式

宋兆爽和王春表明翻转课堂教学模式下的师生互动、生生互动有利于学生的分析、综合、评价、创造等高阶思维能力的发展②。李海峰等提出基于设计思维的创客教育模式能够显著地提升学生的创造性思维、批判性思维等高阶思维能力和解决问题能力③。以上研究表明,研究者希望通过不同的教学模式促进学生高阶思维的发展。

四、结论与启示

通过对学术水平和影响力较高的核心期刊进行研究,作者总结出以下结论,并进行了展望。

(一)研究结论

从研究进程来看,我国教育中的高阶思维研究快速发展,且研究期刊文献总量在 2019 年以前呈不断上升的态势且总量较大,但核心期刊总量还较少;研究期刊文献数量变化趋势与当今社会对人才培养的需要有着较密切的联系;2020 年以后高阶思维研究可能依旧是热点问题,且核心期刊数量会随着期刊文献总量的增加趋势逐步增长。从研究热点来看,高阶思维与深度学习、核心素养和教育教学相关研究的联系更为密切,并且在

---

①　杨翊,赵婷婷.中国大学生高阶思维能力测试蓝图的构建[J].清华大学教育研究,2018,39(5):54-62.
②　宋兆爽,王春.基于翻转课堂教学模式下的化学教学实践研究:以高中化学"原电池"为例[J].化学教育,2017,38(1):14-18.
③　李海峰,王炜,高秀敏.基于设计思维的创客教育模式[J].电化教育研究,2020,41(11):108-115.

以上领域都有很多的研究成果，但是在人工智能、在线学习、学习评价等领域研究较少。

(二)研究启示

本文从教学研究、教学方式、学习者类型、思维品质培养、时代变迁五个层面提出了以下研究启示。

第一，教育研究者可适当进行高阶思维在不同教育内容的培养策略、路径等的研究。未来研究者可从高阶思维培养的"宽泛性研究"转向"聚焦性研究"，对特定的教育内容制定特定的教学策略、教学方法以及教学评价等。

第二，教育研究者可创建高阶思维与线上学习、远程教育相结合的教育方式等研究。目前国内研究者容易忽视在线上课堂中对学习者高阶思维的培养，因此未来研究者可将高阶思维与线上教学、远程教学等相结合，与教师的不同教学模式、学习者不同的学习模式相结合，以求用不同的模式培养学习者的高阶思维。

第三，教育研究者可关注特殊学习者、在职人员等不同类别学习者的高阶思维的研究。儿童、特殊学习者以及在职人员等学习者的高阶思维培养易被忽视。因此未来研究者可将高阶思维的培养理念渗透到不同类型的学习者中，这样才更有利于我国学习者高阶能力的提升。

第四，教育研究者可将培养高阶思维与培养思维品质相结合进行研究。例如，高阶思维能力中的批判性思维可对应思维品质中的思维的批判性等。优化思维品质有利于思维能力的提升，思维能力的培养有利于思维品质的形成，二者相辅相成，不可分割。

第五，教育研究者可结合人工智能技术研究高阶思维的培养。当前已由信息时代逐步转向人工智能时代，未来研究者可将人工智能的新时代技术手段运用到课堂教学之中，以期进一步激发学习者的学习兴趣，促进学习者高阶思维的培养和提升。

参考文献

[1]洛林·W.安德森.布鲁姆教育目标分类学[M].修订版.北京:外语教学与研究出版社,2009,23-24.

[2]钟志贤.面向知识时代的教学设计框架[D].上海:华东师范大学,2004:18-23.

[3]朱旻媛.深度学习视阈下高职课程混合式教学设计与应用[J].职教论坛,2020,36(10):63-69.

[4]吴秀娟,张浩.基于反思的深度学习实验研究[J].远程教育杂志,2015,33(4):67-74.

[5]朱宁波,严运锦.高中学科核心素养视域下深度学习的路径研究[J].教育科学研究,2020(7):67-72.

[6]孙宏志,解月光,姜玉莲,等.课堂教学情境下学科高阶思维的结构与发展规律:以语文学科为例[J].电化教育研究,2020,41(6):91-97,104.

[7]杨翮,赵婷婷.中国大学生高阶思维能力测试蓝图的构建[J].清华大学教育研究,2018,39(5):54-62.

[8]宋兆爽,王春.基于翻转课堂教学模式下的化学教学实践研究:以高中化学"原电池"为例[J].化学教育,2017,38(1):14-18.

[9]李海峰,王炜,高秀敏.基于设计思维的创客教育模式[J].电化教育研究,2020,41(11):108-115.

基于 Bebras 竞赛试题
培养初中计算思维的研究

蹇晓焱 边 琦 方海玉 任汪桦

（内蒙古师范大学教育学院,内蒙古呼和浩特 010022）

摘 要:数字时代的公民不仅要学习使用计算机技术和设备,也需要学习计算机科学的学科思维和方法。培养学生的计算思维至关重要。文章对 Bebras 竞赛试题以及试题关键词进行了分析和介绍,发现通过解答 Bebras 竞赛试题,学生能够运用到计算思维的抽象、算法思维、分解、评估、概括这五项技能,有利于学生计算思维的培养。文章随后分析了 Bebras 竞赛试题的应用场景,最后对 Bebras 竞赛试题进行了总结和展望。

关键词:计算思维;信息技术;Bebras 竞赛试题;关键词;评价

计算思维是运用计算机科学基本概念进行问题求解、系统设计以及人类行为理解等涵盖计算机科学之广度的一系列思维工具[1]。那么应该怎样培养学生的计算思维呢?通过在 CNKI 以"中学计算思维"为主题词搜索,并进行可视化分析,发现国内关于中学计算思维培养的研究主要分布在信息技术课程、图形化编程等领域,而对于通过 Bebras 这类试题培养计算思维的研究较少。因此本文旨在对 Bebras 竞赛试题进行介绍,分析计算思维在试题中的体现,并提出应用建议,以期对培养学生的计算思维有所帮助。

一、计算思维与 Bebras 竞赛试题

(一)计算思维

近年来,国内对学生的计算思维能力的培养越来越重视。计算思维是指个体运用计算机科学领域的思想方法,在形成问题解决方案的过程中产生的一系列思维活动。具备计算思维的学生,在信息活动中能够采用计算机可以处理的方式界定问题、抽象特征、建立结构模型、合理组织数据;通过判断、分析与综合各种信息资源,运用合理的算法形成解决问题的方案;总结利用计算机解决问题的过程与方法,并迁移到与之相关的其他问题解决中[2]。2014 年英国南安普顿大学的 Cynthia Selby 博士和 John Woollard 博士提出了

---

① WING J M.Computational thinking[J].Communications of the ACM,2006,49 (3):33-35.

② 教育部.普通高中信息技术课程标准(2017 年版)[M].北京:人民教育出版社,2017.

计算思维包括抽象、算法思维、分解、评估、概括等五个要素[①]，各要素的具体内容如表 1 所示。

国内目前对于计算思维没有比较统一的定义，但很多学者都认为计算思维主要包括抽象、算法、分解、评估、概括这五个要素[②]。接下来本文也将从这五个要素出发对 Bebras 竞赛试题进行分析，论证 Bebras 竞赛试题对于培养学生计算思维的有效性。

表 1　计算思维技能和具体内容

技能	具体内容
抽象	删除不必要的细节； 发现问题的关键因素； 选择一个系统的描述形式
算法	按照顺序和规则来思考； 执行算法； 创建算法
分解	分解任务； 从零部件角度思考问题； 在考虑整合的情况下做出划分； 任务的决策
评估	寻找最佳解决方案； 做出合理利用资源的决策； 目标的适配度
概括	识别模式以及相似性和联系； 在已解决问题的基础上解决新问题； 利用通解，如归纳法

（二）Bebras 竞赛试题

Bebras 竞赛试题来源于国际计算思维挑战赛（Bebras），于 2004 年在立陶宛首次举办，距今已有十多年的历史，举办目的是培养各年龄段的学生的信息学和计算思维的能力，促进基于信息学基础的算法、逻辑、操作思维。试题主要涉及信息学的五个知识领域，通过生动有趣的故事、融入游戏原则等方式融入计算机科学的核心概念，塑造了生活化、游戏化、情景化的特征[③]。国内将 Bebras 竞赛试题按年级分为六个等级，每个等级的难度分为难、中、易；根据难易程度，每个题可能会出现在不同的等级中，可知 Bebras 竞赛试

[①] SELBY C，WOOLLARD J.Computational thinking：the developing definition[Z/OL].[2021-04-03].https://people.cs.vt.edu/～kafura/cs6604/Papers/CT-Developing-Definition.pdf.

[②] 陈鹏，黄荣怀，梁跃，等.如何培养计算思维：基于 2006—2016 年研究文献及最新国际会议论文[J].现代远程教育研究，2018(1)：98-112.

[③] 张进宝.国际计算思维挑战赛试题集锦[M].北京：电子工业出版社，2020：5.

题是呈螺旋式上升、波浪式前进的[①]，每个年级都有与自己知识水平相对应的难、中、易的题目。

　　将 2010—2018 年 149 道 Bebras 初中试题作为样本，对其关键词进行了统计，通过词云网站"微词云"进行了可视化分析。分析表明试题考查较多的是信息学领域的知识，与信息技术课程的知识点有很多的相同点，由此可以将 Bebras 竞赛试题与信息技术课程整合，下文将做进一步的阐述。

二、计算思维在 Bebras 竞赛试题中的体现

　　为了分析计算思维在 Bebras 竞赛试题是如何体现的，主要分析解答题目时学生需要用到的计算思维的技能。从 Bebras 竞赛试题中随机选出了与五个知识领域相关的试题各一道，如表 2 所示。从试题简介和关键词可以看出，Bebras 竞赛试题将计算机科学的概念放在了试题中，这些题目涉及的都是我们生活中的情景，可见 Bebras 竞赛试题来源于生活；解决问题的同时，又可服务于生活，有利于让学生体会到计算思维的灵活性与便捷性。另外每道题都包含了 1～4 个关键词，说明每道题可以从不同的角度去思考和解答。在计算思维技能一列，每一个题都用到了多项计算思维的技能，这表明学生在潜移默化中运用了计算思维的技能，有利于培养计算思维的能力。下面以"探索路径"[②]一题为例分析试题中所应用的计算思维技能。

表 2　计算思维在 Bebras 竞赛试题中的体现

信息学领域	试题名称	试题简介	关键词	计算思维技能
算法与编程	游泳	选项给出了海狸游泳路线，重复选项的操作，判断哪一种会让他离起点更远	算法 logo 编程 螺旋结构 turtle 绘图	抽象 算法 归纳
算法与编程，数据、数据结构与数据表征	探索路径	海狸骑车访问各村庄，每个村庄以字母标记，村庄之间用黄旗标注了距离和方向。海狸在每个村庄都用纸条标记了 A 村到其他村的距离，判断数字的具体含义	算法 最短路径问题 迪杰斯特拉算法图	抽象 算法 评估 归纳
计算机处理与硬件	神奇的数字	阿琳娜利用一个表格控制 LED 灯显示的数字，需要判断给出的表格将显示什么数字	7 段显示 LED 编码	抽象 分解 归纳

---

　　① DAGIENĖ V，STUPURIENĖ G. Bebras：a sustainable community building model for the concept based learning of informatics and computational thinking[J]. Informatics in education，2016，15(1)：25-44.
　　② 张进宝.国际计算思维挑战赛试题集锦[M].北京：电子工业出版社，2020：5.

续表

信息学领域	试题名称	试题简介	关键词	计算思维技能
交互、系统和设计	虚假新闻	有四只海狸对新闻的真假有不同的看法,需要判断什么情况下才能让四只海狸都认为新闻是真的	冗余 真假 假新闻	分解 评估 归纳
通信与网络	海狸网络	有灰黑海狸各三只,按规则通过通道网络,已知海狸在出口的顺序,判断海狸进入的顺序是什么	有限状态自动机 复位顺序	抽象 分解 评估

　　克拉维娅骑着自行车游历附近的各个村庄,寻找穿过这些村庄的路线。每个村庄都有一个带有单个字母标记的石头,村庄之间的所有道路都在黄色小旗上标注了距离和方向。经过多次不同骑行,克拉维娅在每个村庄的石头下都留下了一张蓝色的纸条,纸条上的数字是她测量出来的从 A 村过来到达此石头的距离。请问,她在蓝色纸条上所标注的数字的具体含义是什么?

　　A.从 A 村到该村庄,穿过村庄个数最少的最短路径长度。

　　B.从 A 村到该村庄的最短距离。

　　C.从 A 村到该村庄,若遇到路口就向左转弯的最短路径长度。

　　D.从 A 村到该村庄,若遇到路口就向右转弯的最短路径长度。

　　这道题的计算思维的体现如下:

　　抽象:需要忽略图中不必要的图形化信息,提取其中的关键元素如石头上的字母、旗帜上的数字和方向,以及纸条上的数字,需对试题的题干提炼总结,用到了抽象的技能。

　　评估:学生在判断选项时,需要以选项为假设,再验证这个假设,寻求最佳的解决方案,这里用到了评估的技能。

　　算法:这道题主要考查的是最短路径的问题。在解题过程中,学生头脑中有一系列解决问题的过程,需要通过规则的角度去思考,相当于创建一个算法,再来执行这一算法,即迪杰斯特拉算法。

　　归纳:通过解决这个问题,并通过题目后边的解析和计算思维相关知识的讲解及案例,学生能够对最短路径、迪杰斯特拉算法有所了解,在生活中遇到类似于送餐范围规划、智能停车这类最短路径的问题时,能够找到问题的相似性和联系,然后基于已解决的问题解决新的现实问题,用到了归纳技能。

　　通过以上分析能发现,解答"探索路径"这道试题需要用到计算思维的抽象、评估、算法、归纳的技能,主要体现在读题、解题、查看解析以及知识的总结和迁移方面。学生通过做题能够潜移默化地运用这些技能,运用计算机可以处理的方式解决问题,利于计算思维能力的培养。

三、Bebras 竞赛试题的应用

(一)将 Bebras 竞赛试题作为情境导入等整合到信息技术课程中

为了与高中课程衔接,初中信息技术课程在内容安排上也加入与高中课程相关的知识点,例如最优化处理策略、冒泡排序、选择排序、插入排序、穷举法、递归算法等知识点。这些内容对于初中生来说需要较强的计算思维,知识也较为枯燥乏味,而 Bebras 竞赛试题故事生动有趣,能够有效地引起学生的兴趣,且解一道题平均不超过三分钟,所以将 Bebras 竞赛试题整合到信息技术课程中是可行的。在信息技术课程中,Bebras 竞赛试题一方面可以作为情境导入,调动学生学习的积极性,让学生快速进入学习状态,培养计算思维。做题所用到的方法也相当于预习该堂课的内容,为接下来的学习做准备。另一方面可以在课程中用于检测学生本节课的学习情况。例如教师在讲到排序算法初探这一节时,可在题库中选取与排序相关的题目进行测试,以检验学生的掌握情况。

(二)将 Bebras 竞赛试题作为评价计算思维能力的工具

Bebras 国际计算思维挑战赛的举办目的是评价学生计算思维的能力,且 Bebras 竞赛试题在分解、抽象、逻辑推演等方面的信度都大于 0.50,试题内部一致性良好,具有可靠信度[①],因此可以将 Bebras 竞赛试题作为一种工具来评价学生计算思维的能力。可将 Bebras 试题作为一种前测工具。通过前测,能够判断学生的初始计算思维能力,以更好地掌握每个学生在什么方面有优势,什么能力还需要进一步加强,来为之后的教学服务,做到因材施教。此外也可将试题用于后测,例如上完一个章节的信息技术课程,可将多个与该章节相关的 Bebras 竞赛试题提取出来对学生进行测试,用来了解学生的掌握情况。学生的正确率越高,说明计算思维的能力越强,解决其他领域问题的能力也越强。

四、总结与展望

计算思维是信息技术核心素养的一个重要概念,是数字化时代学生必备的一项技能。对计算思维进行针对性训练,有助于提升学生的思考和解决问题的能力。本文通过对 Bebras 竞赛试题的内容进行分析,发现在解答每道试题时都会应用计算思维的抽象、算法、分解、评估、概括 5 个技能中的 3~4 个,能够有效地培养学生的计算思维能力。此外通过对初中信息技术课本的分析,发现课程内容与 Bebras 竞赛试题有着一定的对应关系,因此可以将 Bebras 竞赛试题作为情境导入整合到信息技术课程中,以及将 Bebras 作为一种前测和后测的工具用以评价学生的初始计算思维能力以及课程结束后学生的掌握情况。

尽管在国内计算思维领域中 Bebras 竞赛试题尚未普及,但 Bebras 竞赛试题相对于

---

① 陈佳怡.基于问题解决教学模式的小学生计算思维培养研究[D].无锡:江南大学,2019.

其他培养计算思维的工具而言具有不少优势,如不需要学生具有信息学的先验知识,不依托于电脑设备,可以较为方便、灵活地应用于教学中,所以希望在以后的课堂中教师可以将其作为学科工具和评价工具,除了在初中信息技术课程中可以应用,小学、高中也同样适用。此外还可以多鼓励学生积极地参加这类计算思维的竞赛以培养计算思维能力。

参考文献

[1]WING J M.Computational thinking[J].Communications of the ACM,2006,49(3):33-35.

[2]教育部.普通高中信息技术课程标准(2017年版)[M].北京:人民教育出版社,2017.

[3]SELBY C,WOOLLARD J.Computational thinking:the developing definition[Z/OL].[2021-04-03].https://people.cs.vt.edu/~kafura/cs6604/Papers/CT-Developing-Definition.pdf.

[4]陈鹏,黄荣怀,梁跃,等.如何培养计算思维:基于2006—2016年研究文献及最新国际会议论文[J].现代远程教育研究,2018(1):98-112.

[5]张进宝,国际计算思维挑战赛试题集锦[M].北京:电子工业出版社,2020:5.

[6]DAGIENĖ V, STUPURIENĖ G. Bebras:a sustainable community building model for the concept based learning of informatics and computational thinking[J]. Informatics in education,2016,15(1):25-44.

[7]陈佳怡.基于问题解决教学模式的小学生计算思维培养研究[D].无锡:江南大学,2019.

面向计算思维培养的深度教学策略研究

——以图形化编程教学为例

孙若楠[1]　王　伟[1,2]　王　凡[1]　李冰莹[1]

（1.东北师范大学信息与软件工程学院，吉林长春　130117；

2.教育部数字化学习支撑技术工程研究中心，吉林长春　130117）

摘　要：计算思维作为一种运用计算机科学基础知识解决问题的思维方式显得尤为重要。图形化编程为计算思维的培养提供了合适的工具和载体。深度学习指向高阶思维，需要教师采用深度教学策略培养学生的计算思维。通过文献研究法，以图形化编程学习活动为依托，设计深度教学策略培养抽象、分解、算法、评估、概括五个思维要素，进而促进计算思维发展，并对各策略一一进行阐释。设计具体教学案例，以期能够为计算思维的培养提供一些实践指导。

关键词：计算思维；图形化编程；学习活动；深度教学策略

一、引言

目前，国内外已然高度重视对中小学生计算思维的培养。2011 年，计算思维被纳入美国《CSTA K-12 计算机科学标准（2011 年修订版）》中；2018 年 1 月，我国教育部将计算思维列为学科核心素养之一，[1]可见培养学生的计算思维是时代之需。图形化编程以"所见即所得"为原则，规避了高级编程语言的烦琐和晦涩难懂，使编程变得有趣、易理解。同时，图形化编程以其生动、灵活的界面特点赢得了广大儿童的喜爱，图形化和模块化的编程语言最受计算思维工作者的欢迎[2]。图形化编程逐渐成为一种培养计算思维的有效途径。

二、深度学习和计算思维文献综述

学生要获得计算思维素养，进行深度学习无疑是最重要的途径。教与学是教学活动中密不可分的两个部分，因此，在编程教学过程中教师有必要采取深度教学策略来促进学生计算思维和问题解决能力的发展。

---

① 郑爽，王维，汪颖.新课标背景下《算法与程序设计》教学与计算思维培养研究[J].软件导刊（教育技术），2019，18(10)：60-61.

② 范帅帅.基于 Scratch 培养小学生计算思维的教育实践研究[D].聊城：聊城大学，2018.

(一)计算思维

2006年3月,周以真教授首次指出计算思维(computational thinking)是运用计算机科学的基础概念进行问题求解、系统设计以及人类行为理解等涵盖计算机科学之广度的一系列思维活动[①]。国际教育技术协会(ISTE)和计算机科学教师协会(CSTA)认为计算思维是解决问题的一种过程[②]。新修订的高中信息技术课程标准把计算思维素养界定为能够采用计算机领域的学科方法界定问题、抽象特征、建立结构模型、合理组织数据;通过判断、分析与综合各种信息资源,运用合理的算法形成解决问题的方案;总结利用计算机解决问题的过程与方法,并迁移到与之相关的其他问题解决中。

计算思维要素的相关研究中,被广泛接受的是 Cynthia Selby 博士和 John Woollard 博士提出的"计算思维包括算法、评估、分解、抽象、概括五要素"。分解是将一个事物分解为多个组成部分。例如,我们想知道计算机的构成,可以对计算机内部结构进行拆解,通过拆解对计算机形成全面了解。抽象是指将一个问题用另一种简单化、概括化的方式进行思考,忽略其中的细枝末节,使得问题在没有损失的情况下变得更容易理解。算法是解决一个问题的具体方法和步骤,没有固定的答案,学生为了解决同一个问题可以有不同的方法。评估是指通过对比不同算法,获得解决某个问题的最优方法。概括是指学生在两个相互关联或相似的知识点之间实现快速迁移的过程。

(二)深度学习

1. 定义

安富海从学习结果的角度出发,认为深度学习是一种基于理解的学习,是指学习者以高阶思维的发展和实际问题的解决为目标,以整合的知识为内容,积极主动地、批判性地学习新的知识和思想,且能将已有的知识迁移到新的情境中的一种学习[③]。孙银黎从学习过程的角度出发,认为深度学习是学习者在积极的学习态度下,将所学的知识与原有认知结构相结合,注重在理解的前提下主动获得知识并将知识加以应用,经过不断反思重建认知结构的过程[④]。本研究认为基于可视化编程的深度学习是学生主动参与编程知识和技能获得,侧重编程知识理解与应用而非简单的习得,注重编程知识迁移;学生在亲身体验、分享讨论、成果展示、反思学习中促进计算思维的获得以及问题解决能力的提高,是一种有意义的学习。

2. 深度教学策略

以"深度学习""教学策略"为关键词在中国知网进行搜索,共搜索出235篇学术论文,对这些文献进行阅读、概括和提取,分别从学习环境、学习内容、学习者、学习方式、学习评价与反思这五个角度得出以下深度学习教学策略。

---

① WING J M.Computational thinking[J].Communication of the ACM,2006(3):33-35.
② Operational definition of computational thinking for K-12 education [R]. ISTE, CSTA, 2012.
③ 安富海.促进深度学习的课堂教学策略研究[J].课程·教材·教法,2014,34(11):57-62.
④ 孙银黎.对深度学习的认识[J].绍兴文理学院学报(教育版),2007(1):34-36.

表 1 深度教学策略

角度	策略内容
学习环境	创设真实情境,引导学生深度体验
	以问题为导向,激发学生的问题意识
学习内容	联结新旧知识,引导学生批判建构
	整合多学科学习内容,提高跨学科解决问题的能力
	基于单元学习主体,整合单元学习内容,实现深度理解知识点
学习者	激发学生学习动机,促进深度参与
	建立学习共同体,促进深度交流
学习方式	自主探究学习,促进深度思考
	小组合作学习,促进深度交流
学习评价与反思	持续评价和及时反馈,提高学习持续性
	积极评价,培养学生的自信心
	注重过程性评价,实现在评价中学习
	引导学生反思学习过程,促进元认知的发展

三、计算思维培养下的深度教学策略

以"图形化编程""学习活动"为关键词在中国知网进行搜索,搜索出 8 篇文献,剔除与图形化编程无关的文献剩余 7 篇。将这些文章中的学习活动进行概括、比对和提取,得出基于图形化编程的课堂学习活动流程大致分为 5 个阶段,分别是体验项目,口述效果;明确目标,拆解分工;探索方案,搭建代码;展示积木,交流分享;关联反思,巩固迁移。

以图形化编程学习活动为依托,设计促进抽象、分解、算法、评估、概括 5 个计算思维要素发展的深度教学策略,并对各策略一一进行阐释(见图 1)。

(一)体验项目,口述效果阶段

抽象是将问题抽象化、简单化、概括化的过程,学生忽略问题的细节,把握问题的主要环节,将问题进行抽象化表述。该阶段包括 2 个策略:

(1)学习者分析策略:教师综合考虑学生学习兴趣、能力等因素,设计符合学习者认知水平和认知需要的编程项目,促使学生全身心投入,促进学生深度参与学习过程。

(2)情境创设策略:教师创设游戏化情境,激发学生的学习动机和学习兴趣。同时,教师反复播放项目效果,加深学生对项目的理解。最后,教师指导学生分析事件、分析角色动作,引导学生对触发事件和效果进行详细描述。

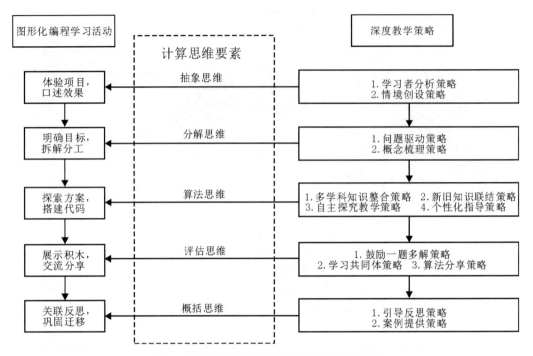

图 1　图形化编程学习活动的深度教学策略图

(二)明确目标,拆解分工阶段

分解是将问题分解成多个组成模块,对各个组成模块分别思考的过程。该阶段包括2个策略：

(1)问题驱动策略:教师以解决项目问题为导向,激发学生的问题意识,锻炼学生分析、拆解问题的能力。

(2)概念梳理策略:教师运用思维导图进行可视化的思维训练,有利于学生理清问题脉络。教师带领学生分析每个角色要实现的效果,按角色将复杂问题分解为多个问题模块,降低问题难度,学生解决问题的难度也随之降低。

(三)探索方案,搭建代码阶段

算法是解决问题需要采取的一系列操作程序或者步骤。该阶段包括4个策略：

(1)多学科知识整合策略:图形化编程教学涉及多学科领域的知识。教师在组织学习内容时,应注重数学、物理、编程等学科知识的融合,提高学生跨学科解决问题的能力。

(2)新旧知识联结策略:在学生构思算法之前,教师将与本节课相关的旧知识以资源包或者 PPT 资源的形式呈现给学生,激活学生已有认知,促进学生意义建构。

(3)自主探究教学策略:教师讲解积木后,学生进行独立思考,初步构建算法。

(4)个性化指导策略:教师针对不同学生的不同问题进行针对性的指导,帮助学生完成项目的制作。

(四)展示积木,交流分享阶段

评估是将不同算法进行比较得出最优算法的过程。该阶段包括3个策略:

(1)鼓励一题多解策略:教师鼓励学生使用不同的算法过程,培养学生的发散思维。

(2)学习共同体策略:学生明确获得最优算法的目标,在教师的组织和安排下进行算法的交流和分享。

(3)算法分享策略:教师组织学生展示算法,通过观察和对比不同算法的优缺点,得出最优算法。

(五)关联反思,巩固迁移阶段

概括是指将解决某类问题的方法运用到新问题中,使新问题得以快速解决的能力。该阶段包括2个策略:

(1)引导反思策略:教师通过提问、反思记录表等形式引导学生对编程认知过程进行反思,促进元认知的发展。

(2)案例提供策略:教师提供又一真实情境案例,该案例与本节课所学知识密切相关但不相同,通过案例促进学生概括迁移能力的发展。

四、案例设计与分析

以"百花争艳"为例,对上述提到的图形化编程学习活动的深度教学策略进行具体说明和应用。以学习活动为主线进行教学设计,同时注重对学生计算思维的培养。

(一)体验项目,口述效果阶段

教师根据学习者的兴趣、需求和学习水平,选择适合的项目内容,创设项目情境。在课程开始之前播放有关花朵生长的小视频,以真实的生活案例吸引学生的注意,与真实情境产生联系(见图2、图3),引导学生对根茎和花朵的生长过程进行详细描述。

学生在教师的引导下观察项目、口述项目效果,将复杂的项目进行抽象化、概括化表述。

图2 花朵生长的真实情境视频截图

图3 "百花争艳"项目效果图

(二)明确目标,拆解分工阶段

教师描述完整的项目效果,以问题驱动的方式促进学生对问题的思考和分解。例如,教师提问:一株花由哪两个部分组成?根茎的生长有何特点?花朵由什么组成呢?花朵的大小和形状是一样的吗?如果不是,该如何实现?教师以思维导图的方式对画花过程进行分解,使项目简单化、模块化(见图4)。

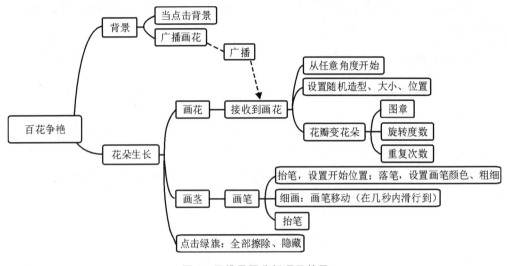

图 4 思维导图分析项目效果

(三)探索方案,搭建代码阶段

教师呈现本节课需要用到的旧知识,促进新旧知识联结。例如,带领学生回忆上学期学到的图章工具。深度学习强调多学科知识的整合,本案例涉及周角等于360°这一数学知识,教师将花瓣的旋转度数与旋转次数的乘积等于360°告知学生。

同时,教师引导学生进行自主探究学习,初步构思"百花争艳"算法程序;对学生进行个别化指导,针对每个同学的不同问题进行解答。

(四)展示积木,交流分享阶段

教师鼓励学生采用不同算法进行积木搭建,展示、对比获得最优算法。教师邀请3~4名同学展示自己的代码,其他人进行观察、比较和思考,以此获得最优算法。

(五)关联反思,巩固迁移阶段

教师提供任务单、反思记录表等过程性材料供学生进行过程性反思。学生的反思过程是对自我认知过程的一种调节和监督,能够促进元认知的发展。另外,为了巩固编程知识和技能,教师可准备与本节课项目类似但不相同的项目游戏供学生学习。学生将本节课掌握的问题解决办法应用于拓展训练项目,以促进概括能力发展。

五、结语

计算思维是学生信息技术素养发展的需要,是学生提高问题解决能力的需要。本研究依据图形化编程学习活动,对活动中采取的深度教学策略进行一一阐释,期待能够为计算思维的培养提供一些教学方法和建议。

参考文献

[1]肖广德,高丹阳.计算思维的培养:高中信息技术课程的新选择[J].现代教育技术,2015,25(7):38-43.

[2]郑爽,王维,汪颖.新课标背景下《算法与程序设计》教学与计算思维培养研究[J].软件导刊(教育技术),2019,18(10):60-61.

[3]范帅帅.基于Scratch培养小学生计算思维的教育实践研究[D].聊城:聊城大学,2018.

[4]黄庆旧.以深度学习落实核心素养[J].教育观察,2019,8(5):21-23.

[5]WING J M.Computational thinking[J].Communication of the ACM,2006(3):33-35.

[6]Operational definition of computational thinking for K-12 education[R]. ISTE, CSTA, 2012.

[7]安富海.促进深度学习的课堂教学策略研究[J].课程·教材·教法,2014,34(11):57-62.

[8]孙银黎.对深度学习的认识[J].绍兴文理学院学报(教育版),2007(1):34-36.

面向创新能力培养的 Mixly
编程教学模式研究

雷　蕾　　孙文方

（哈尔滨师范大学教育科学学院，黑龙江哈尔滨　150025）

摘　要：设计有效的教学模式提升图形化编程教学效果是当前的重要研究课题之一。鉴于此，在梳理创新能力的相关研究和讨论相关支撑理论的基础之上，提出基于"仿"的探究阶段和基于"创"的造物阶段，并在此基础之上构建了面向创新能力培养的"三阶段五环节"教学模式，该教学模式由"探究""造物""分享"三个大阶段以及"认知启动""新知学习""项目设计""迭代优化""展示评价"五个小环节构成。设计了具体的教学案例，以期为 Mixly 编程教学实践提供参考。

关键词：创新能力；Mixly；教学模式

引　言

创新能力是国家、组织及个人长足发展的关键力量。编程教育以培养学生的分析能力、创新能力和实践能力为目标，具有重要的教育价值与潜能。如何将其教育价值最大化，需要探索合适的教学模式。本研究着力于构建面向创新能力培养的 Mixly 教学模式，尝试将该模式应用于中学 Mixly 教学课堂，探索其具体的实施方法和应用价值，以期推动我国创新人才的培养。

一、创新能力的内涵及构成要素

（一）创新能力的内涵

由于理论依据、判断标准、研究方法和重点的差异，国外学者采用不同方式来界定创新能力。Torrance 认为，"创新是对问题、不足、知识上的缺陷等现象变得敏感，发现问题并寻找解决途径，做出猜想、假设、检验和修改，达到最终结果的一个过程"。朱智贤把创新能力定义为："依据一定目的和任务，运用一切已知信息开展思维活动，并产出某种新颖、独特、有价值的产品的智力品质。"

可以看出，国内外学者多从能力、过程、品质等视角定义创新能力。本文认可的观点是将创新能力定义为：个体在学习科学知识、解决科学问题和科学创造活动中，根据一定目的,运用一切已知信息,产出某种新颖、独特、有社会或个人价值的产品的智力品质或能力。这一定义将创造性的环境、过程、产品和个人四个方面有机地结合起来,并强调创新能力是一种智力品质。

(二)创新能力的构成要素

创新能力的构成要素,如表 1 所示。

表 1　创新能力的构成要素

教育环境	关注重点	构成要素
国外	思维结构	流畅性、灵活性、独创性、相关性
		认知、情感、技能
		产生想法、深入挖掘、积极探索、内部认知
	创作技能	原型设计技能、工具运用技能、产品制作技能
国内	构成要素	创新意识、创新思维、创新技能

创新能力的培养应当把握多维度,致力于学生全面综合的心理素质的培养。根据上述总结,我们可以将创新能力视为由创新意识、创新思维和创新技能共同构成的一种复合能力。

二、Mixly 编程支持学生创新能力培养的可行性

创新能力的本质指把创新的思想、理论及方法运用已有的信息材料将其转化为实际制品的能力。大量研究者在创客教育视域下将编程教育与开源硬件相结合,开展了对创新能力培养的研究。这些研究表明,编程教育是较为有效地促进创新能力的途径,主要体现在教学环境、教学过程和教学方法三方面。

(一)教学环境层面

本研究中教学环境主要指课堂氛围、教学资源、师生关系。研究表明,创造性的课堂氛围、丰富的教学资源、民主的师生关系对创新能力的培养起支持作用。在教学过程中,是以学生为主体、教师为主导的“双主体”师生关系,通过合作探究、互评等方式促进学生创新能力的培养。

(二)教学过程层面

本研究中教学过程主要指情境导入、教学方式、教学原则等。有趣的教学情境、创造性的教学设计、多元的教学评价可以为创新能力的发展提供有效途径。创客教育是提倡“基于创造的学习”,强调学习者融入教学情境,通过体验学习和项目探究,进行创造的过程。常采用活动教学法、案例教学法等,遵循开放性、挑战性、体验性的原则,突破“教师中

心、教材中心、课堂中心"的局面,激发学生创新意识和问题解决能力。

(三)教学手段层面

本研究中教学手段主要是指创新能力培养的方法与策略。Mixly 编程教学要注重情境创设和思维训练,可以选择 POV(point of view)、头脑风暴、5W2H 方法激发学生创新意识和培养学生创新思维。在学生创新能力的培养策略上,要巧用方法,例如探究式教学法激发创新意识、小组合作式教学法培养创新实践能力、实验教学法提供创新机会。

三、面向创新能力培养的 Mixly 教学模式构建

(一)理论基础

面向创新能力培养的 Mixly 编程教学设计以建构主义和创新理论为依据,以"做中学"为建构途径,基于创客教育理念和体验式学习开展教与学活动,提升学生开放创新意识、多元创新思维、跨学科创新能力(见图 1)。

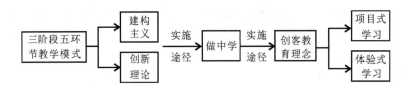

图 1　三阶段五环节教学模式设计理论依据

建构主义认为学生是知识的主动构建者,强调外在作品的建造和学习者的分享创意。创新教育理论是对客观事物的更新、改变与创造,注重培养学生勇于创新的品质。Mixly 编程教育,秉承建造主义理论和创新教育理论的核心思想,充分调动学生创新意识,发挥学生的自主能动性,通过任务分层探究培养学生创新能力。"做中学"作为建造主义和创新教育理论在教育中实施的方略,以创客教育理念为基础的体验式形式,依据情境产生的问题并参与实践创作,成为开放式创新人才培养的主要教学模式。根据上述理论与实施路径构建面向创新能力培养的"三阶段五环节"教学模式,指导 Mixly 编程教学,推动创新人才的培养。

(二)面向创新能力培养的 Mixly 教学模式构建

在教学模式设计阶段,借鉴美国国家工程院使用的工程设计流程和 SCS 创客法并进行适当修订,提出基于"仿"的探究阶段和基于"创"的造物阶段,在此基础上从创新思维培养的视角出发构建"三阶段五环节"教学模式,如图 2 所示。

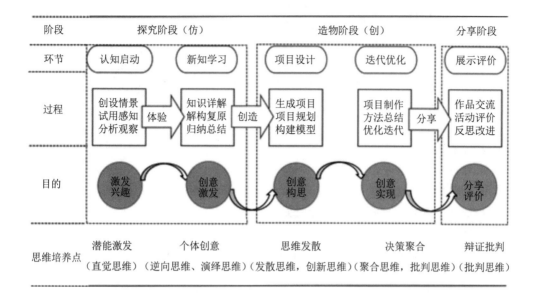

图2　"三阶段五环节"教学模式

(三)"三阶段五环节"教学模式的特点

"三阶段五环节"教学模式的教育目标重在基础知识和基本技能的应用和创新。此模式包括基于"仿"的探究阶段和基于"创"的造物阶段,以及分享阶段,三个阶段的任务层层递进,思维上由浅入深。

在认知启动环节,学生通过试用感知和分析观察等过程掌握智能产品的相关指令和造型搭建。知识学习环节,目的在于排除创新过程中的知识障碍,帮助学生构建合理的知识结构,为创新行为打下基础。

项目设计环节是培养创新能力的关键环节,此环节注重原产品的"再设计",Mixly编程产品的"再设计":指在原有产品的基础上实现功能的优化或者产品的迁移应用,再创作编程制品具有较高的复杂度和难度,学生需要完全理解原产品各个组成部分的功能及在程序指令的基础上增加新的功能或迁移应用,因此这一过程并非一蹴而就,需要通过迭代测试来完成最终目标,有助于培养学生持续发现问题和解决问题的能力。

四、面向创新能力培养的 Mixly 教学案例设计

(一)教学内容和分析

设计学习活动之前,首先需要分析教学内容和学生学习情况。《倒车雷达》项目使用的器材是豆米工坊开发的开源硬件,编程软件为 Mixly。教学重点是学生在理解"映射"使用的要领和相关程序指令的基础上,编写出"一代倒车雷达"程序,使其发出急促报警声;然后学生再结合实际生活中倒车雷达的工作效果,设计出个性化的"二代多功能倒车雷达"。

（二）教学活动设计

1.认知启动

（1）创设情境

创设有课堂主题的影子情境,使学生能够仿有所原,要能涵盖必要知识与技能,使学生创有所依,要存在疑惑性问题,使其成为创新活动的开端和起点。

【教学片段】

师:你们见过倒车雷达吗? 他是如何工作的?

生:当物体障碍物越近时,会发出"嘀嘀"的响声。

师:播放倒车雷达视频,认真观看距离到那个数值时,是否会变成红色?

师:根据所看到的视频,用语言描述数轴的含义。

（2）试用感知

指学生试用老师提前制作好的作品,吸引学生注意,形成用户体验并对目标产品的功能、基本构成等形成初步认识。

【教学片段】

师:邀请两名学生上台试用提前搭建编程好的倒车雷达,观察数值的变化以及硬件。提示学生观察数据和声音的变化和所用到的硬件设备。

（3）分析观察

分析观察过程中学生要结合逆向思维去推测设计的思路和原理。硬件搭建方面,观察为什么要用这个传感器,能否用别的代替? 在程序设计方面,重点根据试用感知的过程去倒推如何设计程序指令。

【教学片段】

师:根据倒车雷达的工作原理,分析所需硬件。

生:

功能	硬件名称	信号类型	输入/输出	可接入接口
测距	超声波	数字信号	输入	任意
警报	蜂鸣器	数字信号	输出	任意
辅助	四位数破管			GVA4A5

师:声音是如何发声变化的?

生:当距离大于 50 cm 时,不发出警报声;当距离小于 50 cm 时,发出急促的警报声。

师:拿出白纸,尝试画出流程图。

生：

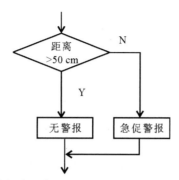

师：播放一段有规律的警报声，请问是响的时间长还是停的时间长？

生：停的时间长。

师：邀请一名同学上台完成流程图的连接和对应代码块的拼接。

师：如何发出急促的警报声呢？改变了什么？如何改变的？

生：改变了声音的频率。

2.新知学习

(1)知识详解

目的在于排除创新过程中的知识障碍，帮助学生构建合理的知识结构，为创新行为打下基础。

【教学片段】

映射是指两个集合之间元素相互对应的一种关系。举例萝卜籽和坑的案例帮助学习理解映射的概念（映射的一种情况）。

距离减少，时间也随之减少，有且只有一个对应的值。

(2)解构复原

学生在教师的引导下对任务进行拆解分析，明确思路，并画出编程流程图；程序复原是思维聚合的一个过程。

【教学片段】

声音变急促，是修改发出警报延时的时间还是停止报警延时的时间？邀请学生完成流程图中对应代码块的拼接。

(3)归纳总结

总结遇到的问题及解决措施，为下一节课的创新环节排除错误障碍，也为创新的设想铺垫台阶。

【教学片段】

实际生活中的倒车雷达测距到最小值蜂鸣器是如何发出声音的？请同学们查阅资料或在坐私家车时观察，记录所观察到的情况并填写在学习任务单中。

3.项目设计

(1)生成项目

生成项目是创新的初始，围绕上节课的问题发现共同确定项目，教师呈现需要完成的学习挑战，并详细叙述学习挑战的内容。

【教学片段】

师:(问题汇报)根据观察到的现象,说一说倒车雷达的蜂鸣器存在几种情况。

生:存在 3 种——不响、急促响和一直响。

师:用语言描述数轴的含义。

(2)项目规划

学生理解挑战,根据已有的知识经验建立联系,明确需要探究的任务。

(3)构建模型

该阶段包括硬件的搭建和总体流程图的绘制,针对提出的修改方法进行思路的梳理和模拟设计的落实。教师在整个教学过程中只能起辅助、激发和引导作用,不可包办。

【教学片段】

师:绘制流程图。

生:

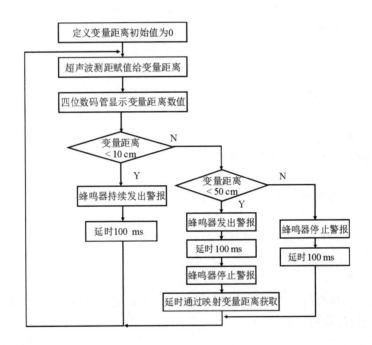

4.迭代优化

(1)项目制作

在制作与测试时,学生需要结合各自"产品改造设计方案"展开制作活动。在制作过程中会遇到问题,学习通过自主思考或询问教师寻求解决办法,以便对产品进行迭代设计与测试。

(2)方法总结

这一环节中,学生应主动调用旧知,进行系统归纳总结,比如,硬件类的问题怎么处理? 软件类的问题怎么处理? 可替代的硬件有哪些? 我遇到了什么困难,采取了哪种解决措施。

（3）迭代优化

产品的制作是否达到预期效果？可以从功能和程序上进行修改调整。在迭代中不断完善已有的方案。

【教学片段】

师：思考增加什么功能可让倒车雷达装置功能更完善，编程实现功能或者把想法写在设计清单上。

5.总结评价

【教学片段】

产品自评：

汇报项目	详情内容
自报家门	小组、成员
设计意图描述	为什么做这样的设计
功能描述	设计了什么功能
功能实现与测试	哪些功能已经编程实现，哪些没有实现
后续改进设想	还有哪些需要改进的地方

小组他评：

倒车雷达		
序号	评价描述	评价等级
1	会使用多种选择结构模块编写程序	
2	能结合其他传感器编写程序实现设计功能	
3	功能设计合理，有创新想法	
评价等级分为A优秀、B良好、C合格		

五、结束语

　　本研究构建了一个完整的面向创新能力培养的 Mixly 编程教学模式，通过先导阶段的基于"仿"的探究学习到造物阶段的基于"创"的设计型学习，学生在做中学，在做中创，在分享中交流反思，从而实现创新能力的培养，也体现了对全人发展的影响。在创客教育视域下将编程教育和基于技术支持的产品相结合，培养创新能力，或许将成为 21 世纪创新人才培养的重要方式。

参考文献

　　[1]TORRANCE E P. A Longitudinal Examina-tion of Four Grade Sharp in Creativity[J].Gifted ChildQuarterly,1968(12):195-199.

　　[3]朱智贤.心理学大词典[M].北京:北京师范大学出版社,1989,78-79.

　　[4]LIN C S,Wu R Y-W. Effects of Web-Based Creative Thinking Teaching on Students' Creativity and Learning Outcome[J].Science&Technology Education,2016,12(6):1675-1684.

　　[5]DALY S R,Mosyjowski E A,Seifert C M.Teaching Creativity in Engineering Courses[J].Journal of Engineering Education,2014(103):417-449.

　　[6]CHU S L, QUEK F, BHANGAONKAR S, et al. Making the maker:A Means-to-an-ends approach to nurturing the Maker mindset in elementary-aged children[J].International Journal of Child-Computer In-teraction,2015(5):11-19.

　　[7]赵呈领,申静洁,蒋志辉.一种整合创客和 STEM 的教学模型建构研究[J].电化教育研究,2018(9):81-87.

　　[8]何克抗.论创客教育与创新教育[J].教育研究,2016,37(4):12-24,40.

　　[9]杨刚.创客教育:我国创新教育发展的新路径[J].中国电化教育,2016(3):8-13,20.

大概念视角下的初中人工智能教学设计与开发

——以"语音识别技术"课程为例*

杜　娟¹　孙　丹²　李　艳²

(1.萧山区金惠初级中学,浙江杭州　311202;
2.浙江大学教育学院,浙江杭州　310058)

摘　要:为了适用人工智能时代的变革和挑战,落实核心素养的要求,本文提出大概念视角下初中人工智能教学设计新思路。通过梳理国内外中小学人工教育现状和大概念教学研究现状,提出基于大概念视角,采用威金斯的逆向教学设计理念,试图对人工智能模块开展单元整体设计和开发;通过厘清人工智能的大概念和逆向教学设计理念,以语音识别技术为课例开展人工智能教学设计与开发,为初中人工智能教学实践提供新的思路。

关键词:大概念;人工智能;逆向教学设计

一、问题的提出

2017年7月,国务院印发《新一代人工智能发展规划》,明确指出人工智能成为国际竞争的新焦点,应逐步开展全民智能教育项目,教育部《教育信息化2.0行动计划》明确要求完善课程方案和课程标准,使中小学人工智能和编程课程内容能充分适应信息时代、智能时代发展需要。如何引导学生学习人工智能知识,如何针对不同的教学目标设计相应的学习活动等一系列的问题都有待我们去解决。

近年来,各个国家都制定了自己的核心素养或关键能力框架。如威金斯(Wiggins)所言,"学校教育的目标是使学生在真实世界能得心应手地生活"。大概念教学正是以"真实性"为基础开展的教学;大概念不仅可以联结学科内的概念,还可以连接学校教育与真实世界。大概念教学引导学生超越对知识和技能的学习,走向概念。

基于此,本研究将大概念教学理念运用到初中人工智能课程中,以期丰富和充实人工智能教育教学理论。同时,试图对人工智能模块开展单元整体设计和开发,对初中人工智能教学及核心素养的落实提供实践参考。

* 基金项目:国家科技创新2030——"新一代人工智能"重大项目"人工智能综合影响社会实验研究"子课题"人工智能赋能教育强国社会实验研究"(项目编号:2019AAA0105403)。

二、国内外中小学人工智能教育现状

（一）国内外中小学人工智能教育现状

20 世纪 80 年代，在英国中学的信息与通信技术（ICT）课程中已经融入了人工智能模块，主要讲解人工智能基础知识和应用领域，他们在课程标准中对课程内容、教学方法、课时、课程评价等做出了详细的说明。2018 年开始，美国人工智能领域的学者和一线教师开始探讨和细化面向 K-12 阶段人工智能教育的相关教学内容，涉及"知识表示""机器学习"等多个方面，并对相关人工智能教育的工具与资源进行了推荐。从 2016—2017 学年开始，芬兰在其国家课程中要求小学一年级及以上都要将编程、计算思维与其他科目相结合。

我国人工智能教育课程主要有两种形式：一种是信息技术课程，另一种是 STEM 课程、创客课程。中国人民大学附属中学从计算、感知、认知、创新等层面，构建了金字塔形的中小学"STEAM＋人工智能教育"课程体系；温州中学创建了创客空间实验室，开发了"Arduino 创意机器人"、"树莓派和 Python 编程"等一系列创客教育校本课程。北京和上海的一些中学开始逐步进行人工智能课程的建设；人工智能教育的试验学校、各版本的试验教材、资源平台如雨后春笋般出现。

综上所述，中小学阶段的人工智能教育还属于起步和探索阶段。人工智能教学作为 2020 年浙教版新教材的内容，落地实施时间不长，这方面的教学实践还很缺乏，如何引导学生学习人工智能知识，如何针对不同的教学目标设计相应的学习活动等一系列的问题都有待我们去解决。

（二）大概念教学研究现状

大概念教学通常是以单元为整体展开的，国外比较有代表性的是埃里克森等提出的单元设计的 11 个步骤，威金斯等人在基于课程标准的前提下，用大观念的方法探讨单元或主题教学的设计提出了逆向设计三步骤，以及查莫斯等提出的单元设计六步骤。国内有李刚提出了课程单元开发的七步框架；邵朝友、崔允漷提出了五项关键行动；刘徽则针对我国素养导向的教学转型，提出大概念视角下单元整体教学设计的三个关键步骤，即目标设计、评价设计和过程设计。

对比发现，埃里克森、威金斯及刘徽的单元教学设计步骤都是一致的，只是细节上存在区别。大概念教学理念提出主要源于国际科学教学，在其他学科领域的研究很多，但在人工智能教学领域的很少。本研究基于大概念视角，采用威金斯的逆向教学设计理念，试图对人工智能模块开展单元整体设计和教学实践。

三、学科大概念与逆向教学设计

(一)大概念教学

2019 年 7 月,美国 AAAI 发布了 K-12 人工智能教学指南(K-12 guidelines for artificial intelligence,以下简称"指南")。"指南"将 K-12 阶段所需学习的人工智能知识分成了 5 个大概念:感知、表示与推理、机器学习、人机交互、社会影响,如表 1 所示。本研究整体上采用美国的五种人工智能大概念提法。

表 1　人工智能的五个大概念

大概念	含　义
感知	指智能体可以借助各类传感器获取客观世界的信息,是从传感器信号中提取意义的过程
表示与推理	指智能体可以通过特定的逻辑和模型表示客观世界的信息,并对此进行逻辑推理
机器学习	指智能体可以从表示客观世界的数据中进行学习,从中找到规律的统计推断
人机交互	指智能体可以与人类开展自然交流
社会影响	指智能体可能对人类社会产生正面或负面影响、伦理道德方面的挑战

(二)逆向教学设计

威金斯的单元设计分为三个步骤,即阶段 1 明确预期学习成果,阶段 2 确定恰当的评估办法,阶段 3 规划相关教学过程,威金斯称之为"逆向设计"的思路。卡拉·马歇尔(Carla Marschall)等提出了概念探究过程的七个阶段,如图 1 所示。她认为大概念教学会反复在具体和抽象之间穿梭,因此,她提出"概念探究模型应该被看作是递归的而不是线性的"。我国学者刘徽,综合了大概念教学模型中的观点,将大概念教学过程归纳为"准备→建构→应用"三阶段,概念教学的七个阶段贯穿其中。

图 1　概念探究七阶段模型

四、大概念视角下的"语音识别技术"教学设计与开发

本研究以 2020 年浙教版八年级下信息技术第二单元第十一课"语音识别技术"为例，从大概念视角，采用逆向教学设计理念，开展教学设计与开发。

(一)明确预期的学习目标

在设计本节课时，对教材内容进行了整合；首先明确了人工智能单元的核心任务——识人机器人，再对核心任务进行分解，分课时步步进阶，逐层递进开展教学。根据本单元的核心任务，第一课时提出项目，引导学生进行项目分析，教师给出项目评估方式，学生尝试对核心任务进行分解，并制定项目实施计划。根据制定的项目实施计划，分课时开展项目实践，逐步攻克分解的任务；第二课时为"语音唤醒"；第三、四课时为语音识别任务，其中第三课时为"语音识别技术"等。开展教学时将感知、表示与推理、机器学习、人机交互与社会影响五个核心概念贯穿到每节课中。第三课时"语音识别技术"结合人工智能的五个大概念，给出了本节课的学习目标，见表2。

表 2 大概念视角下"语音识别技术"学习目标

大概念	学习目标
感知	了解语音识别技术需要的传感器
表示与推理	了解计算机内部表示信息的方式；理解智能体语音识别的原理；影响语音识别准确率的因素
机器学习	了解训练数据及机器学习对语音识别的影响
人机交互	体验人机交互的过程；知晓人机交互的局限
社会影响	知晓人工智能在语音识别方面存在的社会影响以及伦理挑战

(二)确定恰当的评估方法

为确保学习目标的实现，教师需要明确恰当的评估方法。本单元整体采用威金斯等开创的 GRASPS 模型作为开发工具参考，为学生制定表现性任务单。首先，梳理新手视角和专家视角中对同一概念的不同解读，设计好本节课的"初步理解对比深入理解"主题单，如图 2 所示。其次，设计本单元的学生 GRASPS 表现性任务单如表 3 所示。最后，设计学生使用的评估量规如表 4 所示。

"语音识别技术"的初步理解对比深入理解

你的理解＿＿＿＿＿＿＿＿＿＿＿＿＿＿＿＿＿＿＿＿＿＿＿＿

新手视角	专家视角
语音识别需要借助设备听到声音。 机器可以存储和表示声音。 机器可以识别声音。 一些因素会影响语音识别的准确率,可以通过技术提高语音识别的准确率。	语音识别技术帮助麦克风等传感器感知声音。 智能体通过声音数字化以二进制形式对声音进行存储和表示。 训练数据对语音识别准确率有极大的影响,智能结合机器学习和深度学习大大提高了语音识别的准确率。

图 2　语音识别技术的"初步理解对比深入理解"主题单

表 3　GRASPS 表现形式任务单

元素	描述
目标(G)	识人机器人
角色(R)	你是一名产品设计师
对象(A)	用户
情境(S)	日常生活中,我们常常见到智能音响和聊天机器人,如何能让智能音箱只听你的话,只完成你的命令呢? 我们可以让它记住你的声音或者脸,只要听到你的声音或者看到的脸,它就会被唤醒,并能认出你的脸,与你进行聊天
产品、表现和目的(P)	设计一台识人聊天机器人,并能实现以下功能:语音唤醒,语音识别,语音合成,人脸识别
成功标准与指标(S)	能实现要求的功能;适当的创意;不违反伦理道德的要求

表 4　评估量规

理解程度	完全不理解	不理解	理解	非常理解	完全理解
感知					
表示与推理					
机器学习					
人机交互					
社会影响					

(三)规划相关的教学过程

1.准备阶段

(1)融入情境,明确任务:教师首先和学生一起回顾本单元和核心任务以及语音唤醒的实践,由此引出下一步的任务,即明确本节的主题语音识别。在这个阶段,主要是激发学生的学习兴趣,让学生明确具体要做什么。

(2)提出问题,积极参与:接下来,教师根据本节课的任务语音识别技术,抛出两个问题。

2.建构阶段

(1)聚焦问题,开展实践:教师引导学生带着问题开展语音识别的项目实践。

(2)扩展问题,探究原理:教师引导学生对机器如何表示和识别声音展开原理探究;学生借助制作的语音识别机器人,以拓展问题,探究原理。

探究一:不同的发音人(小组内两位同学),采用同一文本信息分别与机器人聊天,观察识别结果并思考原因。在该探究中教师以三个问题引导学生思考语音识别的原理。

探究二:你说我猜。探究二中有两个活动:活动一,一名同学针对同一文本信息,选择不同的语言与机器人聊天,请同学们一起猜一猜,哪种语言的识别率高;活动二,给出四张词组卡,请同学用普通话朗诵,其他同学和机器人一起识别。引导学生理解"语言处理"与"语言模型",如图3所示,并思考语音识别的难点。探究结束,引导学生整理概括语音识别的过程,即机器是如何识别声音的。

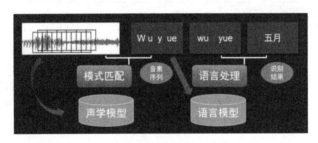

图3　声学模型与语言模型

3.应用阶段

(1)迁移提升、模型迭代:针对学生的项目实践情况,即机器人语音识别中存在的识别错误,提出问题,引导学生结合语音识别的过程分析如何训练机器人可以促使机器人更加聪明。引导学生知晓,智能体可以通过机器学习提升语音识别的准确率,而产品的设计并不是一次性的,而是多次迭代的。

(2)项目回顾、反思总结:引导学生回顾本节课项目,反思我们与机器人交互中遇到的问题,总结本节课学习到的内容并思考语音识别对我们社会的正向影响与反向影响。最后提出问题,为下节课设疑。

五、对初中人工智能教学设计应用的思考

新教材实施后,初中人工智能的教学面临着诸多的挑战,如教师人工智能的知识系统的不足,人工智能教学资源缺乏等。但更为重要的是,如何让学生获得真正的理解,联结学科内的概念,达成学科内知识的融会贯通,连接学校教育与真实世界,大概念教学为其提供了新的视角。在大概念教学中有以下几点思考:

（1）为学生创建真实的情境。大概念教学旨在以真实性为基础进行教学，解决真实情境中的问题。因此在设计本节课时，项目有意识地建立概念与真实世界的连接。同时采用单元整体设计，从单元核心任务出发，分课时层层递进、逐步递进实现整个项目；通过感知、表示与推理、机器学习、人机交互、社会影响这五个大概念建立课时与课时之间的横向对比联系。

（2）为学生提供学习支架。人工智能单元的内容相对来说具有一定的难度，学生在学习过程中容易遇到问题。教师在进行教学设计时，需要充分分析学情，预设学生学习过程中可能遇到的问题，并为学生设计多种学习支架，促进学生对知识的学习与理解。

新教材的落地与实施，对硬件设备和教师自身软件储备提出了更高的要求。为了更好地适用人工智能时代的变革和挑战，教师需要不断地进行理论学习与积极的实践尝试。希望学生通过人工智能课程学习，勇立潮头，成为人工智能时代的弄潮儿，也希望本研究能为新教材的实践提供一些新的思考。

参考文献

[1]吴飞，阳春华，兰旭光.人工智能的回顾与展望[J].中国科学基金，2018(3)：243-250.

[2]国务院关于印发新一代人工智能发展规划的通知(国发〔2017〕35号)[EB/OL].(2019-12-09)[2021-04-06].http://www.gov.cn/zhengce/content/2017-07/20/content_5211996.htm.

[3]教育部关于印发《教育信息化2.0行动计划》的通知[EB/OL].(2019-12-09)[2021-04-06].http://www.moe.gov.cn/srcsite/A16/s3342/201804/t20180425_334188.html.

[4]戴维·珀金斯.为未知而教，为未来而学[M].杨彦捷，译.杭州：浙江人民出版社，2015：38-39.

[5]张剑平，张家华.中英两国高中人工智能课程标准之比较[J].中小学电教，2005(9)：80-83.

[6]DOURETZKY，GARDNER-MCCUNE C，MARTIN F，et al. Envisioning AI for K-12：what should every child know about AI？[J]. Proceedings of the AAAI Conference on Artificial Intelligence，2019，33：9795-9799.

[7]TOIKKANEN T，LEINONEN T. The code ABC MOOC：experiences from a coding and computational thinking MOOC for finnish primary school teachers[M].//P.J.Rich&Hodges (Eds.)，E-merging research，practice，and policy on computational thinking.Cham：Springer，2017.239-248.

[8]周建华，李作林，赵新超.中小学校如何开展人工智能教育——以人大附中人工智能课程建设为例[J].人民教育，2018(22)：72-75.

[9]谢作如.创客教育的DNA[J].人民教育，2016(10)：28-31.

[10]DAVID S T，CHRISTINA G-M，et al. K-12 Guidelines for Artificial Intelligence：What Students Should Know[EB/OL]. (2020-07-15)[2021-04-06]. https://aeuploads.uoregon.edu/ISTE/ISTE2019/PROGRAM_SESSION_MODEL/HANDOUTS/112142285/ISTE2019Presentation_final.pdf.

面向高阶思维培养的高阶学习活动设计

——以高中信息技术"数据、信息与知识"为例

周　雨　曲茜茜

（哈尔滨师范大学教育科学学院，黑龙江哈尔滨　150025）

摘　要：在信息时代背景下，培养学生高阶思维能力已然成为教育领域内教育改革与研究的重要课题。在此背景和前提下，本文在对高阶思维、高阶学习、高阶学习活动进行充分理解的前提下，得出高阶学习活动是实现高阶思维能力发展的有效途径，在此基础上进行了基于高阶思维的高阶学习活动设计，并以高中信息技术学科《数据、信息与知识》为例进行了高阶学习活动的案例设计，最后就课堂实施问题给出针对性策略和建议。

关键词：高阶思维；教学设计新范式；高阶学习活动

一、问题的提出

高阶思维在高中信息技术学科教学中是难以观察和测量的，社会更需要具备创造力和批判性思维的人才。如何设计促进高阶思维能力发展的高阶学习活动成为重要课题。正如叶贤江老师所言，教师在教学时缺乏引导学生开展深度学习的意识，简单化、重复性实用技能训练使得学生长期处于被动学习状态。因而，应在教师的指导下，让学生自主探究知识，进行独立思考，提高学生的思维能力、解决问题能力、创造能力与合作能力。课堂教学缺乏高阶思维的培养目标以及实践与应用。小组合作是教育改革倡导的学习方式之一，团队协作发散思维有利于学生发展创造思维。有意义的学习是高阶思维发展的出发点和落脚点。

二、高阶学习活动是高阶思维能力发展的有效途径

（一）高阶思维的结构及其发展过程

高阶思维指的是在较高的认知水平的基础上产生的心智活动或是较高层次的认知能力。最早源于布鲁姆等人的认知目标分类学，他将学习目标分为知识、理解、应用、分析、综合、评价。每个层次都有特定的含义和特征。其中，"分析、综合、评价"的思维能力属于高阶思维。在教学中如何培养学生的高阶思维，使课堂教学由知识本位向素养与思维本位转变、由浅层学习向高阶与深度学习转变，是当前课堂教学变革面临的重要问题，也是

落实核心素养、培养创新人才的关键突破口①。高阶思维主要是指培养学生解决问题的能力、决策力、批判性思维能力与创新能力等。高阶思维层次具有动态性和发展性,高阶思维是一个隐性知识显性化、非线性上升的发展过程(见图1)。

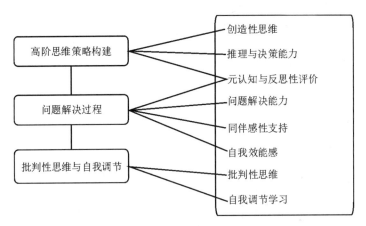

图 1　高阶思维发展过程与结构要素

(二)高阶学习的内涵解析

高阶学习是一种有意义的学习,学生积极主动地获取知识,建构自己的知识含义,是有效地促进学生能力发展的深度学习。促进学习者高阶能力的发展,在信息化教学中是技术发展与应用的关键。学习者高阶思维能力的培养与发展需要通过高阶学习活动来实现,高阶学习的活动过程同样也需要高阶思维的参与。高阶学习是实现高阶思维能力发展的根本途径。

(三)高阶学习活动内涵及特征分析

高阶学习活动是高阶思维能力进行有意义的学习活动。高阶学习活动能使学生发生较高认知水平层次上的心智活动,促进较高层次的认知能力发展,更能实现促进学生发生深度学习并提升学生核心素养的课程目标。

高阶学习活动与一般的学习活动相比,有以下三个特征。

(1)能促进学生高阶思维的发展,是一种真正的学习活动。该活动不仅仅是接受信息层面,也不是单纯地理解、背诵以及浅显的沟通,这样的学习活动只是低层次思维的发展。

(2)高阶学习活动能够体现学习者对知识的深度学习,能够发展学习者分析、评价和创造的高阶能力。

(3)能将课堂与社会之间,学科与学科之间联系起来。着眼于对知识和问题的深度分析和解决,学习与生活以及其他学科的联系越紧密,学习的真实性就越强,使学习更加深入,使学习者在高阶学习活动过程中发展高阶思维能力。

---

① 孙宏志,解月光,姜玉莲,等.课堂教学情境下学科高阶思维的结构与发展规律——以语文学科为例[J].电化教育研究,2020,41(6):91-97,104.

三、基于高阶思维的高阶学习活动过程模型

学习活动设计是活动开始前的重要准备工作之一,是教师课堂教学活动的重要组成部分,活动的质量是以开展学习活动为中心的课堂教学成功与否的关键。根据活动主题、目标制定、活动内容以及任务评价等方面,有计划地设计出能让学习者积极投入的高阶学习活动,使学习者在活动中运用高阶思维思考问题,参与学习,促进高阶思维能力发展,从而构建指向高阶思维发展的信息技术课堂(见图2)。

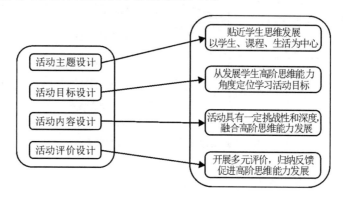

图 2　基于高阶思维的高阶学习活动设计

(一)贴合实际导向的活动主题设计

在设计活动主题的时候,教师应该结合教学目标与教学内容进行研究,还要与新信息技术课程标准紧密结合,贴合学生的实际生活,保证每位同学都可以参与到学习活动当中。第一,活动主题要以学生为中心。从学生的实际经验出发,结合学生的兴趣爱好、行为习惯、发展水平等多方面选取合适的主题。第二,活动主题要以课程为中心。设计结合教学内容与课程标准,对要学内容进行分析,将知识点由简到繁、由易到难、由浅入深循序渐进地联结起来。第三,活动主题要以生活为中心。知识源于生活,以解决实际生活中的问题为出发点,激发学生的学习积极性与参与度,还能加深对知识的理解与建构。

(二)指向发展导向的活动目标设计

在信息技术学习活动中,学习活动目标具有一定的导向作用,活动目标是围绕三维目标进行的,由知识与技能、过程与方法、情感态度与价值观三维构成[1]。为使高阶学习活动更好地进行,教师应关注学生主体的实际学情,从发展学生高阶思维能力的角度进一步思考和定位学习活动目标。因此在设计学习活动目标时,应体现高阶思维能力发展的活动目标[2]。以往的学习活动教学设计过程中忽略了高阶思维能力发展目标的制定。应从发展学生高阶思维能力的角度出发,进一步考量和确定学习活动目标。

---

① 陈明选,张宁.基于高中信息技术学科核心素养的学习活动设计[J].中国电化教育,2019(1):87-93.
② 赵永生,刘磊,赵春梅.高阶思维能力与项目式教学[J].高等工程教育研究,2019(6):145-148,179.

(三)任务明确导向的活动内容设计

在对内容进行设计时,要充分把握知识,结合教材本身提出想要解决的问题,具有一定的问题导向性,让学习者带着疑问和任务进行思考,进行高阶学习活动①。具有明确问题和任务导向的活动内容设计,在进行教学时,思路会更加清晰,开展起来也会更加顺利和畅通。在设计活动内容时要具有一定的难度和挑战性,能够激发起学习者的挑战欲,引发学习者思考,思考的过程也就是思维发散的过程和高阶思维能力的发展过程。对知识的理解与内化是达到深度学习的重要环节②。

(四)归纳反馈导向的活动评价设计

活动评价指的是学生参与课堂学习活动情况的评价。教学反馈是让学生通过反馈激发他们的求知欲,而不是过分注重评价、过分挑剔或有负面情绪③。信息技术学习活动过程中,学生们的思维具有较为活跃和发散的特性,基于高阶思维的高阶学习活动评价,应强调锻炼发展学生的创造性思维能力、批判性思维能力④。评价可以分为自我评价、教师评价以及同学互评等多个维度以评价促进学生自我反思,培养学习者批判思维能力。评价是为了发现问题、解决问题,为下一次高阶学习活动打基础,促进学生更好地开展高阶学习,发展其高阶思维能力。

四、以"数据、信息与知识"课程为例的学习活动设计

基于上述的高阶学习活动设计,选取人教版高中信息技术必修 1 第一章第一部分的"数据、信息与知识"进行高阶学习活动,该活动主要从活动主题、目标设计、内容设计、活动评价几个方面展开。

(一)活动主题

本节课为基础理论知识的学习,教师在教学内容、教学目标与课程标准相结合的基础上,以学生为中心,从学生的实际经验出发,贴近学生的生活,为使学生更易理解知识和提升学习者善于观察生活的能力,确定以"数据在我身边"为本次学习活动的主题,提高学生的兴趣和参与度,以达到更好的学习效果。

(二)活动目标

该部分知识的目标是理解数据和信息的概念及特征、能够举例说明两者的区别和联系;感受数据和信息在学习和生活中的重要作用和价值;认识数据、信息与知识的相互关系,能有意识地开展数字化学习,提高学习者解决问题的能力和创造能力,发展学生的高

---

①　顾晓东.基于高阶思维的数学学习活动设计策略[J].教学与管理,2019(14):46-48.
②　沈丹丹.技术变革环境下促进大学生深度学习的策略与实践研究[J].中国教育信息化,2019(9):1-5.
③　李金玲.面向高阶能力培养的实践类课程全在线授课教学研究[J].中国教育信息化,2020(22):85-89.
④　姜玉莲.技术丰富课堂环境下高阶思维发展模型建构研究[D].长春:东北师范大学,2017.

阶思维能力。

（三）活动内容

本节课的活动内容是在具体感知数据和信息的基础上，引导学生思考数据的含义和作用。运用生活中常见的事物进行思考学习，利用问题导入进行课堂导入。教师提问，同学们进行观察思考，发散思维，表达自己的想法，老师总结。显而易见，整理之后的这串数字变成了一个音乐简谱，显然在对数据进行处理后，我们就可以获取其中的信息，这就是我们将要学习的三个重要内容：数据、信息和知识。

用 PPT 展示身份证、车牌照的图片，请同学们分成小组讨论。组员在组内阐述自己的思考，每组派一名代表阐述本组的观点，然后教师就同学们的发言进行总结，根据身份证上的数据，能够了解到很多私人信息，例如姓名、性别等。由此可以看出，开始发现的文字、符号和数字是数据，它们可以传达出某些信息。信息是内容，是经过收集和处理的数据，与接受者的基础和能力有关。数据是计算工具识别、储存和加工的对象，具有可加工、可处理的特征。数据是信息的载体，信息是数据的表示意义。

（四）活动评价

在"数据在我身边"主题活动中，评价采取教师评价和学生自评相结合，观看问题角度更加全面，发现问题，解决问题，做好学习活动的反馈与反思，为进一步的学习做铺垫。

五、课堂教学建议与策略

课堂教学活动需要重视培养学生的高阶思维意识，为学生的综合素质发展奠定基础。通过对高阶思维的理解以及高阶学习活动的实践，归纳出如下课堂教学建议及策略。

（1）基于发展高阶思维，设计深度追问。教师应通过对教学情境的运用，启发学生深度思考，即高阶思维的发展过程。长此以往，学生分析、解决问题的能力和逻辑思维能力将会显著提高。通过进一步追问促进学生深度学习与思考，深度学习的最终目的是要解决真实情境中的复杂问题①，从而丰富高阶学习活动。

（2）把握教学重难点，设计指向高阶思维的问题导向的活动内容。问题是引发学生思维的不竭动力，在设计内容时建议带有一定的难度与复杂性，让学生带着疑问对所学内容进行深度思考，发展其分析、评价和创造的能力。

（3）设计时要目标明确。目标不明确，不利于发展学生思维。教师提出问题首先要有明确的目标和指向性，才能引导学生积极参与高阶学习活动，发现并解决问题，让学习活动逐渐深入。问题目标不明确，课堂活动也将缺乏指向性和有效性，教学活动也是无效的。

① 吴秀娟，张浩.基于反思的深度学习实验研究[J].远程教育杂志,2015,33(4):67-74.

六、总结

高阶思维需要通过高阶学习活动来实现和发展。学生在学习的过程中全神贯注地投入，并且在学习过后要深度地反思从任务开始到学习结束的整个学习过程。高阶思维高阶学习活动是让学习者在自身已有知识经验基础上，围绕真实情景真正地去解决问题，提高自身解决问题能力和创造能力等，从而达到提高学生的思维水平，提升整体素养，实现更有效的学习，发展高阶思维能力。

参考文献

[1]孙宏志,解月光,姜玉莲,等.课堂教学情境下学科高阶思维的结构与发展规律——以语文学科为例[J].电化教育研究,2020,41(6):91-97,104.

[2]陈明选,张宁.基于高中信息技术学科核心素养的学习活动设计[J].中国电化教育,2019(1):87-93.

[3]赵永生,刘霁,赵春梅.高阶思维能力与项目式教学[J].高等工程教育研究,2019(6):145-148,179.

[4]顾晓东.基于高阶思维的数学学习活动设计策略[J].教学与管理,2019(14):46-48.

[5]沈丹丹.技术变革环境下促进大学生深度学习的策略与实践研究[J].中国教育信息化,2019(9):1-5.

[6]李金玲.面向高阶能力培养的实践类课程全在线授课教学研究[J].中国教育信息化,2020(22):85-89.

[7]姜玉莲.技术丰富课堂环境下高阶思维发展模型建构研究[D].长春:东北师范大学,2017.

[8]吴秀娟,张浩.基于反思的深度学习实验研究[J].远程教育杂志,2015,33(4):67-74.

[9]MUTTAQIN H,SUSANTO,HOBRI,TOHIR M. Students' creative thinking skills in solving mathematics higher order thinking skills（HOTS）problems based on online trading arithmetic[J]. Journal of Physics：Conference Series,2021,1832(1):012036.

[10]RUSTANA C E,AMINAH S,BUDI A S. The development of harmonic oscillation e-module based on problem based learning（pbl）for helping improvement of students' higher order thinking skills（hots）[J]. Journal of Physics：Conference Series,2021,1869(1):012174.

不插电编程教学促进计算思维发展的实证研究

朱彩凤[1] 孙 丹[2] 李 艳[2]

（1.浙江大学教育学院附属学校，浙江杭州 310053；

2.浙江大学教育学院，浙江杭州 310058）

摘 要：中小学信息技术课堂是有效促进学生计算思维发展的重要阵地。本研究分析了某初中信息技术课堂学生的学习情况，采用假设论证、问卷调查和相关分析的方法，探究了不插电编程教学对于学生计算机科学知识、计算思维和编程态度的影响。研究结论如下：不插电的编程教学能够有效提升学生的计算机科学知识、计算思维和编程态度，其中计算思维中的算法思维、合作技能和问题解决能力显著提升；数学成绩与学生的计算机科学知识水平和计算思维能力显著正相关；数学成绩对学生的计算机科学知识和计算思维提升水平的影响有显著性差异，数学成绩好的学生，两者提升水平显著；编程态度有性别差异，男生的编程态度相对较好，计算机科学知识和计算思维无性别差异。研究结果揭示了编程学习成效与性别无关，而与数学能力的高低具有较大相关性。对于不插电编程课堂行为的深入分析，可以帮助教师深入了解学生的行为机制，进而做到因材施教。

关键词：不插电；编程教学；游戏化；计算思维；计算机科学；编程态度

一、前 言

国内外的研究专家高度关注学生计算思维发展的培养路径，其中能够较好地培养逻辑思维和问题解决能力的编程教育受到教育界的广泛研究。

不插电编程最初由新西兰坎特伯雷大学的计算机科学研究小组开发，受建构主义的影响，泛指不依赖计算设备来培养计算思维以及学习计算机科学概念。不插电编程的目标是增加学生对计算机科学的兴趣，并帮助他们更好地理解和掌握相关的概念和实践。不插电编程活动可以通过角色扮演、操纵实物（如便利贴、卡片、积木等）以及身体动作来完成，进而使学生能够较为轻松地学习抽象的算法分析、形式化语法等，甚至可以学到更具体的主题如编程语言、程序设计等。不插电编程不仅是为了模拟计算的过程，而且是为了让学生有机会探索计算机科学的基本思想，而不被编码所需的技术专门知识所束缚。不插电编程能够以游戏化的动觉方式帮助新手程序员学习编程知识。而传统编程教育可能过分强调学生对编程语言语法的习得，而忽略了他们问题解决能力和计算思维的培养。高邬斯（Gouws）等学者在学生参与Scratch编程学习之前，开发了一套不插电的编程活动，并在三个中学进行了实证研究。研究表明，参与不插电编程活动的学生在编程关键概念习得上显著优于其他学生。第斯等人将不插电活动与传统编程教学活动进行了对比研究,结果肯定了不插电编程活动在初中生群体中的作用与效果,认为其能够起到与传统编程教学活动类似的效果,且存在一定激励作用。

二、不插电编程的教学设计高阶

(一)不插电编程课堂教学模型

在教师的引导下,学生在信息技术课堂中根据教学者创设的情景进行游戏体验。吸引学生的兴趣,降低学生的畏难情绪;通过具体化的方式,将抽象的编程概念和算法规则呈现出来,降低学生的认知负荷;通过可视化的方式,将计算机的运行原理演示出来,帮助学生完善计算机相关知识;通过结对编程的模式,促进合作学习,达到基本教学目标。综上所述,不插电编程的教学模式通过问题导向、抽象分解、算法思想得到完成教育游戏行之有效的思维方式,然后通过合作创新、类比迁移等方法实现计算思维能力的提升。基于不插电编程的信息技术课堂教学模型,如图 1 所示。

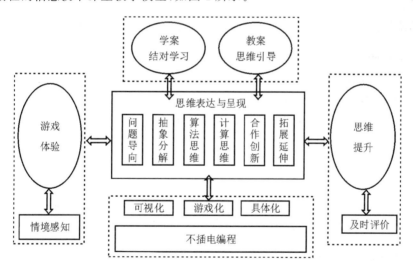

图 1　基于不插电编程的信息技术课堂教学模型

(二)不插电编程课堂教学案例

基于以上教学模型和不插电编程的特点,本研究设计并整理了一套基于不插电编程的教学活动,以此来激发学生的学习兴趣,提高学生在课堂上的参与度,培养学生的计算思维品质。

基于不插电编程的教学设计如下:

(1)情境导入:观看算法可视化示例视频,直观感受算法的运行。此环节是为了激发学生的兴趣和积极性。

(2)新知探究:通过游戏体验和动画演示的方式进行实践知识的学习,使用卡片等工具还原计算机的内部运行机制。此环节是为了将计算机理论知识和算法思想形象化，帮助学生理解计算机的内部运行机制，培养学生的计算思维能力。

（3）合作探究：通过小组合作的方式进行概念界定、归纳总结和类比迁移，深入理解概念和不同算法之间的关系。此环节是为了提高学生的合作和迁移能力。

（4）总结评价：梳理重难点，回顾总结。使用导学案和及时反馈工具将学生的学习数据采集并分析，及时评价。此环节是为了深度掌握学生的学情。

三、基于不插电编程的研究设计

（一）研究目的

为验证不插电编程促进计算思维发展的有效性，通过对学生学习数据的分析，探究不插电编程教学模式下学生的计算机科学知识、计算思维和编程态度与性别和数学成绩之间的关系；通过统计分析和词云分析等方法，探究不插电编程教学模式下学生知识水平、思维能力和态度的影响因素。

（二）研究问题

基于上述研究目的，本研究的研究问题可以界定为：
（1）不插电的编程教学对提升学生的 CS、CT 和 AT 的影响。
（2）性别对学生的不插电编程教学效果的影响。
（3）数学能力对学生的不插电编程的教学效果的影响。

（三）研究对象

本研究以浙江省杭州市某初级中学参与信息技术课程的学生为研究对象，以 6 个班级的学生为研究群体，于 2019 学年第二学期开展不插电编程教学。其中，女生 89 人，男生 121 人，学生年龄范围为 12～15 岁，平均年龄 13 岁。

（四）研究方案

本研究从准实验和调查研究的角度分析学生的学习行为，对学生进行了 CS、CT 和 AT 的前后测，并采用定性与定量的方法进行了数据分析，通过分析结论来掌握学生的学情，保证实验的科学性。

在教学的过程中，本研究通过实时录像等方式记录了教学的过程性数据，包括学生的课堂表现以及行为等，以此明晰学生在学习过程中的学习习惯与表现，还原学生的真实学习状态；同时结合学生在课上留下的过程性访谈数据，深入探究不插电的编程教学对学生的 CS、CT 和 AT 的影响以及对学习数学等学科知识的影响。

本研究总结反思了一学期的不插电教学案例，提出了改进的意见及注意事项；同时，对信息技术课堂上的前后测数据进行了深度对比分析，采用描述性统计分析以及相关分析的方法，探究基于不插电编程的信息技术课堂教学效果的影响因素。基于不插电的编程教学实践研究方案,如图 2 所示。

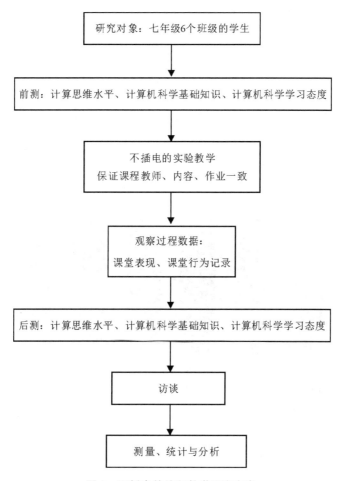

图 2　不插电的编程教学研究方案

(五)研究数据的收集和处理

本研究与 2020 年 3 月至 7 月通过纸质问卷的形式对七年级 242 名学生进行调查和数据的收集,使用 SPSS 做描述性统计分析和相关分析,进行数据的整理和验证;使用词云分析学生的访谈内容,以求获得全面的数据。相关分析和验证性分析可以通过对不同特征或数据间的关系进行分析,发现 CT 的关键影响因素及驱动因素,并对学习者的 CT 发展进行预测。

四、研究结果分析

学习活动设计是活动开始前的重要准备工作之一,是教师课堂教学活动的重要组成部分,活动的质量是以开展学习活动为中心的课堂教学成功与否的关键。根据活动主题、目标制定、活动内容以及任务评价等方面,有计划地设计出能让学习者积极投入的高阶学习活动,使学习者在活动中运用高阶思维思考问题,参与学习,促进高阶思维能力发展,从而构建指向高阶思维发展的信息技术课堂。

(一)不插电编程能够显著提升 CS、CT 和 AT 水平

本研究对各变量进行平均数等描述性统计分析。结果表明经过一学期的不插电编程的学习,学生的 CS、CT 和 AT 均有一定的提升,且 CS 和 CT 显著提升。其中,从柱状图中可以看到后测中男生三项数据的均值比女生三项数据的均值高;从折线图中可以看到数学成绩好的学生三项数据的均值都比其他学生高,如图 3 所示。

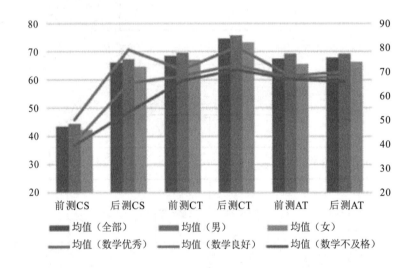

图 3　CS、CT 和 AT 的前后测对比分析

本研究遵循美国国际教育技术协会对 CT 的测量维度,通过创造力、算法思维、合作能力、批判性思维和问题解决能力对学生进行评估。最终,通过前后测的对比分析,显示学生的算法思维、合作能力和问题解决能力显著提升,如图 4 所示。

(二)性别与 AT 显著相关

使用非参数检验的方法验证学生的性别对 CS、CT 和 AT 的影响是否会有统计学差异。结果显示前测 AT(P 值)/后测 AT(P 值)小于 0.05,而另两项数据的 P 值均大于 0.05,因此认为性别在 AT 中具有统计学差异,尤其是在前测中更具有显著性,即男生在 AT 中得分更高,表示男生对 CS 更加感兴趣或者更加愿意相信计算机科学能帮助自己解决问题;而性别对 CS 和 CT 的影响不具有统计学差异。如表 1 所示。

(三)数学成绩与 CS、CT 显著正相关

使用相关分析探究数学与不插电的计算思维活动效果的关系,结果显示,数学成绩与 CS 和 CT 具有显著的正相关,而与 AT 没有相关性。如表 1 所示。

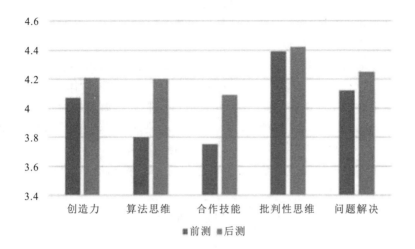

图 4　计算思维各维度前后测对比分析

表 1　CS/CT/AT 与性别、数学成绩的相关性分析

	前测 CS	后测 CS	前测 CT	后测 CT	前测 AT	后测 AT
P(性别)	0.453	0.249	0.088	0.207	0.009***	0.015**
P(数学)	0.296***	0.583***	0.182**	0.302***	0.023	0.137

注：* 表示 $p<0.05$，** 表示 $p<0.01$，*** 表示 $p<0.001$。

(四)数学成绩与 CS 提升显著正相关

使用非参数检验的方法验证数学能力是否会对学生的 CS、CT 和 AT 的提升有统计学差异。结果显示 CS−增值（P 值）<0.05，而另两项数据的 P 值均大于 0.05，因此认为数学能力在 CS 中具有统计学差异，即数学成绩优秀的学生，其 CS 的提升水平相比于数学成绩良好和不及格的学生，提升水平显著；而数学能力在 CT 和 AT 中不具有统计学差异，即数学成绩的高低对于 CT 和 AT 的提升没有显著的影响。如表 2 所示。

表 2　数学成绩与 CS/CT/AT 提升程度的相关性分析

	CS−增值	CT−增值	AT−增值
数学(优秀)	28.88	9.5	0.64
数学(优秀)	24.53	4.58	0.55
数学(优秀)	13.74	4.49	−1.15
P(数学)	0.000**	0.059	0.565

注：* 表示 $p<0.05$，** 表示 $p<0.01$，*** 表示 $p<0.001$。

(五)编程态度显著提升

在开展教学前,本研究对编程基础几乎为零的学生做了关于 AT 的问卷调查和访谈,结论如下：(1)学习编程兴趣不高，有畏难情绪；(2)认知能力有限，较难理解抽象的文本代码；(3)计算机知识不系统，运行原理不清楚；(4)英语知识不达标，程序编写受到影响；(5)编程水平参差不齐，教学目标较难实现。

在开展不插电的编程教育后，本研究再次对学生做了关于 AT 的问卷调查和访谈，图中"二进制""实践""知识""同学""冒泡排序""注意力""奇偶校验""体验""有趣"比重比较大。词云图显示在教学结束后，大部分学生掌握了二进制、奇偶校验、搜索、排序等计算机科学基础知识，同时认为游戏化的教学方式比较有趣；另外，后测相比于前测编程态度明显好转，出现了大量的"同学"字样，这也体现了不插电编程教学培养了学生的合作能力，让学生体会到了不插电的编程学习需要同学之间的合作探究，提高了学生的合作意识。

五、结论与展望

(一)结论

研究结论如下：(1)不插电的编程教学能够有效提升学生的计算机科学知识、计算思维和编程态度，其中计算思维中的算法思维、合作技能和问题解决能力显著提升。(2)数学成绩与学生的计算机科学知识水平和计算思维能力显著正相关。(3)数学成绩对学生的计算机科学知识和计算思维提升水平的影响有显著性差异，数学成绩好的学生，两者提升水平显著。(4)编程态度有性别差异，男生的编程态度相对较好，计算机科学知识和计算思维无性别差异。

通过课程实验前后测的数据，分析得出学生的 CS、CT 和 AT 明显提升。一方面，数学能力对于学生 CS 的获取和 CT 能力的提升具有重要影响，数学成绩越好的学生，CS 的提升水平越快。因此，我们在关注学生编程能力的同时也应该关注学生数学知识的储备，帮助学生提升数学能力可以有效提升其编程能力。同时我们也要设计适合学生学习的编程教学，课程内容切合学生的基础能力。

通过量表和访谈的方式获取到学生的 AT，在融入不插电编程的信息技术课程中，AT 有一定程度的提升，学习编程的兴趣增加，也更加有自信；同时注意力相对比较集中，学习积极性和参与度非常高，具有比较好的学习氛围。因此，我们在编程教学中，可以将不插电编程作为我们编程教育的一部分，进而有效提高学生的兴趣和信心；同时，我们也注意到 AT 受性别的影响非常大，因此教师在教学过程中应该更加关注女生的编程学习，帮助她们提高兴趣和自信心。

研究结果揭示了编程学习的成效与性别无关，而与数学能力的高低有非常大的相关性。因此，教师在进行教学的过程中需要摒弃"男生适合学习编程"的传统观念，对待学生一视同仁，针对男女生制定同样的教学目标和标准，积极鼓励女生，改善她们的编程态度；同时，也鼓励数学成绩较弱的学生，努力提高数学成绩，从而提高自身的编程技能。

(二)展望

针对不插电的编程教学，本研究主要从学生的 CS、CT 和 AT 等方面进行研究。当

然,本研究仍然存在一些不足,未来的研究可以从以下几个方面继续完善:

(1)在梳理国内外经典教材的基础上,本研究结合国内中小学信息技术课程中的主要教学内容,开发了一门校本课程——不插电的计算机科学;同时,在2019学年下学期开展了6次计算机科学课程的实践教学。用不插电的教学方式取得了不错的效果,但是在计算机教室里如何将不插电的计算思维活动作为课堂的一部分展开,还需要不断深入实践。

(2)本研究从课程结束后的学生访谈中了解到学生学习完本课程后更有助于理解数学和科学知识,在遇到问题后倾向于运用计算机解决问题的方式来思考。因此,在将来的研究中,可以重点分析不插电的编程教学对于学生其他科目学习的影响,进而完善研究。

由研究结果可以看出,本研究主题还存在很多需要进一步研究的问题,希望在未来的研究中能够用更多科学的方法做出合理的解释。

参考文献

[1]郭守超,周睿,邓常梅,等.基于App Inventor和计算思维的信息技术课堂教学研究[J].中国电化教育,2014(3):91-96.

[2]王芬,何聚厚."不插电的计算机科学"发展计算思维的有效途径[J].教育现代化,2017,4(20):45-47.

[3]窦颖.在中小学信息科技课堂中开展不插电的计算机科学教学的应用研究[J].中国信息技术教育,2015(Z1):187 188.

[4]CORRAL J,RUIZ-RUBE I,CIVIT A,et al. A study on the suitability of visual languages for non-expert robot programmers[J]. IEEE Access,2019,7:17535-17550.

[5]BELL T,ALEXANDER J,FREEMAN I, et al. Computer Science Unplugged:school students doing real computing without computers[J]. New Zealand Journal of Applied Computing & Information Technolog,2009:20-29.

[6]陈道蓄.计算机问题求解[R].CCF计算机教学改革导教讨论会,2013.

[7]GOUWS L A,BRADSHAW K, Wentworth P. Computational thinking in educational activities[C]. Innovation and technology in computer science education,2013.

[8]THIES R,VAHRENHOLD J. On plugging "unplugged" into CS classes[J]. Proceeding of the 44th ACM Technical Symposium on Computer Science Education,2013:365-370.

"联通式学习"在高中信息技术教学中的设计与应用

赵 帅 王 炜

(新疆师范大学教育科学学院,新疆乌鲁木齐 830000)

摘 要:本研究以培育学科核心素养为出发点,构建新型教与学的课堂应用模式为落脚点。梳理了联通主义学习理论的核心思想,并以其为理论基础,生成新的实践模型,利用行动研究将理论方案应用于现实实践。行动研究依托于教育实习共分两轮展开,在实地教学中通过对方案的实施、反思、修正,再实施、再反思、再修正使教育教学活动最终有了明显的改进。同时该方案还荣获首届全国全日制教育硕士现代教育技术专业教学技能大赛的一等奖。行动研究结果与参赛结果的双重检验,共同验证了"联通式学习"能够改进高中信息技术教学,促进信息技术学科核心素养的落地。

关键词:联通主义学习理论;高中信息技术教学;行动研究

一、引言

新信息技术课程标准提出了学科核心素养。传统的教学方式和教学手段很难达成对学生核心素养的根植与培养,那么如何把握课标要求?如何帮助学生在信息技术课程中实现学科核心素养的落地?本研究基于联通主义学习理论提出的"联通式学习"为促进信息技术学科核心素养的落地提出一些探索的思路。

二、联通主义

(一)理论探讨

联通主义这一理论最早由加拿大的乔治·西蒙斯[1]提出,他于 2005 年提出了联通主义学习理论的 8 条原则[2]。王志军(2017)总结道:"十多年间联通主义学习理论发展迅

---

① 王镇.基于联通主义下的新一代远程教育体系研究[D].北京:北京理工大学,2015:10.
② 田曼汝.联通主义视域下的高中英语听力混合式教学实践研究[D].哈尔滨:哈尔滨师范大学,2016:15-16.

速,核心思想及观点也日趋成熟,形成了系统的知识观、学习观、学生观、学习环境观。"①本文对联通主义学习理论的核心思想论述主要从知识观与学习观两个方面进行综合考量②。从知识视角来看,信息的连结比信息本身更重要③。从学习视角来看,联通主义学习理论认为节点的连结和网络的汇聚即是学习的发生。在樊文强(2012)看来,"学习者通过'路径寻找'和'意义建构'对知识领域进行探索和协商。其中,路径寻找涉及信息导航的各类线索,意义建构是创建连结的过程"④。联通主义的学习是各个节点抑或是信息间相互联通的过程⑤。

(二)意义支点

新时代背景下的学习被赋予动态、网络、工具等特点,不再是学生的被动接受和教师的"一言堂"。联通主义学习理论的基本观点匹配时代的要求。基于联通主义基本观点提出的"联通式学习"也完全符合教育发展的趋势。联通主义学习理论在"联通式学习"上的理论支撑点如表1所示。

表1 联通主义学习理论在"联通式学习"上的理论支撑对应点

"联通式学习"理念	联通主义学习理论的8个原则
知识观:知识具有共享和非静止等特征。强调学以致用,强调数字化学习;(数字化学习与创新)	学习和知识存在于不同的观点中。 知识现时性(精确的、最新的知识)是关联主义学习活动的目的。
学习观:强调以"问题解决"为关键的学习模式,真正实现"授人以渔"。以品德、感官、技能等多方面都得到熏陶和提高为学习目的;(计算思维)	学习是一个将不同专业节点或信息源连接起来的过程。 促进持续学习需要培养和维持各种连接。
学生观:学生是学习的主体,是未来社会的主人;(社会责任)	能够看出不同领域观点和概念之间联系的能力至关重要。
知识观:知识具有共享和非静止等特征。强调学以致用,强调数字化学习,强调以技术支持学习,资源与学习深度浸润。让学生在丰富的资源中锻炼信息甄别的能力。(信息意识)	持续学习的能力比当前知识的掌握更重要。 决策就是一种学习过程。依据不断变化的现实来选择学习的内容和理解新信息的意义。
环境观:强调以技术支持学习,资源与学习深度浸润。让学在丰富的资源中锻炼信息甄别的能力。(信息意识)	学习可能存在于人工制品中。(场馆学习)

① 王志军.联通主义学习教学交互研究新视角:行动者网络理论[J].现代远程教育研究,2017(6):28-36.
② 刘艳,王炜,江毅,等.CSCL的学习成效研究:2000—2020年[J].教育与装备研究,2021,37(2):6-11.
③ 黄洛颖.联通主义学习教学交互的关系及其特征研究[J].中国远程教育,2020(9):53-61,77.
④ 樊文强.基于关联主义的大规模网络开放课程(MOOC)及其学习支持[J].远程教育杂志,2012,30(3):31-36.
⑤ 李海峰,王炜.在线协作知识建构:内涵、模式与研究向度[J].现代远距离教育,2019(6):69-77.

三、"联通式学习"在高中信息技术课堂教学中的设计

(一)"联通式学习"的实质

"联通式学习"是一种具有联通性的学习过程。高中信息技术学科"联通式学习"作为一种用于传递学习经验的方法,有着鲜明的内涵和丰富的功能。在高中信息技术"联通式学习"的学习设计过程中,其最大特点一是能让学生亲自动手动脑直接获得经验,亲自体验与节点的连结。二是加强学生的协作交流,共同探索,将课堂还给学生,突出以学生为课堂中心。

"联通式学习"是一种具有联通性的教学传递方式。在高中信息技术教学中,教师创设情境,在情境中下达项目活动的目标与任务。在教师的指导下,学生充分发挥其主体作用。在课堂上师生间、生生间、人机间相互交流与启发,从而激起学生学习兴趣,实现对知识的构建,使学生在理解知识的同时,更学会学习,以达到培养学生核心素养的目的。

综合以上论述,笔者将"联通式学习"的定义概括为:以联通主义学习理论为指导思想,以支持学生学习和促进其随后学习成果为目标,通过对教学主体的重组以及对教学环节的有机整合而形成的一种教与学的课堂应用模式。

(二)"联通式学习"的主体要素

教师、学生和资源工具构成了"联通式学习"教学主体的"三要素",其相互作用关系如图1所示。

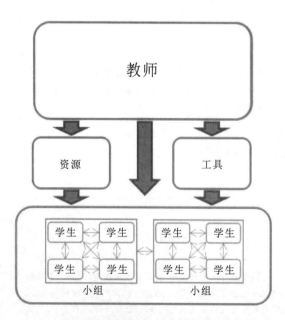

图1 "联通式学习"教学主体要素构成关系图

1.教师

"联通式学习"一改往日的传统教学模式。教师不再是课堂的权威,相反,教师要充当"项目导师"的角色,为学生创设最优的学习情境,提供丰富的资源与工具。引导帮助学生学习知识、提高能力。

2.学生

作为学习的主体,在教师的帮助和引导下,利用小组的探究与共享,结合丰富的资源与工具,在信息与节点间亲自完成连结,实现知识的建构。在实践过程中亲自动手,以获得直接经验,做到学以致用,实现能力的提高。

3.资源与工具

广义上来看,凡是有助于学生成长与发展的人、物和信息,我们都可以称之为学习资源,这是教学者和学习者学习的物质基础。狭义上来看,"联通式学习"中所指的资源与工具主要包括教学材料、教学环境以及软硬件结合的教学后援系统[①],是学生连结节点的通路。

教师在组织与安排资源与工具时,需注意资源与工具的多元化、信息化和主题化。

(三)"联通式学习"的实施程序模式

"联通式学习"的实施程序模式如图 2 所示。在"联通式学习"的教学环节中,教师是在教的过程中影响和帮助学生完成学的任务。如果教师不能尊重学生的学习特点与学习规律,则很难保证"联通式学习"的过程能够符合学生的认知需求。故在这一学习的基本过程中,着重考虑以下四个方面:

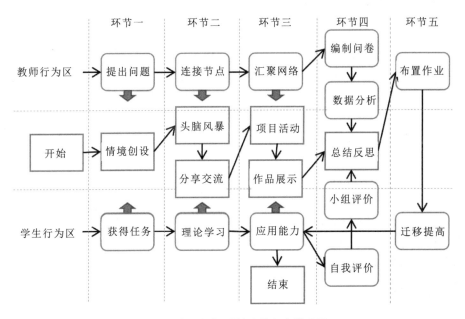

图 2　"联通式学习"的实施程序模式图

---

①　巴巴拉·希尔斯,丽塔·里奇.教育技术:领域的定义和范畴[M].乌美娜,刘雍潜,等译.北京:中央人民广播电视大学出版社,1999.

环节一:创设合适情境,关联目标节点;

环节二:利用活动驱动,完成节点连结;

环节三:丰富学习资源,促进网络汇集;

环节四:关注全程评价,重视学习效果。

四、"联通式学习"在高中信息技术课堂教学中的应用

(一)第一轮行动研究:以《认识并制作二维码》为例

活动一:头脑风暴认识二维码

要求:以小组为单位,收集资料、了解二维码的知识,并加以梳理和归纳,用思维导图呈现小组的学习成果。

活动二:制作二维码

要求:(每小组同学至少制作三个二维码,用 ID 号命名)首先,查找资料,了解二维码的制作工具和方法、二维码的类型及可以承载的内容;其次,小组成员共同规划设计小组的二维码,确定本组的设计目标、通过二维码承载的信息(如小组名、小组图标、电话号码、微信号、电子邮箱地址、网址等)至少选择三类;最后,根据规划,收集素材、选择合适的工具和方法,制作二维码。

(二)第二轮行动研究:以《算法及其特征》为例

活动一:头脑风暴认识算法

要求:教师要求学生以小组为单位,收集资料。了解算法及其特征(要求结合案例),并加以梳理和归纳,用思维导图呈现小组的学习成果。教师在学生协作学习的过程中动点巡视,必要时积极引导,调动学生的积极性。在学生思维导图演绎环节,教师提供思维导图作品网络评价平台的二维码。教师提供学习资源。

活动二:描述及设计算法

要求:播放全自动洗衣机洗涤视频。请两位同学到黑板前对洗衣机的洗涤流程进行描述,第一位使用自然语言法,第二位使用故事板图法。玩"猜价格"游戏。教师展示洗衣机的图片请学生们猜洗衣机的价格,教师通过"高了""低了"来帮助学生逐渐缩小答案。依据场控情况,教师给予一定的提示,如"它的价格是一个三位数"。教师展示第二幅图片,并请同学们以小组为单位查找资料,设计一个能在 10 次之内猜对电饭锅价格的算法。学生描述其所设计的算法结构并实验检验,完成实验记录表。

(三)教学反思与总结

从设计理念上来看,首先,该设计实现立德树人教育价值观的落地,培养具备信息素养的社会公民,在问题解决过程中能够提升学术的信息素养;其次,该设计方案鼓励学生运用计算思维解决问题,激发了学生开放与合作的意识;最后,能引导学生将知识建构、技能培养与思维发展融入运用数字化工具解决问题和完成任务的过程中。

从教学内容与目标上来看,该课程选择能体现学科信息素养的核心教学内容,知识体系结构合理,逻辑结构清晰,层次性强,具有时效性、前瞻性和内聚性,知识内容比较完整。另一方面,该方案依据信息技术学科核心素养确定教学目标,目标设置准确、合理,可测性强,有层次,并体现提升信息素养的基本导向。

从教学过程与技术应用上来看,创设一定的教学情境开展教学;教学环节的安排完整且结构清晰;合理地应用信息化设备支持学生学习、互动与评价;全程强调合理引用,标注标准,体现信息道德素养的要求。在突出重点、突破难点方面,着重围绕重难点设计了有一定思维深度的、能解决的实际问题。

五、结语

本研究将联通主义学习理论与高中信息技术教育教学的特点相结合,从理论上建构出"联通式学习"模式,提出了"联通式学习"的实质、理念、功能。对"联通式学习"的组成要素进行了分析,利用结构图展示了"联通式学习"的运行流程。通过两轮行动研究,将"联通式学习"的理论模型应用于实践,在实践中检验研究假设。"联通式学习"的设计合理,能实现其预设功能。

参考文献

[1]王镇.基于联通主义下的新一代远程教育体系研究[D].北京:北京理工大学,2015:10.

[2]王佑镁,祝智庭.从联结主义到联通主义:学习理论的新取向[J].中国电化教育,2006(3):5-9.

[3]田曼汝.联通主义视域下的高中英语听力混合式教学实践研究[D].哈尔滨:哈尔滨师范大学,2016:15-16.

[4]王志军.联通主义学习教学交互研究新视角:行动者网络理论[J].现代远程教育研究,2017(6):28-36.

[5]刘艳,王炜,江毅等.CSCL的学习成效研究:2000—2020年[J].教育与装备研究,2021,37(2):6-11.

[6]黄洛颖.联通主义学习教学交互的关系及其特征研究[J].中国远程教育,2020(9):53-61,77.

[7]樊文强.基于关联主义的大规模网络开放课程(MOOC)及其学习支持[J].远程教育杂志,2012,30(3):31-36.

[8]李海峰,王炜.在线协作知识建构:内涵、模式与研究向度[J].现代远距离教育,2019(6):69-77.

数字化学习环境下大学生使用纸质教材学习体验有效性研究

王小云　　刘和海

（安徽师范大学,安徽芜湖　241000）

摘　要: 数字化学习环境下纸质教材的使用,是当前教育领域的热点研究话题之一。研究采用问卷调查和结构方程模型等研究方法,从探讨大学生使用纸质教材过程中感官体验、内容体验、行动体验、情感体验与学习感知价值、学习满意度之间的关系。研究表明:大学生对教材使用的感官体验、行动体验这两个因素对于学生使用教材的学习满意度具有正向作用;内容体验对学生使用教材的学习感知价值具有正向作用;行动体验影响学生使用教材的情感体验。基于此,研究提出了注重教材外观设计以满足学生教材使用的审美诉求、增强教材内容的适切性以满足学生教材使用的学习需求、加强教材的人际交互以满足学生教材使用的社交需求和打造学习社区以满足学生教材使用的身份认同需求四条策略和建议,为提高大学生纸质教材使用的有效性提供有效参考。

关键词: 学习体验;纸质教材;大学生;有效性

一、引言

在数字化技术引领下,开始出现大量的数字教材。尽管数字教材具有表现形式多样、携带方便等优势,纸质教材仍处于主导地位。在这样的数字环境下,大学生使用纸质教材的情况如何? 其教材学习体验有效性如何? 这些都是需要研究者密切关注的问题。

本文从学习体验的视角探讨大学生使用纸质教材有效性的影响因素,提出相应的提升策略,为更好地使用教材提供理论依据。

二、大学生教材使用有效性的界定与研究现状

(一)大学生教材使用有效性界定

教材使用有效性包括教材评价与教材使用策略。胡晶君从师生角度对教材使用过程

和使用结果两方面进行有效性评价。① 汤姆林森指出教材使用的有效性在于教师和学生在学习过程中心情愉悦,学习效果良好。② 由此,大学生教材使用有效性的考量也同样可从使用过程和使用结果两个维度来进行,实现对学生使用教材的有效性的评价。

(二)大学生使用教材有效性的研究现状

Hall 等设计了一种"关注为本采纳模型"来测量教师在课程中的行为变化,确定了教材使用的八个水平,其中最低限度是"常规化",为研究教材使用水平提供了很重要的指导作用③。Grant 则把教材使用有效性分为五个等级④。高凌飚指出教学目标达成的便利程度是评价教师使用教材的重要指标,是所有教材评价都要涉及的方面⑤。

综观国内外研究,有关教材使用有效性的研究多从教师角度展开探讨,而从学习者角度进行研究的成果并不丰富。因此,本研究从学习者的学习体验视角出发,探究影响教材使用有效性的相关因素具有一定的实践价值。

三、大学生使用纸质教材有效性模型的建构

(一)学习体验视角下大学生教材使用有效性结构解析

赵呈领等人在研究教师网络研修时将学习体验分为感官体验、情感体验、内容休验、行动体验和服务体验五个方面⑥。孟祥宇等人构建了包括关联体验、感官体验、思考体验、行动体验和情感体验的电子教材的学习体验模型⑦。

由此,本文从学生的学习体验视角出发,结合纸质教材的具体情况,从感官体验、内容体验、行动体验和情感体验四个维度分析影响大学生教材使用有效性的影响因素。

(二)模型与假设

综上所述,本研究对学习体验感视角下大学生使用纸质教材有效性的影响因素和有效性进行分析,具体如表1所示。

---

①　胡晶君.高职思政课提高职业核心能力的实践研究[J].顺德职业技术学院学报,2017,15(4):50-53.

②　陈亮,朱德全.学习体验的发生结构与教学策略[J].高等教育研究,2007(11):74-77,109.

③　HALL G,HORD S M. Implanting change:patterns,principles and potholes,1st edition[M]. New York:Longman,2001:68-89.

④　GRANT N. Making the most of your textbook [M]. New York:Longman,1991:113.

⑤　高凌飚.基础教育教材评价体系的构建问题[J].华南师范大学学报(社会科学版),2002(6):90-96.

⑥　赵呈领,黄琰,疏凤芳,等.学习体验视角下在线开放课程质量评价模型研究——以教师研修类课程为例[J].现代远距离教育,2020(3):32-41.

⑦　孟祥宇,周晓明.电子教材用户体验模型设计[J].中国信息技术教育,2017(9):83-86.

表1 学习体验视角下大学生教材使用有效性影响因素分析

影响因素		使用效果
感官体验	版式设计	学习感知价值 学习满意度
	图文呈现	
	印刷水平	
内容体验	专业性	
	实用性	
	难易性	
	教师支持	
行动体验	交互性	
	发散性	
情感体验	兴趣	
	毅力	
	期望	

基于上述分析和本研究的关注问题,将主要研究的问题界定为:大学生使用教材的感官体验、内容体验、行动体验、情感体验是否能对学生的学习感知价值和学习满意度产生影响。具体假设途径如图1所示。

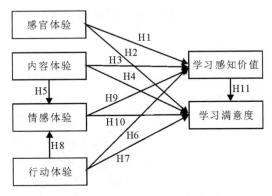

图1 大学生教材使用学习体验有效性研究模型图

1.感官体验

感官是人与外界沟通的桥梁,主要受到教材在使用过程中给予学习者的一些体验,如教材的版式设计复杂度、图文搭配的适切度等,影响着学习者后续的学习行为。由此提出假设1、假设2:

H1:感官体验与学习感知价值正相关;

H2:感官体验与学习满意度正相关。

2.内容体验

Bentley 认为性能、满意度和情感均影响着体验,其中性能对满意度有着显著影响①,而教材的内容是教材性能的本质体现,部分学者也指出情感在体验中起调节作用。由此提出假设 3、假设 4 和假设 5:

H3:内容体验与学习感知价值正相关;

H4:内容体验与学习满意度正相关;

H5:内容体验与情感体验正相关。

3.行动体验

Zirkin 等人曾指出交互能够提高学习效果。学习者在活动中的参与度同样作用于学习者使用教材的情感态度。基于上述分析提出假设 6、假设 7 和假设 8:

H6:行动体验与学习感知价值正相关;

H7:行动体验与学习满意度正相关;

H8:行动体验正向作用情感体验。

4.情感体验

已经有研究证明,情感与满意度具有一致性。情感体验是更具主观性的一种重要学习需求与感受,使学习者在学习过程中感到轻松愉悦,产生战胜困难和挫折的信心,进而影响着学习者的学习效果。基于此提出了假设 9 和假设 10:

H9:情感体验正向作用学习感知价值;

H10:情感体验正向作用学习满意度。

5.学习感知价值

学习感知价值是指学习者使用教材后实际获得价值的主观感受,包括学习教材得到的能力和知识水平的提升等方面,它影响着学习者对教材的使用态度。由此提出了假设 11:

H11:学习感知价值与学习满意度正相关。

四、数据收集与分析

(一)数据收集

研究借助问卷星平台采取线上发送链接或二维码的形式,随机邀请学生填写,共收集有效问卷 430 份。

(二)信效度检验

本研究 Cronbach's Alpha 系数值为 0.776,大于 0.7,表明问卷具有较好信度。KMO 值为 0.778,大于 0.7,且在 Bartlett 球形检验结果的显著水平(Sig.)$P=0.000$,小于 0.01,

---

① BENTLEY R, APPELT W, BUSBACH U, et al. Basic support for cooperative work on the World Wide Web [J]. International journal of human-computer studies, 1997, 46(6): 827-846.

说明问卷效度良好。

(三)结构方程模型分析

本研究采用验证性因子分析,通过标准化因子负荷、组合信度值和平均萃取变异量来评估测量模型中各潜变量的收敛效度①,对量表数据进行建构效度分析。如表2所示,该模型中的各个观测变量的标准化负荷值大于 0.5,各潜变量的 CR>0.7,AVE>0.5,模型具有理想的内在一致性和收敛性。

表 2 结构方程模型分析

研究变量	测量选项	标准化因子负荷	组合信度（CR）	平均萃取变异量（AVE）	测量因子信度（Alpha）
感官体验	A1:版式设计	0.886	0.8886	0.7276	0.887
	A2:图文呈现	0.890			
	A3:印刷水平	0.778			
内容体验	B1:专业性	0.790	0.9028	0.6984	0.902
	B2:实用性	0.869			
	B3:难易性	0.863			
	B4:教师支持	0.839			
行动体验	C1:发散性	0.805	0.8969	0.6830	0.986
	C2:生生交互	0.869			
	C3:师生交互	0.830			
	C4:慕课交互	0.800			
情感体验	D1:兴趣	0.862	0.8944	0.7386	0.890
	D2:毅力	0.873			
	D3:期望	0.836			
学习感知体验	F1:掌握	0.816	0.8706	0.6918	0.870
	F2:懂得	0.867			
	F3:应用	0.812			
学习满意度	G1:感知与期望的比较	0.848	0.8813	0.7124	0.880
	G2:满意度	0.872			
	G3:总体满意度	0.811			

---

① 吴明隆.SPSS统计应用实务:问卷分析与应用统计[M].北京:科学出版社,2003.

(四)模型整体拟合评价

本文采用极大似然方法对路径假设验证性分析。参照模型的拟合度评价标准，CMIN/DF＝1.470＜5、GFI＝0.940＞0.8、AGFI＝0.923＞0.8、CFI＝0.983＞0.9、IFI＝0.983＞0.9 和 RMSEA＝0.033＜0.1，模型具有较好的拟合度。

(五)假设检验

在 5％的显著性水平下，对标准化路径系数进行分析检验假设。

感官体验对学习感知价值产生正向影响但未达到显著水平，原因可能为纸质教材的图文单一，加上学生十几年的教材使用习惯，所以大学生使用纸质教材的感官体验未能显著影响其学习感知价值，假设 1 不成立。感官体验对学习满意度产生正向显著影响（$\beta＝0.156,p＝0.007＜0.05$），假设 2 成立。

内容体验正向显著影响学习感知价值（$\beta＝0.194,p＜0.001$），而对学习满意度影响不够显著，假设 H3 成立，假设 H4 不成立，可能是因为教材内容难易程度影响着学生的学习兴趣和动机。根据学习动机理论，内容难度过高或过低都不利于学生的学习。

行动体验正向作用学习满意度（$\beta＝0.206,p＜0.001$）和情感体验（$\beta＝0.196,p＜0.001$），假设 7、假设 8 成立。

情感体验对学习感知价值和学习满意度的影响均不显著，假设 9、假设 10 不成立，原因可能是情感体验受到教材内容体验的影响，内容的难易性直接影响着学生对教材使用的信心和情绪。

五、大学生教材有效性研究总结与讨论

本文以大学生教材使用有效性为研究对象，采用实证调研的方式，基于学习体验理论搭建了大学生教材使用有效性的路径模型，分析结果表明大学生对教材使用的感官体验、行动体验这两个因素对于学生使用教材的学习满意度具有正向作用；内容体验正向影响学生使用教材的学习感知价值；行动体验影响学生使用教材的情感体验。由此本文结合需求层次理论，针对研究结果提出以下政策建议。

(一)注重教材外观设计以满足学生教材使用的审美诉求

唐纳德·A.诺曼认为情感化设计的本能层次发生在潜意识中，对应的设计内容是外观要素。研究也表明大学生使用教材的感官体验对学习满意度有显著的正向影响。基于纸质教材的特点并参考情感化设计理论，教材外观设计要兼顾知识传递和对教材美感的设计。一是关注教材有情感且明晰的视觉风格设计。实现教材设计易用与美感并重。二是多方位提高图文融合程度。教材插图可以选取有利于帮助学生理解提取信息过程和关键点的图像。

(二)增强教材内容的适切性以满足学生教材使用的学习需求

内容体验是影响学习感知价值的主要因素。基于此,教师在进行教材选择时,一是要考虑教材内容的丰富性和趣味性,不仅要涵盖相关理论知识,还要有各类学生感兴趣的项目,提高学习兴趣;二是选择生活实用且操作性强的内容,使学生更好地掌握技能,提高学习信心。此外,教师在进行备课时需要把握好教材内容与扩展内容之间的度量。

(三)加强教材的人际交互以满足学生教材使用的社交需求

通过上述数据分析可以得知大学生使用教材的行动体验显著影响着大学生使用教材的情感体验和学习满意度。一是要建立有意义的交互。对于教师而言,可以利用网络设置不同类型的讨论区,在师生和生生之间进行及时的讨论和交流,激发学生进行深层思考。二是以同伴互助学习提高生生交互。教师应引导和鼓励学生在群体中分享学习收获和经验,从而在交互过程中不断强化学习的集体感,促进同辈群体的交往和情感交互。

(四)打造学习社区以满足学生教材使用的身份认同需求

不同的情感体验反映了个体对引起某种情感的事物的态度和反应。本研究认为情感体验仍是影响学生教材使用有效性的一个重要因素。情感体验受到行动体验的影响。已有研究表明,替代交互与直接交互的作用异曲同工,对学习者的学习满意度和学习效果具有重要作用。因此,教材开发者应打造学习社区为用户赋予一种身份,并引入积分、排行榜、投票等形式,满足学习者资源获取、互动交流和价值实现等不同层次的交互需求,激发持续参与交互的热情,进而满足学生使用教材的自我认同需求。

参考文献

[1]胡晶君.高职思政课提高职业核心能力的实践研究[J].顺德职业技术学院学报,2017,15(4):50-53.

[2]陈亮,朱德全.学习体验的发生结构与教学策略[J].高等教育研究,2007(11):74-77,109.

[3]HALL G,HORD S M. Implanting change:patterns,principles and potholes,1st edition[M]. New York:Longman,2001:68-89.

[4]GRANT N. Making the most of your textbook [M]. New York:Longman,1991:113.

[5]高凌飚.基础教育教材评价体系的构建问题[J].华南师范大学学报(社会科学版),2002(6):90-96.

[6]赵呈领,黄琰,疏凤芳,等.学习体验视角下在线开放课程质量评价模型研究——以教师研修类课程为例[J].现代远距离教育,2020(3):32-41.

[7]孟祥宇,周晓明.电子教材用户体验模型设计[J].中国信息技术教育,2017(9):83-86.

[8]Bentley R,Appelt W,Busbach U,et al. Basic support for cooperative work on the World Wide Web[J]. International journal of human-computer studies,1997,46(6):827-846.

[9]吴明隆. SPSS统计应用实务:问卷分析与应用统计[M].北京:科学出版社,2003.

Python 程序设计学习中高中生元认知技能的运用调查研究

马晓茹

（福建师范大学,福建福州　350117）

摘　要：随着信息时代的迅速发展,人工智能、物联网、大数据等技术的应用逐渐普及,编程也显得尤为重要。高中生的元认知技能和学习程序设计有着密切的关系,本研究基于国内外关于元认知技能的量表编制了《Python 程序设计学习对学生元认知技能的影响》量表,对开展以 Python 程序设计课程的福建省福州市某中学高中一年级学生进行了调查,在此基础上分析了 Python 程序设计语言学习中元认知技能运用状况,并从学生、教师角度就如何加强元认知技能的运用,有效提高 Python 程序设计学习效果提出了建议。

关键词：元认知；程序设计；元认知技能

一、引言

高中生在学习编程知识和技能的过程中,可以了解计算机工作的基本原理。实现他们的创新想法,获得解决问题的思路,形成批判性思维,发展高级认知技能。但是在程序设计课程的实际开展中存在着一些问题。如学生在教学后,不懂得如何寻找恰当的方法进行有效的学习。

研究者们逐渐意识到元认知技能在学习中的重要作用。学生能够灵活地运用这些技能进行学习计划、学习调整和监控是保证学习活动成功的高级技能。所以,本文立足于前人对元认知技能研究的基础,探讨元认知技能在程序设计语言学习中的作用,从而提高学生学习 Python 程序设计语言的学习效率,帮助教师更好地利用元认知技能指导学生进行学习。

二、元认知技能的有关概述

(一)元认知

人们开展了以元认知为核心的大量研究并得到了越来越多的相关定义,但是没有得到对定义的统一表述。弗拉维尔把元认知定义表述为：反映或调节认知活动的任一方面的知识或者认知活动；Brown 等人认为，元认知是个人对认知领域的知识和控制；斯滕伯格将元认知定义为"关于认知的认知"①。

我国国内对元认知的研究起步较晚，元认知这一术语最早受到我国教育家董奇的关注，他把元认知是"个体对认知活动的自我意识和自我调节"这一概念引入后，我国学者也开始纷纷加入对元认知的研究之中。黄旭指出元认知是一种反映个人的认知活动和情感过程的认识，也是人们对自己所进行活动的认识和调节②。

（二）元认知技能

随着对元认知更加深入的研究，学者们开始对元认知进行划分。但是对元认知的划分方法和角度的不同，也出现了众口不一的现象，现在主要有"二分法"和"三分法"两种观点。以 Brown 为代表的"二分法"的研究者把元认知划分为认知知识和认知调节③；国内研究者主要倾向于"三分法"，汪玲、郭德俊等人认为元认知主要分为元认知知识、元认知体验、元认知技能。对于元认知技能框架的划分，国内主要有董奇的 3 个方面 8 个维度的框架结构。他在学习动机、归因、自我效能感与学生自我监控学习行为的关系研究中，认为元认知技能应用的过程等价于自我监控的过程，同时把问题解决划分为前、中、后三个阶段④。汪玲和郭德俊认为元认知技能包括计划、监测和调整三个过程。意识在元认知技能形成的初期是存在的，当技能高度熟练成为一种自动化的动作时，意识参与将不被我们所察觉⑤。

（三）程序设计与元认知技能

国外的研究者最开始主要集中在研究学习程序设计与发展认知能力的关系这一热点上。早期佩伯特在对 LOGO 程序设计语言与人类认知能力的关系进行研究时发现，在 LOGO 程序提供的自我发现式学习环境中，学生能够掌握变量、递归、流程结构等程序设计学习过程中的基本概念，并能够发展他们解决问题的能力⑥。西德曼的研究也证实学习程序设计能促进学生逻辑推理能力的发展。但是有一些学者也认为程序设计对认知发展的促进作用是很有限的，认知发展的范围十分巨大，如计划能力、类比推理能力等等，程序教学课程的效果很大一部分取决于教师的活动。

我国国内对元认知技能的研究集中在元认知技能与问题解决上。从本质角度来讲，程序设计过程实际上是一种解决问题的过程。学生根据自己头脑中的程序设计的知识，通过分析、类比、思考等思维加工过程，设计出合理的算法，将算法转化成语句，上机调试运行通过，使得编程的问题得到解决。在这一思维过程中，元认知技能

① 杨晴.国内外元认知理论及其相关问题研究综述[J].商丘师范学院学报,2010,26(1):117-120.
② 黄旭.元认知与学习策略[J].教育评论,1991(5):24-27.
③ BORWN A L.Metacognition and cognitive monitoring：a new area of psychology inquiry[J]. Boston：Allyn and Bacon,1979:3-8.
④ 周勇,董奇.学习动机、归因、自我效能感与学生自我监控学习行为的关系研究[J].心理发展与教育,1994(3):30-33.
⑤ 汪玲,郭德俊.元认知的本质与要素[J].心理学报,2000(4):458-463.
⑥ 柳红,陈琦.学习 LOGO 程序设计语言与发展认知能力的关系[J].心理科学通讯,1990(5):3-9,65.

处于支配地位,控制协调其他活动,如根据软件的反馈不断调试 Python 代码实现预期功能。

三、问卷的设计

本文的研究工具结合国内外关于元认知技能的量表,主要参考董奇和周勇在研究中小学生在学习过程中的元认知技能的构成成分和影响因素中使用的测量元认知技能的专业性问卷,经过多次修改后形成的元认知技能调查问卷。该问卷用于对中学生的 Python 程序设计学习中元认知技能进行量化评定。问卷由六个维度共 29 道题构成,其维度包括计划性、意识性、方法性、执行性、反馈补救性、总结性,并将这六个维度细分每个维度 3～5 个实际问题,为了保证学生填写问卷的真实性,设置 3 道测谎题。所有的问题均随机排列,每个问题对应 1、2、3、4、5 五个选项。问卷采用 Likert-5 星量表式进行评分,学生按照每一个问题的描述,选择相应的选项。

中学生 Python 程序设计语言学习中元认知技能的结构及表现如下。

计划性:在学习 Python 程序设计语言前做好计划,安排好具体的学习活动。

意识性:在使用 Python 程序设计语言解决问题的过程中清楚预期实现的目标、对象等。

方法性:在使用 Python 程序设计语言解决问题的过程中根据自身的学习特点选择适合自己的学习方法。

执行性:在使用 Python 程序设计语言解决问题的过程中严格地控制自己的行为,摒弃外界干扰。

反馈补救性:在学习活动和解决问题后,对学习效果进行检查,并采取补救措施。

总结性:在学习活动和解决问题后对学习过程进行思考、总结经验教训,不断调整形成适合自己的学习方法。

本研究选取了福建省福州市某中学已开展一学期信息技术课程的高一年级学生 3 个班的 159 名学生发放问卷。

四、调查结果

对学生学习 Python 程序设计语言中元认知技能的总体运用情况分析采用 Oxford 的实验成果,即如果问卷六个维度中某一维度的平均分超过 3.5,则表明这项技能学生经常使用;如果某一维度的平均分在 2.5 至 3.4 之间,则表明学生有时使用这项技能;如果某一维度的平均分低于 2.5 分,则表明学生极少使用这项技能。

笔者统计了问卷六个维度的平均分和标准差如表 1 所示。表中的数据表明学生学习 Python 程序设计语言的过程当中较少使用元认知技能。

表 1　高中生 Python 程序设计语言学习中元认知技能运用情况

维度	平均分	标准差
计划性	2.23	0.920
意识性	2.29	1.059
方法性	2.20	0.754
执行性	2.28	0.989
反馈补救性	2.62	1.086
总结性	2.23	0.976
总体	2.25	0.932

通过对以上数据的比较发现,学生在学习 Python 程序设计语言时元认知技能的运用均较少,其中反馈补救的技能较好一点。根据学生在各维度的数据,下面是各维度的学生情况具体分析。

计划性:大部分学生无法在程序设计学习前对学习做好计划,实际使用这门语言时对要解决的问题模糊。不能够合理地安排课程学习的时间,缺乏程序设计语言学习任务的意识,他在接下来的学习中就会容易放弃。

意识性:学生在使用 Python 程序设计语言时,缺乏克服困难的信心,在面对较难的问题时无暇思考该问题涉及的基础知识,从而造成紧张的心理状态。所以要注意加强基础知识教学,牢固的基础知识是灵活运用的前提。

方法性:学生在学习过程中,能够选择写或画的方法对问题进行抽象。但是在实际对复杂编程问题的代码书写中,学生没有办法联系贯穿知识,只限开始简单的代码堆叠。

执行性:学生在学习过程中可能无法按时完成任务,出现半途而废的情况,就容易受到外界环境的影响,不能全身心地投入学习过程中。

反馈补救性:学生能够采用软件中的调试功能,对代码进行检查。但是当学生发现认知有所偏差或者方法不恰当时,不善于对整个解决问题的过程进行调整。

总结性:学生在完成程序后不能主动地与其他学生和老师来对比他们在解题思路上的差异,遇到不能够熟练使用的知识不能主动及时地复习。这使学生失去了总结提升的机会,知识点散乱记忆,在下次使用的时候不能迅速正确地提取信息,减慢解题的速度。

不同性别学生的元认知技能运用的情况整体没有显著性差异,但是从平均数来看,男生在意识性、反馈补救性的得分略高于女生,女生在计划性、方法性、执行性和总结性上得分高于男生。

五、Python 程序设计学习中元认知技能运用的建议

(一)加强程序设计语言学习计划的制定

没有计划的学习,学生在学习过程中极易迷失方向,对学习没有足够的认识,不知道下一步能做什么。在学习过程中可以根据自身的实际情况制定短期目标和长期目标。短期目标可以是学习程序的基本知识,长期目标可以是能够结合 Python 库的使用,动手实现程序的功能。通过计划的确立,学生开始有意识地思考学习的过程,知道自己接下来要做什么以及如何做。

(二)提升程序设计语言学习的意识

学生在程序设计语言学习中要有意识地去判断自己的解题目的以及运用了哪一个知识点,这离不开对基础知识的牢固学习和大量的训练。在遇到比较困难的题目时,同学对自身的心理状态有良好的判断,但是对知识的意识比较浅,学习是较为被动的,根本无意识判断出知识点。因此学生在进行作业练习时,要选择针对知识点的不同难度的题目进行训练,这样不仅能巩固知识点还能锻炼学生的思维能力。

(三)选择适合自己学习程序设计语言的方法

学生在有明确的学习计划和正确的意识之后,要根据自己的学习风格,思考自己所使用的学习方式是否适合自己。在抽象问题过程中回忆相关的知识点,并不断问自己已经掌握了哪些知识,有哪些是自己还未掌握的,是否遇到类似的问题等等。在对问题进行算法设计时,可以采用一些特殊的函数思维,如递归等。在编程过程中,多运用这些方法进行编程训练。

(四)注重学习反思和评价

反思和评价能够为下一阶段的学习起到很好的促进作用。学生可以从以下几个方面进行反思和评价:(1)对编程过程的反思,在成功编写代码解决完问题后思考自己为解决该问题运用了哪些方法、自己编写的代码是否有漏洞等。(2)对涉及的知识点的深度和广度进行反思,是否形成知识链网络、框架图等架构以掌握其内在联系。(3)对编程问题的变形结果进行反思,找出不同问题的相似之处和变化内容,避免生搬硬套老师的代码。

参考文献

[1]中华人民共和国教育部.普通高中信息技术课程标准(2017 版)[M].北京:人民教育出版社,2018.

[2]国务院关于印发新一代人工智能发展规划的通知[EB/OL].(2019-01-10)[2021-04-05].http://www.gov.cn/zhengce/content/2017-07/20/content_5211996.htm.

[3]杨晴.国内外元认知理论及其相关问题研究综述[J].商丘师范学院学报,2010,26(1):117-120.

［4］黄旭.元认知与学习策略［J］.教育评论,1991(5):24-27.

［5］BORWN A L.Metacognition and cognitive monitoring:a new area of psychology inquiry［J］.Boston:Allyn and Bacon,1979:3-8.

［6］周勇,董奇.学习动机、归因、自我效能感与学生自我监控学习行为的关系研究［J］.心理发展与教育,1994(3):30-33.

［7］汪玲,郭德俊.元认知的本质与要素［J］.心理学报,2000(4):458-463.

［8］柳红,陈琦.学习 LOGO 程序设计语言与发展认知能力的关系［J］.心理科学通讯,1990(5):3-9,65.

理解视域下深度学习课程教学设计研究
——以高职课程"数控机床加工程序编制"为例

来智玲 陈明选

(江南大学,江苏无锡 214122)

摘 要:研究结合"理解性教学"和"深度学习"两种教学视域,以"逆向设计"为主要设计方法,构建促进高职学生深度学习的教学模型与策略方法,以高职课程《数控机床加工程序编制》为案例,完成课程教学设计,进行应用案例研究。研究结果表明,通过增加课堂互动和使用技术进行课堂支持,能调动学生课堂学习积极性,进而促进学生深度学习动机。

关键词:深度学习;理解性教学;高职教育;教学设计

一、引言

高等职业教育承担着为社会培养优秀应用型人才的重任,然而,当前职业院校仍然大量沿用学科逻辑的范式,难以激发学习者的积极性。学生进行没有理解和思考的浅层学习,根本无法满足社会对于应用型人才的要求,人才培养质量备受社会诟病。为此,本研究将基于理解视域,开展促进学生深度学习的高职课程教学设计研究。

二、基于理解的深度学习内涵

(一)理解与理解性教学

1.理解的含义

理解的含义并不仅仅是"知道、明白和懂得意思",更应该是一种应用知识的能力,也是进行创新的基础与前提①。关于"理解"的诠释形成两派学说:一是"复原说",认为理解的含义就是再现,就是达到与作者意愿想法一致。

"复原说"所强调的属于理解中的感知再现,而"意义创生说"则强调应用和创造。认为"理解即再现"的"复原说"很大程度上表征着"浅层理解",而认为"理解即新意义的生成"的"意义创生说"则表征着具有创新性质的"深层理解",二者在描述理解的不同层级。

---

① 陈明选,刘径言.教育信息化进程中教学设计的转型:基于理解的视角[J].电化教育研究,2012,12(8):10-16.

2.理解的层级

威金斯提出理解具有"六侧面"：解释、阐明、应用、洞察、深入和自知[①]；比格斯和科利斯提出了将"理解"的外显化行为进行观察分类[②]；国内著名学者陈明选教授将理解水平分为：解释、领会、应用、分析和创造[③]。

不同层级模型适用于教学设计过程中的不同阶段和场景。威金斯提出的理解"六侧面"之间不包含层级关系，而只是将理解的不同表现进行了归纳，适合用于多元化的教学活动设计中。比格斯建立的SOLO分类理论，可以通过学生的回答、作品等外显行为，进行理解水平评估。

（二）深度学习的深度

关于"深度学习"的概念，最早可追溯到1956年，布鲁姆提出认知维度层次的分类——"识记—理解—应用—分析—综合—评价"就已蕴含"学习有深浅层次之分"的观点[④]。关于"深度学习"的提出，1976年，马顿和赛尔乔联名将再现知识的学习定义为"surface-level processing"，将知识理解的学习定义为"deep-level processing"[⑤]。从意义上讲，这是"深度学习"概念的正式提出，而"Deep Learning"术语则是由学者本茨于1992年首次提出的[⑥]。

从概念研究落脚的深度来看，"深度学习"从注重理解到关注批判性思考，进而转向迁移应用和问题解决。比蒂和科林斯提出深度学习主要表现为对于学习内容的批判性理解[⑦]。霍顿指出要批判性地审视新的事实和观点[⑧]。2005年，何玲等人提出认为深度学习是一种建立在理解的基础上，进行内化、分析、迁移、决策，最终解决问题的学习[⑨]。虽然侧重点有所发展，但"深度学习是以理解为基础的"这一观点是大多研究者的共识。

从概念研究涵盖的广度来看，"深度学习"从侧重认知建构到涵盖内部认知、个体自我和社会人际三个维度。思斯威斯尔提出深度学习主要涵盖理解与阐释学习内容

---

① 格兰特·威金斯，杰伊·麦克泰格，等. 追求理解的教学设计[M].2版.闫寒冰，宋雪莲，赖平，译.上海：华东师范大学出版社，2013.

② 比格斯，科利斯. 学习质量评价——SOLO分类理论可观察的学习成果结构[M]. 高凌飚，张红岩，译.北京：人民教育出版社，2010.

③ 陈明选，陈舒. 基于理解的翻转课堂研究——以《电视编导与制作》课程为例[J]. 远程教育杂志，2014，24（3）：33-40.

④ 安德森·布卢姆教育目标分类学（修订版）[M].蒋小平，张琴美，罗晶晶，译.北京：外语教学与研究出版社，2009.

⑤ MARTON F，SÄLJÖ R. On qualitative difference in learning：outcome and process[J]. British Journal of Educational Psychology，1976，46：4-11.

⑥ BENTZ V M. Deep learning groups：combining emotional and intellectual learning[J]. Clinical Sociology Review，1992，10（1）：71-89.

⑦ BEATTIE V，COLLINS B，MCINNES B. Deep and surface learning：a simple or simplistic dichotomy？[J]. Accounting Education，1997，6（1）：1-12.

⑧ HOUGHTON W. Engineering subject centre guide：Learning and teaching theory for engineering academics[M]. Loughborough：Loughborough University，2004.

⑨ 何玲，黎加厚. 促进学生深度学习[J]. 现代教学，2005（5）：29-30.

的程度[①]。本茨强调深度学习包括情感学习和智力学习两方面,个体和小组发展两个层面[②]。美国国家研究委员会发布研究报告,将认知、自我、人际作为深度学习能力的三个维度[③]。

在此,笔者认为,"深度学习"是以理解为基础,个体或群体利用所学知识和技能解决真实情境中的复杂问题,并进行自我发展和反思的一种学习过程和方法。

三、基于理解的深度学习教学设计模型

(一)理解视域的深度学习教学设计方法

威金斯提出了"逆向设计"的设计方法[④]。逆向设计主要涉及"确定预期结果""确定合适的评估证据""设计学习体验和教学"三个阶段的教学设计。

(二)理解视域的深度学习教学设计模型

从学习科学视角分析,学习的过程其实就是学习者通达理解的过程[⑤]。结合深度学习和理解性教学相关设计策略,借鉴"逆向设计"方法,笔者从"确定预期结果""确定合适的评估证据""设计教学体验""反思总结"四个阶段设计理解视域的深度学习教学设计模型,如图1所示。

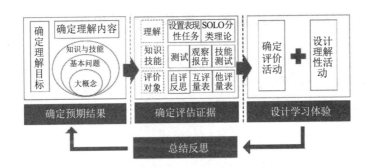

图1 理解视域的深度学习教学设计模型

① ENTWISTLE N J,ENTWISTLE A C. Contrasting forms of understanding for degree examinations:The student experience and its implications[J]. Higher Education,1991,22(3):205-227.

② BENTZ,V M. Deep learning groups:combining emotional and intellectual learning[J]. Clinical Sociology Review,1992,10(1):71-89.

③ National Research Council. Education for life and work:developing transferable knowledge and skills in the 21st century [M]. Washington,DC:National Academies Press,2013:5-6.

④ 格兰特·威金斯,杰伊·麦克泰格,等.追求理解的教学设计[M].2版.闫寒冰,宋雪莲,赖平,译.上海:华东师范大学出版社,2013.

⑤ 陈明选,包静娟.围绕理解的教学设计:为了理解而教[J].中国信息技术教育,2017,25(3):4-9.

阶段 1：确定预期结果

在这一部分，主要任务是确定课程内容和课程目标。首先，根据培养计划和教学大纲等标准，确定学生的理解目标。然后，根据课程目标进行拆解内容，确定课程需要学生理解的"大概念"，以"大概念"为中心的系列"基本问题"，以及解决每个"基本问题"所需要的"知识和技能"，进行"大单元"设计。

阶段 2：确定合适的评估证据

在这一部分，主要任务是确定合适的评估证据。这些评估证据大体可以从三个维度进行划分。第一，"评估理解水平的证据"：可以设置一些表现性任务，使得内在的领悟和理解可以通过外显行为进行评估。第二，"评估知识与技能的证据"：通过一些测验、技能测试等方法，对于学生是否掌握知识和技能进行评估。第三，"由评估对象不同形成的评估证据"：通过学生"自评""互评"形成教师对学生的"他评"。

阶段 3：设计学习体验

在这一部分，主要任务是确定合适的学习体验活动。除了现成的"评估活动"外，还需要设计"理解性活动"即促进学生深度理解的教学活动。

阶段 4：总结反思

教师在教学过程中可以最直观地感受到学生的行为变化，根据学生的反馈和表现，对课程进行总结反思，改进设计后投入下次的课程活动中，在不断的迭代中，教师便会形成具有个人特色的教学设计体系。

四、基于理解的深度学习教学设计案例

以高职院校中机械制造与自动化专业《数控机床加工程序编制》专业课程为例，基于理解视域进行深度学习的课程教学设计。

(一)确定预期阶段

第 1 步：课程内容重构

笔者参考课程教学大纲、专业培养计划，与任课教师积极沟通，从"大概念/核心任务—基本问题—知识和技能"三个层级对课程内容进行重构。内容包括"数控编程""数控车床编程""数控铣床编程"三部分，涵盖"数控机床坐标"等 8 个大概念。

第 2 步：教学目标和内容

在整个课程中，选择"数控编程中的数学处理"这个大概念进行教学设计。表 1 为此部分的大概念、基本问题、知识与技能。

表 1　《数控编程中的数学处理》内容

大概念	基本问题	知识与技能
数控编程中的数学处理	1 如何选择编程原点？ ·根据被加工零件结构,如何选择编程原点呢？ ·选择好编程原点后,如何换算尺寸呢？ 2 如何确定基点和节点？ ·什么是基点？什么是节点？ ·根据被加工零件结构,如何确定基点和节点呢？ 3 编程中出现误差,要如何处理呢？ ·编程中误差出现的原因有哪些？ ·如何减小编程中的误差呢？	1.1 掌握编程原点选择原则。 1.2 各种尺寸和对应坐标的换算方法。 2.1 基点和节点： ·基点：各几何要素之间的连接点。 ·节点：逼近线段与被加工曲线的交点。 2.2 确定基点和节点的方法。 ·编程中可能出现的三种误差：逼近误差,插补误差,圆整误差。 3.1 掌握减小编程中误差的方法。

(二)确定评估证据

评估方法确定思路如表 2 所示。

表 2　评估方法确定思路

阶段 1	阶段 2	
如果预期结果是让学生：	那么你需要学生有证据表明他们能：	所以需要这样的评估
理解： ·根据不同被加工零件结构,可以选择不同的编程原点。 ·编程中由于计算、刀具磨损等原因会出现多种误差,而在编程过程中,我们要尽可能地降低误差。 仔细思考这些问题： 1.如何选择编程原点？ 2.如何确定基点和节点？ 3.编程中出现误差,要如何处理呢？	应用： 什么样的应用能使我们推断出学生理解了他们所学的知识？ 解释： 怎样测试他们的想法和做法来确定他们是否真正理解了他们所说的和所做的？	·针对本堂课的内容,绘制概念图。 ·给出几张被加工零件结构图片,确定原点、基点和节点。 ·给出一段程序,同学们进行改进,减小编程误差。

(三)设计学习体验

根据理解"六侧面",结合评价方式所对应的评价活动,设计学习活动如下：

(1)SOLO 题目测试前测：某同学在进行车床编程时接收到一张图纸,根据图纸手工编程,ta 应该如何去做呢？请画出流程图。

(2)小组活动 1：根据前测中所给被加工零件结构,确定编程原点,并且小组进行讨论,总结确定编程原点的方法,进行分享。

(3)小组活动 2:

①当车床需要车削由直线构成的形状,我们需要确定哪些点呢？请选择编程原点并转换所寻找点的坐标。

②当车床需要车削非圆曲线,这个时候我们要寻找哪些点呢？请选择编程原点并转换所寻找点的坐标。

③小组讨论并总结"基点和节点"的确定方法,进行分享。

(4)小组活动 3:在整个编程过程中,是否存在误差？编程误差产生的原因是什么？在编程过程中,如何尽可能减小误差呢？

(5)SOLO 题目测试后测:将流程图尽可能完善细化,形成本节课的知识图谱。

(6)反思活动。

五、基于理解的深度学习教学设计应用

(一)学习者分析

本研究选取江苏省某高等职业技术学校光电制造 2017 级某班学生进行课堂实证研究。该班学生共有 34 人,其中 29 名男生,5 名女生。笔者主要通过观察法和问卷调查法对学习者进行了分析。

1.学习者课堂交互水平较低

在实验前观察中发现,学生课堂参与度较低,学生对于小组讨论的参与度和交互深度较低。为确保学生在实验进行中可以顺利进行小组相关活动,因此,在实验进行前的一段时间内,课上逐渐渗透课前预习和小组学习的方式,并且提醒教师逐渐增加与学生之间的互动,鼓励学生分享想法、展示任务。

2.学习者深度学习水平较低

已有研究发现,使用深度学习的方法能带来高质量的学习结果,而能进行深度学习的学生在深度学习动机、学习投入和深度学习策略的应用方面与浅层学习的学生有显著差异[1]。对于学生的深度学习和浅层学习的量表测试改编自比格斯的深度学习方法(R-SPQ-2F)问卷[2]。

采用克隆巴赫 α 系数对问卷前后测各个维度进行信度检验。如表 3 所示,关于前后测中深度学习各维度克隆巴赫 α 系数均大于 0.8,因此,前后测问卷量表信度良好。

① FLOYD K S,HARRINGTON S J,SANTIAGO J. The effect of engagement and perceived course value on deep and surface learning strategies[J]. Informing science:the international journal of an emerging transdiscipline,2009(12):181-190.

② BIGGS J,KEMBER D,LEUNG D Y P. The revised two-factor study process questionnaire:R-SPQ-2F [J]. British journal of educational psychology,2001,71(1):133-149.

表 3　前后测信度系数统计表

	维度	克隆巴赫 α 系数
前测	深度学习动机	0.933
	学习投入	0.957
	深度学习策略应用	0.902
后测	深度学习动机	0.912
	学习投入	0.930
	深度学习策略应用	0.824

(二)课堂教学中的技术支持

1.互动展示平台:Padlet 协作墙平台。学生展示作业作品上传至此平台后,教师和同学们都可以在页面上看到大家的观点。

2.反馈提交平台:问卷星。主要用于回收学生的数据和反馈。

(三)应用效果分析

在课程进行前后对学生进行了前后测,如表 4 所示,显示的是深度学习前后学生完成问卷成绩差异的配对样本检验,25 名学生前后测显著性检验 Sig.＝0.480＞0.05,因此,学生前后测得分差异并不显著。

剖析原因主要是实验干预时间过短,但是差异不显著并不能代表没有差异和效果。从学生前后测深度学习各维度得分可以看出,后测数据中各个维度数值都比前测数据高。通过学生课后访谈也发现,良好的课堂互动和信息技术的支持有助于提升学习兴趣和积极性。因此,本研究干预在一定程度上促进了高职院校学生的深度学习。

表 4　深度学习各维度前后测均分表

维度	前测得分	后测得分
深度学习动机	3.528	3.576
学习投入	3.344	3.488
深度学习策略应用	3.528	3.632
平均	3.467	3.565

六、总结与展望

学习的本质是理解,以理解为基础。本研究在进行模型设计过程中,带有独特高职属性的设计与干预仅仅体现在与"高职教育教学内容"相关的部分。存在矛盾与争议的点在于如何在设计过程中加入高职教育属性的元素，也是需要进一步思考的问题。

另外，在进行学生理解水平表征时主要采用量表进行前后测，未进行理解水平动态变化分析。在接下来的研究中，如何使用认知网络分析法形成学生在学习过程中的动态理解水平记录将成为重要实践方向。促进学习者从浅层学习走向深度学习，走向深度理解，是教育工作者不断前行的方向和动力。

参考文献

[1]陈明选,刘径言. 教育信息化进程中教学设计的转型:基于理解的视角[J]. 电化教育研究,2012,12(8):10-16.

[2]陈明选. 论网络环境中着重理解的教学设计[J]. 电化教育研究,2004,29(13):49-51.

[3]格兰特·威金斯,杰伊·麦克泰格,等. 追求理解的教学设计[M]. 2版.闫寒冰,宋雪莲,赖平,译.上海:华东师范大学出版社,2013.

[4]比格斯,科利斯. 学习质量评价——SOLO分类理论可观察的学习成果结构[M]. 高凌飚,张红岩,译.北京:人民教育出版社,2010.

[5]陈明选,陈舒. 基于理解的翻转课堂研究——以《电视编导与制作》课程为例[J]. 远程教育杂志,2014,24(3):33-40.

[6]安德森.布卢姆教育目标分类学(修订版)[M].蒋小平,张琴美,罗晶晶,译.北京:外语教学与研究出版社,2009.

[7]MARTON F,SÄLJÖ,R. On qualitative difference in learning:outcome and process[J]. British Journal of Educational Psychology,1976,46:4-11.

[8]BENTZ V M. Deep learning groups:combining emotional and intellectual learning[J]. Clinical Sociology Review,1992,10(1):71-89.

[9]何玲,黎加厚. 促进学生深度学习[J]. 现代教学,2005(5):29-30.

[10]BEATTIE V,COLLINS B,MCINNES B. Deep and surface learning:a simple or simplistic dichotomy? [J]. Accounting Education,1997,6(1):1-12.

[11]HOUGHTON W. Engineering subject centre guide:Learning and teaching theory for engineering academics[M]. Loughborough:Loughborough:University,2004.

[12]ENTWISTLE N J, ENTWISTLE A C. Contrasting forms of understanding for degree examinations:the student experience and its implications[J]. Higher Education,1991,22(3):205-227.

[13]National Research Council. Education for life and work:developing transferable knowledge and skills in the 21st century[M]. Washington,DC:National Academies Press,2013:5-6.

[14]陈明选,包静娟. 围绕理解的教学设计:为了理解而教[J]. 中国信息技术教育,2017,25(3):4-9.

[15]FLOYD K S, HARRINGTON S J, SANTIAGO J. The effect of engagement and perceived course value on deep and surface learning strategies[J]. Informing Science:The International Journal of an Emerging Transdiscipline,2009(12):181-190.

[16]BIGGS J,KEMBER D,LEUNG D Y P. The revised two-factor study process questionnaire:R-SPQ-2F[J]. British Journal of Educational Psychology,2001,71(1):133-149.

知识建构教师自我效能感研究

薛晓倩[1]　　张红艳[2]

（1.华南师范大学教育信息技术学院，广东广州　510631；

2.石河子大学师范学院/兵团教育学院，新疆石河子　832003）

摘　要： 教师作为知识建构教学的重要实践者，其自我效能感是实现这一转变的重要因素。本研究以扎根理论为方法论指导，对某市一小学开展知识建构教学的 7 位教师进行深度访谈，利用 NVivo 11 软件对访谈内容进行整理、编码和分析，挖掘与提炼出教师自我效能感影响因素。研究表明，学生表现、工作压力和家长是影响知识建构教师自我效能感的直接因素；教师教学投入和教学能力是间接原因；学校环境因素是主要原因；教育现实局限和教师教育信念是根本原因，且八个因素之间及其与教师自我效能感之间存在相互作用关系，共同造成教师自我效能感的差异。

关键词： 知识建构；教师自我效能感；影响因素；优化路径

一、引言

在长期的教育改革理论和应用研究中，我们意识到从微观角度对教师角色的转变应是当前教育改革的一个重要方向。然而目前国内外知识建构的研究更多地关注于学生这一主体，作为知识建构教学的组织者与参与者、与学生地位平等的教师相关方面的研究较少，且作为影响教师专业发展重要内化知觉的自我效能感的研究几乎没有。本研究着眼于知识建构教学中的教师自我效能感研究，对其影响因素进行探索，致力于为实现对教师有针对性的助力调整与其自我改善提供理论依据，为知识建构教学的顺利开展创造前提。

二、相关研究述评

（一）知识建构的相关研究

目前国内外对知识建构的相关研究主要集中在本质与形式、模型与框架、支持环境研究和教学实践研究方面。加拿大学者 Marlene Scardamalia 和 Carl Breiter 认为知识是独立于有形物质与抽象思维之外的,应被看作社区的公共财产①。我国学者李克东则认为知识建构是原有认知经验与新获得的信息相互作用②。对知识建构模型与框架的研究上,我国学者赵建华设计出基于网络环境的协作知识建构模式。有关知识建构技术支持环境的研究,张建伟等人基于知识论坛创设协作学习环境,并将个人兴趣与能力和集体的建设与发展联系起来③。此外已有很多研究者尝试将知识建构引入课堂教学中,并取得了很好的效果。

综上所述,可以发现目前知识建构中对于教师的研究较少,且大部分以个案研究为主,缺乏全面客观的数据与有效模型,这为本课题的研究提出了现实要求。

(二)教师自我效能感的相关研究

国内外对教师自我效能感已开展了较为系统的研究工作,集中在概念界定与评价测量、影响因素等方面。由于概念与使用维度不统一,基础理论也有所差异,教师自我效能感测量一直是研究的难点,其测量与验证是个复杂的过程。俞国良等编制出了《教师个人教学效能感量表试用常模修订》。影响因素研究方面,Bandura 提出掌握性经验、替代性经验、言语劝说与情绪反应及心理状态是影响自我效能感的四大信息源。俞国良等指出教学效能与教学监控能力、教学策略和教学行为等因素密切相关④。庞丽娟、洪秀敏认为教师自我效能感对教师的身心健康、工作热情和教育行为等多方面的自主发展具有重要影响。

显而易见,测量分析所用方法多以问卷测量为主,但由于缺少更多情况了解导致研究者们对教师效能感的影响因素的研究大相径庭。基于此,本研究借助国内外相关权威测量工具设计出教师自我效能感访谈提纲,精准把握诸多影响因素及其相关性,以期为知识建构教师提出优化路径。

三、研究设计与数据分析

(一)研究对象

研究对象所在学校已开展两年多的知识建构教学实践,提炼其优化路径具有较好的可信度和推广性,其基本情况见表1。

---

① 张义兵,陈伯栋,SCARDAMALIA M,等.从浅层建构走向深层建构——知识建构理论的发展及其在中国的应用分析[J].电化教育研究,2012,33(9):5-12.

② 万昆,李建生,江毅.国际知识建构研究的热点领域和前沿演变——基于 WOS 期刊文献的可视化分析[J].现代情报,2017,37(12):154-161.

③ ZHANG J W, SCARDAMALIA M, MESSINA R, et al. Designs for collective cognitive responsibility in knowledge-building communities[J]. The Journal of The Learning Sciences,2009,18:7-44.

④ 俞国良,罗晓路.教师教学效能感及其相关因素研究[J].北京师范大学学报(人文社会科学版),2000(1):72-79.

表 1 访谈对象基本信息

调查对象	性别	教龄	年龄	所教年级	学科	周课时	首次开展知识建构教学时间	是否坚持
G 老师	女	8	38	五年级	语文	11～18	2018.09	是
W 老师	女	7	32	六年级	语文	11～18	2018.08	是
Y 老师	女	4	26	一年级	语文	6～10	2019.10	否
J 老师	男	11	39	七年级	语文	11～18	2019.10	是
C 老师	女	9	38	一年级	语文	6～10	2018.08	是
L 老师	女	5	29	二年级	语文	6～10	2019.10	否
M 老师	女	5	31	七年级	语文	11～18	2019.10	是

(二)数据处理与分析

本研究主要进行线上访谈,形成约 2 万字的访谈文本数据,将其导入 NVivo 11 软件,以扎根理论的研究方法和一般操作流程为依据进行整理和编码。

1.开放式编码

笔者以开放心态对原始访谈文本不断进行分解、比较、概念化与范畴化,最终形成 99 个自由节点,表 2 为部分示例。

表 2 开放编码部分示例

开放编码	原始数据
学生良好表现使教师有信心继续坚持	Y:每位学生都在为小组、班级做出自己的贡献,有些学生的特长优势得到显现。比如我们班有几个演话剧特别好的学生,让我很欣喜。基本上全班同学都参与进去了
学校评优激励教师努力工作	G:每学期都会评优秀教师,这是一种肯定和赞誉
学校决策方面教师有发言权	G:在一些教学问题等与我们比较相关的事情方面,我们普通老师是有发言权的
学校参与高校教育创断实践	W:学校提倡教师用新理念开展教学,经常与大学老师领导接触交流

2.主轴式编码

继续对开放式编码进行归类,建立概念与概念间和范畴间的相互联系,形成关联类属,如表 3 所示。依照这样的方法,在 99 个自由节点的基础上形成了 27 个主轴编码。

表 3　主轴编码部分示例

主轴编码	节点名称	开放编码	节点参考数
制度的完整性	工作绩效指标	8	
	薪资待遇影响	10	
	教师自由度	35	
	学校评优激励	13	
创新教学环境	学校建设层面	69	
	知识建构了解落实	15	
	新课改了解落实	45	
教学资源	学校教学资源充足	21	
	学校师资力量较好	7	
同事关系	同事互相交流	7	
	同事相互帮助	20	
工作投入效果	工作投入效果较好	7	
	工作投入影响教学效能感	7	
	工作投入越多，教学效果越好	4	
	教学投入越多，教学能力提高	2	
	教学效能感越高教学投入越多	4	
工作压力影响	工作量较大影响创新教学实践	6	
	工作压力对创新教学产生影响	7	

3.核心式编码

对上级编码所得出的主题进行系统分析后生成"核心类属"，具备高度的概括性和统整性。在27个主轴编码的基础上提炼出八个"核心类属"，分别是学校环境、学生表现、教育现实局限、工作压力、教师教育信念、家长、教学能力和教学投入，如表4所示。

表 4　核心编码示例

核心编码	主轴编码
学校环境	创新教学环境，教学资源，师生关系，同事关系，制度的完整性
家长	学生了解程度、工作支持力度
教育现实局限	评龄机制有限，课时安排有限，课堂规模局限
教师教育信念	方法认知，角色认知，目标认知
工作压力	工作压力程度，工作压力影响
教学能力	备课能力、教学监控能力，课堂组织与管理能力，其他教学能力，教学能力影响
教学投入	精力投入，时间投入，投入态度，投入效果
学生表现	学习过程表现，学习效果表现

(三)编码信度

为保证结果可靠性,由两位研究人员分别单独对数据进行编码后,计算"编码一致百分比"为91.7％,具有较高可靠性,并邀请被访谈对象对编码的结果进行评判,以保证编码符合其真实情形。7名受访者对此均表示编码结果能够反映出其真实经历和感受。

四、研究结果与讨论

(一)知识建构教学中影响教师自我效能感的因素分析

1.学校环境因素是主要影响因素

分析数据可知,访谈中有256条初始语录表示出其自我效能感容易受到来自学校环境的影响。其中创新教学环境的参考点数占该核心因素总参考点的52％。进一步分析发现,该校积极贯彻落实新课改要求,其创新办学学风、教师培训机会、新型教学理念落实等鼓励教学优创的环境氛围为教师学习新型教育理念、尝试开展新型教学模式创造了外在条件,在一定程度上对创新型教师自我效能感产生积极影响。

2.学生表现、工作压力和家长是直接原因

作为教学活动的直接参与对象,积极的学生表现会促进教学的顺利开展,预期或超出预期的教学效果会使教师自我效能感增强甚至倍增。中小学阶段需要兼顾"教书"与"育人"的双重职责,这使得几乎全部访谈对象的教学并不轻松,存在工作压力,部分知识建构新手教师认为这些压力会影响其开展创新教学的热情,常常因没有精力备课而放弃。此外被访谈者都坦言,家长的积极配合会使活动进行得更加顺利,家长对教师的支持与积极评价对教师自我效能感会产生一定影响。

3.教师教学投入与教师教学能力是间接原因

研究发现几乎全部访谈对象都提及开展知识建构教学需要投入比以往常规教学更多的时间和精力,主要体现在备课时间、情感投入等方面。其中熟手教师随着经验的积累,在前期准备方面更加精确具体,课堂教学方面更加游刃有余。

作为影响教学效果的另一大因素,教学能力是决定教学能否有效开展的保障。分析访谈数据可以发现每位被访者都或多或少提及了教学能力的重要影响:教学能力越强,教学效果越好,从而会使教师更有信心,继续开展下去。

4.教育现实局限和教师教育信念是根本原因

研究表明课时安排、课堂规模和评价机制等方面会对成功教学造成一定限制,这与我国教育体制密切相关。要想将知识建构理论真正中国化,需要从中国课程体制的分科教学与班级规模设置、教师习惯的陈述式教学与知识建构理论与教学法之间的思想矛盾等诸多方面进行改革。

此外,从访谈可知,具有积极教育信念的教师,对于新型教育理念的实践落实具有积极主动意识,更可能坚持下去促进自身专业能力的提升,其自我效能感也较强。相对地,自我效能感在一定程度上影响教师教育态度和教学行为,这对于教师教育理念的形成与

发展又有促进作用。

（二）知识建构教学中教师自我效能感的影响因素模型

继续梳理清楚不同影响因素对教师自我效能感产生影响的机理，发现以上八个因素之间、因素与教师自我效能感之间并非简单机械的对应关系，它们相互作用，共同造成教师自我效能感的差异。

其一，学校环境、教育现实局限、工作压力、学生表现和家长是影响知识建构教师自我效能感的外部条件。学校环境会对教师的教学行为、教育信念产生影响；教育的现实局限性影响教师进行创新教学，局限教师教育信念；学校环境同时影响学生学习过程表现与学习效果，这些表现又会对教师教育信念产生影响；而学校、家长和学生各方面带来的工作压力，会使教师的注意力难以集中，也会影响教师的教学投入状态，即影响教育理念的发展。

其二，教师教育信念、教学投入和教学能力是影响知识建构教师自我效能感的内部条件。教育信念直接影响教师对教育教学的知觉判断，进而对学生造成影响。而学生的表现与教师投入、教学能力又相互关联，产生的教学效果又影响改变着教师自我效能感。同时，它们又受到其他几个外部因素的影响。

其三，知识建构教师的自我效能感被上述八个因素作用，且教师自我效能感再经过个体意识内化后又会反作用于各个因素，表现为主动对各个因素的适应与调节，形成循环迭代影响。基于此，本研究形成了影响教师自我效能感的因素模型，如图1所示（图中单箭头表示单向作用，双箭头表示双向作用）。

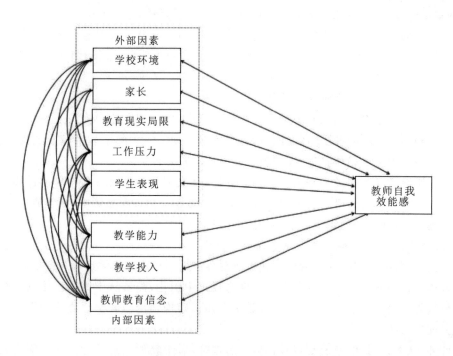

图1 知识建构教师自我效能感影响因素模型

五、总结

本研究基于真实的访谈材料,揭示了知识建构教学中教师自我效能感影响因素和其背后深层次的关系。上述研究结论对知识建构教师自我效能感的提高,以及针对性教学干预与优化具有重要的启示意义。

第一,完善学校环境,营造创新氛围。学校作为开展教学工作的主战场,应紧跟国家政策要求,为创新教学积极进行物质投入和思想认知投入,努力创造提升教学环境,解决教师后顾之忧。

第二,发展教育信念,把握创新机遇。作为影响教育教学效果和教师教育知觉判断的根本因素,教师教育信念必须得到高度重视,教师要不断加强职业道德培养,提高职业素养。要树立坚定的自信的教育信念,在教学中不断提升自我。

第三,健全教师评价机制,提供积极外部支持。为提升教师自我效能感,学校可通过建立教师合作学习团队和专业对话实现替代性经验作用。教师之间的沟通、对话、支持、互助等行为可以使教师更深入地思考和分析教学中遇到的问题,充实教学经验,扩大和发展自己的教育视野,这有利于教师对教学工作产生积极期待,从而提高教学信心。

参考文献

[1]国家中长期教育改革和发展规划纲要[DB/OL].(2010-07-29)[2021-06-10]http://www.gov.cn/jrzg/2010-07/29/content_1667143.html.

[2]辛涛.论教师的教学效能感[J].应用心理学,1996(2):42-48.

[3]张义兵,陈伯栋,SCARDAMALIA M,等.从浅层建构走向深层建构——知识建构理论的发展及其在中国的应用分析[J].电化教育研究,2012,33(9):5-12.

[4]万昆,李建生,江毅.国际知识建构研究的热点领域和前沿演变——基于WOS期刊文献的可视化分析[J].现代情报,2017,37(12):154-161.

[5]GUNAWARDENA C N, LOWE C A, ANDERSON T. Analysis of a global online debate and the development of an interaction analysis Model for examining social construction of knowledge in computer conferencing[J]. Journal of Educational Computing Research,1997,17(4):397-431.

[6]ZHANG J W, SCARDAMALIA M,MESSINA R, et al. Designs for collective cognitive responsibility in knowledge-building communities[J]. The Journal of The Learning Sciences,2009,18:7-44.

[7]俞国良,罗晓路.教师教学效能感及其相关因素研究[J].北京师范大学学报(人文社会科学版),2000(1):72-79.

专业论坛中协作知识建构深度研究

赵福君　　刘　琪

（石河子大学，新疆石河子　832003）

摘　要：本文利用社会网络分析方法，以经管之家论坛的 SPSS 社区为虚拟学习社区，分析讨论帖之间用户的交互关系，并用社群图揭示网络论坛的知识建构过程，从密度、距离、社群分析、中心性、凝聚子群五大方面分析协作知识建构的特征，并据此探讨如何利用网络学习论坛进行有效的协作知识建构。

关键词：网络论坛；协作知识建构；社会网络分析

一、引言

知识建构便是指学习者在学习社区与他人进行社会协商和意义对话的建构过程。社会网络分析方法被用来描述和测量行动者之间的关系或通过这些关系流动的各种有形或无形的东西，描述社会关系的结构及其对群体功能或者群体内部个体的影响，关注如何建立这些关系的模型，而更直观地反映各点间的关系本质，为研究网络论坛中的知识建构的过程及其协作知识建构过程与特点提供了有力的保障[①]。本次研究以经管之家论坛的 SPSS 版块为研究对象，利用社会网络分析方法研究网络学习论坛中用户之间的关系，探究协作知识建构的过程，探索其知识建构深度。

二、文献综述

随着大数据在教育教学领域的应用，国内外专家学者们开始采用社会网络分析方法来研究与协作知识建构有关的问题。加拿大阿尔伯塔大学的研究者通过社会网络分析方法对参与在线课程的学习者进行社会网络结构的可视化，通过识别处于"核心—边缘"的学习者，为教师提供评价在线学习中学习者参与学习积极性的依据[②]。

国内学者利用社会网络分析法对协作知识建构进行了深刻而广泛的研究。黎加厚以

---

① 刘清堂，张妮，朱姣姣.教师工作坊中协作知识建构的社会网络分析[J].中国远程教育，2018(11)：61-69，80.

② REIHANEH K，MANSOUREH T，OSMAR R. Analyzing participation of students in online courses using social network analysis techniques[J].Proceedings of the 4th international conference on educational data mining，2011(7)：21-30.

苏州教育博客学习发展共同体为案例,使用社会网络分析方法研究了苏州教育博客共同体的关系,探索了网络时代教育传播的发展特点①。王佑镁利用社会网络分析技术对某大学本科班"信息技术与学科教学整合"课程的协作知识建构进行可视化分析,得出协同学习是技术革新教学的一种新路径②。在知识建构深度方面,赵海霞通过浅层与深度建构维度、独立与协作解决问题维度将学习形式大致分为独立浅层建构、协作浅层建构、独立深度建构、协作深度建构四个区域③。

综上所述,国内外学者均对协作知识建构进行了深入研究,并且研究方向逐渐从线下课堂转向线上课堂,同时研究逐渐从浅层的协作知识建构转向深度的协作知识建构,促进了协作知识建构理论的发展与革新。

三、研究设计

(一)研究对象

本研究选取经管之家论坛的 SPSS 版块中的"如何用 SPSS 下的 PROCESS 作调节效应图"主题三个帖子的 52 名用户作为研究对象。其中有 1 名楼主,51 名其他用户。SPSS是一款统计产品与服务解决方案的软件,因而有很多人正在进行该软件的学习。

(二)研究工具

Gunawardena(甘纳瓦迪纳)提出的协作知识建构过程五阶段说,主要包括分享、论证、协商、修改、应用等环节,据此其提出了交互层次模型编码表。本次研究将交互层次模型编码表进行了修改,并使编码分为六个类型,具体内容如表 1 所示。

本次研究根据时间顺序对论坛中参与会话的成员信息进行编码,所采用的社会网络分析软件是 UCINET 6,利用它来测量学习者协作知识建构的网络密度等基本属性,并利用社群图将结果进行可视化呈现。

表 1　编码类型

类型	在论坛中的相应支架	编码
提问	需要理解这个理论	1
回答问题	汇集知识	2
分享资源	新的信息	3
反馈评论	汇集知识	4
表达观点	自己的理论	5
无关内容	无法归于以上	6

①　黎加厚,赵怡,王珏.网络时代教育传播学研究的新方法:社会网络分析——以苏州教育博客学习发展共同体为例[J].电化教育研究,2007(8):13-17.

②　王佑镁.协同学习环境中的知识建构及其社会网络分析[J].现代远距离教育,2010(6):28-34.

③　赵海霞.翻转课堂环境下深度协作知识建构的策略研究[J].远程教育杂志,2015,33(3):11-18.

(三)研究工具

本研究选取"经管之家论坛的 SPSS 版块"作为虚拟学习社区的代表,对经管之家论坛的 SPSS 版块的问题讨论式主题帖子进行了协作知识建构研究。每个单元格的行信息是会话的发起者,列信息是会话的对象。首先根据编码表对帖子中的信息进行编码,其次对帖子中的数据进行统计,统计各用户之间的交互次数,形成统计矩阵。通过统计矩阵,对每一个会话的发起者与对话的对象发生交互记为 1,反之,记为 0。图 1 为部分用户的二值矩阵图。

二值编码	T1	T2	T3	T4	T5	T6	T7	T8	T9	T10	T11	T12	T13	T14	T15	T16	T17	T18	T19	T20	T21	T22	T23	T24	T25
T1	0	1	1	1	1	1	1	1	1	1	1	1	1	1	1	1	1	1	1	1	1	1	1	1	1
T2	0	0	0	0	0	0	0	0	0	0	0	0	0	0	0	0	0	0	0	0	0	0	0	0	0
T3	1	0	0	0	0	0	0	1	1	0	0	0	0	0	0	0	0	1	0	0	0	0	0	0	0
T4	1	0	0	0	1	0	0	1	0	0	1	0	0	1	0	0	0	0	1	0	0	0	0	0	0
T5	1	0	0	1	0	0	0	0	1	0	0	0	0	0	0	0	0	0	0	0	0	0	0	0	0
T6	1	0	0	0	1	0	0	0	0	0	1	0	0	0	0	0	0	0	0	0	0	0	0	0	0
T7	1	0	0	0	0	0	0	0	0	0	0	0	1	0	0	0	0	0	1	0	0	0	0	0	0
T8	1	0	0	0	0	0	0	0	0	1	0	0	0	0	0	0	0	0	0	0	0	0	0	1	0
T9	1	0	0	0	0	1	0	0	0	0	0	0	0	0	0	0	0	0	0	0	0	0	0	0	0
T10	1	0	0	0	1	0	0	0	0	0	0	0	0	0	0	0	1	0	0	0	1	0	0	0	0
T11	1	0	0	0	0	0	0	0	0	0	0	0	0	0	0	0	0	1	0	0	0	0	0	0	0
T12	1	0	1	0	0	0	0	0	0	0	1	0	0	0	0	1	0	0	0	0	0	0	0	0	0
T13	1	0	0	1	0	0	0	0	0	0	0	0	0	0	0	0	0	0	0	0	0	0	0	0	0
T14	1	0	0	0	0	0	0	0	0	0	0	0	0	0	0	0	0	0	0	0	0	0	0	0	0
T15	1	0	0	0	0	0	0	0	0	0	0	0	0	0	0	0	0	0	0	0	0	0	0	0	0
T16	1	0	0	0	0	0	0	0	0	0	1	0	0	0	0	0	1	0	0	0	0	0	0	0	0
T17	1	0	0	0	0	0	0	0	0	1	0	0	0	0	0	0	0	1	0	0	0	0	0	0	0
T18	1	0	1	0	0	1	0	0	0	0	0	0	0	0	0	0	0	0	1	0	0	0	0	0	0
T19	1	0	0	0	0	0	0	0	0	0	0	0	0	0	0	0	0	0	0	0	0	0	0	0	0
T20	1	0	0	0	0	0	0	0	0	0	0	0	0	0	0	0	0	0	0	0	0	0	0	0	1
T21	1	0	0	0	0	0	0	0	0	0	0	0	0	0	0	0	0	1	0	0	0	0	0	1	0
T22	1	0	1	0	0	0	0	0	0	0	0	0	1	0	0	0	0	0	0	0	0	0	0	0	0
T23	1	0	0	1	0	0	0	0	0	1	0	0	0	0	0	0	0	0	0	0	0	0	0	0	0
T24	1	0	0	0	1	0	0	0	0	0	0	0	0	0	1	0	0	0	1	0	0	0	0	0	0
T25	1	0	0	0	0	0	0	0	0	0	0	0	0	1	0	0	0	0	0	0	0	0	0	0	1

图 1   部分用户的二值矩阵

四、专业论坛中协作知识建构

随着交流互动的不断展开,社区成员的认识、观点和理论不断得到丰富和深化,新的目标和主题也在不断生成。协作知识建构的深度通常通过其社会网络的密度、距离、社群、中心度和凝聚子群来体现。

(一)密度分析

网络密度越接近 1,说明该网络越密集,成员间的交互越多;反之,网络越稀疏,成员间的互动也越少。经过测量,整个社区的网络密度为 0.0962,密度偏小,说明在该论坛中,成员交互比较少,社区成员参与积极性不高,这意味着该社区的协作知识建构的深度不够,仅仅停留在浅显的层面。

(二)网络距离

网络各节点之间建立的联系有些是直接的,有些是间接的,比如 T1 向 T2 发送了一条消息,T2 又向 T3 发送了一条消息,这就代表 T1 和 T2 建立了直接联系,而 T1 和 T3 通过 T2 建立了间接联系;网络平均距离值越小,说明成员之间的信息流动性越好,传递快。通过 UCINET 6 计算出班级网络的平均距离值为 2.138,说明成员之间平均通过两条途径才能得到联系,由此看来成员之间传递信息的能力并不强。

(三)社群分析

根据二值矩阵生成"如何用 SPSS 下的 PROCESS 作调节效应图"主题社群图,如图 2 所示。各节点表示参与交互的用户,线条表示各用户间发生的发帖和回帖等交互行为,箭头方向代表交互关系的方向,即 T1→T2 代表着用户 T1 回复了用户 T2。

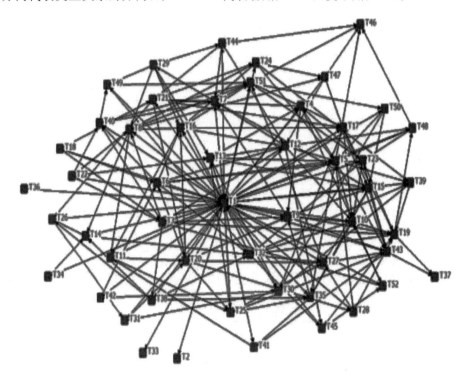

图 2　主题社群图

通过观察社群图中点与点间连线条数的多少,对参与交互的用户进行分析可得出:处于学习论坛网络中心的用户,他们之间的交互关系相对紧密,而处于边缘的用户则比较疏松,从而表明在网络学习论坛中学习用户间交互程度存在一定的差异性。进一步分析可以发现,编号为 T2、T33、T36 等用户处在学习论坛网络的边缘位置,他们属于网络学习论坛中的不积极分子。与此相反,编号为 T1、T6、T12、T13 等用户彼此间连线比较密集,处在学习论坛网络的中心位置,他们是 SPSS 软件学习过程中知识与经验分享交流的核心成员。综上所述,T1、T6、T12、T13 属于网络核心人物,而 T2、T33、T36 属于网络边缘人物。

(四)中心度分析

1.结点中心度

如表 2 所示是学习论坛社会网络结点中心度,我们可以得知楼主 T1 的入度中心性为 46.000,出度中心性为 38.000,其入度、出度都稳居第一,说明 T1 与网络中的大部分用户都产生了直接的交互。楼主在整个帖子讨论当中既大量接收信息也大量发送信息,他属于交互网络的核心圈内的核心位置。T2、T36、T37、T46 的入度中心性均为 0.000,出度中心性分别为 1.000,1.000,2.000,5.000,其发出和接收信息比较少,交互能力低,处于不活跃人群中。T12、T4、T5、T20、T10 等用户均在高点度中心性人群,处于网络中心位置,属于最活跃人群。

表 2　结点中心度

编号	In-Degree	Out-Degree
T1	46.000	38.000
T12	9.000	4.000
T4	8.000	4.000
T5	7.000	8.000
T20	7.000	5.000
T10	7.000	6.000
T2	0.000	1.000
T36	0.000	1.000
T37	0.000	2.000
T46	0.000	5.000

2.接近中心度

接近中心度的数值用该点与其他点的内外距离之和表示,数值越大说明学习者在交互过程中越独立,越不依赖于其他学习者。部分用户的内外接近中心度之和如表 3 所示。

表 3　接近中心度

编号	内外接近中心度之和
T36	21.436
T2	21.436
T46	20.137
T37	19.579
T1	110.312
T19	68.459
T9	67.881
T20	68.402
T11	65.925
T33	64.512

由表 3 中数值可知,除了楼主 T1 之外,T19、T9、T20 的接近中心度最高,表明这三位用户最不依赖其他用户,具有很好的独立性,处于网络的核心位置;相应的 T36、T2、T46 接近中心度最低,与其他成员差距较大,表明 T36、T2、T46 最易受到他人控制,在社区中的独立性最弱,处于边缘位置。

结合结点中心度和接近中心度来看,两者的结果排序相似,T1、T20 的中心度都是最高的,说明他们在整个网络中最大控制其他用户的同时,自己拥有较强的独立性,有自己的见解和思想,处于网络核心;结点中心度最低的 T36、T2、T46,其接近中心度仍处于最低,说明他们一直处于网络边缘,极易受他人控制;处于中间位置的学习者较多,相对来讲较为独立,除了个别成员稍有变动外,基本趋势并未改变。

3.核心—边缘结构

核心—边缘结构利用"核心度"判断每个成员居于网络的相对位置,将节点分为核心、半边缘以及边缘三种类型,计算的各节点核心度如图 3 所示。

编号	核心度	编号	核心度	编号	核心度	编号	核心度
T1	0.808	T14	0.078	T27	0.09	T40	0.096
T2	0.035	T15	0.092	T28	0.084	T41	0.053
T3	0.105	T16	0.102	T29	0.046	T42	0.045
T4	0.105	T17	0.098	T30	0.096	T43	0.063
T5	0.113	T18	0.075	T31	0.052	T44	0.083
T6	0.1	T19	0.101	T32	0.061	T45	0.054
T7	0.102	T20	0.105	T33	0.052	T46	0.024
T8	0.103	T21	0.098	T34	0.061	T47	0.045
T9	0.101	T22	0.082	T35	0.066	T48	0.084
T10	0.115	T23	0.103	T36	0.078	T49	0.083
T11	0.087	T24	0.096	T37	0.055	T50	0.081
T12	0.108	T25	0.087	T38	0.032	T51	0.107
T13	0.1	T26	0.031	T39	0.001	T52	0.08

图 3　各用户节点核心度

根据结果得出相关系数为 0.544,拟合度大于 0.5,说明该模型中的成员存在核心—边缘结构;依据核心度数据,将核心度大于 0.2 的归为核心学习者,核心度小于 0.07 的归为边缘学习者,其他为半边缘学习者,整理后得到情况如表 4 所示。

表 4　核心—边缘分布情况

学习者分类	学习者编号	学习者人数
核心学习者	T1	1
半边缘学习者	T3 T4 T5 T6 T7 T8 T9 T10 T11 T12 T13 T14 T15 T16 T17 T18 T19 T20 T21 T22 T23 T24 T25 T27 T28 T30 T36 T37 T40 T41 T44 T45 T48 T49 T50 T51 T52	37
边缘学习者	T2 T26 T29 T31 T32 T33 T34 T35 T38 T39 T42 T43 T46 T47	14

通过以上对中心度和核心—边缘结构的分析可以看出，该专业论坛的核心学习者较少，但其对整个社区的知识建构贡献最多，起着重要的作用。半边缘学习者和边缘学习者众多，他们在整个社区的贡献率不高，导致协作知识建构的深度处于浅显阶段。

4.凝聚子群分析

利用 UCINET 中的路径进行分析，得到 8 个子群如图 4 所示，具体子群成员分布表如表 5 所示。

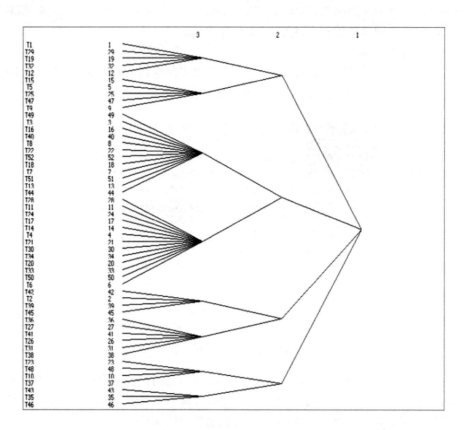

图 4　学习论坛子群分布树形图

表 5　子群分布

子群名称	子群成员	成员数量
子群 1	T1 T19 T29 T32 T12	5
子群 2	T15 T5 T25 T47 T9	5
子群 3	T49 T3 T16 T40 T8 T22 T52 T18 T7 T51 T13 T44	12
子群 4	T28 T11 T24 T17 T14 T4 T21 T30 T34 T20 T33 T50 T6	13

续表

子群名称	子群成员	成员数量
子群 5	T42 T2 T39 T45	4
子群 6	T36 T27 T41 T36 T31 T38	6
子群 7	T23 T48 T10 T37	4
子群 8	T43 T35 T46	3

从图 4 和表 5 可以看出，整个学习论坛分为 8 个子群，这说明成员们更能够有目的地接受他人，不再以自我为中心，习惯于与他人互动，关注他人的学习进展，养成了与他人合作的意识，以及集体承担改进观点的责任。成员个人的知识建构就发展到子群乃至社区的知识建构，遵循"个人—子群—社区"的发展路径。

五、结果与讨论

(一)研究结论

本研究对论坛的协作知识建构进行了深度分析，利用 UCINET 6 软件分析处理得到的关系二值矩阵，通过网络的密度、距离等六个指标来分析经管之家学习论坛协作知识建构过程中用户的社会交互特征，并得出以下结论：

(1)从图 2 主题社群图的社会网络特征来看，我们可以看到整体网络呈现出一个松散稀疏的网络结构特征，成员之间的交互较少，讨论区中的分享和讨论以核心成员为主，其他成员之间的交互较少，凝聚子群特征不明显，同时部分学习者处于网络边缘。

(2)从密度上来看，该论坛的网络密度为 0.0962，用户交互网络密度较低。网络距离为 2.138，成员之间平均通过两条途径才能得到联系，这意味着各用户间传递信息的能力不强，论坛网络核心参与者数量较少，凝聚力不高。

(二)改善策略

1.重视边缘、孤立成员

处于学习群体社会网络边缘的参与者，他们因为种种原因，找不到存在感和归属感，因此无法对学习群体的知识构建产生促进作用。论坛用户积极地发表自己的观点与看法并且主动地去回应别人的观点对于维持论坛的良好氛围有重要影响，使边缘、孤立成员参与到主题帖的讨论之中，督促大家共同学习。

2.加强交互性，增强凝聚力

楼主作为网络中的核心人物，可以适时引导其他用户，加强用户们参与交互的主动性，加深各用户与网络内其他用户间的交流互动，使交互网络结构更加紧密，传递性能更强，用户都能勇于提出个人观点和问题，提高共同体的整体凝聚力，进而提高协作知识建构的能力。在学习论坛中参与学习的成员都是鲜活的个体，如果论坛中帖子的目标一成不变,用户也就不会继续参与论坛讨论了。因此,学习论坛的目标应该是推陈出新、不断完善的。在目标的更新过程中,应当时刻切合学习者的需求,增强网络凝聚力。

此外,根据分析可以明显看出,处于核心位置的学习者对学习群体知识建构具有促进作用。所以,要注意培养核心成员,这样可以激发其他用户的积极性,使核心成员领导力的发展、知识建构更加深入。

参考文献

[1]刘清堂,张妮,朱姣姣.教师工作坊中协作知识建构的社会网络分析[J].中国远程教育,2018(11):61-69,80.

[2]REIHANEH K,MANSOUREH T,OSMAR R. Analyzing participation of students in online courses using social network analysis techniques[J].Proceedings of the 4th international conference on educational data mining,2011(7):21-30.

[3]黎加厚,赵怡,王珏.网络时代教育传播学研究的新方法:社会网络分析——以苏州教育博客学习发展共同体为例[J].电化教育研究,2007(8):13-17.

[4]王佑镁.协同学习环境中的知识建构及其社会网络分析[J].现代远距离教育,2010(6):28-34.

[5]赵海霞.翻转课堂环境下深度协作知识建构的策略研究[J].远程教育杂志,2015,33(3):11-18.

K-12 阶段利用计算思维解决问题的能力培养研究

任汪桦 边 琦 方海玉 寒晓焱

（内蒙古师范大学教育学院，内蒙古呼和浩特 010022）

摘 要：随着新时代新兴技术的发展，学习大多发生在诸多技术的融合之下，更多的教育研究者与一线教师关注如何切实发展学生的思维能力，信息技术学科领域掀起培养计算思维的热潮。研究对计算思维界定，介绍新课程标准中对于计算思维能力培养的定位，梳理教育领域计算思维研究现状，剖析学生利用计算思维解决问题的思维过程并探寻计算思维在 K-12 阶段的有效培养途径与测量评价手段，力图为发展学生计算思维做出贡献。

关键词：计算思维；问题解决；新课程标准

一、新课程标准下的"计算思维"

2012 年，美国计算机教师协会明确指出，信息技术教育已不只是技术工具功能的掌握，更应从"计算思维""合作与交流""计算实践与编程""计算机和交流设施的应用""社区、全球化和道德伦理"等学生核心素养的发展着手，帮助学生更好地理解和生存于信息社会。新课程标准中指出"计算思维是指个体运用计算机科学领域的思想方法，在形成问题解决方案的过程中产生的一系列思维活动"。

《普通高中信息技术课程标准（2017 年版）》（以下简称为"新课标"）中明确指出将"计算思维"作为学科核心素养之一，旨在培养学生界定问题、抽象特征、建立结构模型、合理组织数据的能力。计算思维的培养应该渗透在学生发展的每个阶段，其中基础教育是"筑基础、打地基"的阶段，也是建立学生计算思维模式的关键阶段。

二、K-12 阶段学生计算思维培养现状分析

中小学阶段的思维培养在学生发展中发挥着不可替代的重要作用，由此本文重点讨论 K-12 阶段的学生作为计算思维的培养对象，选取国际计算思维挑战赛（Bebras）中小学试题，分析学生的思维过程。

（一）Bebras 发展现状分析

Bebras2004 年首次在立陶宛举行实验，是信息学领域推动计算思维教育的非营利性的国际组织主办的国际赛事，旨在从计算思维的培养角度出发，推动世界中小学计算机科学教育领域的发展。中国于 2017 年正式加入 Bebras 联盟。通过关键词或主题词检索有关"国际计算思维挑战赛"和"Bebras"的论文少之又少，但关于"计算思维"的研究论文自 2010 年起呈持续上升趋势，由此看来我国计算思维领域的研究者对于本挑战赛的关注度较低。

本研究选取 2019 年《国际计算思维挑战赛试题集锦》中的 106 道试题，检索过程中某些题目由于出现频次甚少，对本研究的影响微乎其微，手动排除 9 道。题目涉及的计算思维知识点分类如表 1 所示，由此看来，试题编制更多期望培养学生算法与编程能力，以及对数据的分析能力和表征能力，而对于培养学生学习计算处理与硬件、系统设计、网络通信等方面的试题较少。从表 1 的数据可以直观感受出试题主要意图在于测评和培养学生的能力，注重在问题中求解的思路与过程。

表 1 《国际计算思维挑战赛试题集锦》题目分类统计表

题目类别	算法与编程	数据、数据结构与表征	算法与编程、数据、数据结构与表征	计算处理与硬件	交互、系统与设计	数据结构与表征	通信与网络
数量	49	22	17	3	2	2	2

新课标中明确建构出包含数据、算法、信息系统、信息社会的信息技术学科大概念体系，基于此梳理上述算法与编程；数据、数据结构与表征；算法与编程、数据、数据结构与表征三类试题中的 88 道试题的关键词并进行分析，统计结果如图 1 所示。其中出现频率较高的关键词有"排序""图""约束"等，出现频率分别为 9 次、8 次和 7 次，在抽样对象中的占比相对较高。"排序"和"图"都是算法与数据结构中的重要组成部分，也是高中信息技术必修课程中的模块 1，是学生学习信息技术其他知识的基础也是关键，侧面体现本试题对学生基本计算思维和问题分析能力的关注。此外，试题中"信息丢失""隐私"等关键词的出现，强调学科核心素养中的"信息社会责任"的培养。

（二）计算思维解决问题的思维过程模式

Bebras 试题在测量学生的计算能力的同时也是一种良好的教学资源。资源的特点在于其每道试题都为学生创设一个情景（游戏），将学生引到具体的问题上，进而引发学生利用计算思维来解决题目中遇到的问题。试题测量的聚焦点在于学生的分析和应用能力，侧重学生更高层次的思维能力的评价，试题的评价结果在一定程度上反映了学生运用计算思维解决真实问题的能力水平。从计算思维的操作性定义切入，以面对真实问题的解决过程为思路，对思维的每个步骤进行剖析，直观、具体且清晰地呈现出学生运用计算思维解决问题的整个过程，如图 2 所示。

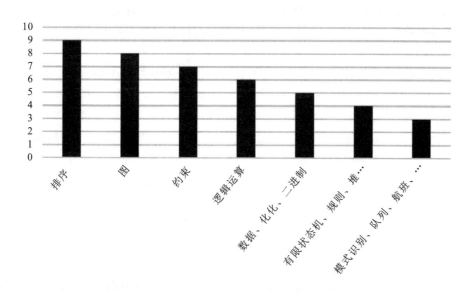

■ 出现频次

图 1 《国际计算思维挑战赛试题集锦》部分题目关键词统计图

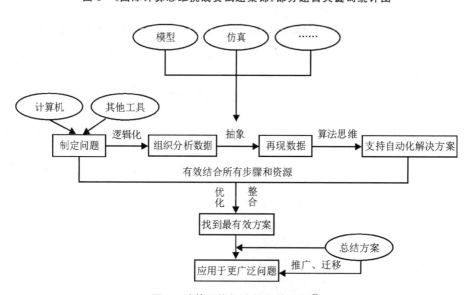

图 2 计算思维解决问题的过程①

　　利用计算思维解决问题是以问题的本身为核心,抽取其中的关键模型,这里所指的模型并非一种格式化的规则或流程,而是在学生原有的认知结构和知识背景的基础上,对类似事物进行归类整合而内化出的一种解决问题的思维模式、框架。在所具备的知识模型"储备库"中提取相关的解决框架,从而选择出最优解。早期基础教育阶段的计算机学科

---

　　① 张学军,郭梦婷,李华.高中信息技术课程蕴含的计算思维分析[J].电化教育研究,2015,36(8):80-86,107.

教学走偏,是以软件操作及使用为核心,使学生尽快适应数字化环境,能够独立"掌控"计算机,但随着数字化时代软件的更新换代,越来越多的新鲜事物层出不穷,学生在没有掌握计算机核心的情况下,无法自如地面对这种变化。

流程图所呈现的计算思维解决问题的过程,引入一种思维加工的框架型辅助工具,记录了学习者从识别问题到形成方案再到求得最优解的思维全过程,并以可视化、显性化呈现。帮助学习者更好地梳理学习中的过程性信息,进而有针对性地加以组织和调整,回归到计算思维解决问题的本质核心。当然此模型只是一种理想化的思维过程,在不同学习者的不同认知基础上,相应的思维过程会有所变化。此过程模型本身也存在局限性,但从操作层面分析,此模式的运用,针对 K-12 阶段水平的学生具有很高的借鉴意义与可操作性。

(三)计算思维的测量与评价

《2017 地平线报告(基础教育版)》指出,培养中小学的计算思维是 21 世纪一个重要的课题,计算思维应该是阅读、写作、计算之外的另外一项必须熟练掌握的基本技能[①]。然而目前我国 K-12 阶段的学生虽已具备基本的计算技能、处理信息的能力以及逻辑思维能力,但对其计算思维的培养并没有形成一个完整的概念体系,作为教育者来说此项工作极为重要。

新课标中的高中信息技术课程不仅强调"数据与计算""信息系统与社会"等计算机科学中的基础概念知识的学习,针对不同兴趣爱好的学生,增加"人工智能初步""三维设计与创意"等选修模块。对于 K-12 阶段学生而言,其认知能力与抽象能力水平的发展已逐渐趋于成熟,能够独立对问题进行拆分和重整,以及对所学知识进行迁移,已基本具备独立解决问题的能力。但是对于高中信息技术学生能力水平的测量与评价方法目前没有形成共识,这也是信息技术学科教育教学发展中遇到瓶颈的核心问题,想要突破此项难题,信息技术学科必定要形成学科特有的评价体系。

但是如何评价学生是否具备计算思维,如何衡量学生运用计算思维解决问题的能力水平,目前我国还没有形成完整系统的评价体系。有学者将计算思维的测量工具分为五类:总结性工具、形成性交互评价、技能—迁移工具、观念态度量表、词汇评估[②]。目前,国内计算思维评价的专用工具文献述及较少,国外计算思维工具较多。Bebras 用试题形式评价,在一定程度上测量学生的计算思维水平,同时起到促进计算思维发展的作用。而国内不少学者也开始关注到计算思维的测量方法,并开始应用于 K-12 阶段教学中。

三、总结与展望

信息技术课程作为一门学科,在以数据为核心的知识创新时代,所蕴含的独特学科特

---

① NMC Horizon Report 2017 K-12 Edition [EB/OL]. (2018-01-30). http://www.nmc.org/publication/nmc-cosn-horizon-report-2017-k-12-edition.

② 史文崇,刘茂华,杨大志.计算思维教育的困惑与博弈[J].中国远程教育,2019(8):59-67.

质和文化内涵不断被人们所认识,特别是计算思维对于学生发展的价值得到广泛认同。早期关于计算思维的研究与讨论主要分布在高等教育的水平层次上,而对于如何落脚到K-12阶段,目前尚没有一个能被广泛接受的标准①。

　　本文以计算思维的培养途径与测量方法为切入点,通过对目前K-12阶段学生计算思维能力培养的现状进行分析,在较为成熟的理论观点之上,提出笔者的观点以及看法。计算思维是一种世界观和方法论,是一种通过科学建模(计算模型),实现对于自然世界和社会及人类行为理解更为全面和深刻②,在青少年发展过程中发挥不可替代的地位的同时,对其终身学习与发展有着深刻指导意义。

参考文献

　　[1]陈鹏,黄荣怀,梁跃,等.如何培养计算思维——基于2006—2016年研究文献及最新国际会议论文[J].现代远程教育研究,2018(1):98-112.

　　[2]张学军,郭梦婷,李华.高中信息技术课程蕴含的计算思维分析[J].电化教育研究,2015,36(8):80-86,107.

　　[3]NMC Horizon Report 2017 K-12 Edition [EB/OL]. (2018-01-30).http://www.nmc.org/publication/nmccosn-horizon-report-2017-k-12-edition.

　　[4]史文崇,刘茂华,杨大志.计算思维教育的困惑与博弈[J].中国远程教育,2019(8):59-67.

　　[5]郁晓华,王美玲.计算思维培养之路还有多远?——基于计算思维测评视角[J].开放教育研究,2020,26(1):60 71.

　　[6]陈国良,李廉,董荣胜.走向计算思维2.0[J].中国大学教学,2020(4):24-30.

　　[7]王罗那,王建磐.人工智能时代需要关注的新素养:计算思维[J].比较教育研究,2021,43(3):24-30,38.

　　[8]罗海风,刘坚,罗杨.人工智能时代的必备心智素养:计算思维[J].现代教育技术,2019,29(6):26-33.

　　[9]中华人民共和国教育部.普通高中信息技术课程标准(2017年版)[M].北京:人民教育出版社,2017.

　　[10]郁晓华,肖敏,王美玲.计算思维培养进行时:在K-12阶段的实践方法与评价[J].远程教育杂志,2018,36(2):18-28.

---

　　① 郁晓华,王美玲.计算思维培养之路还有多远?——基于计算思维测评视角[J].开放教育研究,2020,26(1):60-71.

　　② 陈国良,李廉,董荣胜.走向计算思维2.0[J].中国大学教学,2020(4):24-30.

基于知识建构原则的中职生
英语文化意识培养研究

林庆洁　张义兵

（南京师范大学教育科学学院，江苏南京　210097）

摘　要：知识建构是当前学习科学重要的理论，本研究依据知识建构十二条原则，在中职生英语课堂进行教学实践。经研究实践表明，知识建构教学明显提升了学生的英语文化意识；知识建构教学能够满足学生个性化学习；知识建构改变了教师教学方法。该研究为职校的教学提供了一定的借鉴和参考。

关键词：知识建构；中职学生；文化意识

引　言

随着社会生活和经济生活日益全球化，学好英语不仅可以适应就业需要，而且对中职生开阔视野、提高人文素养、职业发展、终身学习等均有一定意义。[①] 在这样的背景下，中职英语课程应注重培养学生的文化意识，通过对中外文化、职业文化的理解及优秀文化的认同，让学生在学习过程中逐步形成跨文化认知、态度和行为取向。

一、中职英语课堂教学中文化意识的缺失

近来有众多关于中职生文化意识培养的研究纷纷提出了以学生为中心的英语教学方法，如演示法、讨论法等供一线教师实践借鉴。但笔者在亲身体验过课程教学后发现，当前中职英语学科文化意识培养的现况不容乐观，其实际教学仍然存在一些问题。

第一，课程目标过于注重知识的掌握，忽视文化意识的培养。

教师严格按照《中等职业学校英语教学大纲》提出三维目标进行教学设计，其中知识目标是教师的主要授课内容，能力目标则是与知识目标相对应的技能训练，主要停留在单词句子的含义和反复练习。情感目标并没有太大的实际意义，即使有安排文化方面的教学，但仅限于课文中提到的内容，并没有进一步地深化。

---

① 教育部职业技术教育中心研究所.中国职业教育2030研究报告——发展目标、主要问题、重点任务及推进策略[J].中国职业技术教育,2016(25):11-23.

第二,教学内容难以满足学生对英语文化知识的渴求,难以满足学生个性化学习。

基于英语课堂观察,中职生英语学习并非一直处于被动消极状态。课堂介绍大多源自教学参考书,且碍于课时的限制,教师无法准确捕捉每个学生的兴趣点,完成过多拓展备课。因此,教师根据既定的内容上课,极易忽视学生的需求及兴趣。

第三,教师的教学方法相对滞后,仍然采用以教师为主导的教与学。

在课堂中,教师进行文化教学的方法通常采用演示法、讲授法和讨论法等,所有的教学方法都是在既定内容的基础上进行授课。同时,英语课的评价体系也由教师确定,以期中、期末考试成绩为主,仍然关注简单的语言表达和知识记忆水平,缺乏文化意识的培养,缺少多元评价体系的支撑。

针对以上教学中存在的问题,我们有必要在中职英语课堂引入新的教学方式来培养学生的文化意识。教师不应仅关注英语语言知识,还要注重学生的英语文化意识,培养学生良好的文化交际能力;重构课程体系,从学生兴趣出发,满足学生的个性化需求;教师主导变为学生主导,融入嵌入性教学评价、学生自评、同伴互评等评价方式。当前,国际学习科学的前沿研究中,知识建构模式是一种基于"原则"的教学,知识建构教学理论为解决上述问题提供了新思路。

二、知识建构教学何以能够培养中职生英语课的文化意识?

(一)知识建构教学理论简介

知识建构理论缘于多伦多大学 Marlene Scardamalia 和 Carl Bereiter 两位教授在 20世纪 90 年代提出的新建构主义理论[①]。知识建构是杜威的"做中学"思想在信息时代的新生[②]。它是依据知识建构理论的十二条原则进行的生成性教学。从学生真实的问题出发,学生在参与知识建构对话、阅读权威资料等的过程中实现观点的逐步变化与改进,最终形成系统化的理论,创造出"人工制品",并最终形成公共的社区知识。这将有可能在很大程度上解决中职学生课堂兴趣低、知识理解浮于表面等问题。

本研究尝试将知识建构理论引入中职英语课堂来培养学生的文化意识,以期通过教学过程的设计与实施达到提升学生文化意识。因此,本文将通过一学期的课堂教学实践,尝试解决中职英语课堂中出现的问题。期望为一线英语教师提供借鉴,共同寻找中职英语核心素养培养的新途径与知识建构的应用创新。

(二)知识建构教学过程概述

1.研究对象

本次实验的对象是中等职业学校一年级学生,共 32 人,其中男生 12 人,女生 20 人,该班学生之前没有接触过知识建构教学,学生的知识接受能力和教学适应能力较强。

---

①　毕继万.第二语言教学的主要任务是培养学生的跨文化交际能力[J].中国外语,2005(1):66-70.
②　SCARDAMALIA M,张建伟,孙燕青.知识建构共同体及其支撑环境[J].现代教育技术,2005(3):5-13.

2.研究方法

本研究采用定量研究和定性研究,分析知识建构教学是否会提升学生的文化意识及知识建构教学实施情况。

定量研究主要采用由陈国明编制的跨文化交际能力测试卷,信度和效度均可靠的李克特五级量表,使用单组前后测的方法,分别在学期前和学期末进行测试。问卷共 20 个题目,得分越高,表明跨文化交际能力越高。

定性研究是对学生和教师进行访谈,结合职业院校的文化教学目标及相关文献的调研,目的是了解学生的学习兴趣及对知识建构教学的感受,探讨教师在开展知识建构教学中存在的问题,从教师和学生的角度总结知识建构教与学中存在的问题,为后续类似研究提供教学建议。

3.教学过程

本研究实际运用知识建构教学时间共 10 周,每周的常规教学时间为 3 课时。因此,总的教学时间约为 30 课时。本研究以《中等职业学校英语课程标准》中的文化目标为导向,依据知识建构十二条原则展开教学,具体包括四个阶段。

(1)第一阶段:创设问题情境,提出个人真实的观点(第 1～3 周)

第 1～2 周,这一阶段主要是教师简要介绍本门课的学习方法及需要用到的数课平台。然后根据职校《教学大纲》和《课程标准》要求,设置问题情境,鼓励学生提出真实问题。如教师选择电影《了不起的盖茨比》等各种影像小片段带给学生感官上的冲击,引发学生提出问题,如"外国人的爱好有哪些?"等。

第 3 周,教师引导学生不断改进自己的观点,鼓励学生多浏览他人观点,与同伴进行解释、解读、辩论或对比。在观点改进过程中,教师逐步引入权威性资料。在这个阶段,个人问题的不断改进,许多观点慢慢发展成有价值的观点。

(2)第二阶段:根据相似主题,自由形成小组(第 4 周)

第 4 周,教师与学生在数课平台共同进行了相似观点的区域主题划分,根据研究主题,班级内形成了 6～7 个小组,小组内协商讨论形成主题研究报告,班级内同学对每个小组的研究提出问题与建议,使小组的问题进一步得到深化。在这一阶段,学生的探究转向不同文化的对比分析。

(3)第三阶段:小组协作探究,加深对研究课题的理解(第 5～7 周)

第 5～6 周,教师鼓励各个小组将阶段性研究成果以海报的形式展示在"知识建构墙",然后开展跨组交流。班级内每个人都能了解到不同小组的研究及进展,并找到各自感兴趣的内容进行观点的发表。

第 7 周,教师利用"知识建构圈"扩展多元化观点及理论的交流范围,同学各自发表对不同研究内容的观点,通过交流帮助各小组进一步寻找依据,进一步加深了小组对研究课题的理解。

(4)第四阶段:知识整理,形成人工制品,集体展示汇报(第 8～10 周)

第 8～10 周,教师引导学生进行社区交流形成社区知识。各小组将自己的研究主题以不同的人工制品形式表现出来,如"中外通勤对比"组以报告及表演故事的方式,分析和表达了中外通勤习惯的不同,展现了中外生活习惯的差异,还有的小组用英语讲述中国故事,对比中外文化成就和革命历史等。经过不同小组的研究分享,班级内基本从生活习俗、社交礼仪、价值观念三个方面共同感受了中外文化的差异,教师引导学生回顾从个人、小组到班级内的探究历程,在平台做出研究总结。

三、知识建构教学结果评价

(一)知识建构教学明显提升了学生的英语文化意识

知识建构教学在保证学生掌握英语基础知识的基础上,还唤醒了学生的英语文化意识。得到此结论主要有以下依据:

本研究采用由陈国明编制的跨文化交际能力测试卷,使用单组前后测的方法,分别在学期前和学期末对学生的跨文化意识进行测试。前后测的配对样本 t 检验数据如表1所示。

表 1　前后测的配对样本 t 检验数据

	成对差异数					t	df	Sig.（双尾）
	平均数	标准差	标准错误平均值	95％差异数的信赖区间				
				下限	上限			
前测后测	−6.88	7.65	135	−9.63	−4.12	−5.08*	31	0.00

通过对学生跨文化意识前后测的配对样本 t 检验结果分析发现,学生跨文化意识前测和后测差异显著($t=-0.58$,df $=31$, $P<0.05$)。也就是说,在中职英语课堂中应用知识建构教学,一个学期后学生的跨文化意识有显著提高。细究整个教学过程可以发现,第一,知识建构教学强调学生从真实的问题出发,自由、民主的学习环境给予学生自由探究文化的空间。第二,教师在创设情境、提供权威资料等的过程中也一直重视对学生文化知识敏感性的培养,整个教学过程中都保证学生的主体地位和参与课堂的积极性,这有利于从学生的最近发展区出发去探究文化。

(二)知识建构教学能够满足学生对英语文化知识的渴求,满足学生个性化学习

在对学生的访谈中也不难发现,中职生大多英语成绩偏低,平时不愿意参与讨论,在知识建构课堂中反而敢于表达,一方面是因为研究的问题与内容接近他们兴趣点,另一方面是因为他们在这个课堂可以得到理解和尊重,能够接受到"安全表达的信号",能够置身于开放的班级文化中,不断学习如何与他人磋商、处理观点的冲突、建立观点间联系并持续发展。

(三)知识建构改变了教师教学方法,改变了课堂现状

知识建构教学改变了传统的教师教学方法。首先,知识建构教学改变了教师教的状态,知识建构课堂要求教师平等地与学生在社区中尽情交流、共同进步。其次,知识建构

教学改变了学生学的状态,中职学生在英语学习中能重新审视自我,找准个人定位,发现个人价值,主动参与,学习兴趣增强,学习能力提升。通过访谈教师了解到,先前在英语课堂实施的"做中学"思想,实际是把既定的任务强加给他们,抹杀了他们的主体性。知识建构教学对教师提出了更高的要求,教师不再是掌舵者,教师和学生要做到相互学习,平等交流。

四、结束语

本研究在关于培养中职生英语文化意识的教学实践探究活动中,始终遵循着知识建构理论的十二原则,以中职的英语课程标准为基础,对课程内容进行重新整合;从学生在接触中外优秀文化时产生的真问题、真观点出发;借助支架、知识建构墙、知识建构圈,激励中职生勇敢表达、改进和发展观点;协同承担外国优秀文化不同主题社区知识的生长和发展任务。通过对教学结果的分析,验证了知识建构教学理论应用于职校英语教学的有效性及可行性。为日后职校的教学改革提供一定研究依据和参考价值,也为知识建构借助课堂教学促进自身可持续发展提供借鉴。

参考文献

[1]教育部职业技术教育中心研究所.中国职业教育2030研究报告——发展目标、主要问题、重点任务及推进策略[J].中国职业技术教育,2016(25):11-23.

[2]教育部关于职业院校专业人才培养方案制订与实施工作的指导意见[EB/OL].(2019-06-05).http://www.moe.gov.cn/srcsite/A07/moe_953/201906/t20190618_386287.html.

[3]毕继万.第二语言教学的主要任务是培养学生的跨文化交际能力[J].中国外语,2005(1):66-70.

[4]SCARDAMALIA M,张建伟,孙燕青.知识建构共同体及其支撑环境[J].现代教育技术,2005(3):5-13.

[5]张义兵.知识建构:新教育公平视野下教与学的变革[M].南京:南京师范大学出版社,2018:40-42.

[6]张义兵,陈伯栋,SCARDAMALIA M,等.从浅层建构走向深层建构——知识建构理论的发展及其在中国的应用分析[J].电化教育研究,2012,33(9):5-12.

[7]王莹,陈英葵.中职学生职业核心素养的内涵建构及研究展望[J].职业教育,2019,8(3):115-122.

专题二

技术促进学习研究

学习满意度视角下大学生
在线学习支持服务系统构建

詹雅灵　刘和海

（安徽师范大学，安徽芜湖　241000）

摘　要：学习支持服务起源于外国远程教育领域，大学生居家在线学习与其类似。从居家学习角度出发，基于学习者满意度视角，通过问卷调查，使用 SPSS 软件分析大学生居家在线学习现状和特点，构建管理支持、资源支持、环境支持及情感支持四维度的在线学习支持服务系统。希望通过此系统满足学习者个性化的学习需求，提高服务质量，实现服务价值，进而提升学习者满意度。

关键词：在线学习；学习支持服务；居家学习

现阶段平台技术和功能所限，如何做到利用学习支持服务来提高平台使用效益、提升在线学习质量以及提高学习者满意度？参考顾客满意理论，探究、分析在线学习支持服务所处的情境，找出教学中可能存在的不良因素，进而构建满意度视角下的在线学习支持服务系统是一条可行路径。

一、研究设计

西方学者西沃特第一次对学生学习支持服务进行系统论述。艾伦·泰特将学习支持服务分为系统（管理）、情感和认知三类。辛普森把学习支持服务分为教学支持和非教学两个部分。国内学者丁兴富教授将学习支持服务界定为：以面对面交流活动、非单向交流为主的，集各样资源、信息、人员和设备于一体的支助服务总和，并且发生于教师与学生以及学生与学生之间。

综合前人成果，将远程教育中的学习支持服务引入大学生居家在线学习中，结合居家在线学习特点，从管理支持、资源支持、环境支持以及情感支持四方面出发，以适应大学生居家在线学习实际应用。

（一）学习支持服务满意度模型构建

学生对在线学习的感知度与满意度最能反映学习支持服务的价值。"学习者感知度"主要对应服务效能感；"学习者满意度"在于对学习支持服务有效性的测量及对学习支持服务质量的把关。在苏胜强关于学生满意度模型的基础上，结合重新整合的学习支持服务框架及问卷调查,建构大学生在线学习者支持服务满意度模型,如图 1 所示。

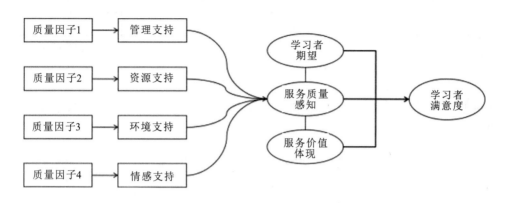

图 1　学习支持服务满意度模型

(二)研究工具

选取 SPSS 软件计算克隆巴赫系数检验信效度。结果显示数值大于 0.7,信效度较好。

(三)研究对象与数据

如表 1 所示,在 404 份有效问卷中,调查对象多数为师范院校学生,女生占比较多。

表 1　受调查者基本信息

	类别	人数	百分比
性别	男	143	35.4%
	女	261	64.6%
学历	本科生	372	92.08%
	研究生	32	7.92%

二、在线学习支持服务调查分析

(一)在线学习行为基本情况

受调查者使用网络平台的具体情况,如表 2 所示。

表 2 受调查者使用网络平台的具体情况

问题	类别	人数	百分比
使用网络平台在线学习频率	每天	267	66.09%
	每周 3～4 次	92	22.77%
	每周 1～2 次	45	11.14%
平均每次在线学习时间	0～2 小时	125	30.94%
	2～4 小时	183	45.30%
	4 小时以上	96	23.76%
使用网络平台在线学习的主要目的	只是有学习的兴趣	21	5.20%
	解决学习上的需求	235	58.17%
	扩充知识面	51	12.62%
	阶段测验或等级考试	49	12.13%
	重新整合学习资源	28	6.93%
	潮流所趋,不想落后	16	3.96%
	其他(学校/教师要求)	4	0.99%

如表 2 所示,从频率来看,约 2/3 的学生可以保持每天使用网络平台学习,可能有两个原因,一是这些学生每天都投入一定精力进行在线学习,在线学习已成为常态化,二是这些学生每天都需要上网课,客观要求在线学习。进一步分析发现,其中大一、大二学生占 83.15%。现行大学排课规律一般是低年级课程较多,间接印证上述猜测的第二个原因。11.14% 的学生每周只进行 1～2 次的在线学习,说明网络平台使用有待提高。

从时间来看,约 1/3 的学生在线学习时间保持在 2 小时以内,大约一到三节课的时间,与现行大学排课规律相符。将近一半学生会保持 2～4 个小时在线学习时间,情况较为乐观。也有 23.76% 学生每次在线学习时间超 4 小时。在线学习品质与在线学习时间无必然联系,但在线学习时间长短一定程度也可反映在线学习品质优劣,时间过少导致学生可接触知识相应下降,时间过长则导致学生分心于线上其他无关学习的内容。

从目的来看,"为了解决学习上的需求""为了扩充自己的知识面""为了各种阶段测验或等级考试"是学生使用网络平台在线学习的三个主要目的,占比达到 82.92%。无论是学习上的需求、知识面的需求还是为了考试,都需要学习资源支持,说明学生在线学习的一个重要因素是学习资源的数量和质量。

(二)大学生在线学习支持服务各维度分析

大学生在线学习者在对四大维度上的感知度差异不大,具体分值如图 2 所示,环境支持满意度平均得分最低。

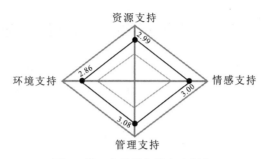

图 2　学习支持服务满意度得分

表 3　学习支持服务各维度具体指标

维度	具体指标	$\bar{x}$	S	β
管理支持	教学过程是否清晰透彻	3.151	1.786	0.278**
	教学内容是否难易合理	2.936	1.821	0.128*
	是否要求打开摄像头	1.735	0.9	0.140**
	辅导员是否参与管理	2.059	0.709	0.075
情感支持	教师或同伴的答疑速度	2.77	1.814	0.018
	在线教学是否提供测试	2.941	1.839	0.159**
	与教师课堂互动频率	2.101	1.117	0.068
资源支持	学习资源内容质量高低	2.413	1.499	0.10
	学习资源更新、修改、完善等速度	2.985	1.854	0.211**
环境支持	在线学习时网络环境	3.314	1.665	0.129*
	在线学习时学习环境	2.859	1.770	0.144

注：* 表示 $P<0.05$，** 表示 $P<0.01$。

1.必要的管理服务提升服务质量

教学过程是否清晰透彻（$\beta=0.278$，$P<0.01$）、教师是否要求打开摄像头（$\beta=0.140$，$P<0.01$）和教学内容是否难易合理（$\beta=0.128$，$P<0.05$）都对学习支持服务有显著影响。教师比较注重课堂管理，且大多数学习者认可目前的在线学习管理模式。

2.资源质量影响服务价值发挥

学生对资源支持的满意度（$\bar{x}=2.99$）不高，低于管理支持和情感支持，即现有不满意因素不少。一是将近一半学生不是很满意学习资源更新、修改、完善等相关速度，而该因素（$\beta=0.211$，$P<0.01$）又对资源支持有显著影响，说明提高网络课程和学习资源更新需要受到更大重视。二是在线学习资源内容质量，在对"在线教学时学习资源内容质量不高且娱乐资源居多"的调查中发现，约1/3学生满意学习资源的质量。

3.环境支持无保障造成服务不足

对环境支持的满意度是学习者心目中最低的。约1/3的学生认为自身所处环境不够支撑在线学习，可能是因为家中没有无线网，没有足够的流量进行在线学习。

三、在线学习满意度视角下的学习支持服务系统构建

艾伦·泰特教授认为以顾客（学习者）为导向是提供服务必须遵守的原则。如图3所示，在线学习支持服务的本体价值在于从管理、资源、环境、情感四个维度出发，提供服务，创设环境，达到学习者期望、提高学习服务质量、实现学习服务价值，最终让每一个学习者都能满意自己的学习。

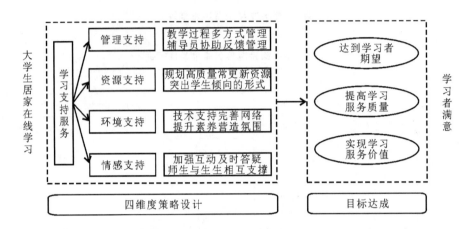

图3　在线学习支持服务策略系统

（一）过程管理、辅助反馈，提升管理服务的满意度

如图4所示，我们可以通过转变服务观念、优化管理方式、加强质量监控来提升管理服务的满意度。

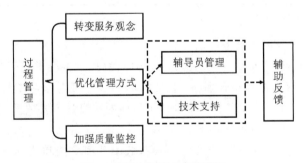

图4　管理支持服务策略研究

1.多种方式保证教学过程效率

调查可知，目前学生最希望在线平台具有的管理支持功能是直播回放、屏幕共享、课堂讨论、线上签到。从平台角度看，大多数在线平台已经实现了这几项功能，为何学生在学习过程中仍感到功能不足？这就要从教师角度分析。对网络平台功能的学习和使用，是教师需要加强学习的能力。除了课堂签到、屏幕共享等基本功能，教师应该在教学过程中多使用其他管理功能，如随机点名、课堂讨论。另一方面，教师可组建多个网络学习小

组,引导学生展开网上话题讨论等。

2.辅导员参与管理并提供反馈

辅导员可以对在线学习学生状态进行监督、检测,并将检测到的情况及时反馈给教师和学习者。利用反馈,一方面将学生学习情况提供给任课教师,进而便于教师教学调整;另一方面可将学生学习结果提供给学习者,可增进学生反应效果。

(二)全面规划、突出重点,提升资源服务的满意度

如图 5 所示,资源的全面规划可以从建设标准、资源内容、资源质量三个方面着手。

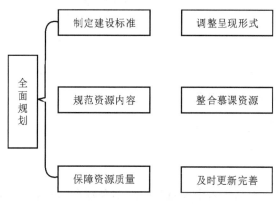

图 5　资源支持服务策略研究

1.规划高质量且常更新完善资源

当前具有的网上学习资源,距离学习者的实际需求和满意程度还有不小的差异,学习者难以比较主动的、在没有硬性要求的情况下进行在线学习。开发的教学资源要关注与课程内容的关联程度,并且要做到及时更新及管理。

2.突出学生倾向的资源呈现方式

网络平台上学习资源数不胜数,呈现形式一般为视频、文字、图片等,缺乏新颖性。网络学习的理论是教师首先要学习的知识,然后选择适当的媒体形式来呈现教学内容,另外要尽量选择学生认为对本身帮助最大的媒体形式,当然前提是要能确保教学信息的正确传达。

(三)技术支持、营造氛围,提升环境服务的满意度

环境服务为学习资源支持和管理支持的进行提供了基础条件。如图 6 所示,从技术支撑起的外在硬件设施,到主动营造学习氛围的内在信息素养,共同提升环境服务满意度。

1.强化技术支持,改善网络环境

网络环境是一个场所,在这里面学习者可以获得各种工具和资源。学校有特定教育专网。加强技术支持,为远程学习者提供支持。

2.提升信息素养,营造学习环境

优良的信息素养作为一种内驱力,将促使学生保持强烈学习动机,时刻带着问题去学

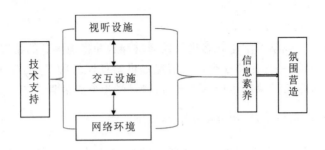

图6　环境支持服务策略研究

习,积极利用互联网资源解决问题。学生居家学习应做好:正确看待和使用电子设备,学会去粗存精;学会在线互动和合作,寻找不同知识背景和学习特长的学生相互协作;学会利用平台功能进行学习分析。

(四)互动答疑、相互支撑,提升情感服务的满意度

居家在线学习过程中,师生长期处于一个时空分离的状态,此时就需要有一个刺激点及时激发学习者的学习动机,保持学习热情。

1.设计交互活动,满足交流需求

交互即以学习者学习需求为中心,构建灵活、多样的交互式活动。在调查中发现,在线学习交互的时效性较差,需要很长时间才可能得到一个比较简单的回复,不能及时解决学习者的疑问。在讲课过程中教师可以尽可能多地开展一些多样化的互动活动,用声音引导学习,以增强在线教学的吸引力。

2.倡导情感付出,确保学习质量

在居家在线学习过程中,教师和辅导员需要不定期与学习者进行交流,了解发现困难并及时提供疏导和帮助。同时,借助各种线上平台,进行学习上的互助交流。由外往内,在外部环境稳定、外部交流和谐的情况下,内部的经验分享和情感交流便会随之往积极的方向发展。另外,除了教师的主动沟通,学习者应当主动与教师交流。

结　语

本文采用学习者满意度模型,结合大学生居家在线学习特点,重新划分和整合学习支持服务类型,从管理支持、资源支持、环境支持以及情感支持四方面出发,以适应大学生居家在线学习的实际应用,如图7所示。

本研究在实施过程中,只抽取了部分高校的学生作为样本,因此样本与研究结论是否具有普遍性的代表意义需进一步讨论。

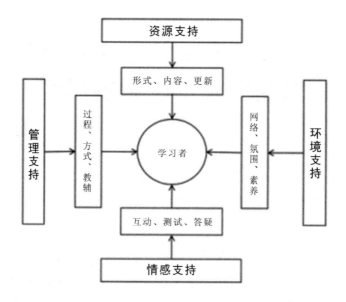

图7　在线学习支持服务系统研究框架

参考文献

[1]顾明远,滕珺.《中国教育现代化2035》与全球可持续发展教育目标实现[J].比较教育研究,2019(5):3-9.

[2]董兆伟,李培学,李文娟."互联网+"时代的新型学习支持服务体系构建研究[J].远程教育杂志,2015,33(6):93-98.

[3]武丽志,丁新.学生支持服务:大卫·西沃特的理论与实践[J].中国远程教育,2008(1):25-29,78.

[4]苏胜强.结构方程模型视角下的远程学习者满意度实证研究[J].中国远程教育,2012(3):49-55,95-96.

[5]张成龙,李丽娇.论基于MOOC的混合式教学中的学习支持服务[J].中国远程教育,2017(2):66-71.

[6]16位政协委员两会提案:加快教育专网建设步伐[EB/OL].(2020-05-25).http://www.360doc.com/content/20/0525/15/33357069_914456798.shtml.

[7]章玳.基于学习共同体的学习支持服务——"3+n"整合式学习支持服务模式实施路径探究[J].成人教育,2019,39(5):32-38.

图形化编程环境下合作学习
对高阶思维的影响研究

徐佳艳[1] 杨 刚[1] 张银荣[1] 陈 赛[2]

(1.温州大学教育学院,浙江温州 325058;

2.温州市南浦实验中学教育集团惠民路分校,浙江温州 325088)

摘 要:智能时代背景下,基于图形化编程开展高阶思维培养的教学研究具有一定的理论意义和实践价值。本研究以促进学生高阶思维发展为目标,设计了任务驱动式Python 教学,并借助合作编程学习活动进行为期15周的教学实践;利用定量分析和定性分析相结合的方法重点探讨合作学习和自我效能感对学生高阶思维的影响。建议从编程观念、编程教学、编程工具这三个视角策略的创新来加大高阶思维培育力度,为今后编程活动的改进提供借鉴和参考。

关键词:图形化编程;合作学习;高阶思维;自我效能感

一、引言

研究发现,合作学习对学生的计算思维、问题解决能力产生巨大的影响,此外,自我效能感与学生的成长型思维模式、创造性问题解决都有密切联系。基于此,研究决定将编程教育作为切入点,探讨合作学习和自我效能感对学生高阶思维的影响。

二、编程教育中高阶思维培养困境

(一)学习观念固化,忽视高阶思维培养

课堂上,教师在有限的时间内更多地强调如何"学编程",即教学侧重于编程技巧的传授,测试也主要评估知识记忆的多少,这种基于"知识本位"的学习观造成编程被简单理解为程序语言学习和应用。新课标明确要求在编程等信息技术课堂中发展学生计算思维、数字化学习和创新创造等高阶思维能力。

(二)教学模式单一,抑制自我效能发展

现行的编程教学仍然坚持传统的教学模式,按部就班地开展活动,学生不理解程序为

何这样编写也不知如何运行,出现"知其然而不知其所以然"的局面。究其原因在于,这种"灌输式"教学抑制了自我效能感的发展,致使学生成为被动接受知识的"容器"。

(三)工具符号化,缺乏可视化的反馈

传统编程学习以文本编程为主,需要学生在 IDLE 环境中输入符号指令生成可执行程序,这类工具的最大弊端在于缺乏可视化反馈,一旦出现错误就需要不断审查烦琐的程序语言,无法借助即时反馈完成调试,也就不能掌握修正方法。学生不得不背诵或记忆大量代码,无法将知识内化升华,更不用说支持思维发展。

三、促进高阶思维发展的因素分析

(一)工具因素:图形化编程创新高阶思维发展的新途径

图形化编程对高阶思维培养的影响主要体现在:(1)提高学习主动性。易学易用的特点降低程序设计的门槛,缓解代码编写的畏难情绪,学生有更多精力投入于分析问题中;(2)简化建模过程。通过封装的编程思维,以及直观的操作方式,并借助可视化反馈帮助明确问题来源,习得编程逻辑;(3)丰富评价模式。具体可感的建构过程以及可见可评的实物结构,不仅将学生的编程逻辑投射于界面,而且有利于教师评估学生抽象思维技能的获得和改变。

(二)教学因素:合作学习提供了高阶思维发展的新启示

合作学习对高阶思维发展的影响主要体现在:(1)提升最近发展区。小组成员围绕任务要求与同伴交流,相互撞击彼此的经验,促进最近发展区的动态变化与提升;(2)挖掘已有经验。学生在合作实践中自觉承担任务,并依据自身的经验主动地加以建构,促进思维发展;(3)建立学习愿景。学生在合作中不仅主动贡献自己的能力,考虑他人观点,共享拥有资源,而且清楚认识到共同合作的优劣决定了实践的成败。

(三)心理因素:自我效能感成为高阶思维发展的新要求

自我效能感对高阶思维发展的影响主要体现在:(1)影响学习态度。高效能学生通常为自己设定较高学习目标,并通过不断地自我监控、调节取得较好的学习效果;(2)影响努力程度。高自我效能学生在面对挑战时表现出的乐观、坚韧品质可以帮助他们树立自信,提升毅力;(3)影响任务表现。自我效能感较低的学生在较难的思维活动中常伴随恐惧、焦虑,以致遇到困难便退缩逃避。

因此,不仅需要从文献分析角度论证这三个因素对高阶思维发展的影响,还需要从实证研究角度进行验证,因此,本研究开展了促进高阶思维发展的准实验研究。

四、研究设计

（一）研究对象

研究对象为温州市某中学八年级两个平行班的 77 名学生，他们均处于形式运算阶段。其中，A 班 41 人，B 班 36 人，随机选择 A 班为实验组，B 班为对照组。

（二）研究设计

本研究的实验设计主要包括三个阶段，如图 1 所示。第一阶段：前期准备。通过实地调查选取两个同质班，对学生进行问卷调查和工具培训，并根据"组间同质，组内异质"原则进行分组指导。第二阶段：实验开展。为了防止无关变量干扰，两组学生的授课时间、教师、内容等均相同。所不同的是，实验组采用合作学习，对照组则采用个体学习。第三阶段：后测调查。就学生的自我效能感、高阶思维进行后测，并随机选取几名学生进行深度访谈。

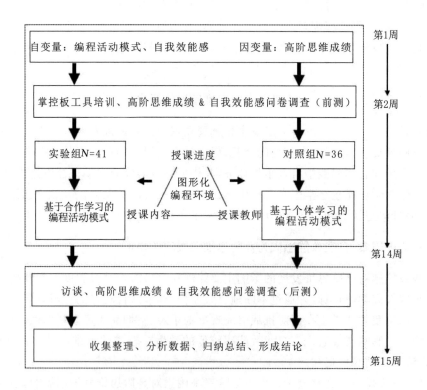

图 1　实验流程图

(三)研究工具

1.测量工具

实验采用的高阶思维测试题改编自教材案例以及课后习题,具有良好的区分度,此外,以布鲁姆认知目标分类体系中的分析、综合维度进行设计。

2.编程工具

两组学生均以掌控板作为编程活动载体,其支持多种编程模式,具有兼容性高、操作方便等特点。图形化编程软件 mPython 与掌控板配套使用,不仅支持软硬件的互动交流,而且可以通过语言的对应切换,查看错误信息等。

五、数据分析

(一)编程活动模式和自我效能感对学生高阶思维成绩的析因分析

双因素析因方差分析结果如表1所示,可以看出,不同自我效能感与不同编程活动模式对学生的高阶思维成绩不存在显著交互性影响($P=0.673>0.05$)。通过进一步比较两个自变量分别对高阶思维成绩的影响,本研究发现,不同编程活动模式下学生的高阶思维成绩存在显著差异($P=0.02<0.05$),此外,不同自我效能感学生的高阶思维成绩也存在显著差异($P=0.02<0.05$),因此需要各自研究进行分析。

表1 编程活动模式和自我效能感对学生高阶思维成绩的析因分析

变量	df	F	P
自我效能感	2	4.39	0.02^*
编程活动模式	1	6.07	0.02^*
自我效能感 * 编程活动模式	2	0.67	0.67

注:* 表示 $P<0.05$,下同。

(二)编程活动模式对高阶思维成绩的差异性分析

独立样本 t 检验分析结果如表2所示,可以发现,高阶思维后测成绩存在显著差异($P=0.01<0.05$)。进一步分析可知,两组在综合维度上存在显著差异($P=0.02<0.05$),在分析维度上没有显著差异($P=0.10>0.05$),但对比分析维度的前测成绩,可知 $P_后(0.10)<P_前(0.25)$,这意味着编程活动模式虽然对分析维度无显著影响,但两组在后测的分析维度上存在差异扩大的趋势。此外,不论是哪一维度,实验组的成绩均值都明显优于对照组的成绩均值($\bar{x}_实=11.20>\bar{x}_对=9.00,\bar{x}_实=16.68>\bar{x}_对=13.33,\bar{x}_实=27.88>\bar{x}_对=22.33$)。

表 2　学生高阶思维后测成绩差异分析

变量	组别	$\bar{x}$	S	t	df	P
分析	实验组	11.20	5.45	−1.71	75	0.10
	对照组	9.00	5.95			
综合	实验组	16.68	5.77	−1.11	75	0.02*
	对照组	13.33	6.10			
高阶思维	实验组	27.88	8.47	−1.71	75	0.01*
	对照组	22.33	8.99			

（三）自我效能感对学生高阶思维成绩的差异性分析

自我效能感与学生高阶思维成绩的描述统计如图 2 所示，从纵向上看，不论是哪一水平的自我效能感，实验组的成绩都明显优于对照组，并且，与中（$\bar{x}_{实}=26.54,\bar{x}_{对}=24.00$）、低（$\bar{x}_{实}=22.88,\bar{x}_{对}=16.00$）效能学生相比，高（$\bar{x}_{实}=30.75,\bar{x}_{对}=23.37$）效能学生在合作学习模式下高阶思维成绩提升更明显；从横向上看，实验组的高阶思维成绩在总体上呈现良好的上升趋势，而且也出现常规的现象，自我效能水平越高，成绩越好，但对照组的成绩曲线却呈现"两头低，中间高"的态势，说明中自我效能的学生反而取得较好的高阶思维成绩，结果出乎意料，值得进一步探讨。

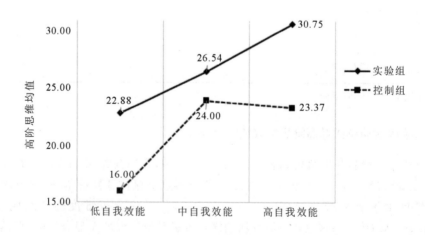

图 2　不同水平的自我效能感和高阶思维成绩的关系

六、研究讨论

(一)合作学习更有利于促进高阶思维发展,尤其是综合思维

针对结果,本研究主要从以下几个方面进行分析:首先,合作建立的学习意愿能够帮助对编程困难进行交流和探讨,进而加深对抽象概念的认识和理解,如一些学生提到"合作学习让我更容易理解代码了,而且我也能更清晰地进行程序建模",一些教师也反映"学生编程效率变高了,学习氛围也变好了,对问题的理解更加深入了"。其次,合作学习后成员会通过持续性反思行为,将小组达成的共同意义进行内化,形成个人的建构,帮助学生深入理解编程目标,强化编程逻辑。最后,图形化编程要求学生只需要考虑积木块间的有效组合,并通过积木的拖拽、拼接,实现效果,这对于学生的综合思维具有明显的促进作用。

(二)高效能学生在合作学习编程活动中更容易获得高阶思维提升

研究表明,高阶思维的培养效果很大程度上与学生的自我效能水平相关,且高效能学生在面对思维困境时会更有信心面对挑战。针对图2中的有趣现象,课题组通过观察与访谈发现,对照组学生拥有先前的编程经验,当编程工具由文本编程转向图形化编程,再加上开源硬件掌控板的加入,学生的兴趣得到激发,但是随着课程难度增加,任务加重,高效能学生逐渐失去信心,成绩也逐渐下降,最后远不如中效能学生,这就是心理学的"首尾效应"。反观实验组,凭借合作互赖产生促进性互动,并通过成员间的相互鼓励产生情感支持,并促进学习上的努力,进而弥补了"首尾效应"的缺陷,呈现良好发展的趋势。

七、未来展望

本研究建议从以下几个方面来提高编程教育培养高阶思维的力度。

(一)从"知识本位"到"思维本位",以观念转变培养编程思维

编程教育必须聚焦于问题思维、批判意识和创新能力等高阶能力的养成,将"思维本位"作为编程理念转型的突破口。同时,国家的政策也要向思维型人才培养倾斜,通力合作,促进高阶思维培养的落地。

(二)从"灌输教"到"建构教",以模式变革激发自我效能感

面对"独白式"的课堂病态,编程教育需要通过自主、合作、探究等"建构式教学"引导学生完成程序设计,帮助学生在有意义学习中激发自我效能等非智力因素提升,坚定克服困难的决心,支持思维过程的持续性努力,进而达到高阶思维培养的目的。

(三)从"文本编程"到"图形化编程",以工具创新减轻认知负担

图形化编程凭借简易的操作、可视化的反馈以及多维度的评价,将学生从"语法指令"中解救出来,投入"逻辑运演"中。因此,编程学习要选择图形化编程,满足学生的兴趣和需要,符合学生的认知与发展,让编程学习更聚焦于思维发展。

参考文献

[1]钟志贤.教学设计的宗旨:促进学习者高阶能力发展[J].电化教育研究,2004(11):13-19.

[2]马志强,刘亚琴.从项目式学习与配对编程到跨学科综合设计——基于 2006—2019 年国际 K-12 计算思维研究的元分析[J].远程教育杂志,2019,37(5):75-84.

[3]刁春婷,周文倩,黄臻.小学生成长型思维模式与学业成绩、生活满意度的关系:学业自我效能感的中介作用[J].心理与行为研究,2020,18(4):524-529.

[4]教育部.普通高中信息技术课程标准(2017 版)[S].北京:人民教育出版社,2018.

[5]郁晓华,肖敏,王美玲,等.基于可视化编程的计算思维培养模式研究——兼论信息技术课堂中计算思维的培养[J].远程教育杂志,2017,35(6):12-20.

[6]靳玉乐.合作学习[M].四川:四川教育出版社,2005.

[7]郭敏.信息技术教学中学生自我效能感的培养与发展[J].中国电化教育,2008(9):85-87.

[8]LU-HO,HSIA,IWEN,et al. A web-based peer-assessment approach to improving junior high school students' performance,self-efficacy and motivation in performing arts courses[J]. British journal of educational technology,2015.

[9]乔治·M.雅各布斯,迈克尔·A.帕瓦,劳·范恩.合作学习:实用技能、基本原则及常见问题[M].林晶晶,马兰,译.宁波:宁波出版社,2018.

基于手机媒体的有效微学习模式及其应用研究

李黄义 王 锋 黄秋月

（湖北省黄冈市，黄冈师范学院 438000）

摘 要：手机媒体具有便携性、非线性、交互性和融合性等特点，支持了微学习学习资源库更新、微学习平台的建立、微学习者学习环境营造，解决了人们因为时间、空间等因素的学习障碍，让终身学习和全时空学习真正落到实处。但是微学习学习过程中仍有一些不尽如人意的地方。本文试图通过基于手机媒体构建有效微学习模式，以期为目前微学习的困境提出一种解决策略。

关键词：手机媒体；微学习；学习模式

随着 5G 技术的到来，在固定的学习时间、学习地点进行学习已经不能满足人们的学习需要，终身学习和全时空学习对人们学习的方式和内容提出更高要求。人们的学习需求和学习方式之间便形成了一对矛盾，而信息技术支持的手机媒体则解决了这一矛盾。现在的智能手机相当于一台掌上电脑，在内存和网速能够支持的情况下，使用手机媒体进行线上微学习是完全可行的。微学习平台在一定程度上缓解了学习者和学习方式之间的矛盾，随着学习的深入，还是有些不尽如人意的地方，例如学习资源库质量的良莠不齐、缺乏微学习评价、缺乏实时互动环节等等，这些问题的矛头都指向一个问题——如何提高微学习的有效性？只有解决这个问题，才能让学习者提高学习效率，让更多的人参与到微学习中。

一、手机媒体的兴起及特点

（一）手机媒体兴起

新技术不断融入人们的生活中，人们对新技术带来的附加精神需求也在不断提高。手机媒体也是如此。20 世纪 90 年代，人们对于移动手机的要求是能够通话即可；20 世纪 90 年代末，除了基本通话外，人们还要求可以发短信和彩信等；进入 21 世纪之后，通话、发短信等已经不能满足人们的需求，还要求能够实时接收多媒体信息，如图片、视频和语音通话等。手机媒体以便携性、数字化、交互性、个性化等特点迅速在传媒市场上占据一席之地，并被称为第五大媒体。

关于手机媒体的内涵，很多学者对其展开了深入研究。匡文波认为手机媒体的内涵为"手机传播即借助于手机进行的传播活动。手机正在从人际传播走到大众传播"。冯统成认为"手机媒体，即借助手机进行信息传播的工具随着信息技术的发展与普及，手机成为具有通讯功能的迷你型电脑而且手机媒体是网络媒体的延伸"。对于手机媒体的内涵，学术界至今没有达成共识，但是在某些方面有些一致的意见，即手机媒体是一种信息传播的新型工具。

（二）手机媒体的特点

作为微学习的主要工具的手机媒体有如下特点：

1.便携性

目前市面上的手机体积都不是很大，随身携带特别方便。随着技术的更新，目前智能手机相当于一部微型电脑，但是体积比电脑小多了，随时可以接收信息的传播，并且在互联网的支持下，还可以实时互动。这样，用户便可以利用排队、等公交等零散空余的时间进行信息浏览。

2.非线性

手机媒体的非线性是指借助手机媒体传播信息的异时性，通过手机媒体传播的信息还可以继续保留一段时间，用户还可以进行回放。这与传统的媒介相比，是一个很大的突破点。传统的媒介进行信息传播，大部分只能进行线性传播，无法把之前的信息和当前的信息放在一起，供用户进行查询、浏览和比较。

3.交互性

手机媒体的出现给用户提供了一种新型的线上交互方式。传统的部分媒介也可以进行语音交互或者文字交互。但是手机媒体可以突破时空限制，实现完全零距离交互。面对面的信息交互中，部分用户可能还有各个方面的顾虑，手机媒体支持的线上交互还可以采用匿名形式。因此，信息的交流对用户来说，体验感更为真实和通畅。

4.融合性

1983年，美国传播学者、马萨诸塞州理工大学伊契尔·索勒·普尔教授认为，"媒介融合，就是各种媒介呈现出多功能一体化的发展趋势"。手机媒体呈现出了融合性，它将多种媒体形式融合在一起，也具有了集文字、影像和声音于一体的功能。

二、手机媒体支持微学习的可行性分析

手机媒体具有便携性、非线性、交互性、融合性等特点，这些特点能够很好地支持学习者进行微学习。下面就手机媒体支持微学习的可行性进行简要剖析。

（一）手机媒体吸引微学习者

随着知识更新的速度加快，人们所需要的知识必须不断地进行更迭。如今的生活节奏又不允许所有人长期在固定的时间和地点进行学习充电。因此，终身学习和全时空学习催生了微学习，人们都成了潜在的微学习者。

(二)手机媒体支持微学习环境

手机媒体能够支持微学习环境。首先,硬件环境。现在的智能手机运行速度也非常快,键盘的使用也可以根据使用者的习惯进行调整。5G 网络也已经到来,那么智能手机的运行速度将又是一个飞跃,观看图片、视频的传输速度将会有更大提高。其次,软件环境。针对人们对微学习的学习需求,开发了适合学习的 App 软件,如学习强国、无限宝、超星学习通、慕课平台等。

(三)手机媒体支持微学习资源

手机媒体可以实现微学习资源的生产。微学习者不仅是微学习资源的学习者,也是生产者,这极大地丰富了微学习资源。

手机媒体可以实现微学习资源的存储。手机媒体不仅支持存储到手机中,也支持存储到微云或者百度网盘等。多样化的存储方式可以方便学习者进行再次学习时,不需要重复去搜索学习资源,也免去了搜索学习资源的烦恼,提高了学习效率。

手机媒体可以实现微学习资源的传播。微学习者在学习的过程中发现了比较好的学习资源,可以转发、分享给其他人。

三、微学习模式应用现状分析

微学习模式不同于传统学习模式,是一种数字化学习模式,具有时间碎片化、内容微型化、媒体智能化、交互网络化等特征。微学习模式目前应用非常广泛,尤其是 2020 年上半年全国疫情严重的情况下,线上学习保证了全国各个层次的学生停课不停学,其中微学习模式在学生自由复习、课后学习中发挥了极其重要的作用。

目前人们已经完全接受了微学习模式的存在,但是微学习模式在应用现状中存在以下常见问题:(1)微学习资源质量有待提高。微学习者具有微学习内容的创作者和接收者双重身份,微学习资源非常丰富,但是学习资源库质量堪忧;并且学习者在搜索学习资源时耗时耗力,学习效率低下。(2)缺乏实时的微学习评价。目前微学习模式中极度缺乏微学习评价,大部分微学习视频只有学习内容,少量视频中有与学习内容配套的题目。(3)进入深度学习有困难。提到微学习,人们就会联想到浅层学习。

导致微学习学习效果不好的因素有很多,主要包括以下几点:

(1)社会文化的影响。受消费文化、娱乐文化和快餐文化等社会文化因素的影响,人们对微学习的态度也是快餐式的、娱乐化的。学习者基于某个问题急切地想要寻找到答案,并未深入地去寻找某个知识点的根源。因此,很多学习者提到微学习,非常容易跟浅层次学习画上等号。

(2)学习模式的影响。一个有效的学习模式能够调动学习者的积极性,促进学习者对知识的迁移和应用,以及高阶思维的形成,实现深度学习。

(3)学习者自身的影响。学习者拿起手机进行学习,一方面容易迷失在信息的海洋中,另一方面容易被其他与学习资源无关的信息分散注意力。

因此,构建有效微学习模式是解决当下微学习模式现状困境的有效途径。

四、有效微学习模式构建研究

(一)有效微学习模式模型构想

针对当前微学习模式存在的困境,笔者构建了有效微学习模式,如图 1 所示。

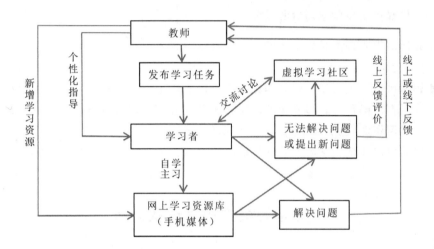

图 1　不同水平的自我效能感和高阶思维成绩的关系

教师发布学习任务,学生带着教师发布的学习任务,通过网上学习资源库进行自主学习,解决问题,并通过手机媒体及时反馈评价,老师就可以及时掌握学生的学习情况。对于学生不能自主解决或在学习过程中提出的新问题,学生可以通过网上虚拟学习社区与其他学员进行交流讨论,从而使问题得到解决。对于在虚拟学习社区交流讨论以后仍无法解决的问题,可以通过线上或线下的方式反馈给教师。

教师收到学生无法解决的问题,一方面可对其进行个性化的指导,协助学生解决问题,另一方面,新增学习资源到学习库中,不断丰富网上学习资源库。

该学习模式的优势如下:

(1)问题驱动。首先由教师发布学习任务,让学生带着任务或问题通过基于手机媒体的网上学习资源库进行自主学习探究。

(2)发现新问题,交流讨论。在自主学习过程中不仅要完成教师发布的任务,还要不断学习思考,发现新问题。通过网上虚拟学习社区交流讨论,寻求问题解决的方法和思路,同时也可以为虚拟学习社区其他成员的问题提供建设性的意见。

(3)线上线下及时反馈。基于手机媒体的有效微学习模式还可以就学习情况进行及时反馈和评价。对于仍无法解决的问题或提出的新问题,通过网上虚拟学习社区交流讨论后仍不能解决的问题,可通过线上或线下两种方式反馈给教师。

(4)不断丰富网上学习资源库。教师根据反馈的信息,一方面可以通过手机媒体或线下课堂对学生进行针对性的指导,另一方面可以就学生无法解决或反馈的有价值性的问题,进行反思,设计制作新的网上学习资料,不断丰富网上学习资源库。

(二)有效微学习模式应用需注意的问题

1.浏览知识点不等于掌握

知识点不是浏览过了就等于掌握了。浏览知识点只是做了阅读的功课,没有进行深入思考,获得的都是比较肤浅的知识,自我感觉学到了很多东西。但是要真正地掌握和弄懂一个问题,是需要进行深度的思考和理解的。因此,知识点的真正掌握在于理解和应用。

2.培养学习者微学习素养是关键

在信息技术迅猛发展的时代,网上资源丰富,学生能够通过多种渠道找到自己需要的答案,培养学习者微学习素养主要是要培养学生的学习态度、自主学习能力和学习方法。学习需要有进行深度学习的意愿,同时需要掌握网上信息资源的搜索方法。

3.交互和反馈是学习模式核心环节

交互和反馈有利于有效学习的发生,在交互和反馈中学习者不断发现问题、解决问题,不断促进深度学习的发生。让教师了解学习者的学习进展及学习情况,还能促使教师不断反思,不断调整和更新网上学习库资源。

五、小结

本文就手机媒体的特点进行了说明,基于手机媒体的特性,对手机媒体能够支持微学习的可行性及微学习模式应用现状和影响微学习模式效果的因素进行了分析,为解决当下微学习模式现状困境,构建了有效微学习模式模型,从理论上促进有效微学习的产生,但是目前缺乏该模型的实践应用,期待在之后的研究中可以验证该模型的实用性及不断优化该模型。

参考文献

[1]熊国荣,杉木.手机:最有资格成为第五媒体[J].新闻与写作,2005(3):12-13.

[2]匡文波.手机媒体概论[M].北京:中国人民大学出版社,2006.

[3]冯统成.基于手机的移动学习支持系统研究[D].上海:华东师范大学,2007.

[4]刘颖悟,汪丽.媒介融合的概念界定与内涵解析[J].传媒,2012(1):73-75.

师生社会性交互对在线学习者满意度的影响研究

——基于 SOR 视角

康子静

(新疆师范大学,新疆乌鲁木齐　830000)

摘　要:研究以师生社会性交互对在线课堂学习中学习者满意度为对象,构建基于 SOR 理论的学习者满意度影响因素模型。以师生社会性交互以及学习者感知和学习者满意度作为测量维度对研究者进行数据的采集,利用结构方程模型和中介效应检验确定变量之间的相互关系。问卷经 SPSS、Amos Graphics 等软数据分析后,得出研究结论:师生社会性交互直接、正向影响交互距离和交互层次;交互距离正向、直接影响交互层次;师生社会性交互通过影响交互距离从而正向影响学习者满意度和交互层次。

关键词:在线学习;师生交互;学习者满意度;SOR 模型

一、引言

2020 年新冠疫情背景下,在线学习已成为师生交互学习的重要模式之一。在线学习虽然为教育带来新的前景,但依然有诸多因素制约其学习良性长远的发展。学习者满意度是学习者在学习环境中实现学习目的、使用学习方法、掌握学习内容等各类学习体验后而产生的对实际学习的感知与预期学习体验评估对比后形成的主观心理状态,是在学习领域的具体化,是学习者感受教学效果、质量及环境等学习体验满足自身需求程度的一种心理反应[①]。

目前相关研究多从学习者角度出发探讨影响学习者满意度的影响因素,但集中于师生交互中某一方面的研究较少,本研究正是基于师生社会性交互这一角度探讨影响在线学习学习者满意度的因素。

---

① 蒋志辉,赵呈领,李红霞,等.在线学习者满意度:教师支持行为与自我调节学习能力的同频共振[J].开放教育研究,2018,24(4):81-89.

二、模型建构与研究假设

(一)研究基础

1.学习者满意度

学习者满意度是学习者对学习过程、结果的主观心理评价。刘俊学等学者从多方面论证,学习者满意度即对于其学习质量的感知和表达,并且认为"质量"是"服务质量"与"产品质量"辩证统一的结合①。学习者满意度是个体的心理感知程度。

2.远程教学交互理论

交互影响距离理论表明"对话""结构"和"学习的自主性"三个变量之间的动态关系决定着交互的距离。穆尔认为师生对话越少,交互影响距离则随之增大,反之则减少。等效交互理论可概括为以下两点内容:一是当教师、学生和内容三要素中的任意两种要素交互处于较高水平时,只有一种高水平交互形式的学习依然能够支撑有意义的正式学习。二是教育体验满意度的提升只需三种交互形式中的一种处于较高水平即可以实现,但其所带来的教育课程体验并非像低交互式的学习序列那么具有较短的时间与成本效果②。

3.SOR 理论模型

SOR 理论模型的提出是为了研究当机体在环境中受到刺激时,机体的意识和机体的行为会产生怎样的关系。SOR 模型表明,机体若想产生情绪和意识反应,那么外界刺激是机体发生反应的必要前提,其情绪反应(意识)会进一步导致个体的行为③。

(二)研究模型及研究假设

基于 SOR 框架,以教学交互理论作为指导并结合学习者满意度,构筑在线课程中师生社会性交互对学习者满意度的影响因素模型。在线学习学习者满意度的影响机理研究模型如图 1 所示。

得出以下假设:

H1:师生社会性互动显著影响学习者交互距离。

H2:师生社会性互动显著影响学习者交互层次。

H3:交互距离显著影响交互层次。

H4:交互距离显著影响学习者满意度。

H5:交互层次显著影响学习者满意度。

---

① 刘俊学,袁德平.高等教育质量是"服务质量"与"产品质量"的辩证统一[J].江苏高教,2004(4):23-25.

② ANDERSON T. Getting the mix right again:an updated and the oretical rational for interaction[J].The inter rev of res in open and dis learning,2003,4(2):2.

③ 王义保,王天宇,刘卓,等.基于 SOR 模型的突发公共卫生事件公众应急行为研究[J].重庆社会科学,2020(5):19-31.

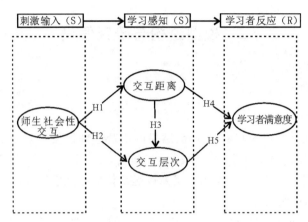

图1 在线学习课堂学习者满意度影响因素模型

三、实证研究

(一)研究对象

研究采用现有改编问卷对新疆某高校在校本科生(除大四)和研究生(除研三)进行调查,为期两周,问卷均采用随机发放的方式,总计回收问卷287份,其中有效问卷238份,有效率82.9%。

调查问卷分为两部分,卷一是调查研究对象的基本信息。卷二是问卷核心内容,共14个关键题项,3个维度,题项均采用5点李克特量表进行记分,选项计分从完全不同意至完全同意,共计五个选项。

(二)研究工具

为保证问卷的内容效度和适用性,先进行了预调研,共回收有效问卷70份,问卷Cronbach's α 为0.92,KMO为0.92($P<0.05$),问卷信效度良好。

1.社会性交互分量表

社会性交互的测量以蒋志辉等构建的在线学习者感知行为模型量表为依据,结合宋佳等观点完善并形成师生交互量表[①]。本量表的Cronbach's α 为0.90。验证性因素分析结果为 $\chi^2/df=2.09$,CFI=0.98,TLI=0.97,RMSEA=0.068,SRMR=0.02。该量表整体效度良好。

2.学习者感知分量表

在线教学中学习者感知从交互距离和交互层次两个维度测量。交互层次和交互距离选自严亚利[②]等人的研究。量表各维度及整体量表的Cronbach's α 分别为:0.87、0.80。

① 宋佳,冯吉兵,曲克晨.在线教学中师生交互对深度学习的影响研究[J].中国电化教育,2020(11):60-66.
② 严亚利,黎加厚.教师在线交流与深度互动的能力评估研究——以海盐教师博客群体的互动深度分析为例[J].远程教育杂志,2010,28(2):68-71.

验证性因素分析结果为 $\chi^2/df=2.03$，CFI＝0.99，TLI＝0.98，RMSEA＝0.08，SRMR＝0.03。该量表整体效度良好。

3.学习者满意度分量表

学习者满意度相关研究较多，本文选取 Wu 等人的研究量表维度作为学习者满意度维度的测量指标。该量表的 Cronbach's α 为 0.94。验证性因素分析结果为 $\chi^2/df=2.09$，CFI＝0.98，TLI＝0.97，RMSEA＝0.02，SRMR＝0.01。该量表整体效度良好。

(三)数据处理与分析

采集的数据经过 SPSS 19.0 和 Amos 25.0 进行了处理和分析。首先对数据进行描述性统计和相关性分析，得出变量的基本信息。然后利用 Amos 25.0 对假设的结构方程模型进行拟合度的检测，最后通过相关性分析、验证性因素分析、路径分析等各项检验来确定各个变量之间的相互关系，最后得出了研究的结论。

四、变量间描述统计和相关分析

(一)变量间描述统计及相关分析

数据通过独立样本 t 检验以及单因素方差分析后结果显示，在学习者性别、学科、教师的交流工具以及学习者目的与学习者满意度之间不存在显著差异性（$P>0.05$），各维度变量描述性统计结果显示（见表 1），社会性交互水平较高（$\bar{x}=4.02,S=0.62$）。研究表明，在线学习学习者满意度较高（$\bar{x}=3.52,S=0.93$）

表 1 变量间描述统计及相关性分析（$N=238$）

	均值 ($\bar{x}$)	标准差 (S)	教师情感性支持	教师认知性支持	教师社会性支持	交互层次	交互距离	学习者满意度
社会性交互	4.02	0.62	0.58	0.70	1	0.73	0.72	0.39
交互层次	3.88	0.63	0.68	0.58	0.73	1	0.70	0.32
交互距离	3.89	0.64	0.45	0.57	0.72	0.70	1	0.43
学习者满意度	3.52	0.93	0.18	0.27	0.39	0.43	0.43	1

(二)结构方程模型分析

研究利用 Amos 25.0 软件对假设模型执行拟合度评估和路径分析。参数检验结果表明，模型中交互层次→学习者满意度（$\beta=0.07,P=0.59$）这条路径不能够达到参数检验显著性标准。在完全删除上述路径后，所有参数检验结果均满足拟合度标准（见表 2），模型通过检验（见图 2）。

表2　在线学习学习者满意度影响因素模型拟合度指标

参考指标	χ^2/df	RMSEA	SRMR	AGFI	GFI	TLI	CFI
合格标准	<2.0	<0.08	<0.08	>0.9	>0.9	>0.9	>0.9
修订前	3.29	0.09	0.02	0.93	0.99	0.97	0.99
修订后	1.79	0.06	0.03	0.96	0.99	0.99	0.99

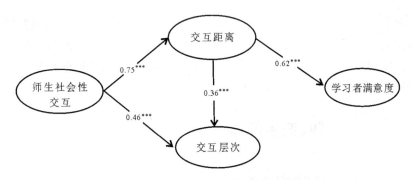

图2　在线学习满意度影响因素模型及路径系数

(三)中介效应检验

为检验交互距离和交互层次在师生社会性交互与学习者满意度之间的中介作用,对变量执行中介效应分析。结果表明交互距离在师生社会性互动与在线课程学习者满意度之间具有显著的中介作用($P<0.001$)。

表3　中介效应检验结果(Bootstrap＝2000)

中介路径	系数	Bootstrap标准误	Bootstrap置信区间	显著性
师生社会性互动→交互距离→学习者满意度	0.466	0.085	[0.312,0.595]	***
师生社会性互动→交互距离→交互层次	0.269	0.056	[0.186,0.373]	***

从修正后的结构方程模型结合中介效应检验结果分析,假设 H5 不成立,其余假设都成立。

师生社会性互动对交互距离产生($\beta=0.75$)直接影响,且达到显著水平。交互距离的 R^2 为 0.526,可解释交互距离 52.6% 的结果,因此假设 H1 成立。在交互层次方面,受到师生社会性交互($\beta=0.46$)的影响,而且交互层次的 R^2 为 0.523,可解释交互层次52.3%的结果。因此,假设 H2 成立。交互距离对交互层次产生直接影响($\beta=0.36$),而且交互层次的 R^2 为 0.488,可解释交互层次48.8%的结果。因此,假设 H3 成立。在学习者满意度方面,受到交互距离($\beta=0.62$)的影响,学习者满意度的 R^2 为 0.184,可解释学习者满意度18.4%的结果。因此 H4 成立。

五、结论与建议

第一,教师社会性交互对交互距离和交互层次都产生直接影响。说明当教师积极参与学生活动时,师生之间的时空距离和心理距离易被缩减。师生社会性交互能够促进学生进行深层次交互,能最大限度地调动学习者的积极性,当学习者有序地参与老师组织的活动时,使得深度互动的发生成为可能。因此教师在参与学生活动时,应提早设计学习活动,在参与活动时可使用幽默风趣、贴近学生生活的语言,营造舒适的交流氛围。教师也可利用自己的经历以身作则进行示范,进而激发学生的共情。

第二,通过促进师生社会性交互显著影响交互距离,进而影响学习者满意度。交互距离的缩短会间接影响学习者满意度。基于此,教师在进行师生社会性交互时应保持敏感性,即注意学生的动态,教师可以根据自己的教学经验对学生的态度走向进行预判,其次,在交互中增加自己的吸引力,获得学生的信任,学生迷惘时能及时发现引导,缩短交互距离。最后确立共同的价值观,以此成为共同标准,建立共同的最大"公约数"。

第三,通过促进师生社会性交互显著影响交互距离,进而影响交互层次。首先,精准安排学习活动,比如依据不同学生的认知情感特点提供多层次且目标清晰的活动,活动应偏向于主动与老师深层交流的发生;活动内容有序且重难点明确,时间安排合理,学生能够依照自身情况机动灵活地确定自己的活动时间;活动资源丰富,以促进学生的深层次交互。其次,及时反馈与评价十分重要,比如,根据学生的水平,选择恰当的反馈类型;根据学生当前的状态,多以关怀和鼓励为主进行个性化反馈;反馈应有机地贯穿整个师生社会性交互中。

参考文献

[1]蒋志辉,赵呈领,李红霞,等.在线学习者满意度:教师支持行为与自我调节学习能力的同频共振[J].开放教育研究,2018,24(4):81-89.

[2]刘俊学,袁德平.高等教育质量是"服务质量"与"产品质量"的辩证统一[J].江苏高教,2004(4):23-25.

[3]ANDERSON T.Getting the mix right again:An updated and the-oretical rationale for interaction[J].The inter revof res in open and dis learning,2003,4(2):2.

[4]王义保,王天宇,刘卓,等.基于SOR模型的突发公共卫生事件公众应急行为研究[J].重庆社会科学,2020(5):19-31.

[5]肖广德,黄荣怀.学习过程导向的网络课程教学交互设计研究——面向网络课程实施的视角[J].电化教育研究,2014,35(9):85-90.

[6]蒋志辉,赵呈领,李红霞,等.在线学习者感知的教师支持行为模型构建[J].中国电化教育,2018(11):103-110.

[7]宋佳,冯吉兵,曲克晨.在线教学中师生交互对深度学习的影响研究[J].中国电化教育,2020(11):60-66.

[8]严亚利,黎加厚.教师在线交流与深度互动的能力评估研究——以海盐教师博客群体的互动深度分析为例[J].远程教育杂志,2010,28(2):68-71.

建构主义教学设计视角下
思维导图对教学效果的影响
——基于国内外42项实验与准实验的元分析

杨文亚　张　蕾　王　雪

（天津师范大学，天津　300387）

摘　要：思维导图在教育教学中的应用越来越广泛，但应用思维导图能否促进教与学，其结论不甚相同。采用元分析方法在建构主义教学设计视角下，对国内外42篇相关实证研究文献进行定量分析。最后，提出三条针对性建议，以期为思维导图在建构主义教学设计中的应用提供参考和借鉴。

关键词：思维导图；建构主义；教学效果；元分析

一、引言

思维导图是刺激个体全脑思维的笔记软件①，侧重学习者对概念之间关系的探索联想。然而，目前学界对其影响学习的结论尚未统一②③，且过分关注工具本身而忽视工具支持教与学的宗旨。

本研究从建构主义教学设计五大基本要素（教学目标、学习者特征、教学模式与教学策略、学习环境以及教学评价）入手，梳理如图1所示的基于思维导图的教学设计。

拟采用元分析方法，对国内外应用思维导图教学的进行实证梳理，力图从建构主义教学角度，解决如下问题：

（1）从整体看，应用思维导图对教学效果有何影响？

（2）从教学目标层面来看，应用思维导图更有利于何种类型知识的教学？

（3）从学习者特征层面来看，应用思维导图更有利于哪一学段的学习者的教学？

（4）从学习环境层面来看，应用思维导图更利于何种操作空间的教学？

（5）从教学评价层面来看，应用思维导图更有利于何种学习效果？

---

① MENTO A J，MARTINELLI P，JONES R M. Mind mapping in executive education：applications and out-comes[J]. Journal of management development，1999，18(4)：390-407.

② 张秀梅，张悦，李佳文，等.用技术学技术：教师信息技术能力提升的实证研究——运用思维导图开展教师微课制作培训项目[J].中国远程教育，2019(5)：76-83.

③ FUN C S, MASKAT N. Teacher-centered mind mapping vs student-centered mind mapping in the teaching of accounting at Pre-U level-an action research[J]. Procedia social & behavioral sciences，2010.

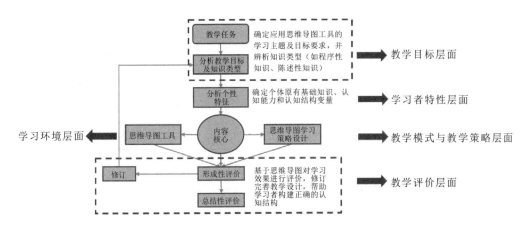

图1 建构主义教学设计下的思维导图应用

二、研究方法与过程

(一)研究方法(元分析技术)

借助 Comprehensive Meta-analysis 2.0 元分析软件,严格按照 PRISMA 准则和 Glass 评估程序步骤对以往研究的定量数据进行组合和统计分析。

(二)研究过程

1.文献检索

在中国知网和 Web of Science 等数据库中,中文检索主题词为"思维导图"并含"学习效果"或"教学效果"等;外文检索主题词为"Mind Mapping"并含"Learning Effect"或"Teaching Effect"等。截至2021年5月,共检索到中文文献861篇,英文文献90篇。

2.文献筛选

为保证研究的准确与严谨,筛选标准为:(1)必须针对思维导图对教与学效果的影响;(2)必须是实验研究类或准实验类,包括实验组和对照组;(3)报告的数据必须完整(样本量 n、平均值 $\bar{x}$、标准差 S 或 t 值等);(4)重复文献必须排除。

经人工严格筛选后,最终纳入元分析研究文献共42篇,中文39篇,英文3篇,可用于元分析效应值共42个。

3.文献编码

文献编码情况如表1所示,教学模式与教学策略层面中是否自主学习的文献量分别是2篇、40篇,数据差异较大,故不编码。

表1 编码情况表

编码依据	编码对象	编码内容
教学目标	知识类型	陈述性知识、程序性知识
学习者特征	学段	小学、初中、高中、大学
学习环境	操作空间	自制、提供、半自制
教学评价	学习效果	识记、理解应用

注:操作空间指学习者思维导图形式感知。

4.数据分析(效应值计算)

因纳入的研究数量较少,属于小样本研究,故采用 Hedges' g 作为效应值指标。计算效应值选取数据主要为:(1)实验组和控制组样本量 n、均值 $\bar{x}$ 以及标准差 S;(2)实验组和控制组样本量 n、均值 $\bar{x}$ 以及 t 值[①]。

三、数据分析与讨论

(一)发表偏倚检验

纳入文献与真实结果之间可能存在偏差,通常进行发表偏倚检验,使研究结果更加科学可靠。因本研究样本量较少,故采用定性的漏斗图和定量的 Begg's 来检验[②]。如图2所示,漏斗上的点,基本以合并效应值 0.546 为对称分散,并集中分布于漏斗图的中上部,初步判断发表偏倚不明显。Begg's 检验结果为 $Z=0.921<1.96,P=0.356>0.05$,进一步得出发表偏倚结果不明显。因此,本研究得出的合并效应值精度高,具有稳健性。

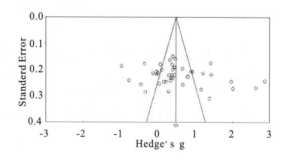

图2 样本发表偏倚检验测漏斗图

---

① 菅保霞,姜强,赵蔚,等.大数据背景下自适应学习个性特征模型研究——基于元分析视角[J].远程教育杂志,2017(4):87-96.

② 罗杰,冷卫东.系统评价/Meta 分析理论与实践[M].北京:军事医学科学出版社,2013:103-109.

(二)从整体看,应用思维导图对教学效果有何影响?

表 2 为所有研究的合并效应值,样本异质性检验表明,$Q = 484.676$,$P = 0.000 < 0.10$,$F^2 = 91.541$,说明样本间存在很大的异质性,故应选用随机效应模型进行分析。所有研究合并效应值为 0.546,$P = 0.000 < 0.001$,说明应用思维导图对教学效果的整体影响是积极正向的。基于 Cohen 合并效应值标准①,从整体看,应用思维导图对教学效果具有中等程度的促进作用。

表 2 应用思维导图对教学效果的整体影响

		模型	
		固定效应	随机效应
n		42	42
合并效应值		0.491	0.546
95% 置信区间	上限	0.555	0.769
	下限	0.426	0.322
渐进	Z 值	14.858	4.779
	P 值	0.000	0.000
异质性检验	Q	484.676	
	df	41	
	P	0.000	
	F	91.541	

(三)从教学目标来看,应用思维导图更有利于何种类型知识的教学?

表 3 显示:(1)陈述性知识合并效应值为 0.452,程序性知识合并效应值为 0.560,二者的合并效应值显著($P = 0.000$);(2)组间效应不显著,QBET = 2.430,$P = 0.119 > 0.05$。这表明,应用思维导图对不同知识类型的教学效果影响无显著差异,但对陈述性知识和程序性知识教学效果均产生正向影响作用,且后者优于前者。这或许是程序性知识的抽象图文信息帮助学习者构建的心理模型更加精细②,更有利于相关知识的理解、整合。

(四)从学习者特征来看,应用思维导图更有利于哪一学段的学习者的教学?

表 3 显示:(1)小学合并效应值为 0.477,初中合并效应值为 0.252,高中合并效应值为 0.598,大学的合并效应值为 0.578,四者的合并效应值显著($P = 0.000$);(2)组间效应显著,QBET = 19.391,$P = 0.000 < 0.001$。这表明,应用思维导图对不同学段学习者的教学效果影响存在显著差异,且对高中生教学效果的影响最为显著,对大学生教学效果的影响次之,对小学生教学效果的影响再次,对初中生教学效果的影响最弱。

---

① COHEN J. Statistical power analysis for the behavioral sciences[M]. New York：Routledge,2013:96-108.
② 谢和平,王福兴,周宗奎,等.多媒体学习中线索效应的元分析[J].心理学报,2016,48(5):540-555.

表3　不同教学设计层面下思维导图对教学效果的影响

教学设计维度	编码对象	类别	n	效应值	95%置信区间		渐进		组间效应
					上限	下限	Z值	P值	
教学目标	知识类型	陈述性知识	27	0.452	0.533	0.371	10.967	0.000	QBET＝2.430 ($P＝0.119$)
		程序性知识	15	0.560	0.668	0.451	10.144	0.000	
学习者特征	学段	小学	4	0.477	0.694	0.261	4.322	0.000	QBET＝19.391 ($P＝0.000$)
		初中	11	0.252	0.379	0.125	3.899	0.000	
		高中	13	0.598	0.712	0.485	10.299	0.000	
		大学	14	0.578	0.692	0.465	10.009	0.000	
学习环境	操作空间	自制	17	0.428	0.535	0.321	7.829	0.000	QBET＝3.107 ($P＝0.211$)
		半自制	14	0.563	0.670	0.456	10.311	0.000	
		提供	11	0.477	0.602	0.353	7.500	0.000	
教学评价	学习效果	识记	15	0.447	0.547	0.346	8.705	0.000	QBET＝3.955 ($p＝0.138$)
		理解	14	0.593	0.712	0.473	9.708	0.000	
		应用	13	0.451	0.571	0.332	7.394	0.000	

　　上述结果与李玉[①]的分析结果基本一致，分析其原因发现，与初中生和小学生相比，高中生和大学生的生理和心理都更加成熟和稳定，智力方面尤其得到了较大的发展，学生的逻辑思维能力也呈现上升发展的趋势。与大学生相比，高中生在应用思维导图时，教师作为"引导者"，能够帮助学生建立良好的认知结构，教师通过学生绘制的思维导图，能够分析学生对知识点的整体掌握情况，包括知识的深度与广度、各知识点之间的联系等，因此高中生的学习效果最优。

（五）从学习环境来看，应用思维导图更有利于何种操作空间的教学？

　　自制是指学习者在完成教学任务的过程中，自主进行思维导图的绘制；半自制是指上述过程有教师的参与；提供是指教师提供完整思维导图辅助学习。表3显示：（1）学习者自制思维导图的合并效应值为0.428，半自制思维导图合并效应值为0.563，教师提供思维导图的合并效应值为0.477，三者的合并效应值显著（$P＝0.000$）；（2）组间效应不显著，QBET＝3.107，$P＝0.211>0.05$。这表明，在教学过程中，自制思维导图、半自制思维导图以及提供思维导图的教学效果均有正向影响作用，且应用半自制思维导

　　① 李玉,柴阳丽,闫寒冰.思维导图对学生学业成就的影响效应——近十年国际思维导图教育应用的元分析[J].中国远程教育,2018(1):16-28,7.

图的教学效果更佳,应用提供的思维导图次之,应用自制思维导图最弱,但三组之间差异并不显著。

思维导图在教学中的应用强调思维动态生成性的过程,而非一蹴而就的最终成品。正是这种强调过程而不强调结果的方式,才更有利于培养学习者的发散思维。但学生过于自主化,缺少教师干预,可能会带来与教学目标相脱离的结果,这或许也是学习者自制思维导图对学习影响效果最弱的原因。

(六)从教学评价来看,应用思维导图更有利于何种学习效果?

表3显示:(1)识记效果合并效应值为0.447,理解效果合并效应值为0.593,应用合并效应值为0.451,三者的合并效应值显著($p = 0.000$);(2)组间效应不显著,QBET = 3.955,$p = 0.138 > 0.05$。这表明,应用思维导图对不同类型学习效果的影响不存在显著差异,但对识记、理解以及应用学习效果均产生正向影响作用,且对理解效果的影响最佳,对应用效果的影响次之,对识记效果的影响最弱。

在思维导图的辅助下,在教学中可帮助学习者掌握知识脉络,建立起各知识间的联系,对其识记、理解以及应用效果均有积极作用。但思维导图对三种学习效果的具体影响机制尚不明确,未来应结合思维导图特性,对其进行进一步的探讨。

四、结论与建议

本研究最终得出如下结论:

第一,整体上,应用思维导图的教学对学习效果产生中等程度的正向促进作用。

第二,从教学目标层面看,思维导图对程序性知识和陈述性知识的教学均有中等程度的促进作用。

第三,从学习者特征层面看,思维导图对高中生教学效果的影响最为显著,对大学生教学效果的影响次之,对小学生教学效果的影响再次,对初中生教学效果的影响最弱,均为中等效应,且组间差异显著。

第四,从学习环境层面看,应用半自制思维导图、提供的思维导图以及自制思维导图对教学效果产生了中等程度的正向影响。

第五,从教学评价层面看,应用思维导图对识记效果、理解效果以及应用效果产生了正向影响。

故本研究针对思维导图的教学应用提出如下建议。

(一)深化思维导图在教学过程中的应用,发挥思维导图形式感知优势

鉴于思维导图对整体教学效果具有正向显著的促进作用,学习者在完成教学任务时,应充分发挥思维导图的优势,创建适当情境,将思维可视化,构建自身认知结构,达到有意义学习结果;在教学环境中,教师要充分发挥自身的主导地位,进行适当干预,成为学生绘制思维导图的领路人,将自己的"声音"在图中呈现。

(二)充分考虑教学目标和学习者特征,促进知识意义建构

从教学目标层面看,思维导图更有利于程序性知识的教学;从学习者特征层面看,思维导图对高中和大学学段学习者的教学效果最优。因此,在高中和大学的程序性知识教学中,可适当增加思维导图的应用,让学习者主动建构知识结构。

(三)重视教学评价的调控作用,引导学习者建构正确的认知框架

教师应使用思维导图来帮助学习者理解知识,在教学过程中应依据学习者绘制的思维导图,及时给予反馈,充分发挥形成性评价的调控作用,帮助其对新知识的认知错误进行修订和完善,最终达到总结性评价(学习效果)的提升。

参考文献

[1]MENTO A J,MARTINELLI P,JONES R M. Mind mapping in executive education:applications and outcomes[J]. Journal of management development,1999,18(4):390-407.

[2]张秀梅,张悦,李佳文,等.用技术学技术:教师信息技术能力提升的实证研究——运用思维导图开展教师微课制作培训项目[J].中国远程教育,2019(5):76-83.

[3]FUN C S, MASKAT N. Teacher-centered mind mapping vs student-centered mind mapping in the teaching of accounting at Pre-U level-an action research [J]. Procedia social & behavioral sciences,2010.

[4]余胜泉,杨晓娟,何克抗.基于建构主义的教学设计模式[J].电化教育研究,2000(12):7-13.

[5]菅保霞,姜强,赵蔚,等.大数据背景下自适应学习个性特征模型研究——基于元分析视角[J].远程教育杂志,2017(4):87-96.

[6]罗杰,冷卫东.系统评价/Meta 分析理论与实践[M].北京:军事医学科学出版社,2013:103-109.

[7]COHEN J. Statistical power analysis for the behavioral sciences [M]. New York:Routledge,2013:96-108.

[8]谢和平,王福兴,周宗奎,等.多媒体学习中线索效应的元分析[J].心理学报,2016,48(5):540-555.

[9]李玉,柴阳丽,闫寒冰.思维导图对学生学业成就的影响效应——近十年国际思维导图教育应用的元分析[J].中国远程教育,2018(1):16-28,7.

专题三

学习分析应用研究

国外多模态学习分析实证研究进展与前瞻

何淑茵　尹　睿

（华南师范大学教育信息技术学院，广东广州　510631）

摘　要：随着混合学习的发展，跨学习空间和学习情境数据收集成为人们迫切需要解决的问题。多模态学习分析的发展为这一问题提供了思路，但在实证分析方面面临着许多难题。本研究在收集多模态学习分析实证研究论文的基础上，梳理了多模态学习分析常见的数据采集方法、多模态学习分析流程和实证研究主题，为未来开展多模态学习分析研究提供思路。

关键词：多模态；学习分析；多模态数据；数据对齐；数据融合

一、引言

从学习科学研究的角度来看，学习分析领域的目的是理解和优化学习过程，而大多数学习是发生在在线学习系统以外的面对面学习情境中。因此，结合跨学习情境和跨学习空间的数据成为教育研究的必要条件。得益于各类感知设备和学习生理数据的可获取性，多模态学习分析打破传统以单一模态数据表征学习规律的研究范式，通过获取多通道的学习过程数据，解释和发现内在学习过程、特征与变化[1]。但是多模态学习分析的实现也面临着巨大的挑战：如何在真实的学习环境中，在尽可能减少对学生的影响的前提下，最大限度地采集和分析多模态数据[2]。因此，本研究尝试从数据采集方法、多模态学习分析流程和实证研究主题三方面展开综述，为未来开展多模态学习分析研究提供思路。

二、多模态学习数据及其采集方式

由于多模态学习分析的发展得益于新兴技术和传感器技术，因此本文将更多地介绍应用这类技术并使自身发挥了极大作用的数据及其采集方式。

---

① 牟智佳.多模态学习分析：学习分析研究新生长点[J].电化教育研究,2020,41(5):27-32,51.

② WORSLEY M, CHILUIZA K, GRAFSGAARD J F,et al. Multimodal learning and analytics grand challenge[C]//The fourth international conference on multimodal interaction. New York：ACM,2015:525-529.

(一)手写数据

手写数据是通过对手持工具进行自然书写的特征或绘画草图形成的视觉符号进行识别和捕获的数据,可用于表征认知负荷、知识掌握水平、自我调节行为、问题解决思维等。其中,自然书写特征信息的采集和识别需要依靠专门的纸和笔,如数字手写板、点阵数码笔等。草图识别通过贝叶斯网络和各个领域的预设形状和模式来识别草图中的形状和图案,常用软件有 CogSketch、Sketch-a-Net、Sketch2Tag、SketchREAD 等。

(二)语音数据

语音数据是利用录音笔等采集的学习者在真实自然情境下语音语调、言语速度、流畅度和言语内容等数据,可用于表征学习者的语言表达能力、学习能力。常见的语音数据分析工具有 Praat 软件、Python 自然语言工具包等。

(三)姿态数据

姿态数据一般采用姿态传感器、摄像机等工具进行采集,包括动作、手势、脸部移动等,可用于分析学习者的投入度、注意力水平、协作交流情况等。其中,姿态传感器一般内置加速度计、陀螺仪、磁力计等传感器,可用于估算人体部位的姿态和位移。

(四)表情数据

表情数据一般通过摄像机采集人脸数据并利用面部动作编码系统来分析学生的面部表情以识别他们的情感状态,如兴趣、享受、快乐、无聊或焦虑等。

(五)眼动数据

眼动数据是借助 Eye Tribe、Tobii 等眼球追踪器获取的诸如注视轨迹、注视时间、眼跳方向、瞳孔大小、眨眼频率和扫视频率等参数的数据,可用于分析学习者的注意力水平、兴趣取向、阅读与学习习惯、协作学习质量、认知负荷等。

(六)生理数据

生理数据一般指学习者的体温、血压、心率等生物体征数据,以及脑电信号、心电数据、皮肤电反应数据等神经生物层面的数据,可用于表征认知负荷、注意力水平、投入度等。常见设备有 Q-sensor 腕带、Empatica E4 腕带等。

三、多模态数据整合与分析方法

(一)机器学习方法

由于多模态数据的固有特殊性,研究人员用于分析数据并解决其设定的教育目标的常用方法是机器学习方法。为了明晰机器学习在多模态学习分析中的处理过程,以解释数据处理结果中的教育意义,夏尔马等提出了教育背景下的机器学习管道模型(见图1)①。其中特征提取、特征选择、预测或分类是机器学习的核心步骤,是机器学习的"灰盒子"。

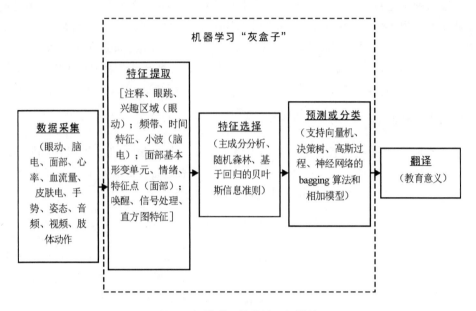

图1　机器学习管道的不同模块

1.特征提取

特征提取目的是为机器提供多模态数据的可能特征,使数据信号转换为可解释的特征点与特征值。它高度依赖于数据类型和采集工具、数据能表征的学习指标以及特征提取的方法。

2.特征选择

特征提取后会产生大量特征,但并非所有模态数据的所有特征都能用于表示学习指标。针对多个模态数据对应一个指标的情况,不同模态数据的组合在表示学习指标时的主要特征是不同的。因此要借助相关算法得到不同数据组合的主要特征,使得最终输入预测或分类模型中的数据具有意义。

3.预测或分类

流程最后一步是利用选定的特征"训练"机器进行预测或分类,需要依托预测或分类算法进行。同时,为验证模型的有效性,还常用留出法和K折交叉验证法将数据集划分为训练集和测试集。

机器学习的结果最终应以具有教育意义的方式进行解释,以指导决策或指导干预。

(二)专用工具

专用工具是指为实现多模态学习分析而专门构建的平台或框架。常见工具见表1。

---

① SHARMA K,PAPAMITSIOU Z,GIANNAKOS M. Building pipelines for educational data using AI and multimodal analytics:a "grey-box" approach[J]. British journal of educational technology,2019,50(6):3004-3031.

表 1　多模态数据分析的专用工具

名称	简要介绍	相关研究
Social Signal Interpretation (SSI)	情感和社交传感器信号的实时识别框架,集成了多模态数据的特征提取与融合算法,可处理语音、面部、手势和生物信号	Wagner et al., 2011
ChronoViz	能够可视化和分析多模态的按时间编码信息集,其重点在于结合其他数据源对视频进行分析	Fouse et al., 2011
Repovizz	能够对已对齐的多模态数据进行结构化设置、远程存储、浏览、交换、注释和可视化,可处理音频、视频、生理信号、文本数据等	Mayor et al., 2013
Presentation Trainer	公共演讲技能的实时反馈系统,它通过跟踪用户的面部表情、身体各关节的 3D 位置、声音等信息解释用户当前的表现	Schneider et al., 2015

四、多模态学习分析实证研究案例

综合应用多模态数据进行学习分析,一方面显著提高了学习结果的预测能力,有助于解释更加复杂的学习过程;另一方面可利用物理传感器测量和解释动态变化的因素,如学习绩效、认知水平、学习表现、投入度、学习经验、情感、学习动机等。接下来将通过国外实证研究的案例具体说明多模态数据是如何用以解释和预测学习的。

(一)测量学习过程表现

Wu 等利用多模态学习分析测量两种不同学习方法下(数字化游戏学习和静态电子学习)学生的学业表现产生差异时,在注意力、情感体验、认知负荷等方面的不同表现[1]。在注意力测量上,主要采用 NeuroSky 系统的注意力和冥想的 eSense 算法采集与分析脑电数据。在情感体验测量上,该研究使用的 emWave 可通过一种名为 coherence 的算法来计算心率,其结果能够反映人们的情绪状态:情绪状态消极、平静和积极分别对应分数 0、1 和 2。对于认知负荷则通过眼动仪采集注视持续总时长、注视次数、平均注视持续时间、眼跳路径频率等眼动数据。

结果表明,与传统电子学习相比,采用数字化游戏学习方法的学生学业表现更好,且积极情绪更多,注意力更加集中。

(二)解释学习体验

Giannakos 等为了解多模态数据在学生技能获得情况预测上的效果,采集了学习者

---

① WU C H, TZENG Y L, HUANG Y M. Measuring performance in leaning process of digital game-based learning and static E-learning[J]. Educational technology research and development, 2020, 68(1).

的点击流数据、眼动数据、脑电数据、视频数据和唤醒数据①。点击流数据利用 Tobii 软件采集并使用 Matlab 的信号处理工具箱的自定义脚本进行提取;眼动数据利用 Tobii X3-120 眼动仪采集并用 R 语言中自定义的脚本进行提取;脑电数据利用 ENOBIO 脑电仪采集并用 Matlab 信号处理工具箱中自定义的脚本提取;视频数据利用 Logitech 网络摄像头采集并用 python 软件的人脸检测 Dlib 库提取;唤醒数据利用 Empatica E4 腕带采集。

考虑到不同设备的采样频率差异,研究首先以 5 秒为单位从各个数据流中提取特征并归一化数据。接着用 R 软件将所有数据流特征输入 LASSO 回归模型中进行特征选择。最后再用交叉验证和随机森林算法计算数据的标准均方误差,得到不同数据流组合的预测效果。

(三)预测学习成功

Spikol 等采用多模态学习分析挖掘在基于项目的学习过程中学习绩效的最佳评估模型②。研究首先进行数据采集和特征提取。学习互动过程的视音频数据采用摄录机录制并用 Viola-Jones 人脸检测算法跟踪脸部和手部,提取出注视屏幕的人脸数和平均脸部距离、手部之间的平均距离和手部的平均运动速度。同时还用快速傅里叶变换计算了学生对话期间的平均音频电平。编程过程使用的软硬件类型及连接信息采用自主开发的 Arduino 板记录,并通过简单的统计分析提取了活动模块的数量、使用的硬件种类、使用的软件种类等。最后还用移动工具记录了各阶段项目成果。

接着对不同变量指标的特征数据进行对齐和融合。

最后在模型训练上,研究将全部数据样本分成训练集和数据集,将训练集中所有数据作为神经网络的输入,将项目结果分数作为输出,不断调整神经网络参数得到最优化模型。

五、多模态学习分析的未来展望

(一)数据对齐与融合方法的创新

从现有研究来看,多模态学习分析往往与机器学习、心理学测量等相关联,具有更强的学科融合性质,需要研究人员具备较强的跨学科研究能力。因此,在数据对齐和融合方法上的创新与实践是推动多模态学习分析研究领域发展的关键步骤。研究者在创新算法时,应该将关键点放在如何快速处理海量数据以及如何从海量数据中选择对研究有用的部分。

① GIANNAKOS M N,SHARMA K,PAPPAS I O,et al. Multimodal data as a means to understand the learning experience[J]. International journal of information management,2019,48:108-119.
② SPIKOL D,RUFFALDI E,DABISIAS G,et al. Supervised machine learning in multimodal learning analytics for estimating success in project-based learning[J]. Journal of computer assisted learning,2018,34(4):366-377.

(二)研究成本与研究效果的权衡

在展开多模态学习分析时,数据量越大,能够表征的学习过程越全面,多模态学习分析的结果更准确。但是在实际研究中,大量数据意味着采集设备多样、分析成本增高。因此,在研究经费有限的情况下应该权衡研究成本和研究效果。一方面,应采用较为便捷和低成本的方式采集数据;另一方面可以采用 K 折交叉验证的方式消除数据量少对研究效果的影响。未来,有较高经费预算的学者可以对比不同模态数据组合的效果差异,得到分析和解释不同主题的最佳模态数据组合。此外,还可以关注在样本量较小的情况下如何保证研究普适性,以及在样本量较大的情况下如何自动化处理数据。

(三)遵守多模态数据使用规范

多模态学习分析由于关注对学习的全过程数据采集,会持续监控学习者的行为、认知与情感,而这种做法容易形成"监视"文化的风险①。《中华人民共和国个人信息保护法》,明确指出:在对个人数据进行收集、存储、使用、加工、传输、提供、公开、删除等操作时,需要"告知"个人数据处理目的、处理方式、数据种类、保存期限等内容,在征求"同意"的情况下于最小范围内处理数据。因此,在研究时需要重点考虑应该采集哪些数据、数据是否能正确表征学习过程和结果等。

多模态学习分析作为学习分析领域的分支,目前虽然尚未形成脉络清晰的理论体系,但不可否认它能为跨学习情境的教育实践和研究提供思路,迎合了当前混合学习、个性化学习的需要。但该领域的发展依旧面临着技术壁垒、数据使用规范等挑战,需要多学科合作,共同促进多模态学习分析的发展。

参考文献

[1]WOLFGANG G. Translating learning into numbers: a generic framework for learning analytics [J]. Journal of educational technology & society,2012.

[2]张琪,李福华,孙基男.多模态学习分析:走向计算教育时代的学习分析学[J].中国电化教育,2020(9):7-14,19.

[3]牟智佳.多模态学习分析:学习分析研究新生长点[J].电化教育研究,2020,41(5):27-32,51.

[4]WORSLEY M,CHILUIZA K,GRAFSGAARD J F, et al. Multimodal learning and analytics grand challenge [C]//The fourth international conference on multimodal interaction. New York:ACM, 2015:525-529.

[5]SHARMA K,PAPAMITSIOU Z,GIANNAKOS M. Building pipelines for educational data using AI and multimodal analytics: A "grey-box" approach[J]. British journal of educational technology,2019, 50(6):3004-3031.

[6]WU C H,TZENG Y L,HUANG Y M. Measuring performance in leaning process of digital game-based learningand static E-learning[J]. Educational technology research and development,2020,68(1).

---

① CUKUROVA M,GIANNAKOS M, MARTINEZ-MALDONADO R. The promise and challenges of multi-modal learning analytics[J]. British journal of educational technology,2020,51(5):1-9.

［7］SPIKOL D,RUFFALDI E,DABISIAS G,et al. Supervised machine learning in multimodal learning analytics for estimating success in project-based learning［J］. Journal of computer assisted learning，2018,34(4):366-377.

［8］GIANNAKOS M N,SHARMA K,PAPPAS I O,et al. Multimodal data as a means to understand the learning experience［J］. International journal of information management,2019,48:108-119.

［9］SHARMA K,GIANNAKOS M. Multimodal data capabilities for learning:What can multimodal data tell us about learning? ［J］. British journal of educational technology,2020,5(51):1450-1484.

［10］CUKUROVA M,GIANNAKOS M,MARTINEZ-MALDONADO R. The promise and challenges of multimodal learning analytics［J］.British journal of educational technology,2020,51(5):1-9.

高中技术优课的教学模式与师生对话研究

——基于 21 节课的视频分析

王伟隆[1] 李 艳[2]

(1.浙江省宁波市北仑中学,浙江宁波 315800;

2.浙江大学教育学院,浙江杭州 310058)

摘 要:新课程改革以来,技术学科作为浙江省高考科目受到更多重视。课堂教学研究是提升教学质量的主要途径,师生对话是课堂教学研究的重要手段之一。研究样本来源于部级"一师一优课",师生对话研究以技术学科课堂观察为手段,采用 S-T 分析法、对话分析等方法对随机抽样视频课进行采样、清洗、整理与分析等,探索知识类型、教学模式、师生对话方式、课堂提问之间的相关关系。研究得出:知识类型对教学模式存在一定的影响;知识类型在教学模式、师生对话方式、教学问题设计之间没有明显的相关性;教学模式、师生对话方式、课堂提问之间相关性低。

关键词:教学模式;师生对话;教学设计;技术教学;对话方式

一、研究背景

以部级"一师一优课"为数据源,开展高中技术课堂师生对话研究,帮助教师在教学中做出更为精准的设计,提升教师的专业水平。

师生对话是课堂教学中的重要活动之一,通常表现为教师的提问和学生的回答。师生对话最早可以追溯到苏格拉底的"产婆术",早期的教学行为研究中,师生对话并未作为独立的研究个体[1]。到 20 世纪中期,教学行为作为独立的研究领域,师生对话成为研究者关注的热点[2]。师生对话是课堂教学活动中出现频率最高的活动,教师和学生在课堂活动中的时间占比和活动形式,不仅反映出课堂教学模式,更直接影响着课堂的教学质量[3]。2012 年,首师大王陆教授在其课堂观察研究中,对教师提问问题类型进行了"四何"问题研究界定[4]。2013 年浙江大学翟俊卿指出了探究式的学习活动中,教师为中心的师生对话活动正向学习者为中心过渡。2018 年王陆教授最新研究成果显示,师生对话研究是课堂观察的主要途径[5]。2020 年王陆教指出"如何问题"和"若何问题"是课堂教

① 王陆,张敏霞.基于课堂教学行为大数据的课堂观察方法与技术[M].北京:北京师范大学出版社,2018.
② 高金海.基于 iFIAS 的高中地理部级优课师生互动行为分析研究[D].南昌:江西师范大学,2020.
③ 沈毅,林荣凑,吴江林,等.课堂观察框架与工具[J].当代教育科学,2007(24):17-21,64.
④ 王陆,魏宁.课堂教学行为大数据:架设理论与实践的桥梁[J].中国信息技术教育,2017,263(12):9-17.
⑤ 王陆,李瑶.课堂教学行为大数据透视下的教学现象探析[J].电化教育研究,2017,38(4):77-85.

师提问的从低阶走向高阶的切入点。可见,师生对话是衡量课堂教学质量的一个重要的观察点。[1]

二、研究的内容、方法与工具

本研究从 167 节部级优课中,筛选 21 节,作为样本优课数据,从教学模式和师生互动两个维度,对优课数据进行相关分析研究。技术优课师生互动分析,因其教材内容类型、问题类型等不同,故在教师提问、应答、学生理答等师生互动相关分析上呈现出各自的特征。

本研究采用内容分析法、S-T 分析方法、问题类型分析法和课堂对话方式分析方法。使用 S-T 分析量表、问题类型观察量表、课堂对话方式观察方式量表工具采集优课数据,利用 SPSS 科学数据分析软件对数据进行清洗、分析和统计。

三、教学模式研究

（一）教学模式划分的依据

师生互动频度作为划分教学模式的一种科学依据[2]。师生互动频度,即师生时间占有率（Rt）和师生行为转换率（Ch）,作为 S-T 分析法的重要表示形式之一。划分教学模式的标准,练习型（Rt≤0.3）,讲授型模式（Rt≥0.7）,对话型（Ch≥0.4）,混合型（0.3＜Rt＜0.7,Ch＜0.4）[3]。

知识类型所占比重作为课型划分的依据之一,基于布鲁姆及安德森等对知识分类的理论,结合技术学科教材知识内容类型分析,划分教学模式标准:理论型,即陈述性知识占比超过 70％;实操型,即程序性知识占比超过 70％;介于 30％与 70％之间为混合型教学模式。

（二）基于师生互动频度的教学模式分析

本研究采用 S-T 教学分析法对样本进行数据可视化处理。依据 Rt-Ch 教学模式划分标准,教学模式分为练习型、讲授型、对话型和混合型四种教学模式。从样本数据分布结果上看（见表 1）,未发现有对话型教学模式,图 1 展示四种教学模式的分布情况。从师生连续活动"连"数量和师生行为转换率上看,最高为混合型教学模式,最低为练习型教学模式。

---

① 王陆,彭玏,李瑶,等.优秀教师的实践性知识特征——基于大数据的知识发现[J].课程·教材·教法,2019,39(2):126-131.

② 高金海.基于 iFIAS 的高中地理部级优课师生互动行为分析研究[D].南昌:江西师范大学,2020.

③ 刘飞,刘雁,黄成云.基于 S-T 分析法的教学过程对比分析——以网易视频公开课为例[J].中国教育信息化,2012,278(11):58-60.

根据优课样本教学模式分布图(见图 1),发现讲授型教学模式下,基线教师行为数量占比值从 0.7 至 0.9 均有分布,呈横向线性分布。数量值较为接近的散点间的距离依次增大,虽为同种教学模式,但不同知识内容导致师生行为数量差距逐渐增大。混合型教学模式下,师生课堂行为相对趋于均衡状态,基线教师行为数量占比值从 0.4 至0.7 均有分布,呈长方形形态分布。14 个样本中 12 个样本数据分为六组,距离呈现极为接近状态,组间的学生行为差值较大,纵向分布高度大于讲授型教学模式。

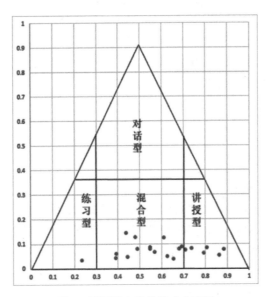

图 1 优课样本教学模式分布图

(三)基于知识类型的教学模式分析

基于布鲁姆和安德森在《教育目标分类学》中对知识类别的界定方法和知识类型所占的比重,教学模式分为理论型、实操型和综合型。从样本数据分析结果上看(见表 1),基于知识类型与教学模式分析表,理论型占比较高。从章节数据分析上看,数据分布较为均匀。从章节知识类型集中趋势上看,集中表现为偏重理论型和操作型知识。

表 1 知识类型与教学模式分析表

	必修1—第1章	必修1—第2章	必修1—第3章	必修1—第6章	必修1—第7章	必修2—第1章	必修2—第2章	必修2—第3章	必修2—第4章	占比率
理论型	2	2	1		1	2		1	1	47.62%
实操型				1	2	1	1		1	28.57%
综合型	1		2				1		1	23.81%

四、教师提问的问题类型与师生对话方式研究

（一）教师提问的问题类型分析

从问题的数量上看,样本优课总课时长度884分钟,问题总数量729个,每个问题时间间隔为72.76秒。教学时长从32′22″至52′25″不等,问题总体数量平均值为8.68,标准差为15.894。课例问题从15至94个不等,问题最多课例时长38′37″,问题最少课例时长46′48″,每分钟的问题数量介于0.3个至2.4个之间。

从问题的类型统计的数据分析来看,"如何问题"的数量为60个,平均值2.86,标准差3.1058。"若何问题"的数量为12个,平均值0.57,标准差1.2178。"是何问题"的数量618个,平均值29.43,标准差20.4673。"为何问题"的数量为39个,平均值1.86,标准差为1.6120。从数据的统计上看,"是何问题"所占比例高达85%。

（二）师生对话方式分析

1.基于教师角度的分析

从课堂教学提问设计上看,以"四何"问题为基础,教师挑选回答方式660次,其中让学生自由答346次,占总体比例约52%,表明学生已经认真听课并作答,鼓励学生回答1次,占比不足1%。教师对课堂的控制是不够的。

从师生问答互动上看,课例中,教师给予肯定回答266次,占总体回应总数的40%,重复学生回答并解释216次,占总体33%。否定回答7次,占回应总数1%。无回应44次,占总体7%。教学模式、设问难度、学生的回应是否达到预期,直接影响师生互动的持续性。

2.基于学生角度的分析

从样本分析结果上看,有效的学生回答方式633个;自由回答263个,占总体的42%;个别回答195个,占总体31%。自由回答总体比例较高,说明学生在课堂上比较活跃;个别回答高占比,表明课堂教学中有一批活跃的学习者直接参与课堂教学。

五、相关分析

（一）不同教学模式下问题类型研究

基于知识类型的教学模式"四何"问题分析（见表2）,研究样本并未发现对话型教学模式,故无分析数据。练习型与"若何类问题"的相关系数接近0.4,属于低度相关,"为何类问题""如何类问题""是何类问题"与练习型、讲授型、混合型均属于微弱相关,其中"如何类问题"与混合型教学模式相关度最低。值得关注的是,"四何"问题与讲授型呈负相关;"若何类问题"与混合型也呈现负相关。从双侧显著性数据上看,所有已测数据的显著性均大于0.05,任意两者间未出现统计学意义上的显著相关。从总体上

看,以知识类型作为控制变量的情况下,讨论教学模式与"四何"问题的相关情况,两者间整体上存在弱相关,排除知识类型控制变量,两者间的显著有所提高,具有一定的相关性。

表 2 基于知识类型的教学模式"四何"问题分析表

控制变量			是何类问题	如何类问题	为何类问题	若何类问题
知识类型	练习型 RT	相关性	0.079	0.112	0.263	0.395
		显著性(双侧)	0.741	0.639	0.262	0.064
		df	18	18	18	18
	讲授型 RT	相关性	−0.176	−0.074	−0.200	−0.055
		显著性(双侧)	0.457	0.758	0.399	0.818
		df	18	18	18	18
	对话型 CH	相关性				
		显著性(双侧)				
		df	18	18	18	18
	混合型 RT-CH	相关性	0.129	0.017	0.064	0.154
		显著性(双侧)	0.588	0.944	0.787	0.572
		df	18	18	18	18

(二)不同教学模式下对话方式的研究

基于知识类型的教学模式与教师挑选答题方式分析(见表 3),以知识类型作为控制变量的分析,练习型与教师挑选答题方式呈现负相关,讲授型在提问前点名答、提问后点名答、让学生齐答、叫举手者答均为负相关,与混合型正好相反。从相关分析结果上看,三种教学模式与教师挑选回答方式表现为低相关和微弱相关,其中鼓励学生提出问题在讲授型教学模式中相关程度最高(0.399),提问后点名答与讲授型教学模式相关度最低(0.046)。排除知识类型控制变量后,进一步确定教学模式与教师挑选答题方式的相关性属于低和微弱相关。

基于知识类型的教学模式与教师回应方式的正负相关分析(见表 4),负相关比例较高,属于低或者微弱相关。混合型教学模式中其他形式的应答方式,显著性 0.027,明显低于 0.05,显著相关。打断回答或者教师代答呈现显著相关,相关性 0.019,低于 0.05。排除知识类型控制变量后,仍属于低相关和微弱相关。

表 3　基于知识类型的教学模式与教师挑选答题方式分析表

控制变量			提问前先点名答	提问后先点名答	让学生齐答	让学生自由答	叫举手者答	叫未举手者答	鼓励学生提出问题	其他形式
知识类型	练习型 RT	相关性	−0.103	−0.293	−0.128	−0.167	−0.145	−0.102	−0.055	−0.139
		显著性（双尾）	0.667	0.210	0.592	0.482	0.541	0.667	0.819	0.558
		df	18	18	18	18	18	18	18	18
	讲授型 RT	相关性	−0.327	−0.046	−0.094	0.111	−0.112	0.368	0.999	0.315
		显著性（双尾）	0.159	0.849	0.695	0.642	0.637	0.110	0.081	0.177
		df	18	18	18	18	18	18	18	18
	混合型 RT-CH	相关性	0.357	0.181	0.148	−0.023	0.175	−0.299	−0.351	−0.232
		显著性（双尾）	0.122	0.444	0.532	0.913	0.461	0.200	0.129	0.328
		df	18	18	18	18	18	18	18	18

表 4　基于知识类型的教学模式与教师回应方式分析表

控制变量			肯定回应	否定回应	无回应	打断回答或教师代答	重复学生回答并解释	其他形式
知识类型	练习型 RT	相关性	−0.276	−0.130	−0.158	−0.239	−0.118	−0.142
		显著性（双尾）	0.239	0.584	0.506	0.311	0.620	0.550
		df	18	18	18	18	18	18
	讲授型 RT	相关性	−0.082	0.385	0.139	−0.328	0.234	−0.451
		显著性（双尾）	0.732	0.094	0.558	0.157	0.320	0.046
		df	18	18	18	18	18	18
	混合型 RT-CH	相关性	0.207	−0.302	−0.057	0.422	−0.166	0.492
		显著性（双尾）	0.381	0.196	0.811	0.064	0.485	0.027
		df	18	18	18	18	18	18

　　基于知识类型的教学模式与学生回应方式分析（见表 5），练习型教学模式下其他形式的学生回应方式，如点头等身体姿势语言回应的相关系数 0.634，表现为中等相关。无人回答在讲授型教学模式下呈现显著相关，显著性 0.032。练习型教学模式下学生的其他形式回应与教学模式显著相关，学生无人回答与讲授型教学模式显著相关。排除知识类型控制变量后，集体齐答在三种教学模式下，相关系数增大，但无显著相关；混合型教学模式下，讨论后汇报回答相关系数变小。

表5　基于知识类型的教学模式与学生回应方式分析表

控制变量			集体齐答	讨论后汇报回答	个别回答	自由答	无人回答	其他形式
知识类型	练习型RT	相关性	0.090	−0.052	−0.080	0.027	−0.110	0.634
		显著性（双侧）	0.706	0.829	0.736	0.910	0.645	0.003
		df	18	18	18	18	18	18
	讲授型RT	相关性	0.003	−0.181	0.107	0.079	0.480	−0.364
		显著性（双侧）	0.991	0.446	0.655	0.739	0.032	0.115
		df	18	18	18	18	18	18
	混合型RT-CH	相关性	−0.045	0.195	−0.063	−0.088	−0.401	0.045
		显著性（双侧）	0.861	0.411	0.793	0.713	0.08	0.852
		df	18	18	18	18	18	18

（三）不同问题类型与对话方式的研究

基于知识类型的"四何"问题与师生对话方式分析（见表6），实验设定知识类型为偏相关控制变量，教师挑选回答问题方式、教师回应方式和学生回应方式负相关占75%，相关系数低于0.3属于微弱相关。排除知识类型控制变量后，"四何"问题与师生对话方式仅在学生回应方式与"是何类问题"存在正相关。从显著性上分析，无显著性相关。

表6　基于知识类型的"四何"问题与师生对话方式分析表

控制变量			教师挑选问题回答方式	教师回应方式	学生回应方式
知识类型	是何类问题	相关性	0.124	0.124	0.256
		显著性（双侧）	0.603	0.603	0.276
		df	18	18	18
	如何类问题	相关性	−0.238	−0.238	−0.125
		显著性（双侧）	0.313	0.313	0.600
		df	18	18	18
	为何类问题	相关性	−0.313	−0.313	−0.147
		显著性（双侧）	0.179	0.179	0.538
		df	18	18	18
	若何类问题	相关性	−0.168	−0.168	−0.068
		显著性（双侧）	0.478	0.478	0.775
		df	18	18	18

六、结论与展望

通过教学模式与师生对话方式的相关分析，研究结论对技术学科课堂教学实践具有参考价值。

首先，教学设计对教学模式具有导向性作用。从 Rt-Ch 教学模式的分布上看，练习型教学模式占比不足 5％，讲授型教学模式占比低于 30％，混合型教学模式占比超过 65％，可见，混合型教学模式占主体。基于数据分析，在 Rt-Ch 混合型教学模式下，既有知识类型标准下的理论型模式，也有实操型和综合型教学模式。知识类型与教学模式的整体相关度不高，未表现出显著性相关。优课样本教学设计数据表明，混合型教学模式中，重点将理论知识与实操技能进行整合，在教学设计中，师生课堂对话中将知识进行转换，理论性知识具备实操载体，实操知识前置理论导引，进一步改变了师生在课堂中的行为表现，将教学模式由单一的讲授型或者练习型转变为混合型，表明教学设计是技术学科的关注点。

其次，知识类型是教学模式与"四何"问题发生相关变化的原因。从"四何"问题总体上看，"是何类问题"占的比例非常大，教学设计中对学生低阶思维与认知设计过多，学生的高阶思维与认知训练较少，虽表现为高交互性，但反映出教师提问水平较低或者处于新手阶段。"若何问题"数量较少，反映在教学活动中，学生的知识运用、终结性成果较少，知识的迁移能力弱。"四何"问题与教学模式未出现整体的显著相关。正是由于知识类型变量的参与，教学模式与"四何"问题出现负相关、部分的显著相关，以及相关系数产生大量变化。这种相关性变化应引起注意。

最后，教师问题设计是师生对话中的关键因素。教师教学问题设计时，应对问题的方向和难度加以控制。师生在不同教学模式下要充分地利用身体姿势语言作为回应的有效方式。教学设计中师生对话方式与"四何"问题设计紧密相连，两者作为教学模式确立的基础，并未发现其形成显著相关，说明在师生对话方式和教学问题设计上存在问题，有待进一步的深入研究。

基于研究结论，不同教学模式的相关分析中出现负相关，负相关性表现与教师的在师生对话中的问题设计、挑选回答方式和回应方式存在一定的关系，在未来的研究中应继续探索负相关生成的原因，进一步修改不同教学模式中的问题设计、师生对话方式，促进技术学科教学。

结合人工智能与大数据，突破小样本量研究中的局限。在小样本量支持下，技术学科教学模式、师生对话方式、教学问题设计之间呈现较低的相关性。在研究的深入探索和迭代中逐渐扩大样本量，深入挖掘数据，实现科学精准分析，使技术学科教学模式、师生对话方式和"四何"问题等相关关系研究更具有科学性和指导意义，促进技术学科课堂教学。

参考文献

[1]邢丽丽.基于精准教学的混合式教学模式构建与实证研究[J].中国电化教育,2020,404(9):135-141.

[2]任学宝.从教学监测到精准教学[J].课程·教材·教法,2020,40(5):38-44.

[3]刘兰英.小学数学课堂师生对话的特征分析[D].上海:华东师范大学,2012.

[4]赵阳.高中三种类型教师数学课堂对话比较分析[D].上海:华东师范大学,2018.

[5]王陆,张敏霞.基于课堂教学行为大数据的课堂观察方法与技术[M].北京:北京师范大学出版社,2018.

[6]高金海.基于iFIAS的高中地理部级优课师生互动行为分析研究[D].南昌:江西师范大学,2020.

[7]沈毅,林荣凑,吴江林,等.课堂观察框架与工具[J].当代教育科学,2007(24):17-21,64.

[8]王陆,魏宁.课堂教学行为大数据:架设理论与实践的桥梁[J].中国信息技术教育,2017,263(12):9-17.

[9]王陆,李瑶.课堂教学行为大数据透视下的教学现象探析[J].电化教育研究,2017,38(4):77-85.

[10]王陆,彭玏,李瑶,等.优秀教师的实践性知识特征——基于大数据的知识发现[J].课程·教材·教法,2019,39(2):126-131.

[11]刘飞,刘雁,黄成云.基于S-T分析法的教学过程对比分析——以网易视频公开课为例[J].中国教育信息化,2012,278(11):58-60.

基于布鲁姆教育目标分类的
MOOC 论坛交互质量分析
——以"高等数学(一)"为例

徐金惠　罗锴玲　陈宏敏　卢　宇

(福建师范大学,福建福州 350108)

摘　要:在线教学的关键与核心是积极有效的交互,如何更加有效地探究在线学习者的交互程度与交互质量,成为教育工作者的关注重点。本研究以国家精品课程"高等数学(一)"课程的论坛文本交互数据为研究对象,运用布鲁姆教育目标分类体系探究融入数学学科语言特征的论坛文本交互程度及交互质量,得出结论:该课程在线学习者交互程度良好,但交互质量发展不均衡,缺乏较高目标层次的交互。

关键词:文本交互;教育目标分类;学科特色;学习评价;MOOC

一、引言

在线交互文本完整记录了在线学习参与过程与结果,为学习综合评价提供了便利[①]。同时,不同种类学科在文本表现形式上具有学科特色,深入挖掘在线课程文本交互数据也为广大教育研究者提供了研究切入点。

基于此,本研究采用学习分析来探究 MOOC 学习者在线文本交互情况。采集在线学习论坛文本交互数据,筛选与可视化分析得出 MOOC 学习者的交互程度;将具有数学学科特色的文本内容与新版布鲁姆目标分类体系建立联系,并统计课程内容的认知程度,结果作为课程内容的教学效果反馈给教师,为后续评价课程提供参考依据。

二、在线文本交互相关研究

师生时空分离特性使在线文本交互成为在线学习的核心交互形式[②]。目前对在线文本交互的研究集中在两方面:对在线文本交互进行分类并加以分析;对在线文本交互质量

---

① 王志军,陈丽.远程学习中的概念交互与学习评价[J].中国远程教育,2017(12):12-20,79.
② 郭玉娟,陈丽,许玲,等.联通主义学习中学习者社会网络特征研究[J].中国远程教育,2020(2):32-39,67,76-77.

加以分析。

对在线文本交互进行分类的研究主要采用在线交互文本精准分类或者编码分析分类来获得交互行为、认知风格、情感倾向等特征。如 Zhang 等人选取自然语言概率语法和交互文本长度等作为学生远程元认知对话交互文本的特征，将交互文本划分为提问、引用、立论和阐述[①]。柴阳丽等人将在线交互文本划分为信息共享、协商讨论、综合评论、新问题的产生、讨论与总结六个类别[②]。

对在线文本交互质量的研究集中在构建在线课程交互质量评价标准或模型上，大多是通过文献研究法和社会调查法展开。例如：冯晓英等人基于 Moodle 平台中某门网络课程的讨论帖，将"同伴回复""阅读帖子""发布帖子"等行为变量作为在线学习过程性评价的评价指标，并初步构建了在线认知水平的评价模型[③]。

综上所述，对反馈在线学习者交互程度有一定的指导作用，但不同种类与层次的学科词汇与表达方式存在差异性，有效交互的主题与形式也有差别，为避免教学评价时出现偏差，对在线学习者交互质量研究更需要融入学科特色，因此本研究将对学科特色的语言编码展开研究。

三、在线文本交互质量研究设计

(一)研究问题和思路

基于文献综述，研究问题和思路如下：

(1)统计学习者 MOOC 讨论区发言情况并对学习者交互程度进行可视化。

(2)根据布鲁姆目标分类体系对 MOOC 文本进行内容分析，得到学习者交互质量。

(二)研究方法

本研究借助可视化分析工具 Gephi 对在线学习者展开社会网络分析，采用质性分析工具 NVivo 11 对交互文本展开内容分析。

各学科所传播的内容在教学要求和学科表达上有所不同，如在生物学科语境下，"创造"即为提出可解释某种观察现象的假说，但在数学学科语境下，能归纳总结判断级数收敛和发散的方法，即为创造。"提出假说"和"归纳判断解题方法"之间存在一定的差距，所以，在进行内容分析前，先明确数学学科的常用词汇和语句，进行明确的学习目标层次划分，编码类目见表 1。

①　ZHANG J，CHEN M H. Idea thread mapper：designs for sustaining student-driven knowledge building across classrooms[C]//13th international conference on computer supported collaborative learning. Lyon：ISLS(2019)：144-151.

②　柴阳丽，陈向东，荣宪举.共享监控和调节视角下 CSCL 在线异步对话分析及改进策略——以"研究性学习"课程为例[J].电化教育研究,2019,40(5):72-80,97.

③　冯晓英，郑勤华，陈鹏宇.学习分析视角下在线认知水平的评价模型研究[J].远程教育杂志,2016,34(6):39-45.

表 1　新版布鲁姆目标分类体系认知历程向度类目细化表

类别	定义	相关表达	数学学科说明	其他学科说明
记忆	从长期记忆中提取相关事实或知识	级数的概念、微分中值定理、求积分的基本公式	"狄利克雷函数是分段函数……"	"说出中国近现代历史中某重要事件的日期"
领会	将新知识与以往经历结合建构意义	推导牛顿莱布尼茨公式、说明对极限几何意义的理解	"不可导的点也可能是极值点，例如$\mid x\mid$在$x=0$处取到极小值"	"从所示语句中推断语法规则"
应用	在特定情境中完成任务或解决问题	利用导数证明不等式，利用导数求极值和最值	"使用洛必达法则应该可以，或者展开泰勒公式试试"	"与外国人进行口语化交流"
分析	将知识分解为各组成部分，并指出部分与整体之间的关系	求分段函数奇偶性、极大值、极小值等	"多项式函数是由x正整数次幂及常数按加减乘运算得来的，在整个区间连续可导"	"根据议论文分析作者分论点之间的联系"
评鉴	根据原则或标准作出判断	判断某命题的证明过程是否准确	"证明连续，只需要证明0的左右极限存在且相等"	"评论两篇某主题作文的优缺点并打分"
创造	将各要素放在一起形成连贯的整体，重组各要素形成新的模式	归纳总结几种判断收敛发散的方法	"这个问题，至少有三种解法：洛必达法则；拉格朗日中值定理；反正切"	"提出能够解释某种长期观察现象的假说"

(三)数据来源及预处理

1.数据来源

本研究选取国家精品课程"高等数学(一)"作为研究对象。老师答疑区指学习者发表对作业、单元测试、课程材料的困惑且期盼教师回答的相关帖；课堂交流区是学习者围绕课程主题帖展开讨论的场所，主题帖一般由教师和课程团队进行发布；综合讨论区是学习者分享学习经验、方法或兴趣的场所，发表内容不受限制。

2.数据的预处理

首先提取并保存该课程讨论区的交互的主题帖信息，包含主题、内容、发言者、发言时间、回复数、回复人、浏览量、点赞量等内容。接着对原始数据进行数据预处理，除去文本内容中字母、数字、特殊符号等无效数据。对课程讨论区的发帖、跟帖、回帖进行初步筛选与统计，得到课程讨论区发帖总量23812条，发帖总人数5438人。

对老师答疑区和综合讨论区的主题帖内容进行汇总，主题内容大致包含讨论帖、课程无关帖、求助帖三大类，具体内容见表2。对三类主题讨论类型进行统计，得到结果如图1所示。

表 2　主题帖类型具体内容描述

帖子类型	具体内容
讨论帖	对课程知识、课程作业和测试的安排、学习态度与学习方法、对课程扩展内容的交流等
课程无关帖	个人介绍、日常信息发布、广告、情感抒发等
求助帖	对作业/测验的困扰、学时与证书申请的疑问、对 MOOC 平台操作的疑问等

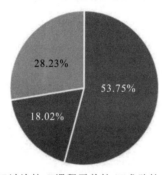

■讨论帖　■课程无关帖　■求助帖

图 1　主题帖类型统计图

四、在线文本交互程度质量分析

(一)学习者交互程度分析

本研究把学习者交互情况数据生成格式为 CSV 的共现矩阵,利用 Gephi 软件将课程讨论区的学习者在线交互情况进行数据可视化,如图 2 所示。节点在社会网络结构图的中心部分较为密集,周围节点较分散且没有孤立节点。

图 2　学习者社会网络图

进行点出度、点入度和特征向量中心性分析。部分统计结果如表 3 所示,学习者的点出度数值从 1 到 33 不等,其中 ID 为 3 的用户点出度数值最高,用户 ID 为 5 的次之,说明这两位学习者在社会网络交互中处于较为主动的一方;用户 ID 为 1 的点入度数值最高,用户 ID 为 3 的次之,说明这两位学习者收到回帖数量最高,在社会网络中具有较高的影响力,而用户 ID 为 5、7、8 的学习者点入度为 0,说明学习者发表的帖子没有收到回帖;由特征向量中心性的数值可知,用户 ID 为 3、5 的学习者属于该网络中的互动较为频繁的核心人物,用户 ID 为 4 的学习者为较为积极的学习者,用户 ID 为 1、2、6、8 的学习者属于该网络中较为边缘的人物。

表 3 学习者交互情况统计表

用户 ID	点出度	点入度	特征向量中心性
1	4	4	0.038144
2	1	1	0.075328
3	33	3	0.801646
4	6	1	0.390112
5	9	0	0.751028
6	2	2	0.019072
7	5	0	0.251008
8	2	0	0.019072

(二)学习者交互质量分析

1.编码过程

使用 NVivo 11 对课程交流区进行编码。首先,依据新版布鲁姆目标分类体系在 NVivo 11 中建立编码节点,包含记忆、领会、应用、分析、评鉴、创造六大类。然后对课程交流区文本内容进行编码,依据课程交流区文本编码单位对老师答疑区和综合讨论区文本自动编码。接着,比较编码一致性验证编码有效性,课程交流区与老师答疑、综合讨论区的编码一致性百分比分别为 85.98%、92.18%,Kappa 系数分别为 0.81、0.88,说明本次编码的结果一致性较高且信度较好。

2.学习者交互质量统计分析

通过对 12840 个编码单位进行分析整理,得到六大类文本的统计结果,如图 3 所示。

分析可知,交互文本中领会类帖子的编码单位数量最高,约占总量的 34.87%,是指学习者能把文字、公式和图表等知识材料与以往知识经验联系,通过举例、比较、推导等方式解释和总结。其次是记忆类交互帖,约占 23.50%,此类帖子通常是对教材、知识材料内容的复述,通过课程讲解和资料学习,大部分学习者都能掌握。论坛中应用类、分析类、评鉴类和创造类帖子依次占比 11.00%、14.93%、8.47%、7.24%,评鉴类和创造类帖子不足

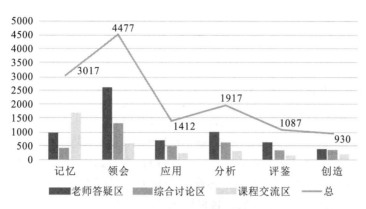

图 3　学习者交互质量统计图

10%,创造类帖子编码单位最少,为 930 个,说明该课程在线交互中多数学习者未达到高目标层次学习结果,仍处于目标分类中的低层次,教师可适当调整教学策略,促进有效交互行为的产生。

对文本交互质量展开深入分析,得到结果如表 4 所示。老师答疑区中领会类数量最多,占比 41.70%,说明多数学习者收到同伴发出疑问帖时,积极做出回应,并根据已有教学信息建构意义,做出符合逻辑的规则判断;其次是记忆类和分析类帖子,说明部分学习者能够将课程材料知识点进行系统化的整理,具备一定的分析和解决问题能力。综合讨论区中同样是领会类帖子居多,占比 37.65%,其次是分析类帖子,反映出多数参与讨论的学习者能够在原有知识基础上把较为复杂的新知识进行分解,发表内容具有清晰的知识架构,且引发同伴共鸣,获得点赞数较多。课程交流区中记忆类帖子较多,占 52.98%,这反映出多数学习者在参与互动时会根据原有知识基础对帖子进行简单诠释,且所发表内容倾向于对定义、公式等信息的确认和回忆,属于较低认知目标层次。值得注意的是,三个讨论区评鉴类和创造类帖子数量较少,均不足 10%,说明学习者在线交互质量距离高层次的教学目标仍有很大差距。

表 4　在线学习者目标层次统计表

讨论区构成	结果	记忆	领会	应用	分析	评鉴	创造	总
老师答疑区	数量	943	2583	692	979	615	382	6194
	百分比	15.22%	41.70%	11.17%	15.81%	9.93%	6.17%	100%
综合讨论区	数量	402	1314	490	602	338	344	3490
	百分比	11.52%	37.65%	14.04%	17.25%	9.68%	9.86%	100%
课程交流区	数量	1672	580	230	336	134	204	3156
	百分比	52.98%	18.38%	7.29%	10.65%	4.25%	6.46%	100%

五、研究结论

（一）学习者交互程度良好，多为双向交流且无孤立节点

整体来看，多数学习者在课程讨论区活跃度较高，所发表帖子很少被忽视，其他学习者通过点赞、及时跟帖等行为积极回应，建立稳固的学习同伴关系，学习者之间多为双向交流且无孤立节点。通过社会网络交互社群图分析，实时追踪学习者在线交互动态及学习社区交互子群分布情况。得出高目标层次和较低目标层次帖子在数量分布上差距较大，即交互质量发展不均衡，缺乏较高目标层次的互动。

（二）学习者交互质量发展不均衡，缺乏较高目标层次的互动

研究得出学习者虽积极参与在线交流，但知识掌握情况仍处于记忆、领会阶段，帖子内容多为对基本概念进行说明与概括，如微分的定义理解、洛必达法则与泰勒公式、极值与最值的定义，处于较低目标层次；极少数程度较好的学习者能够对所学知识进行归纳总结。

参考文献

[1]叶小露,涂相华,贺丹丹.基于探究社区框架的 MOOC 论坛文本分析[J].中国教育信息化,2020(6):7-12.

[2]王志军,陈丽.远程学习中的概念交互与学习评价[J].中国远程教育,2017(12):12-20,79.

[3]郭玉娟,陈丽,许玲,等.联通主义学习中学习者社会网络特征研究[J].中国远程教育,2020(2):32-39,67,76-77.

[4]ZHANG J,CHEN M H. Idea thread mapper: designs for sustaining student-driven knowledge building across classrooms[C]//13th international conference on computer supported collaborative learning. Lyon: ISLS(2019):144-151.

[5]柴阳丽,陈向东,荣宪举.共享监控和调节视角下 CSCL 在线异步对话分析及改进策略——以"研究性学习"课程为例[J].电化教育研究,2019,40(5):72-80,97.

[6]冯晓英,郑勤华,陈鹏宇.学习分析视角下在线认知水平的评价模型研究[J].远程教育杂志,2016,34(6):39-45.

[7]约翰·斯科特.社会网络分析法[M].刘军,译.重庆:重庆大学出版社,2007:32.

[8]丹尼尔·里夫,等.内容分析法:媒介信息量化研究技巧[M].2 版.嵇美云,译.北京:中国广电视出版社,2010:24.

基于数据挖掘的 MOOC
学习行为层次分析模型构建与实证

周铭嵋　贾积有

（北京大学教育学院，北京 100871）

摘　要：信息技术究竟为我们带来了哪些变化，尤其是在教育领域中，今天的教学环境与以往又有什么不同呢？作为一名合格的中小学教师，要如何应对教育教学领域中发生的变化，适应新的教学环境，更好地服务学生呢？随着本主题各项学习活动的推进，相信你可以找到这些问题的答案。

关键词：MOOC；数据挖掘；学习行为；层次模型

引　言

MOOC 是一种基于互联网的开放课程[①]。通过数据分析发现，学生的 MOOC 学习行为对学习效果有着不同程度的影响[②③]。因此，有必要聚焦于 MOOC 学习者不同类型的学习行为与学习效果之间关系的相关分析，建立有效的分析模型以帮助 MOOC 创建者与管理者改善课程设计与实施。

目前已经有很多国内外学者利用获取的 MOOC 学习的相关数据探求了行为与效果之间的关系。如王坚等人通过因子分析和聚类分析研究了学生网络学习行为[④]；李曼丽等人则是使用 Tobit 和 Logit 两个定量分析模型，分别对 MOOC 学习者的课程参与和完成情况进行深入分析[⑤]。同时，也有学者从不同角度、不同维度研究学习行为与学习效果之间的关系。宗阳等人从 MOOCs 在线学习过程出发确定了 18 个学习行为指标。然而，

---

①　MCAULEY A，STEWART B，SIEMENS G，et al. The MOOC model for digital practice[R]. University of Prince Edward Island，Social Sciences and Humanities Research Council's Knowledge synthesis grants on the Digital Econom，2010.

②　贾积有，缪静敏，汪琼.MOOC 学习行为及效果的大数据分析——以北大 6 门 MOOC 为例[J].工业和信息化教育，2014(9)：23-29.

③　王萍.大规模在线开放课程的新发展与应用：从 cMOOC 到 xMOOC[J].现代远程教育研究，2013(3)：13-19.

④　王坚，张媛媛，柴艳妹.基于因子分析和聚类分析的学生网络学习行为研究[J].中国教育技术装备，2019(18)：3-5.

⑤　李曼丽，徐舜平，孙梦嫽.MOOC 学习者课程学习行为分析——以"电路原理"课程为例[J].开放教育研究，2015，21(2)：63-69.

随着 MOOC 平台数据收集能力的提升，分析指标的选择、分析模型的设计以及分析方法的使用都会对研究造成影响。因此，如何组织 MOOC 学习行为分析指标，形成分析模型，对于探究 MOOC 学习行为与学习效果之间的关系是极为重要的。

一、相关研究

学者们首先对 MOOC 学习者学习行为的观测内容与指标进行了区分和界定。宗阳等[1]人从 MOOCs 在线学习过程出发确定了 18 个学习行为指标。基于观测的 MOOC 学习行为指标，有学者从不同维度对 MOOC 学习者的学习行为特征进行了总结分析[2]。如张思等[3]人从参与、专注、规律、交互四个角度对网络学习空间内的学习者学习投入进行研究。当然，层次化的模型分析也是学习行为分析中的重要方法。

在已有研究中，大多是直接建立观测指标与效果之间的相关关系，使得最终结果比较离散，不利于分析解读。不同的分析方法能够为研究提供不同的分析视角。然而在数据分析中，学者们大多采用一种方法进行研究，分析视角单一。研究旨在建立有效的层次化 MOOC 学习行为与学习效果关系分析模型，并采用复合的数据分析方法探索 MOOC 学习行为与学习效果之间的关系。

二、MOOC 学习行为分析模型

（一）MOOC 学习行为层次模型

MOOC 作为一种网络学习方式，结合数据的可观测性，学生认知行为与其操作行为紧密结合，在学习的操作性行为中完成认知，因此将这两层相结合。研究将 MOOC 学习中学习者行为划分为以下层次：（1）操作与认知行为层；（2）交流与协作行为层；（3）应用与迁移行为层。

（二）研究方法

研究采用了三种典型的数据分析方法，分别是相关分析、分类和聚类。

---

① 宗阳,孙洪涛,张亨国,等.MOOCs 学习行为与学习效果的逻辑回归分析[J].中国远程教育,2016(5):14-22,79.

② 李爽,王增贤,喻忱,等.在线学习行为投入分析框架与测量指标研究——基于 LMS 数据的学习分析[J].开放教育研究,2016,22(2):77-88.

③ 张思,刘清堂,雷诗捷,等.网络学习空间中学习者学习投入的研究——网络学习行为的大数据分析[J].中国电化教育,2017(4):24-30,40.

三、数据分析

(一)研究对象与数据收集

该文将对 Coursera 平台某 MOOC 课程的 8495 位学习者的 MOOC 学习行为与期末学业表现进行分析。具体种类见表1。

(二)MOOC 学习行为指标与框架

基于上述学习行为分析层次模型,结合 MOOC 课程平台与学习管理系统数据库的特点,构建 MOOC 学习行为分析框架,如表1所示。

(三)描述性统计

在 MOOC 课程的学习中,观看视频(69.78%)、浏览课程网页(89.97%)和浏览课件(80.66%)是重要的学习方式。以浏览网页和课件的方式进行学习,学习者能够主动把握学习进度与学习速度。此外,通过论坛、作业、测验能够帮助教学人员、学生把握学习进度与效果。但仅有少量(31.56%)学习者参与了平时测验,而完成平时作业的学习者更是极少数(0.15%)。在论坛参与数据中,发现很少(3.53%;1.54%)有学习者发帖评论,这些人中发帖和评论的次数也不多。

表 1　MOOC 学习行为框架及指标层次划分

层次	描述	指标
操作与认知行为层	在 MOOC 学习中,与学习、认知直接相关的外显操作行为	课程注册时滞
		课程在线时间
		视频观看次数
		课程网页浏览次数
		课件浏览次数
交流与协作行为层	在 MOOC 平台上,不同个体通过工具相互交流协作的行为	论坛发帖次数
		论坛发帖得票
		论坛评论得票
		论坛声誉
应用与迁移行为层	在 MOOC 课程中或课程结束后,能够利用相关知识产生答案、解决问题、形成方案的行为	平时作业成绩
		平时测验分数

(四)相关性统计

分析发现:(1)课程在线时间、视频观看次数、网页浏览次数、课件查看次数以及平时测验分数与学业表现呈较为显著的相关关系;(2)操作与认知行为层的学生行为对于学习者最终学业表现有较强的相关性,其中课程网页浏览次数的相关性最强,可见学习者通过系统操作能够有效提高其知识掌握能力;(3)交流与协作行为层的各项指标与学习者最终学业表现的相关性较弱,MOOC中学习者的交流与协作较少,且发挥的效用有限;(4)应用与迁移行为层的两项指标与最终学业表现的相关性差异极大,不同的应用环境可能中学习者的知识能力表现有所不同。

表 2　不同指标与学习者学业表现相关分析

指标	R^2	R	指标	R^2	R
课程在线时间	0.214672	0.4633266	论坛发帖次数	0.031309	0.1769437
课程注册时滞	0.025060	−0.15830	论坛发帖得票	0.025709	0.1603400
视频观看次数	0.264579	0.5143722	论坛评论次数	0.033205	0.1822227
课程网页浏览次数	0.595055	0.7713979	论坛评论得票	0.036671	0.1914972
课件浏览次数	0.233283	0.4829941	论坛声誉	0.035271	0.1878062
视频—网页—课件	0.389162	0.6238287	平时作业成绩	0.006588	−0.08116
			平时测验分数	0.963325	0.9633250

(五)分类预测

研究以学习者最终学业表现(grade)为分类依据,以 12 个 MOOC 课程学生学习行为作为指标,选取了随机森林、随机树、多重线性回归、简单线性回归以及决策表等五个分类算法(见表3)。

表 3　全指标的不同分类算法预测结果

分类器	相关系数	平均绝对误差	均方根误差	相对绝对误差	相对方根误差
随机森林	0.991	0.654	2.241	11.731%	17.485%
随机树	0.996	0.239	1.128	4.2912%	8.801%
多重线性回归	0.916	3.684	5.117	66.068%	39.921%
简单线性回归	0.968	1.008	3.201	18.088%	24.97%
决策表	0.971	0.939	3.058	16.85%	23.861%

从算法结果中可以发现:(1)研究选取的 12 个指标能够较为有效地对学习者的最终学业表现进行分类预测,最优算法的相对绝对误差小于 5%;(2)对于本数据集,随机树模型能够取得最好的分类预测表现。基于上述的分析结果,研究采用随机树算法,研究了各个行为层指标对学习者最终学业表现的分类预测,结果如表 4 所示。

研究表明,操作与认知行为层能够最有效地对学习者 MOOC 最终学业表现进行分类预测。交流与协作行为层的分类预测能力不足。应用与迁移行为层与最终学业表现有较强的相关性,但两个指标的误差仍然较高,无法进行有效预测。

表 4 不同层次指标的随机树分类预测结果

层次	相关系数	平均绝对误差	均方根误差	相对绝对误差	相对方根误差
操作与认知行为层	0.9885	170574.8763	452321.1221	7.2542%	15.2468%
交流与协作行为层	0.3134	5.5697	12.7747	99.8758%	99.6585%
应用与迁移行为层	0.9256	4.3976	9.4949	78.8583%	74.0719%

(六)聚类分析

为了更好地对学习者的 MOOC 课程中的学习行为模式进行挖掘,研究采用 K-means 算法对数据进行聚类分析,将学习者分为 3 类,其中 Cluster 3 中的学习者具有最优的最终学业表现;Cluster 1 与 Cluster 2 的学习者最终学业表现不佳。

从最终簇质心可见:(1)学业表现较好的学习者,与其操作与认知行为层中行为显著相关。MOOC 学习中对学习资源使用越多的学习者,越倾向于获得高分。(2)不同聚类的学习者在论坛与评论区的交流与协作行为差异不大。(3)平时测验成绩与学习者学业表现有一定的相关性但不稳定,这是因为应用与迁移环境的条件限制。

四、结论与讨论

(一)MOOC 学习效果与外显的学生操作显著相关

模型的操作与认知层中多个学习行为指标与学习效果显著相关。学生操作与认知行为层次的指标是 MOOC 学习全过程可监测的,且其中的四项指标均表现出与成绩的显著相关性。因此,该层的指标可以作为早期学生 MOOC 学习行为干预的重要参考。

(二)MOOC 平台中的交流协作与学生成绩无明显关系

无论是论坛发帖还是评论,其相关指标与学习成绩的相关性没有显著的相关关系。目前该 MOOC 学习中,学生或者师生之间的交流协作对成绩的影响并不大。然而,这一部分也受限于教师是否设计了有效的交流协作任务。

(三)平时测验和平时作业相关性呈现两极分化

相关性分析中发现平时测验分数与学习成绩的相关性最高(0.96),而平时作业分数与学习成绩的相关性则相对较低(0.0066)。分类中也表现出应用与迁移层预测时的高相关性与低稳定性。这一方面由于平时测验的内容与最终成绩测试的内容有部分交叉,故而表现出高度相关;另一方面则受环境因素的影响,相比较作业,平时测验能够提供与最终测试更相似的环境,因此平时测验与成绩的相关性显著高于平时作业指标。

(四)多种数据分析方法的交叉验证

研究采用了相关性分析、监督学习预测、非监督聚类三种不同的数据分析方法。虽然,不同的方法有不同的结果表达:相关性分析衡量相关关系;分类算法使用预测模型的准确度来衡量相关关系;而聚类算法则是将通过非监督的方式找到聚类结果的簇质心表现一类群体的共性。但是,在三种分析方法中都有共同的结果指向。可见,采用不同的数据分析方法能够从多种视角对数据进行分析和解读,且能够对不同方法的结果进行交叉验证和相互补充。

本文为 2020 年度北京大学教育大数据研究项目"基于大规模学生学习活动数据挖掘的自适应性智能教学系统研究(立项号:2020YBC07)"的一项研究成果。

参考文献

[1]Mcauley A,Stewart B,Siemens G,et al. The MOOC model for digital practice[R]. University of Prince Edward Island,Social Sciences and Humanities Research Council's Knowledge synthesis grants on the Digital Econom,2010.

[2]李青,王涛.MOOC:一种基于连通主义的巨型开放课程模式[J].中国远程教育,2012(3):30-36.

[3]贾积有,缪静敏,汪琼.MOOC 学习行为及效果的大数据分析——以北大 6 门 MOOC 为例[J].工业和信息化教育,2014(9):23-29.

[4]王萍.大规模在线开放课程的新发展与应用:从 cMOOC 到 xMOOC[J].现代远程教育研究,2013(3):13-19.

[5]王坚,张媛媛,柴艳妹.基于因子分析和聚类分析的学生网络学习行为研究[J].中国教育技术装备,2019(18):3-5.

[6]李曼丽,徐舜平,孙梦嫽.MOOC 学习者课程学习行为分析——以"电路原理"课程为例[J].开放教育研究,2015,21(2):63-69.

[7]宗阳,孙洪涛,张亨国,等.MOOCs 学习行为与学习效果的逻辑回归分析[J].中国远程教育,2016(5):14-22,79.

[8]李爽,王增贤,喻忱,等.在线学习行为投入分析框架与测量指标研究——基于 LMS 数据的学习分析[J].开放教育研究,2016,22(2):77-88.

[9]张思,刘清堂,雷诗捷,等.网络学习空间中学习者学习投入的研究——网络学习行为的大数据分析[J].中国电化教育,2017(4):24-30,40.

[10]彭文辉.网络学习行为分析及建模[D].武汉:华中师范大学,2012.

不同互动界面对大学生
同伴反馈表现的影响研究[*]

姚佳佳[1] 李　艳[2] 陈新亚[2] 苏建元[2]

（1.江南大学教育信息化研究中心，江苏无锡　214122；

2.浙江大学教育学院，浙江杭州　310028）

摘　要：研究设计了三种不同互动界面支持的同伴反馈活动，并通过认知网络分析探究了不同可视化互动界面对大学生同伴反馈表现的影响。为高校教师更好地设计混合教学情境下促进大学生深度学习的同伴反馈活动提供了相关建议。

关键词：高校教学；对话式同伴反馈；可视化实时互动；认知网络分析

一、研究背景与综述

（一）高校教学中的浅表互动问题

传统高校教学中存在典型的浅表学习问题，然而大学生课堂沉默背后的谨言慎行倾向对其学习的深浅程度和思维倾向有着重要影响，高校亟须着力构建"倾听＋参与"的中国式优质课堂，改善大学生"控制性表达"和"克制性质疑"的现象。与此同时，向学生提供高质量的学习材料已不足以帮助其从在线学习中获得最大效益，仅仅提出互动也不会自发导致富有成效的讨论和合作。教师缺乏对讨论任务的严格设计、对讨论平台的设计与管理、对讨论支架的使用以及对学习反馈和激励机制的设计等都是导致学生浅表互动的重要原因。

（二）促进同伴反馈互动的重要性

深度学习要求学习者在合作学习中理解知识创造的对话过程，批判性检查相关论点逻辑，并反思自己的原有理解和学习过程。面向深度学习的教学应更多鼓励学生开展向他人阐述、质疑或解释的学习方式。目前有关反馈的研究认为，对话反馈是对改善学习最

＊　基金项目：2021年度江苏高校哲学社会科学研究一般项目"同伴反馈促进大学生深度学习的策略与机制研究"（2021SJA0883）；江苏省高等教育学会"十四五"高等教育科学研究规划课题一般项目"面向深度学习的高校同伴对话互动教学模式研究"（YB052）。

具潜力的策略,采用对话反馈形式有助于提高反馈质量,且由同伴提供反馈更有助于对话反馈的发生,并激励学生更积极地参与在线学习。

（三）同伴反馈影响因素研究现状

目前已有研究中,从互动平台的设计与使用策略角度对同伴反馈互动进行优化的探索还较为欠缺,整体来说,主要还存在以下不足:(1)互动工具方面,异步或实时在线讨论工具应用居多,关注可视化互动因素的研究较为稀缺,且现有研究中应用的可视化工具仅以表征学习内容为主,缺乏与对话功能的结合,学生仍需依赖额外的实时通信工具进行交流,故实质上可视化工具并没有真正介入支持同伴反馈这一对话行为过程中,相应的,异步或实时在线讨论相关研究中也较缺乏对同伴反馈呈现形式的可视化考量。(2)影响结果方面,以话语分析(对话内容类型、对话思维水平等)和学生调查(对学习活动或同伴反馈的感受以及认知、心理、态度等方面的测量)为主,缺乏对话反馈的交互关系、反馈层级、反馈类型等更聚焦同伴反馈特征的微观分析。因此,如何基于合适的技术支持,在高校教学中设计和组织更好的对话式同伴反馈活动策略,促使大学生产生更多高质量的同伴反馈并实现深度学习,是一个值得探究的问题。

二、研究目的与问题

本研究旨在基于实时互动工具在高校混合教学场景中设计和组织同伴反馈的实践活动,以探究三种不同可视化程度的互动界面对大学生同伴反馈表现(反馈层级和认知投入)的影响,从而为高校教学促进大学生深度互动的同伴反馈活动提供相关优化建议。研究问题如下:

(1)不同可视化互动界面下大学生的同伴反馈表现是否存在差异?

(2)不同可视化互动界面对大学生不同层次的反馈行为影响有何差异?

(3)怎样的可视化互动界面最有利于促进大学生产生更深层的同伴反馈?

三、研究方法

（一）研究设计与实施

本研究选取某研究型大学 Z 校大二学生的专业选修课"现代教育技术"中的六次研讨课开展实践(每周一次,每次两个课时),其中,男生 14 人,女生 43 人。课堂由小组汇报、学生提问和教师交流三个环节构成。研究选取 Padlet 平台(https://padlet.com/)作为实时互动工具,支持多人实时协作和多种形式展示。

具体互动流程如下:(1)第一课时,班级同学一边聆听小组展示内容,一边在 Padlet 平台上发布自己的提问或回应同伴问题;(2)第二课时,班级同学在小组展示后查阅平台已有问题,尚未发布提问的同学尽快补充提问,已发布提问的同学进一步提出新问题或回应他人问题,同时,教师实时浏览学生即时互动情况,助教通过实时设置提问贴颜色和位置等凸显个别同学的内容,教师邀请凸显内容相关的同学和小组成员进行面对面的观点解释和回应,期间有新思考的同学可加入面对面探讨或继续在平台上实时发布问题或回应,助教实时标记新的值得探讨的内容供教师推进面对面交流。

此外,研究将六次研讨课进一步划分为三个互动阶段,每个阶段采用不同可视化程度的实时互动形式,越往后阶段的互动界面可视化程度越高。每个阶段实时互动的界面样式和对应的规范要求具体如表1所示。

表1　基于 Padlet 的三个互动阶段及其规范设计

	第一阶段(第1~2周)	第二阶段(第3~4周)	第三阶段(第5~6周)
互动形式	社交便签式	逻辑图式(无连接词)	逻辑图式(有连接词)
互动规范	每位同学边听小组汇报边发布个人初始提问(1个以上数量不限);浏览他人问题,通过点赞或差评来反映最有价值的问题,对有想法的问题给予评论回应。	每位同学边听汇报边发布问题或回应他人问题,同时浏览他人已有问题或已回应内容,通过"连接"功能将自己的提问或回应帖与他人最相似或相关的问题或回应帖进行关联(展现问题探讨的发展逻辑)。	在前一次规范基础上,尝试进一步对关联帖子的"连接线"编辑标签属性(如"关联、质疑、评论、补充、论证、资源"或自定义其他属性),以此更清楚地发表和归类自己的问题或观点。

(二)数据收集与分析

本研究通过 Padlet 平台共收集到 215 条学生提问与回应的交互内容,主要选取 SOLO 五级分类指标和 IRF 同伴对话行为编码指标进行同伴反馈层级和认知层次的编码,并采用 ENA 1.6.0 Web Tool 工具进行认知网络分析(epistemic network analysis,ENA)。

四、研究结果

(一)学生初始对话行为表现差异

学生从"社交便签式"到"逻辑图式"的可视化互动形式转变对学生初始对话行为影响很大,但"逻辑图式"互动形式有无"连接词"要求对学生初始对话行为几乎无影响。

(二)学生初步反馈行为表现差异

学生从"社交便签式"到"逻辑图式"的可视化互动形式转变对学生初步反馈行为影响不大,但"逻辑图式"的互动形式有无"连接词"要求对学生初步反馈行为的影响差异较大。

(三)学生深层反馈行为表现差异

学生从"社交便签式"到"逻辑图式"的可视化互动形式转变对学生深层反馈行为影响

较大,但"逻辑图式"的互动形式有无"连接词"要求对学生深层反馈行为的影响差异不大。

五、讨论与总结

研究发现,在基于实时互动的同伴反馈活动中适度增加可视化互动程度有利于促使学生深层反馈行为的发生。具体而言,在促进初始对话方面,社交便签式的互动界面适用于激发更多初始提问,逻辑图式的互动界面(不宜增加使用连接词)则适用于深化初始提问的认知层次;而在促进初步反馈和深层反馈方面,逻辑图式的互动界面均比社交便签式的互动界面更为适用,且连接词的增加使用适用于激发更多的初步追问,但未能有利于激发更多的深层追问和回应。

基于以上发现,我们认为可以通过为学生创建自由选择和探索可视化互动形式的机会,进一步改进高校混合教学中的同伴互动,从而更好地促进大学生深度学习。因为适度的可视化互动有助于促进学生产生更深层级的同伴反馈,但因为个体差异,不同学生对应的"适度"可能是不同的,故最好的方式应该是为学生提供个性化的互动方式,优化实时互动过程中可视化形式的选择自由,从而确保其拥有自由探索最佳可视化呈现效果的机会。对此,高校教师可以考虑在教学互动中使用功能更全面、多样化的多人可视化实时协作工具(如会议桌、Miro、Mural 等),既能满足多样化、个性化的可视化互动设计,又能满足实时互动的同伴反馈需要。

参考文献

[1]张蔷.提高大学生在线学习参与度的策略研究[D].金华:浙江师范大学,2011.

[2]吕林海.中国大学生课堂"沉默"背后的"谨言慎行"倾向——"中华传统文化"视域下的概念诠释与实证分析[J].苏州大学学报(教育科学版),2020,8(1):85-97.

[3]SCHAEFER T,RAHN J,KOPP T,et al. Fostering online learning at the workplace:A scheme to identify and analyse collaboration processes in asynchronous discussions[J]. British journal of educational technology,2019,50(3):1354-1367.

[4]许玲,郑勤华.在线论坛在远程开放学习中使用现状研究:基于辅导教师的视角[J].北京广播电视大学学报,2016(3):25-30.

[5]SAWYER R K. The cambridge handbook of the learning sciences (2nd ed.)[M]. New York:Cambridge University Press,2014.

[6]NRC. Education for life and work:developing transferable knowledge and skills in the 21st century[EB/OL]. [2021-05-10]. https://hewlett. org/wp-content/uploads/2016/08/Education _ for _ Life _ and _ Work.pdf.

[7]CARLESS D. Excellence in university assessment:learning from award-winning practice[M]. London:Routledge,2015.

[8]ZHU Q,CARLESS D. Dialogue within peer feedback processes:clarification and negotiation of meaning[J]. Higher education research and development,2018,37(4):883-897.

[9]GIKANDI J W,MORROW D. Designing and implementing peer formative feedback within online learning environments[J]. Technology,pedagogy and education,2016,25(2):153-170.

［10］SUMTSOVA O V，AIKINA T Y，BOLSUNOVSKAYA L M，et al. Collaborative learning at engineering universities：Benefits and challenges［J］. International journal of emerging technologies in learning，2018，13(1)：160-177.

［11］ALHARBI M A. Patterns of EFL learners' and instructors' interactions in asynchronous group discussions on free writing［J］. Journal of information technology education：research，2018，17，505-526.

［12］ZHI Q，SU M. Enhance collaborative learning by visualizing process of knowledge building with Padlet［C］. In Proceedings of the 2015 international conference of educational innovation through technology (EITT' 15)，2015：221-225.

［13］RATHAKRISHNAN M，AHMAD R，SUAN C L. Online discussion：enhancing students' critical thinking skills［C］.The 2nd international conference on applied science and technology 2017 (ICAST' 17)，2017，1891(20120)：1-7.

［14］郑晓丽，赖文华，刘根萍，等. 争论式教学支架对学生知识加工的影响——基于翻转课堂的实验研究［J］.开放教育研究，2018，24(5)：81-91.

［15］CHEN J，WANG M，DEDE C，et al. Design of a three-dimensional cognitive mapping approach to support inquiry learning［J］. Educational technology and society，2017，20(4)：191-204.

［16］GU X，CAI H. How a semantic diagram tool influences transaction costs during collaborative problem solving［J］. Journal of computer assisted learning，2019，35(1)：23-33.

［17］BIGGS J，COLLIS K F. The psychological structure of creative writing［J］. Australian journal of education，1982，26(1)：59-70.

［18］GAN J S，HILL M. Using a dialogical approach to examine peer feedback during chemistry investigative task discussion［J］. Research in science education，2014，44：727-749.

学习分析干预对学生学习效果影响的元分析[*]

刘　艳　王　炜

(新疆师范大学教育科学学院,新疆乌鲁木齐　830054)

摘　要:随着学习分析技术的发展,干预措施已经通过数据驱动的方法提供了信息,以识别学习者的问题并为他们提供及时的个性化支持,但学习分析干预对学生学习效果具体影响效果如何呢? 为了解决此问题,本研究采用元分析方法,对2010年至2020年与学习分析干预相关的39项实验与准实验研究进行量化分析。研究发现,学习分析干预对学生的学习成效整体上具有显著的正向影响;从干预规模来看,群体干预效果最为显著;从学习分析技术工具而言,不同类型的学习分析技术工具调节效应各不相同;从干预策略而言,提供可视化学习数据的调节效应最为显著。

关键词:学习分析干预;学习效果;干预策略

一、引言

随着学习分析技术的发展,干预已经通过数据驱动的方法提供了信息,以识别学习者存在的问题并为他们提供及时的个性化支持。通过文献研究可知,学习分析干预对学生学习效果的研究尚未形成一致性的研究结论。还有一些研究表明,学习者在进行在线课程学习时,经常弹出测试窗口会打断学习者的学习,分散其注意力,并影响其后续的学习[②]。

此外,还有研究者表明,学习分析干预研究缺乏量化的实际效果分析[③],存在哪些类型的干预策略,以及哪些类型的干预策略对学习有积极影响等问题是学习分析理论与实

*　基金项目:本文系新疆师范大学博士研究生科研创新项目"计算机支持的协作学习环境下对学生学习效果影响的研究"(项目编号:XJ107621907)的阶段性研究成果;2020年新疆维吾尔自治区研究生科研创新项目"在线学习共同体的知识建构策略研究"(项目编号:XJ2020G223)的阶段性研究成果。

②　赵慧琼,姜强,赵蔚,等.基于大数据学习分析的在线学习绩效预警因素及干预对策的实证研究[J].电化教育研究,2017(1):51-57.

③　KNOBBOUT J,STAPPEN E V D. Where is the learning in learning analytics? a systematic literature review on the operationalization of learning-related constructs in the evaluation of learning analytics interventions [J]. IEEE transactions on learning technologies,2020(13):631-645.

践研究的最大挑战[①]。

综上可知,针对以上存在的研究问题,本研究试图采用元分析方法,对有关学习分析干预对学生学习成效影响的 39 项实验与准实验研究进行量化分析,审视与评价学习分析干预对学生学习成效的实际影响,以期为相关研究与实践提供参考和借鉴。

二、研究设计

(一)文献检索

本研究选取 CNKI 数据库(中国期刊网)、万方数据库、维普数据库文献数据库进行中文文献检索,并以 ScienceDirect、Web of Science、ProQuest 学位论文数据库、2011—2020 年国际学习分析与知识会议(Learning Analytics & Knowledge Conference,简称 LAK)及 *The Journal of Learning Analytics* 进行英文文献检索,检索时间是从 2010 年 1 月 1 日至 2020 年 12 月 31 日,中文主题词是以能够表述"学习分析干预""学习成效""实证研究"的所有同义词、近义词或相关词,而英文主题词是"Learning analytics intervention"、"Educational analytics intervention""Experimental study"等,来进行初步筛选。此外,为了避免遗漏,从已检索到的文献、相关研究的综述类文献所引用的参考文献中,采取"滚雪球"的检索方式进行二次检索,最终获取 39 篇随机实验或准实验类文献。

(二)样本筛选

文献筛选过程中,选取的标准包括以下几点:(1)该文献研究主题是学习分析干预对学生学习成效的研究;(2)实验干预是不是进行学习分析干预;(3)该文献采用的研究方法是实验或准实验研究;(4)该文献中有完整的前后测以及实验组与控制组的实验结果;(5)研究需提供样本总量、均值以及标准差等数据信息。基于以上的检索和筛选工作,最终筛选出符合标准的文献 39 篇,共包含 71 个效应值。

(三)变量编码

本研究是由三位研究人员采用 Microsoft Excel 电子表格工具,对符合入选标准的 39 项研究来进行特征编码,其中调节变量包括干预规模、干预学段以及干预周期,调节变量的具体编码表如表 1 所示。

---

① RIENTIES B, CROSS S, ZDRAHAL Z. Implementing a learning analytics intervention and evaluation framework: What works? in Big Data and learning analytics in higher education [M]. Switzerland: Springer International Publishing, 2017:147-166.

表 1　元分析调节变量编码表

调节变量	编码情况
干预规模	个人干预、小组干预、班级干预
干预技术	学习网络分析工具、学习内容分析工具、学习能力、分析工具、学习行为分析工具、其他综合分析工具
干预策略	发送信息进行提醒、教师参与进行干预、进行反馈、提供可视化学习数据、提供学习资源以及形成学习报告

(四)发表偏倚检验

为了充分考虑发表偏倚对研究结果产生的影响,保证元分析的可靠性,本研究采用漏斗图和 Begg's 秩相关法进行发表偏倚评价,如图 1 所示便为本研究 71 个效应值的漏斗图。从图 1 可以看出,绝大多数研究的效应值散点均匀、对称地分布在平均效应值两侧,初步说明出版偏差的可能性较小,此外,为了能够更加准确地检验发表偏倚,本研究又采用了定量测量的 Begg's 秩相关法来进行检验。依据 Begg's 秩相关检验结果显示,若 $Z>1.96, p<0.05$,则研究存在发表偏倚;若 $Z<1.96, P>0.05$,则说明不存在发表偏倚[①],本研究中的 $Z=1.95596<1.96, P=0.000<0.05$,由此得出,本研究分析所得数据结果发表偏倚现象不明显。

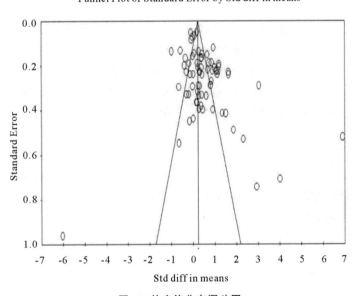

Funnel Plot of Standard Error by Std diff in means

图 1　效应值分布漏斗图

---

① 杨扬,沈志超,靳纯桥.发表偏倚的原因、后果与预防研究[J].编辑学报,2002 (3):170-172.

（五）异质性检验

本研究采用的是 I^2 检验。依据 2003 年 Higgins JPT 等人提出的异质性评价指标，由表 2 可知，统计结果为显著水平（$P<0.001$），说明各研究之间存在异质性，因而选用随机效应模型来估计学习分析干预对学生学习成效的影响效果。

表 2　学习分析干预对学生学习成效的整体影响

效应模型	样本量	效应值	95% 置信区间		双尾检验	
			下限	上限	Z 值	P 值
固定	39	0.233	0.195	0.272	11.804	<0.001
随机	39	0.533	0.380	0.686	6.839	<0.001

三、结果分析及讨论

（一）学习分析干预学生学习成效的整体效应分析

学习分析干预对学生学习效果的整体效应结果如表 3 所示。61 个研究项的随机模型，学习分析干预对学生学习效果合并效应值 d 为 0.532，根据 Cohen 的效应值统计理论，随机效应模型的效应值 $d=0.532$，也达到了统计意义上的显著水平（$P<0.001$），因此可以看出，学习分析干预对学生学习成效影响是中等显著的，说明学习分析干预对学生学习具有正向的促进作用。

由表 3 可知，整体上来看，学习分析干预在认知、情感和交互这三个层面的效应值均处于 0.2～0.8 间，在这三个维度上都存在着显著影响，且均具有正向促进作用，其中在交互层面和认知层面影响效果最为显著，而在情感层面的影效果较弱。由表 4 可知从学习分析干预对学习成效的各维度的影响效果分析来看，在认知层面均具有中等影响效果，且认知发展影响效果最为显著；在情感层面，动机与兴趣影响效果显著；交互层面更多关注于社会交互层面的干预。

表 3　学习分析干预对学生学习成效的整体效应影响

学习成效	数量	效应值	标准误	95% 置信区间		双尾检验	
				下限	上限	Z 值	P 值
认知层面	50	0.532	0.093	0.349	0.715	5.691	<0.001
情感层面	9	0.277	0.215	−0.145	0.700	1.287	0.198
交互层面	12	0.723	0.169	0.392	1.054	4.277	<0.001

表 4　学习分析干预对各个维度效果分析

学习成效	各个维度	数量	效应值	标准误	95%置信区间		双尾检验	
					下限	上限	Z 值	P 值
认知层面	知识习得	28	0.434	0.109	0.221	0.646	3.996	<0.001
	技能提升	10	0.468	0.133	0.208	0.729	3.526	<0.001
	认知发展	13	0.835	0.448	−0.043	1.714	1.863	0.062
情感层面	态度与感知	1	−0.160	0.192	−0.536	0.215	−0.836	0.403
	动机与兴趣	7	0.358	0.254	−0.139	0.855	1.410	0.158
交互层面	社会交互	12	0.723	0.169	0.392	1.054	4.277	<0.001

(二)调节变量检验结果

1.学习分析干预在不同干预规模中的成效影响

如表 5 可知,群体干预($d=0.833,P<0.001$)、小组干预($d=0.603$)及个人干预($d=0.346,P<0.001$)的合并效应值都达到了统计显著水平($P<0.001$),说明这三种干预规模对学生的学习成效均具有正向促进作用,其中对群体干预的效果最为明显。

表 5　干预规模对学生学习成效的影响

干预规模	数量	效应值	标准误	95%置信区间		双尾检验	
				下限	上限	Z 值	P 值
群体干预	21	0.833	0.134	0.570	1.096	6.205	<0.001
小组干预	10	0.603	0.188	0.236	0.971	3.216	<0.05
个人干预	40	0.346	0.095	0.159	0.533	3.635	<0.001

2. 学习分析技术工具对学生学习成效影响

如表 6 所示,从学习分析技术工具使用的数量来说,学习行为分析工具使用较多;从效应值来看,其他综合性分析工具和学习内容分析工具应用效果最为限制,而学习行为分析工具的应用效果不太显著,其对学生效果影响还有很大的发展前景。

表 6　学习分析技术工具对学生学习效果影响

学习分析技术工具	数量	效应值	标准误	95%置信区间		双尾检验	
				下限	上限	Z 值	P 值
学习内容分析工具	18	0.679	0.137	0.410	0.948	4.948	<0.001
学习能力分析工具	19	0.454	0.224	0.015	0.894	2.028	<0.05
学习行为分析工具	24	0.225	0.074	0.080	0.371	3.031	<0.05
其他综合性分析工具	10	1.231	0.399	0.450	2.012	3.089	<0.05

3. 干预策略对学生学习成效影响

通过文献可知,学习分析干预策略更多关注的是发送信息进行提醒、教师参与进行干预、进行反馈、提供可视化学习数据、提供学习资源和形成学习报告,由表7可知,学习分析干预使用较多的干预策略是发送消息进行提醒和提供可视化学习数据这两种;从效应值来看,提供可视化学习数据的调节效应最为显著,而发送信息进行提醒和进行反馈的调节效果不显著。

表7　干预策略对学生学习效果影响

干预策略	数量	效应值	标准误	95％置信区间		双尾检验	
				下限	上限	Z 值	P 值
发送消息进行提醒	22	0.139	0.118	−0.092	0.369	1.180	0.238
教师参与进行干预	5	0.605	0.183	0.246	0.963	3.307	<0.05
进行反馈	13	0.155	0.087	−0.016	0.326	1.775	0.076
提供可视化学习数据	20	1.231	0.193	0.852	1.610	6.363	<0.001
提供学习资源	4	0.921	0.858	−0.761	2.602	1.073	0.283
形成学习报告	7	0.402	0.211	−0.012	0.816	1.902	0.057

四、研究结论

整体而言,学习分析干预对学生学习成效均具有正向促进的作用,学习分析干预在认知、情感和交互这三个层面均存在着显著影响,且均具有正向促进作用,其中在交互层面和认知层面影响效果最为显著,而在情感层面的影响效果较弱;从学习分析干预对学习成效的各维度的影响效果分析来看,在认知层面均具有中等影响效果,且认知发展影响效果最为显著;在情感层面,动机与兴趣影响效果显著;交互层面更多关注于社会交互层面的干预。

在分析整体影响效果的基础上,进一步探讨了学习分析干预在不同干预范围、不同学习对象及实验周期这三个调节变量的影响。对于干预规模而言,群体干预效果最有效,这与 Van 等人的研究结果相一致,Van 等人认为班级干预下的社交学习中,学生群体互动程度积极,互动氛围好,从而导致学生学习积极性高;而个人干预效果不显著,可能是因为进行个人干预的群体自身学习参与度低、学习积极性差、学习动机很弱且任务完成量少[①],因此需要制定个性化的学习计划,从而会加大教师工作量,使得学习效果不能够很好持续。

从不同学习分析技术工具来看,从学习分析技术工具使用的数量来说,学习行为分析工具使用较多。从效应值来看,其他综合性分析工具和学习内容分析工具应用效果最为

---

① LONN S,AGUILAR S J,TEASLEY S D. Investigating student motivation in the context of a learning analytics intervention during a summer bridge program[J].Computers in human behavior,2014(7):193-211.

限制,而学习行为分析工具的应用效果不太显著,其对学生效果影响还有很大的发展前景;对于不同干预策略而言,学习分析干预使用较多的干预策略是发送消息进行提醒和提供可视化学习数据这两种。从效应值来看,提供可视化学习数据的调节效应最为显著,而发送信息进行提醒和进行反馈的调节效果不显著。

参考文献

[1]SØNDERLUND A L,HUGHES E,SMITH J. The efficacy of learning analytics interventions in higher education:a systematic review[J]. British journal of educational technology,2018:1-25.

[2]CAMBRUZZI W,RIGO S J,BARBOSA J L V. Dropout prediction and reduction in distance education courses with the learning analytics multitrail approach[J]. Journal of universal computer science,2015,21(1):23-47.

[3]赵艳,赵蔚,姜强.学习分析视域下教师在线自我调节学习干预设计与实证研究[J].现代远距离教育,2020(3):79-88.

[4]杨雪,姜强,赵蔚,等.大数据时代基于学习分析的在线学习拖延诊断与干预研究[J].电化教育研究,2017(7):51-57.

[5]赵慧琼,姜强,赵蔚,等.基于大数据学习分析的在线学习绩效预警因素及干预对策的实证研究[J].电化教育研究,2017(1):51-57.

[6]Justian Knobbout,Esther van der Stappen. Where is the learning in learning analytics? a systematic literature review on the operationalization of learning-related constructs in the evaluation of learning analytics interventions [J]. IEEE transactions on learning technologies,2020(13):631-645.

[7]RIENTIES B,CROSS S,ZDRAHAL Z. Implementing a learning analytics intervention and evaluation framework:What works? in Big Data and learning analytics in higher education [M]. Switzerland:springer international publishing,2017:147-166.

[8]VIBERG O,HATAKKA M,BÄLTER O,et al. The current landscape of learning analytics in higher education[J]. Computers in human behavior,2018:1-24.

[9]NA K S,TASIR Z. A systematic review of learning analytics intervention contributing to student success in online learning[C]. International conference on learning and teaching in computing and engineering,2017:17256915.

[10]BANNERT M,REIMANN P. Supporting self-regulated hypermedia learning through prompts [J].Instructional science,2012(40):193-211.

迈向人机协同的协作学习

——协作学习智能仪表盘研究进展

吕子芸 马志强

（江南大学江苏"互联网＋教育"研究基地，江苏 无锡 214122）

摘 要：智能教育时代，人机协同的协作学习非常重要。然而，这种协作学习方式的实现依赖于 CSCL 中介工具。因此，智能仪表盘应运而生。本研究从人机协同的视角系统梳理了协作学习智能仪表盘研究的最新进展，将其核心功能归纳为群体感知、适应反馈和智能代理三类，并构建出功能框架图，为仪表盘的设计提供新的视角。最后，对协作学习智能仪表盘提出以下展望：关注人机协同视角下协作学习中的动态感知和多元反馈，关注智能代理仪表盘的个性化设计。

关键词：人机协同；协作学习；仪表盘

一、引言

计算机支持的协作学习（CSCL）是近十几年来教育技术发展的新领域，它关注个体共同活动情境中的意义和意义建构的实践以及设计的制品中介[①]。智能时代，人机协同对于协作学习至关重要。然而，这种协作学习方式的实现有赖于通过中介工具促进内在交互，以充分达成主体间性的互动。也就是说，协作学习并不仅仅是个体学生头脑中进行信息加工的结果，而是产生于学生之间的互动中，是通过中介工具来实现的。因此，智能仪表盘应运而生。作为 CSCL 中介工具的一种，它拥有交互、实时等特性，能够基于学习分析数据，为学习者提供可视化的信息来支持学习过程。Matuk C 等人从 CSCL 视角对仪表盘的应用进行了分析，发现随着人工智能的发展，仪表盘对课堂的支持从简单的告知到试图取代教师的功能，最终走向与教师合作[②]，也就是人机协同。

本研究将从仪表盘的技术可用性入手，分析仪表盘如何支持主体间性的交互，为智能仪表盘的功能框架设计提供新的视角。因此，本研究将从人机协同的视角系统梳理协作学习智能仪表盘的研究进展，并提出核心研究问题：在人机协同的视角下，面向协作学习

---

① STAHL G，KOSCHMANN T，SUTHERS D. Computer-supported collaborative learning：an historical perspective[M]. Cambridge：Cambridge University Press，2006.

② MATUK C，TISSENBAUM M，SCHNEIDER B. Real-time orchestrational technologies in computer-supported collaborative learning：an introduction to the special issue[J].International journal of computer-supported collaborative learning，2019，14(3)：251-260.

的智能仪表盘功能框架是什么?

二、分析框架与过程

通过文献梳理,协作学习智能仪表盘可从群体感知、适应反馈和智能代理三个方面支持交互,并构建出功能框架图,如图1所示。

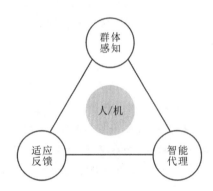

图1 协作学习智能仪表盘功能框架图

(一)提供群体感知支持的学习仪表盘

群体感知(group awareness)指的是通过技术的支持,为学习者提供关于同伴的知识、社会、行为等方面的信息,使小组成员彼此感知①。目前,研究者发现有效的协作学习需要具备三种类型的群体感知:认知感知、行为感知和社会感知②。

1.感知知识水平,支持有效的知识共享

关注小组成员的知识水平、技能、任务的先验知识以及兴趣等认知感知信息并可视化呈现,有助于促进学习者的讨论与交流,支持有效的知识共享。Schreiber 和 Engelmann 让学生以 3 人为一组完成鉴定犯罪嫌疑人的任务。仪表盘充当一种信息感知的中介工具,可视化呈现同伴的知识结构及相应的背景信息等认知感知信息,促进学习者与同伴的知识共享。

2.感知交互程度,提升学习参与度

提供小组成员的交互程度等行为感知信息,有助于提升学习者的参与度。小组成员的交互程度通常由显性化呈现的回复数、点赞数和评论数等行为感知信息来呈现给学习者。Kimmerle 和 Cress 为学习者提供每个成员贡献量的信息及参与情况,Janssen 等人为学习者提供成员聊天信息中分歧及赞同的数量,Strau 等人为学习者提供在小组论坛中发送的消息数和向单个成员发送的私人消息数,这些行为感知信息的提供都增强了小

---

① 李艳燕,彭禹,陈凯亮,等.基于群体感知的 CSCL 学习分析工具功能研究[J].现代教育技术,2019,29(1):72-78.

② BODEMER D, DEHLER J. Group awareness in CSCL environments[J]. Computers in human behavior, 2011,27(3):1043-1045.

组成员对积极行为的感知,减少了搭便车现象的发生,提升了小组成员在协作学习活动中的参与度。

3.感知个体贡献,促进社交表现

可视化小组成员的个体贡献是促进社交表现的一种重要方式,包括如何做出贡献和做出了多少贡献[①]。Phielix 等人为学习者提供小组成员的影响力、友好性、合作性、可靠性、生产力和贡献质量的评定等级等社会感知信息,目的是提升协作的满意度,改善小组协作态度,减少小组冲突,从而促进社交表现。

综上所述,仪表盘能够显性化呈现不同类型的群体感知信息,帮助学习者更全面地了解协作学习情况,指导学习者的行为和反思,支持有效的知识共享,提升协作学习参与度,促进社交表现。在实际协作学习过程中,学习者需要综合多维度的感知信息来整体了解协作过程,以此提升其协作积极性,进而提高小组协作质量。

(二)提供适应反馈支持的学习仪表盘

适应反馈(adaptive feedback)指的是通过仪表盘等系统追踪学生的学习状态,选取与学习者的学习风格、学习动机等相匹配的应用方式,在恰当的时机给学习者提供适应性的分析与反馈[②]。

1.有效对话鼓励反馈,促进认知发展

对话是协作学习中小组成员共同参与的活动,也是促进认知发展的重要工具。小组成员间的有效对话能够让学习者参与到会话过程中,促进认知发展。Han 和 Jeongyun 开发了一个仪表盘为 F2F 协作论证(FCA)提供适应性反馈与支持。该系统监控 FCA 过程,可视化呈现 3 类反馈信息:意见分布、个人参与和小组互动、六种论证要素,帮助教师在正确的时间提供适应性支持,进而鼓励学生积极参与 FCA,并创建高质量的小组讨论。

2.分析学习者特征提供反馈,提升学习绩效

在协作学习中,分析学习者的个人特征,提供与之相应的反馈,能够给学生提供缩小差距的机会,提升学习绩效。Martinez-Maldonado 介绍了一个利用交互式桌面的新功能为教师实时生成关于小组协作任务的自动通知的系统:MTFeedback 将该系统部署在教师的手持仪表板上,当学生出现相应情况时,发布误解通知(MN)、慢组通知(SN)、肯定通知(PN),帮助教师更有效地向学生提供相关反馈,以提升学生的学习绩效。

3.设计反思任务增强反馈,促进共同调节

设计并提供反思性任务有助于学生对自身产生更为清晰的认识,能够增强适应反馈的效果,促进学生对协作学习进行调节。Mejia 介绍了一种用于可视化和检查早期阅读困难及其特征的仪表盘:PADA。它基于活动的学习者模型框架,对学生的阅读表现提供了不同的学习分析,使他们能够识别自己的优势和劣势,进行反思与自我调节。Schwarz 等人介绍了一种提供关键时刻警报的仪表盘:SAGLET。它帮助教师监控学生多渠道的

① JANSSEN J, BODEMER D. Coordinated computer-supported collaborative learning: awareness and awareness tools[J]. Educational psychologist,2013,48(1):40-55.

② 陈凯泉,张春雪,吴玥玥,等.教育人工智能(EAI)中的多模态学习分析、适应性反馈及人机协同[J].远程教育杂志,2019,37(5):24-34.

协作学习,识别这些组中学习的关键时刻,发送教师可以利用的警报,以协调参与学习任务的多个小组。

综上所述,有效对话、分析学习者特征、设计反思任务等都是仪表盘提供适应反馈的可靠方式,有助于提升学习绩效,促进认知发展和共同调节。但是,整个协作学习过程仍由学习者主导,仪表盘仅在学生提出问题时才给予必要的被动反馈。

（三）提供智能代理支持的学习仪表盘

智能代理(intelligence agent)起源于智能导师系统(ITS),指的是不需要人为操作,定期收集某些特定信息或执行某些特殊服务的程序,拥有可视化的形式,能够模拟或扮演教师,通过虚拟化身主动干预和辅导,与学习者用多通道方式进行交互[①]。

1.创设交互情境,提供认知支持

通过智能代理创设交互情境,增强学习者与智能代理的有意义交流,有助于促进学习者的深度学习。Castro-Schez开发了一个智能教学系统Proletool 3.0,创设实验情境,鼓励学生主动提出任务,在实践中运用所有的技能、能力、工具和知识来成功解决这些问题。该系统会主动找到学生学习中的错误,提供干预,从而提供认知支持。Taub等人介绍了一个基于超媒体的智能辅导系统MetaTutor,有四个嵌入式的教学代理,分别是Pam负责计划,Sam负责战略规划,Mary负责监控,Gavin负责指导。该系统有助于促进认知和元认知的过程,帮助学生深度理解人体循环系统的相关知识。

2.监控学生行为,主动提供干预

通过智能代理监控学生行为,能根据学生的进步情况和偏爱选择为学生构建协作学习过程,为学生找到那些正面临同样的学习问题或已经解决过这样的学习问题的同伴、导师,主动提供干预。Tissenbaum开发并研究了实时软件代理在编排高中物理课堂协作探究中的作用。研究者利用一组专门设计的实时软件代理来实时处理学生的交互,允许教师实时查看班级状态,控制活动流程,并帮助他了解在班级活动流程中何时何地需要他。教师卸下了管理的职责,在课堂上充当学生学习的助推器,在学生遇到困难时主动提供干预。

3.识别学生情绪,提供情感支持

此外,智能代理也显示出一定程度的情感智能,能够识别学生的情绪状态,反馈自己的情感状态,进而改变学生的学习态度。Shan Li等人采用了智能辅导系统BioWorld,提供收集证据、安排实验室测试、检索图书馆等功能。该系统从学生的面部情绪来预测他们的学习投入状态,改善学生对临床病例的学习态度,从而帮助医学生实践临床推理技能。

综上所述,智能代理具有融合性和主动性,能够创设交互情境、监控学生行为、识别学生情绪,以虚拟化身与学习者进行交互,融合教学辅导,提供认知、行为、情感等方面的支持,达到类人工智能的形式。但是,目前智能代理类的仪表盘系统还处于起步阶段,相关研究也很少,未来要加强和改进对智能代理仪表盘的设计,以引起学习者对智能代理的持

---

① 何克抗.教学代理与自适应学习技术的新发展——对美国《教育传播与技术研究手册》(第四版)的学习与思考之六[J].开放教育研究,2017,23(5):11-20.

续兴趣和更多关注,促进学习者达到更高水平的互动。

三、未来展望

(一)关注人机协同视角下协作学习中的动态感知

当前协作学习仪表盘感知的信息来源主要是线上学习平台,数据形式包括帖子的回复数、点赞数、评论数、学习时长、作业等级、考试分数等,模态较为单一。未来可以引入多模态学习分析,动态采集线上线下多种模态的数据,综合分析学习者的交互状态,并及时提供反馈和干预。

(二)关注人机协同视角下协作学习中的多元反馈

随着仪表盘的不断发展,反馈从原来单一的文本形式逐渐丰富,自然语音、图像图形等形式也已被广泛应用。为达到师—生—机多层次的自然交互,适应反馈正在逐步走向提升学习者的触觉感知和交互式视觉场景的形式,在推送方面不仅包括学习内容的推送,而且拓展到了对学伴的推荐。未来的仪表盘可以融入虚拟现实技术乃至数字孪生的应用,提供多元的适应反馈。

(三)关注人机协同视角下智能代理仪表盘的个性化设计

当前起到智能代理功能的仪表盘系统非常少,且有研究表明,有些智能代理未能产生良好的效果。此外,目前该领域的研究普遍将代理仅仅视为专家角色。未来研究的重点应放在智能代理的个性化设计,以及如何体现融合性、主动性和主体间性方面,以达到协作学习中的高水平互动。

四、总结

本研究从技术可用性的视角系统梳理了协作学习智能仪表盘研究的最新进展,将核心功能分为群体感知、适应反馈和智能代理三类,分析了仪表盘是如何促进支持学习情境中学生的主体间性交互的。此外,构建了协作学习智能仪表盘的功能框架,为未来仪表盘的设计提供新的视角。最后,对协作学习智能仪表盘提出以下展望:关注人机协同视角下协作学习中的动态感知和多元反馈,关注智能代理仪表盘的个性化设计。

参考文献

[1]STAHL G,KOSCHMANN T,SUTHERS D. Computer-supported collaborative learning:an historical Perspective[M]. Cambridge:Cambridge University Press,2006.

[2]JEONG H,HMELO-SILVER C E. Seven affordances of computer-supported collaborative learning:How to support collaborative learning? How can technologies help? [J]. Educational psychologist,2016,51(2):247-265.

［3］MATUK C，TISSENBAUM M，SCHNEIDER B. Real-time orchestrational technologies in computer-supported collaborative learning：an introduction to the special issue［J］. International journal of computer-supported collaborative learning，2019，14（3）：251-260.

［4］李艳燕，彭禹，陈凯亮，等.基于群体感知的 CSCL 学习分析工具功能研究［J］.现代教育技术，2019，29（1）：72-78.

［5］李艳燕，张嫒，苏友，等.群体感知视角下学习分析工具对协作学习表现的影响［J］.现代远程教育研究，2019（1）：104-112.

［6］BODEMER D，DEHLER J. Group awareness in CSCL environments［J］. Computers in human behavior，2011，27（3）：1043-1045.

［7］JANSSEN J，BODEMER D. Coordinated computer-supported collaborative learning：awareness and awareness tools［J］. Educational psychologist，2013，48（1）：40-55.

［8］陈凯泉，张春雪，吴玥玥，等.教育人工智能（EAI）中的多模态学习分析、适应性反馈及人机协同［J］.远程教育杂志，2019，37（5）：24-34.

［9］何克抗.教学代理与自适应学习技术的新发展——对美国《教育传播与技术研究手册》（第四版）的学习与思考之六［J］.开放教育研究，2017，23（5）：11-20.

在线学习作业同伴互评可靠吗？

——同伴互评与教师评价的一致性研究

李美凤　丛玺梦

（沈阳师范大学，辽宁沈阳　110034）

摘　要：同伴互评是学习评价中常用方式之一，近几年被广泛应用于在线学习，尤其是学生规模较大的开放课程学习中。但同伴互评的可靠性鲜少从学术上求证过。本研究以在线学习学生作业为载体，通过同伴互评和教师评价定量部分的数据统计分析可发现：同伴互评平均分与教师打分的一致性较高，具有一定的参考价值，高分段的学生作业一致性高于中低分段作业。

关键词：在线学习；同伴互评；教师评价；一致性

一、问题的提出

同伴互评作为一种学习评价方式由来已久，它是学生个体对同一情景中的同伴的学习结果或产品的数量、质量等进行的判断和评估，也被称为同伴反馈或同行评估。

目前关于同伴互评的研究，大多侧重将其作为一种教学策略，增强课堂互动和吸引力。在线学习情景下，同伴互评作为一种评价方式，其可靠性问题，诸如同伴互评是否可以取代教师评价、不同学生的打分差异是否合理等问题，目前还缺少深入的探讨。笔者在自身教学实践中，通过对在线学习环节学生作业互评数据的整理与统计分析，对同伴互评与教师互评的一致性进行研究，对同类情景下的教学实践提供参考。

二、文献综述

同伴互评既是一种教学策略，也是一种评价方式。围绕同伴互评开展的研究也主要从这两个方面展开。前者主要关注同伴互评对学习和思维发展的作用，后者主要关注同伴互评中学生评价的结果的准确性等。已有的研究发现，同伴互评不仅提高了学生的学习成绩，而且提高了学生的自我效能感和批判性思维倾向，对学生的认知、元认知以及情感等方面也有积极影响。有些学者认为学生完全能够像教师那样胜任评价工作，同伴互评是有效的。但是，也有学者发现，与教师评价相比，同伴评价结果的有效性、可靠性并不佳。

综上，同伴互评作为一种教学活动，对学习的积极作用得到广泛认可，但是，将同伴互评作为评价方式，其可靠性还需要进一步考察。

三、研究设计

本研究针对高校一门课程的线上线下混合式教学实践，学生在线作业采用教师评价为主、同伴互评为辅的评价方式，针对定量评价部分，通过考查学生评分与教师评分的相关性，检验同伴互评的可靠性。本研究依托数学与应用数学（师范）专业本科生"现代教育技术应用"公共课，该课程采用在线学习与班级授课相结合的混合式学习方式，一个教学班共 55 个学生。本课教学周期内布置了三项在线提交的作业（作品），分别是：教学设计方案、交互型多媒体课件和微课。作业评价方式采用同伴互评和教师评分相结合的方式，前者占 20%，后者占 80%。本研究共收集了 165 份作业，去除无效评分作业（没有互评成绩或作业不符合要求无法按量规评分）39 份，有效作业 126 份。每份作业的评分数据包括学生评价、同伴互评平均分和教师评价。对上述数据进行整理、统计，用于分析学生评价与教师评价的一致性、学生评价与同伴互评的一致性以及同伴互评与教师评价的一致性。

四、数据分析与发现

（一）同伴互评结果与教师评分的差值分析

课程共开展了三次作业的同伴互评，教师和学生都按百分制打分。从 126 份作业的评价情况来看，教师评分（TA）与同伴互评平均分（PA）的差值（即 TA－PA 取绝对值）浮动空间较大，如表 1 所示。

表 1　同伴互评与教师评分的差值分析

	样本	最小值	最大值	均值	标准差
TA	126	68.0	98.0	85.99	6.68
PA	126	72.7	96.0	85.06	4.65
|TA－PA|	126	0	17.3	5.32	3.77

从总体上来看，教师评分和同伴互评平均分基本一致，同伴互评平均分与教师评分的差值（取绝对值，以便于统计平均数和标准差）最小为 0（即二者完全一样），最大为 17.3，平均相差 5.3 分，标准差为 3.8 分。以总分 100 分来看，虽然部分学生的打分与教师打分差距较大，但是同伴互评平均分与教师评分的差值仍在可接受范围内。

通过调阅同伴互评平均分低于教师评分最大（14.3、13.3、12.6）的 3 份作业来看，一份为交互式多媒体课件作业，两份为微课作业，均属于教学资源设计与开发类作品。这类作品比较直观，学生更倾向于从更贴近直观经验（如看得见的画面、听得见的语音讲解等）的技术层面对作品优劣做出评价,例如认为"该微课配音普通话不好"、"语音有错误"、"微课时间太长"(微课时长为 7 分半,符合一般微课的时长要求,但是大部分学生提交的微课为 2～5 分钟,因此可能有的学生认为该作品时间过长)。然而,教师在对课件、微课等教学资源类作品评价时,更看重"是否使用了所学的技术功能"(如交互式电子白板中的互动功能)、"微课是否体现了较为完整的教学过程"、"技术呈现方式是否恰当"等因素,对诸如微课中的学生语音问题、时长问题等,并不作为重点考察的内容。因此,那些考虑了教学情景(学生自己设计的,也可能是参考了来自网络的其他案例)但技术形式简单或粗糙一些的作品,在教师评分中更容易得到宽容,但在学生评价时,会受到较为严苛的对待。

同伴互评平均分与教师评分高度一致(差值为 0)的作品,一般是高质量作品,它们通常内容充实、格式规范、设计精良,例如,有些学生提交的微课作品教学设计完整、合理,画面简洁、重点突出,语言讲解清晰规范,有的还有恰到好处的配乐,这种可以成为"范例"的优秀作品在同伴互评和教师评价中都得到一致好评。

综合考虑以上因素,虽然同伴互评平均分对作业评价具有一定的参考价值,但是也存在同伴互评明显高于或低于教师评分的情况,这种情况通常会伴随着学生评分差距较大、定性评价(评语)观点不一,应引起教师的关注。

(二)学生评价、同伴互评与教师评价的一致性

本研究采用 Pearson 相关系数表示学生评价、教师评价、同伴互评平均分之间的一致性。相关系数 r 的取值介于 -1 至 $+1$ 之间,相关系数的绝对值越大表明两个变量之间的相关程度越高,当相关系数为正数的时候表明两个变量之间是正相关,相关系数为负数的时候两个变量之间是负相关。相关系数 r 绝对值小于 0.40 为低度相关,在 0.4 至 0.7 之间为中度相关,大于 0.7 为高度相关。数据统计结果如表 2 所示。

表 2　评分一致性数据的描述性统计

	n	极小值	极大值	均值	标准误	标准差	方差
SA 与 PA 相关系数	55	0.01	0.98	0.52	0.04	0.29	0.08
SA 与 TA 相关系数	55	0.02	1	0.52	0.03	0.25	0.06
PA 与 TA 的相关系数为 0.538,$P<0.05$							

从总体情况来看,同伴互评平均分与教师评价的相关系数($r=0.54$),略高于学生打分与同伴互评平均分相关系数 r 的平均值($\bar{x}=0.52$,$S=0.29$)和学生评价与教师评价相关系数 r 的平均值($\bar{x}=0.52$,$S=0.25$),且三者都达到了中度相关水平。

从作业质量来看,如图 1 所示,得分在高分段(教师评价 TA $\geqslant 90$ 分)的作业,学生评价与教师评价高度相关者最多,互评一致性总体最高,中分数段($80 \leqslant$ TA <90)和低分数段(TA <80)的作业学生评价与教师评价低度相关者最多。这种情况说明,学生在评价同伴作业时,更容易发现作业中的亮点,对优秀作业容易达成共识,但是学生普遍缺乏对作业中的问题与不足进行诊断的能力。

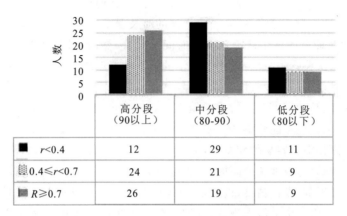

	高分段 （90以上）	中分段 （80-90）	低分段 （80以下）
■ $r<0.4$	12	29	11
▦ $0.4 \leqslant r<0.7$	24	21	9
▨ $R \geqslant 0.7$	26	19	9

图1 作业分段学生评价与教师评价一致性

五、结论与启示

(一)学生评价同教师评价相关性与作业类型和质量有关

通过对126份有效作业同伴互评情况的统计发现,65%学生评价与教师评价相关性达到中度以上,学生评价与教师评价的差值平均在5分左右(百分值)。但是,也有1/3左右的学生评价与教师评价只达到低度相关($r<0.4$)。质量较高的作业,学生评价与教师评价的一致性较高,同伴互评的效度较好,而质量中等及以下的作业,情况则相反。这也符合常理,对于新手来说,对典型的优秀作品形成认同相对容易,而对较为一般的作品,甄别起来则相对较难,并且评价难于统一。那么,对于占大多数的中低档作业,学生间的评价差异较大,观点存在分歧,教师需要给予关注。

(二)相比于学生个体给出的作业评分,同伴互评平均分更具有参考价值

从学生互评的总体情况来看,同伴互评平均分与教师打分具有较高的一致性(二者相关系数 $r=0.54,P<0.05$)。说明同伴互评平均分与教师评分一致性更高。但是,学生和教师对作业进行评价时,评价的视角和关注的重点也会存在一些差异,尤其是文史类学科的作业,评价标准并非绝对统一,评价结论存在差异是合理的。虽然在线作业互评份数设置多少份合适这样的问题并没有得到证实,但是,教学实践中(包括MOOCs)中很多课程采用互评份数为3份。在本研究中发现,一份作业由3名同学进行评价对于评价结果的合理性存在一定风险,评价结果存在分歧的可能性会增大。如果同时采用教师评分的方式,则会大大弱化学生评分分歧可能造成的困惑(实际上,很多学生只看重教师的评价)。然而,在像MOOCs这样的大规模开放课程中,如果只设置学生互评一种评价方式,应适当增加互评人数(即互评份数),以提升学生评价结果的可靠性。

本研究也存在一定局限。首先,研究数据取自特定的一门课程,作业类型不够多样化,因此,研究结论未必能代表其他课程的情况,还需要更多高校教师在课程实践中不断

检验。其次,研究样本不够大,作业份数和学生样本数量对统计数据的可靠性和稳定性也有一定影响。本研究只是对同伴互评一致性的初步探索,希望能够为在线作业同伴互评的实践和研究提供一些借鉴。

参考文献

[1]CHANG S C, HSU T C, JONG M S Y. Integration of the peer assessment approach with a virtual reality design system for learning earth science[J].Computer and education,2020,146,103758.

[2]KOLLAR I, FISCHER F. Peer assessment as collaborative learning:a cognitive perspective [J].Learning & instruction,2010,20(4):344-348.

[3]HUNG Y J, SAMUELSON B L, CHEN S C. Relationships between peer-and self-assessment and teacher assessment of young EFL learners' oral presentations.[M].In assessing young learners of english:global and local perspectives,2016:317-338.

[4]TO J, PANADERO E. Peer assessment effects on the self-assessment process of first-year undergraduates[J].Assessment & evaluation in higher education,2019,44(6):920-932.

[5]CHIEN S Y, HWANG G J, JONG S Y. Effects of peer assessment within the context of spherical video-based virtual reality on EFL students' English-Speaking performance and learning perceptions [J].Computers and education,2020,146:103751.

[6] Norman, L. Webb. Alignment of Science and Maths Standards and Assessments in Four States.Council of Chief Stare School Officers[R].Washington,DC:Council of chief state school officers,1999:23.

[7]罗恒,左明章,安东尼·鲁宾逊.大规模开放在线学习学生互评效果实证研究[J].开放教育研究,2017,23(1):75-83.

专题四

教育信息化发展规划与评估研究

我国高等教育信息化研究综述（2000—2020 年）

——基于 CiteSpace 和 VOSviewer 的可视化分析

张雷生　袁红爽

（吉林大学，吉林长春　130000）

摘　要:高等教育信息化是高等教育研究中的重要领域。本文运用可视化分析软件 CiteSpace 和 VOSviewer 对 2000—2020 年高等教育信息化 1604 篇相关论文进行分析。研究发现:第一,该领域发文数量不断增加,作者群仍有一定的合作空间;第二,高等教育信息化研究热点在忽略检索词后分为 5 类,发展历程主要分为 3 个阶段:第一阶段（2000—2005 年）重视"两件一体"建设;第二阶段（2006—2009 年）重视"面向服务"功能;第三阶段（2010—2016 年）重视数字化教育与覆盖范围的扩大;第三,高等教育信息化领域的前沿（2017 至今）着眼点在于"微粒化",重视教育教学改革创新。在未来发展趋势上,此领域应从以人为本、注重公平、创新三个视角不断推进,形成中国特色高等教育信息化。

关键词:教育信息化;研究综述;CiteSpace;VOSviewer;在线教育

一、研究背景

党和国家高度重视教育信息化工作,2010 年《国家中长期教育改革与发展规划纲要（2010—2020 年）》(以下简称《纲要》)单独在第十九章提出加快教育信息化进程,从战略发展方面对教育信息化予以支持。国内学者从不同视角对高等教育信息化研究提出见解,也有学者通过可视化分析对 2006—2016 年的教育信息化进行数据综述。但总的来说,对于高等教育信息化研究的综述文章较少。因此本文利用 CiteSpace 和 VOSviewer 可视化软件,对 2000 年以来高等教育信息化领域的文献进行计量分析探索我国在高等教育信息化领域研究的历史贡献,进行阶段划分并寻找划分依据和每一阶段的研究热点,剖析存在的问题,来更好地把握方向并提出举措,进一步推动教育现代化进程。

二、研究过程与方法

(一)样本来源

本文选择研究的起步阶段为 2000 年,选取 2000—2020 年(检索时间为 2020 年 12 月 01 日)CNKI 中主题词为"高等教育信息化"或含"高校信息化"的核心期刊和 cssci 期刊作为本文的研究对象进行分析,共检索到 1641 篇期刊,剔除会议等相关性较弱的文章,总计得到有效文献 1604 篇。

(二)研究工具

在 CiteSpace 可视化知识图谱中,能够分析高等教育信息化研究文献的知识基础与研究前沿之间的时变对偶关系,利用关键词视图和时区图对该领域的前沿热点与脉络演进进行可视化分析,亦可以发掘研究焦点、解释知识演进的内在关系。[①]

(三)数据处理

对所检索到的 1604 篇文章的年限、作者、关键词共现图、时区图以及突现图进行可视化分析,将数据导入 CiteSpace 和 VOSviewer 中进行参数设置,设置阈值,时间跨度为 2000—2020 年,时间切片设置为 1 年,得到经 Pathfinder 和 pruning the merged network 剪枝的知识图谱。

三、高等教育信息化研究计量学分析结果

(一)基于高等教育信息化领域发文数量分析

从时间分布来看文献的发表情况能够在一定程度上反映该领域学术研究的发展水平,以便从整体上把握研究趋势和热点。由图 1 可知,2000—2020 年的高等教育信息化研究的文献数量总体呈现递增的趋势。随后五年间（2002—2007）,教育部连续发布了教育信息化发展的年度概况。这体现了在国家政策的引导下我国高等教育信息化研究成果呈现逐年增长的趋势,学者们与时俱进地推进教育信息化建设相关研究。

2010—2019 年的论文年均发文量虽有波动,但总体研究态势处于稳定阶段,高等教育信息化进入稳定成熟期。至党的十九大召开后,我国教育信息化步入了教育信息化 2.0 时代,扎实推进教育信息化融合创新发展[②],此领域研究更注重由数量增加到质量的提升,以信息化全面推进教育现代化。2020 年的文献数量没有统计完整,但可以看出 2020

---

① 张良,袁梅.改革开放以来民族教育信息化研究的热点与脉络演进——基于 CiteSpace 知识图谱软件的量化分析[J].民族教育研究,2018(6):39-47.

② 任友群,冯永存,郑旭东.融合创新,智能引领,迎接教育信息化新时代[J]中国电化教育,2018(1):7-14.

年的文献数量超过前两年且出现近 20 年的最高峰值,表明在新冠疫情的背景下高等教育信息化的研究主体范围扩大,研究内容贴合实际,总体达到繁荣时期。

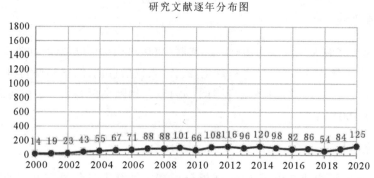

图 1　2000—2020 年高等教育信息化论文数量逐年分布图

(二)基于高等教育信息化领域中心性分析

中心性是评价关键词在学科知识网络结构中重要性大小的一个指标。在本次研究的关键词范围内,"信息化发展"一词中心性最高,其次为"信息技术""策略""信息系统""信息技术教育""教育技术""cio"等(见表 1)。

表 1　高中心性关键词一览表

编号	关键词	中心性	频率	编号	关键词	中心性	频率
1	信息化发展	0.56	10	11	会计电算化	0.18	3
2	信息技术	0.52	31	12	高校管理	0.18	6
3	策略	0.5	5	13	高校信息化	0.17	71
4	信息系统	0.48	13	14	金融危机	0.16	2
5	信息技术教育	0.33	4	15	科研信息化	0.16	2
6	教育技术	0.32	14	16	信息化时代	0.15	30
7	cio	0.22	13	17	《高等学校档案管理办法》	0.13	2
8	信息化管理	0.22	38	18	信息化建设	0.13	102
9	信息化环境	0.19	13	19	信息素养	0.12	11
10	会计信息化	0.18	12	20	档案管理	0.11	20

四、高等教育信息化的演进历程与研究前沿

基于上述分析,可看出具有重要影响的热点关键词出现年份为 2006 年、2010 年和 2017 年,因此可将高等教育信息化历史变化主要分为以下四个阶段。

(一)第一阶段(2000—2005 年):重视高等教育信息化"两件一体"建设

此阶段处于高等教育领域信息化的初步探索阶段,高频词主要有"信息技术""信息化建设""cio""信息化管理"等。此阶段的研究内容主要包括高等教育的资源建设(硬件建设、软件建设)和体制建设的微观层面建设(见图 2)。

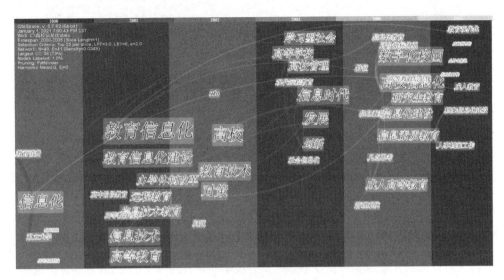

图 2　2000—2005 年高等教育信息化研究关键词时区图

(二)第二阶段(2006—2009 年):重视高等教育信息化"面向服务"功能

高等教育信息化等于"高等教育"+"信息化",其中"高等教育"是本质,信息化要以解决高等教育中的实际问题作为出发点和最终目标,呈现出服务型特征,在此阶段主要体现在教育系统内部和教育系统外部。

在教育系统内部,高等教育信息化在高等教育教学中的应用涉及教育、教学部门和教育、教学领域两大范畴[1]。在教育、教学部门领域中,档案和财务工作是校园内基础性工程,在高校制定规划、进行决策时提供支持,更好地为决策者提供良好服务。有学者认为"创新"才能让高校档案信息服务工作保持活力,为服务高校和社会提供可能[2]。然而在教育、教学领域中,信息化发展旺盛的背景下,我国信息化人才呈现数量短缺、质量不高的现象[3],高校作为培养信息化人才基地,引起了学界的广泛研究。

在教育系统外部,教育部大力支持远程教育的应用,如多所高校达成合作协议、东西部高校之间网络资源共享,有助于民族地区教育的跨越式发展和学习型社会的构建;又如 E-Learning 系统在企业中的应用,以提高企业员工绩效为目标,支持员工将工作与学习

---

① 何克抗.我国教育信息化理论研究新进展[J].中国电化教育,2011(1):1-19.
② 杨丛丽.试论创新高校档案信息服务工作[J].兰台世界,2006(1):48-49.
③ 梁美珍.浅谈高校信息化人才培养的问题和对策[J].广西民族学院学报(哲学社会科学版),2005(12):216-217.

有机整合来提升能力，从而构建起企业永葆持久竞争力的机制，这表明高等教育信息化服务功能发挥的作用越来越大（见图3）。

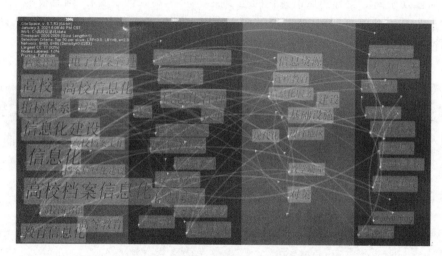

图3　2006—2009 年高等教育信息化研究关键词时区图

（三）第三阶段（2010—2016 年）：重视高等教育信息化数字化教育与覆盖范围的扩大

第三阶段的研究重点是在高校中推进新兴技术和教育的深度融合，教育资源向优质、多元的方向转化，使教育产品更好地支撑高校教学、科研和管理工作，促进资源分配公平合理[①]。

（四）高等教育信息化的研究前沿

突现关键词能够检测某一个时间段内在某一学科领域出现频次最多的关键词，从而发现此学科领域的研究前沿，因而具有重要的挖掘价值。这一阶段的研究主题发生了转变，研究范围微粒化，重视信息化背景下教育教学改革创新（见图4）。

信息化背景　　　　　 2000　6.23 2017 2020 ▬▬▬▬▬▬▬▬▬▬▬▬▬▬▬▬▬▬▬

大数据时代　　　　　 2000　3.34 2017 2020 ▬▬▬▬▬▬▬▬▬▬▬▬▬▬▬▬▬▬▬

《高校教学管理信息化建设》2000　2.86 2017 2020 ▬▬▬▬▬▬▬▬▬▬▬▬▬▬▬▬▬▬▬

信息化时代　　　　　 2000 11.88 2018 2020 ▬▬▬▬▬▬▬▬▬▬▬▬▬▬▬▬▬▬▬

智慧校园　　　　　　 2000　3.92 2018 2020 ▬▬▬▬▬▬▬▬▬▬▬▬▬▬▬▬▬▬▬

图4　高等教育信息化研究突显关键词年份分布图（部分）

在信息化 2.0 时代背景下高等教育信息化面向未来主要有三个趋势：一是信息化背景下，坚持以人为本，提高师生信息素养，发展有中国特色的信息素养教育。二是不断改

---

① 刘辉.信息化对高校人才培养模式的影响[J].情报杂志,2009(S1):316-318.

进在线教育存在的问题,提出解决方案,横向上扩大教育公平,纵向上促进信息技术和教育融合创新。三是用教育信息化推动教育现代化。

五、思考与启示

本文利用 CiteSpace 与 VOSviewer 可视化分析软件,基于 CNKI 数据库 2000—2020 年所发表的高等教育信息化相关的文献生成了图谱,可知我国高等教育信息化的研究总体上取得不错的成果。具体而言,数量呈增加趋势;研究范围不断扩张;知识体系架构不断完善;研究视角从宏观到微观、面向管理向面向服务转变。但是仍然面临着一些挑战。

(一)从"以人为本"的视角推进高等教育信息化

教育现代化的核心就是实现人的现代化,促进人的全面发展,当前处于信息化进程中的高等教育出现了过度依赖技术而忽视了人的发展,教师和学生时而被当作技术的附庸,反而给师生带来了一定的负担。因此,首先在理念上,高校要树立以学习者为中心的现代人才培养理念,并充分落实到实践层面,注重学生的多样化和个性化需求。其次在实践上要注重教师信息素养的提升,课程与教学的创新,这两年的高等教育信息化领域关键词虽出现了高校英语教学、高校体育教学、高校思政教育等,但部分教师虽能使用信息技术,却存在停留在播放课件、以自我为中心等问题上,信息技术应作为一种提高课程效率的工具,融入教育教学全过程。

(二)从"教育公平"视角推进高等教育信息化

2020 年,习近平总书记指出:"扶贫既要富口袋,也要富脑袋。贫困地区的教育发展,是衡量脱贫攻坚成效的硬指标,更关乎全面建成小康社会的胜利。"可见我国高度重视教育扶贫,但是追对高等教育资源分配不合理的现象依旧存在。因此,要从"教育公平"视角推进高等教育信息化,首先在政府层面要做好顶层设计,从全局、高度的视角合理分配高等教育资源、做好战略规划,中西部地区的高校应作为重点划拨对象,形成社会广泛支持的体系。其次,高校要充分发挥高校自主权,与市场协同合作来实现数字资源的充分支持,同时要形成自己的管理制度,让教育资源不重复浪费,保证每个学生在"公平"权利上保持一致。

(三)从"创新"角度推进高等教育信息化

首先要实现教学、科研创新,不仅要形成以学习者为中心的人才培养体系,也要利用信息化推动科研建设,促进跨时空、跨文化的科研协同互动模式;其次要促进管理机制创新,优化管理组织结构,建立人性化的管理制度,建立合理的信息化监督体系,提高管理效率,使全校具有较强向心力。总而言之,在高等教育信息化领域只有不断创新,才能在2030 年使得中国在高等教育的规模、质量、结构、效益等方面达到国际先进水平,整体实现高等教育现代化目标,为 2050 年全面实现高等教育现代化奠定基础。

参考文献

［1］梁媛,樊笛,聂国东.高等教育信息化政策变迁理论研究综述［J］.黑龙江高教研究 2019,37(12)：44-49.

［2］张良,袁梅.改革开放以来民族教育信息化研究的热点与脉络演进——基于 CiteSpace 知识图谱软件的量化分析［J］.民族教育研究,2018(6)：39-47.

［3］任友群,冯永存,郑旭东.融合创新,智能引领,迎接教育信息化新时代［J］中国电化教育,2018(1)：7-14.

［4］袁同凯,朱筱煦,刘华芹.论我国在线教育与基础教育的融合——以民族教育信息化为视角［J］.民族教育研究,2018,29(6)：74-81.

［5］何克抗.我国教育信息化理论研究新进展［J］.中国电化教育,2011(1)：1-19.

［6］杨丛丽.试论创新高校档案信息服务工作［J］.兰台世界,2006(1)：48-49.

［7］梁美珍.浅谈高校信息化人才培养的问题和对策［J］.广西民族学院学报（哲学社会科学版）,2005（12)：216-217.

［8］刘辉.信息化对高校人才培养模式的影响［J］.情报杂志,2009(S1)：316-318.

［9］王运武.中国教育信息化战略规划的世纪变迁［J］.江苏开放大学学报,2016(8)：37-46.

［10］蒋东兴,付小龙,袁芳,等.大数据背景下的高校智慧校园建设探讨［J］.华东师范大学学报（自然科学版）,2015(S1)：119-125,131.

近十年我国学习分析技术的内容研究

李　亚　　徐恩芹

（聊城大学传媒技术学院，山东聊城　252000）

摘　要：随着教育信息化的发展以及在线学习的普及，学习分析已经广泛运用于教育实践中，并取得了一定的成果。为更深入地了解学习分析技术，研究归纳出了教育领域中学习分析技术的主流算法及其相关研究内容，以期对国内学习分析技术的理论研究和实践提供借鉴。

关键词：学习分析技术；聚类分析；数据挖掘；社会网络分析

一、引言

教育信息化不断深入推进，技术与教育的结合是否能有效地提高学习的效果以及怎样做才能提高学习的效果，是研究者们持续关注的。教育领域的专家学者希望能够借鉴商业领域的成功经验，从数据出发，利用学习分析来连接技术和教育，为未来的学习、教学及教学管理提供评价反馈。

2011 年，新媒体联盟和美国高校联盟在共同发布的《地平线报告——高等教育版》中首次将学习分析作为影响未来教育发展的六大技术之一，并且预测学习分析技术将在 4～5 年内应用起来。在之后的连续几年间，该报告也提到了学习分析，且在 2019 版中指出分析技术是未来一年内将广泛采用的技术，这无疑证实了学习分析在教育领域所具有的潜能，以及在整个教学、学习及教学管理过程中的地位。

二、概念界定

美国高等教育信息化推进组织研究机构提出，学习分析技术就是利用数据和模型，预测学习者在学习中的进步和表现，预测未来表现和发现潜在问题。在首届学习分析和知识国际学术会议期间，参会者一致认为：学习分析技术是测量、收集、分析和报告有关学生及其学习环境的数据，用以理解和优化学习及其环境的技术。由此可见，学习分析技术是围绕学习者的学习过程中的相关数据，运用不同的分析方法和数据模型加以分析，根据其结果来探究学习者的学习过程与情境，发现学习规律或者为其提供相应反馈从而更加有效地学习。

2016年，何克抗整合了国内外的定义，提出了学习分析技术是指利用各种数据收集和数据分析领域的海量数据（包括在"教学过程""学习过程""教学管理过程"中所产生的数据）中，通过收集、测量、分析和报告等方式，提取出隐含的、有潜在应用价值的、涉及"教与学"或"教学管理"的过程及行为的各种信息、知识与模式，从而为教师的"教"、学生的"学"以及教学管理提供智能性的辅助决策的技术[①]。该定义对学习分析的描述较为全面，既提到了对数据的收集和分析，也有对教学过程的分析，并点明了学习分析的作用是为了"教"、"学"及教学管理提供智能性的辅助决策。同时定义还强调，学习分析所使用、所处理的数据是已经存在的、机器可读的"大数据"，这些数据是不适合人工处理的。

三、研究过程

（一）文献检索

截至2021年5月1日，我们以"学习分析技术"为主题在"中国知网"上进行检索，并且选定文献来源为"期刊"，共得到2602篇文献（见图1）。

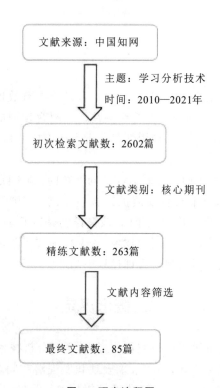

图1　研究流程图

考虑到研究领域和文献的参考价值,本研究选用核心期刊再次进行筛选,获得精炼文献263篇,根据文献的研究内容,剔除一些低相关的文献,最终确定85篇文献作为最终分析的样本。

(二)研究主题分布

利用中国知网提供的计量可视化分析,我们可以分析出我国近十年来学习分析技术的研究重点,以及它们之间的相关关系。如图2所示,我们可以看出,分析技术、学习行为、学习成效是学习分析技术的重点,这也和其概念相吻合;个性化教学、个性化学习、学习方案、自适应学习方案也是备受关注的,是学习分析技术未来的主要突破方向;社会网络分析、数据挖掘指明了现有学习分析使用的主要技术手段。通过阅读文献,分析学习分析技术及其研究内容,归纳出教育领域中,已有的研究主要采用的学习分析技术。可以将其分为五类,分别为预测、聚类、关系挖掘、社会网络分析和文本挖掘。

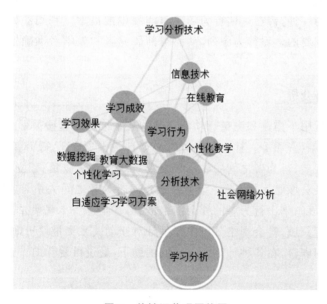

图2　关键词共现网络图

四、研究内容

(一)预测

预测是依据学习者的一些学习行为来预测学习者的表现。学习分析的主要目标是通过建模和预测,有效地辨别存在潜在学习风险的学习者,强调可指导行为的预见。研究者们主要围绕"如何预测学习者的学业成功或者学业失败"这一核心问题,开展了大量关于预测指标、建模方法和干预策略的研究。预测指标和模型的建立往往植根于情境之中,比如特定的教学机构、具体的学科内容或不同的学习层次以及特定的数据采集。随着对于建构意义的不断深化理解,研究者和教学者都应该充分意识到学习的复杂性和多样性,特别重视研究的情境与实用性以及学习理论的应用和迁移。

(二)聚类

聚类分析通常是将一组拥有大量数据对象的数据集分解成多个簇的过程,并且在划分过程中需要依据各个数据对象之间的相似性或某种距离来进行划分,然后相似度高的归为一个簇,将差异较大或相似度低的归为不同的簇①。通俗地讲,聚类分析就是根据事物彼此不同的属性进行辨认,将具有相似属性的事物聚为一类,使得同一类事物具有高度的相似性。

(三)关系挖掘

关系挖掘是从关系数据中挖掘有意义的模式。常见的关系挖掘包括关联规则挖掘、序列模式挖掘相关挖掘和因果数据挖掘。在教育研究领域使用较多的滞后序列分析就是序列模式挖掘中的一种,旨在评估行为随着时间发生的概率。利用滞后序列分析能揭示学习过程中若干重要的学习行为序列,从而帮助研究者和教学者准确把握学习者潜在的行为模式。

(四)社会网络分析

社会网络分析用于描述和测量行动者之间的关系或通过这些关系流动的各种有形或无形的东西,如信息、资源等。社会网络分析必须具备4个特征:行为者之间的联系,而不是行为者本身的性质;行为者之间的联系数据以系统化方法收集;建立于图模型之上;使用数学和计算工具获取有用信息②。该方法通过对行为者之间关系与联系的联结情况进行研究与分析,可以归纳出行为者的社会网络信息,甚至进一步观察并了解行为者的社会网络特征。在教育领域,社会网络分析主要是针对互动关系测量评价师生、生生之间彼此分享传递和接受的内容,在各种计算机工具的辅助下,通过可视化的方式来展现个体之间的交互结构。

(五)文本挖掘

文本挖掘的主要任务是在海量文本中发现潜在规律和趋势。在本质上,它是一种人类语言技术,以自然语言为分析对象,通过区分文本中可识别性要素和语法结构,建立起包含于文本中的某种可为计算机处理的概念与关系类型。

在线课程中,网络为学习者提供了更为自由和开放的言论空间,在线学习系统、教学网站和网络公开平台的讨论区、实时答疑、评论模块、学习文档、学习笔记和日志已成为学习者产生文本数据的主要来源。这使得学习者在在线互动过程中"无意"生成的数据里蕴含大量潜在的、有价值的个体或群体信息。我们可以分析这些文本数据,从课程评价支

---

① 唐成成.聚类分析在高校课堂教学质量评价中的应用[D].重庆:重庆师范大学,2017.
② 王陆.典型的社会网络分析软件工具及分析方法[J].中国电化教育,2009(4):95-100.

持、学习者知识能力测评、学习共同体分组学习,危机预警,学习效果预测和学习状态可视化等方面来辅助教育教学实践。

五、研究发展趋势

不少研究者至今仍认为,许多教育元素不能通过数据处理完全捕捉和表达。学习本身发生在多样的环境中,学习过程更是涉及学习者的行为、心理、生理等多个层面。未来的学习分析是多模态学习分析,当前的技术发展正为采集并分析学习者学习过程中多种模态的数据提供基础。未来将更多利用脑电感应、眼动追踪等多模态生物识别技术收集学习数据,结合教学技术工具中的系统日志、全方位课堂音视频录像等方式追踪学习者学习和社交轨迹,全面剖析学习者的行为层、心理层和生理层数据。

六、总结与展望

学习分析技术作为一个连接技术与教育的跨学科研究领域,在迅速扩张的同时也在实践中呈现出多元化的发展。在线教育的普及发展,产生了海量学习者数据,这为学习分析提供了独特的机会。研究者们有机会探究学习者的社会、认知和情感交互机制,这为理解学习,以更科学、更严谨的数据驱动的方式设计学习开启了新的大门。另外,学习分析技术如何演化成一种标准化的、更适合个性化指导学习的技术,学习分析技术应用中存在的隐私伦理问题,这些问题仍然需要研究者持续关注并逐步解决。未来,学习分析技术一定能获得更多认可和支持,有更加广阔的应用空间。

参考文献

[1]顾小清,胡艺龄.理解、设计和服务学习:学习分析技术的回顾与前瞻[J].开放教育研究,2020,26(2):40-42.

[2]何克抗."学习分析技术"在我国的新发展[J].电化教育研究,2016,37(7):5-13.

[3]武法提,牟智佳.基于学习者个性行为分析的学习结果预测框架设计研究[J].中国电化教育,2016(1):41-48.

[4]范逸洲,汪琼.学业成就与学业风险的预测——基于学习分析领域中预测指标的文献综述[J].中国远程教育,2018(1):5-15,44,79.

[5]唐成成.聚类分析在高校课堂教学质量评价中的应用[D].重庆:重庆师范大学,2017.

[6]王陆.典型的社会网络分析软件工具及分析方法[J].中国电化教育,2009(4):95-100.

[7]袁军鹏,朱东华,李毅,等.文本挖掘技术研究进展[J].计算机应用研究,2006(2):1-4.

[8]PINKWART N.学习分析:当前的挑战与未来的发展[J].开放教育研究,2020,26(2):42-46.

信息时代中小学准教师 CT 现状调查研究

李妍霏　杨　宁　包正委

（福建师范大学教育学部,福建福州　350117）

摘　要：在 K12 教育中,未来教师的计算思维(CT)水平会对学生 CT 能力的发展产生一定的影响。本研究的目的是调查未来教师的 CT 水平。本研究根据教师 TPACK 能力要求,从 CT 能力和教学水平两个方面对教师群体进行调查,为政策制定者规划未来的教师培养计划提供参考。结论：准教师组 CT 水平一般；CT 能力的高低会影响他们的 CT 教学水平；未来教师群体具有较强的培养计算机工作和学习的整体意识；理工科准教师组 CT 水平强于人文社科。基于调查结果,建议在教师教育培训中,注重 CT 学科的融合,提高他们解决问题和 CT 教学的能力。

关键词：准教师；CT(CT)；TPACK

随着第四次工业革命的到来,人工智能、大数据、云计算等新兴技术颠覆了人类的生活和生产方式,计算思维(computational thinking)一词也被赋予智能时代人才培养的特殊使命。CT 的培养、评价和落地等研究在 K12 教育中成为热点问题。CT 作为智能时代 K12 教育人才培养的重点,准教师的 CT 水平必将直接影响未来人才培养的质量和效果。国际教育技术学会（international society for technology in education,ISTE）于 2018 年颁布的《CT 能力标准（教育者）》（以下简称《标准》）对教育工作者 CT 发展提出明确要求。但现有教师培养中,很少有培训着重于培训职前教师,以将 CT 纳入 K12 教育中。因此,将准教师现有 CT 水平调查清楚,对未来师资队伍建设提供有效参考十分重要。

一、准教师计算思维

CT 的培养在全世界流行,现今社会的每个人都渴望拥有基本的 CT 能力。教师的 TPACK 能力强调三大要素,要求教师作为一名学习者和育人者不仅要会学知识、会教技术,还要学会将技术"融入"具体学科的教学方法中。教育者在教育岗位中扮演着多重角色,一名合格的数字时代的中小学准教师,应满足以下要求：

（1）作为 CT 学习者解决问题的能力；

（2）坚信 CT、计算机意识对未来人才培养的重要性；

（3）在专业发展和未来职业规划中有积极探索对学生 CT 培养的教学策略意识；

（4）能将 CT 培养在多学科中统合，会使用丰富的数据或内容解决特定的学科问题，并能将其与基础的 CT 实践和计算机科学概念联系起来。

二、调查设计

（一）研究对象

本研究的研究对象是中小学准教师。准教师是指即将从事教师工作一职人员称谓，一般指师范院校或综合性大学正在进行师范专业学习的学生。本研究选取本科及其以上在读师范生作为被试。

（二）研究工具

1.教师 CT 自编问卷

本研究自编问卷共 15 道题，问卷调查模块包含被试基本信息（性别、年龄、年级、学科背景、实习经历）和 ISTE《标准》下教师 CT 应具备的能力水平。考虑到准教师群体身份属性，在测试其 CT 水平时，先从自身具备的 CT 水平出发，暂不考虑教学公平和伦理。依据《标准》，对每个身份应具备能力进行外显化行为表征，以此作为自编问卷和自编测试题设计依据。

考虑到教师作为公平培养的引领者和学生 CT 发展的协作者，身份维度的解读更偏向教师教育风格等教育观和价值观方面，难以用量化的方式来衡量教师在这两种身份下的能力水平，因此自编问卷部分主要针对两种身份设计了开放性的问题，以弥补自编测试题不足。

（1）作为 CT 的学习者

教师作为学习者应了解 CT 的核心构成要素及其含义，明白 CT 对每个社会个体的价值。尽管不同研究者对 CT 的构成要素有不同的解读，但大体上都能归结为分解、抽象、算法、模式化。（测试卷 1～9 题）

（2）作为公平的 CT 培养的引领者

教师作为 CT 引领者，应认同 CT 是一种面向全体学生、普适性的思维技能，坚信计算意识对学生发展的重要性。CT 应渗透到各个学科教学中，为不同技术水平的学生提供同等的受教育机会。（自编问卷 Q1～Q3；测试卷 10～13 题）

（3）作为学生 CT 发展的协同者

教师作为学习的协同者，为有效发展学生的 CT，应有意识地向学生传授使用计算机进行学习和工作的方法。教师在学科教学中应协助学生进行问题分解，与学生协商问题解决方案，设计合适的学习与探究活动引导学生以计算机科学家的方式解决问题（自编问卷 Q4～Q6；测试卷 14～15 题）。

2.CT 量表改编

研究改编了 Ertugrul-Akyol 的 CT 量表（computational thinking scale，CTS）。考虑

文化和研究对象差异会对调查结果造成影响，本研究结合了国内研究者陈兴治和马颖莹面向我国高中生构建的 CT 评价指标体系，并解读了 ISTE《标准》，初步将量表改编成符合李克特量表五级法设计原则的 28 项量表。

3.教师 CT 测试题

本研究依据上述三种身份，一共设计了 15 道教师 CT 测试题，分别对应三种身份。对于测试教师作为 CT 学习者，本研究选择了 Bebras2019 年竞赛高年级组（16～18 岁）的 9 道测试题。原因在于，第一，该阶段测试对象与本研究被试认知发展水平较一致；第二，Bebras 测试题的设计是基于计算机科学家经常遇到并喜欢解决的问题，答题的过程涉及对问题的分解、抽象、算法以及模式化。试题以易—中—难三个等级划分，试卷遵循答对计分，答错或不答均不计分原则，测试卷总分为 111 分。

三、信效度分析

本研究共发放问卷 259 份，回收有效问卷 216 份，有效回收率为 83.4%。剔除无效问卷后，本研究使用 SPSS 20.0 对有效问卷进行了数据处理。

（一）研究样本基本特征

本次研究样本由 216 名本科及以上在读师范生组成，年级分布范围为大一至研二以上。对收集数据进行描述性因素分析，对量表数据进行探索性因子和验证性因子分析。学生按性别和班级的分布情况如表 1 所示。

表 1　样本性别年级分布

X/Y	男	女	合计
大三	24（50%）	24（50%）	48
大四	37（60.66%）	24（39.34%）	61
研一	21（32.81%）	43（67.19%）	64
研二及以上	8（32%）	17（68%）	25
其他（大一、大二）	5（27.78%）	13（72.22%）	18
合计	95	121	216

（二）信效分析

用 Cronbach's α 系数来检验问卷是否达标。本研究对初次改编的量表和进行探索性因子分析和验证性因子分析后的量表问卷信度进行了分析，均得到 a 值为 0.961＞0.9 的值，说明量表问卷信度较高。

(三)效度分析

1.内容效度

量表改编自土耳其 Ertugrul-Akyol 对土耳其准教师群体进行 CT 水平测试而开发的结构效度较好的量表,本研究结合国内学者构建的 CT 评价体系并对 ISTE《标准》进行解读,初步将量表改编为 3 个因素 28 个项目,以适切本研究对象。

2.结构效度

(1)探索性因子分析(EFA)

使用 Kaiser-Meyer-Oklin (KMO) 和 Bartlett 检验,得 KMO 为 0.956,大于 0.6,满足因子分析前提要求。对上述数据进行探索性因子分析,利用最大方差旋转法(Varimax)分析因子载荷,为了保证改编量表的结构效度,负载分为两个因子且载荷值低于 0.4 的项目需被删除(Büyüköztürk,2002)。

表 2 方差解释率部分数据

因子编号	特征根			旋转后方差解释率		
	特征根	方差解释率%	累积%	特征根	方差解释率%	累积%
1	10.649	50.708	50.708	5.317	25.318	25.318
2	1.762	8.389	59.097	4.34	20.669	45.986
3	0.91	4.335	63.432	3.664	17.446	63.432

对初步改编的量表进行了最大方差旋转法(Varimax)。从初次改编量表中依此删除了 8 个项目后,得到效度较好的 20 项量表结构(见表 3)。确定 20 项量表的 KMO 值为 0.951;Bartlett 值为 860.052;标准差 210;$P<0.001$。删除题目后的 20 项量表的因子载荷在 0.400～0.799 之间。

(2)验证性因子分析(CFA)

验证性因子分析(CFA)可用于聚合效度、区分效度等。对共 3 个因子 20 个项进行 CFA 分析,3 个因子对应的 AVE 值均大于 0.5,且 CR 值均高于 0.7,分析数据具有良好的聚合效度。

AVE 平方根值表示因子的"聚合性",相关系数表示相关关系。本研究对区分效度进行分析:CT 的学习者因子,AVE 平方根值为 0.746,小于因子间相关系数绝对值的最大值 0.798,其区分效度欠佳。以标准载荷系数大于 0.7 为基准,依次移除较低项 A13(0.692)、A12(0.694)后,仍未得到该因子良好区分效度,选择该因子下所余项中标准载荷系数最低的 A3(0.703)进行剔除后重新分析。公平培养的引领者因子,其 AVE 平方根值为 0.780,大于因子间相关系数绝对值的最大值0.690,意味着其具有良好的区分效度。思维发展的协作者因子,其 AVE 平方根值为 0.725,小于因子间相关系数绝对值的最大值 0.798,区分效度欠佳,同上,依次移除 C21(0.624)、C23(0.678)、C20(0.688)、C22(0.703),最终得区分度较好的量表。

表 3 旋转后因子载荷系数

时政		因子 1	因子 2	因子 2	差	
计算思维的学习者	A2		0.761		0.727	
	A3		0.586		0.587	
	A4		0.661		0.66	
	A5		0.604		0.611	0.855
	A7		0.631		0.658	
	A8		0.603		0.596	
	A12		0.501		0.517	
	A13		0.482		0.502	
公平培养的引领者	B14			0.748	0.684	
	B15			0.799	0.711	0.675
	B16			0.763	0.69	
思维发展的协作者	C20	0.754			0.677	
	C21	0.595			0.578	
	C22	0.646			0.669	
	C23	0.497			0.615	
	C24	0.628			0.591	0.857
	C25	0.756			0.679	
	C26	0.653			0.617	
	C27	0.572			0.601	
	C28	0.707			0.676	

四、调查结果

（一）准教师 CT 问卷结果分析

1.准教师 CT 水平人口学差异分析

利用相关分析三个因子分别和被试样本性别、年龄、年级、学科背景共 4 项间的相关关系，使用 Pearson 相关系数去表示相关关系的强弱情况。

具体分析：三因子与 4 项人口学变量（性别、年龄、年级和学科背景）间均未呈现显著性关系，P 值全部大于 0.05。

2.准教师 CT 水平与样本行为相关分析

通过数据的相关分析发现，准教师 CT 水平与被试是否获得教师资格证书及一线教学实习无相关关系，是否了解过 CT 相关概念、在教学中将 CT 有意识地引入与被试准教师群体的 CT 能力未呈现显著关系。

3.因子间相关关系分析

表 4 数据表明,CT 的学习者因子与公平培养的引领者、思维发展的协作者的因子标准估计系数值分别为 0.76 和 0.885,两因子间有较强的相关关系,表明准教师 CT 水平在公平培养的引领者和思维发展的协作者身份下的能力和行为态度倾向受 CT 学习者身份的影响。

表 4 因子协方差表

因子	因子	非标准估计系数(Coef.)	标准误(Std.Error)	Z	P	标准估计基数(Std Eatimte)
公平培养的引领者	计算思维的学习者	0.454	0.065	6.942	0	0.76
公平培养的引领者	思维发展的协作者	0.336	0.056	6.022	0	0.615
思维发展的协作者	计算思维的学习者	0.447	0.061	7.309	0	0.865

4.人口学差异对样本行为的影响

通过卡方检验分析样本行为在不同人口学变量的差异,数据表明,准教师群体性别差异与其是否了解 CT 概念、是否包容多元的计算文化以及创建公平多元的课堂并无相关关系。被试在培养计算机学习和工作方面意识较强。有 49.54% 的被试愿意在教学中与学生一起制定计算问题的解决方案,48.61% 的被试致力创建个性化学习的课堂,但 36.11% 的被试虽愿创建丰富个性课堂,但对自身教学能力信心不足。

被试群体中有 126 个人已获得中小学教师资格证证书,其中 94 人有一线教学实习经历,但研究结果表明有实习经历并持有教师资格证被试的 CT 能力和 CT 教学水平并无差异。被试来自四个不同的年级,分析数据可得,随着年级的增长,准教师开始了解到 CT 概念。

通过分析被试学科背景与样本行为的关系可得:被试学科背景与被试培养计算机学习和工作的意识、对 CT 概念的了解、设计学习探究活动意识三大样本行为的 P 值均小于 0.01,呈现显著性差异。教育技术学专业与计算机类专业的在读师范生对 CT 概念的了解人数较多,而人文社科和理工类专业的在读师范生仅有 19% 左右的人了解过 CT 概念。究其原因,本研究认为大学课程的学习对他们是否了解 CT 概念有一定的影响。

(二)准教师 CT 测试卷结果

1.测试卷被试平均得分状况

本研究使用 Excel 分析 216 份被试 CT 自编问卷成绩,可知测试平均分为 37.45 分,样本测试成绩 80% 集中于 10 分至 24.9 分、25 分至 39.9 分、40 分至 54.9 分三个分数段,表明被试准教师群体的整体 CT 水平一般。

2.测试卷与人口学差异分析

女性的平均分为 39.76 分，男生的测试平均分为 34.52 分，其平均值略低于女生。分析样本性别为男生的 95 份测试卷成绩，其中 70～90 分的高分段样本集中于教育技术学、计算机类和其他理工类专业，占比 80％，表明准教师 CT 水平呈现学科背景为理工类专业被试 CT 能力高于人文社科类。女生高分段集中于教育技术学和计算机类专业，占比78.5％。综上，被试群体中理工类师范生的 CT 能力高于人文社科类。（详见表 5）

表 5　测试卷方差分析结果

变量	选项人教分布	测试者平均分	F	P
1.性别	A 男($n=95$)	34.52	4.477	0.036*
	B 女($n=121$)	39.76		
6.教师资格证	A 是($n=126$)	41.3	14.31	0.000*
	B 否($n=90$)	32.07		
8.一线实习	A 是($n=125$)	40.78	10.282	0.002*
	B 否($n=91$)	32.89		
9.计算思维概念	A 有($n=82$)	40.9	3.499	0.032*
	B 没有($n=134$)	35.34		
03 生活中的计算思维	A 有关系($n=121$)	38.04	4.216	0.016*
	B 一般($n=77$)	39.25		
	C 没关系($n=18$)	25.83		
04 计算机解决问题	A 寻找解决办法($n=175$)	39.77	15.942	0.000*
	B 直接放弃($n=41$)	27.56		

3.测试卷与样本行为差异分析

通过方差分析得出已获得教师资格证和有一线教学实习经历的被试准教师群体测试卷平均得分分别高于未获得教师资格证和没有一线实习经历的准教师群体。测试得分高的被试其 CT 能力和教学水平均良好，说明该部分被试在平时的教师教育学习中能有意识地去关注 CT 对教育的重要作用。

五、调查总结及建议

（一）准教师的 CT 能力高低会影响其 CT 教学水平

关于因子相关性分析表明，准教师在作为"公平培养的引领者"和"思维发展的协作者"两种身份的 CT 教学会受"CT 学习者"身份下 CT 能力的影响。因此，在培养准教师CT 教学能力方面，应当先提升师范生群体的 CT 能力，在教师培养课程的学习中，关注师范生问题解决能力的培养,增加与思维发展、逻辑推理能力发展相关的课程,为 CT 教学能力发展奠定基础。

(二)准教师在培养计算机工作和学习方面整体意识较强

通过卡方检验表明被试在培养计算机工作和学习方面整体意识较强,大部分被试的教育价值观呈现个性化教育追求,但由于组织 CT 跨学科教学的经验和能力不足,导致部分被试对自己能否胜任 CT 教学工作信心不足。因此,建议高校在教师教育课程中关注CT 跨学科教学能力。

(三)准教师 CT 水平并未呈现 CT 概念了解上的显著差异

卡方分析表明,随年级增长,准教师群体开始了解 CT 概念,说明高校在教师培养课程中有意识在培养准教师的 CT 水平。但差异分析结果却发现被试准教师的 CT 水平与其是否了解 CT 概念无能力水平上的显著差异,说明高校虽在教师培养课程中讲授了 CT的概念,却未培养师范生将 CT 发展融入学科教学中。因此,建议高校教师在教师教育中应关注师范生 CT 教学意识和实践能力培养。

(四)理工类在读师范生群体 CT 能力明显强于人文社科类

卡方分析结果表明,准教师对 CT 概念了解呈现学科背景差异,被试群体中只有计算机类专业和教育技术学专业的师范生了解过 CT 概念。通过对 CT 测试卷结果的交叉分析,发现准教师 CT 水平呈现学科背景差异。因此,如果将 CT 技能概括为一种解决问题的方法,表明个人在教育过程中获得和发展这些技能很重要。培养准教师的 CT 能力是必要的,建议高校在教师培养中加强人文社科类专业师范生的 CT 发展。CT 培养是智能时代人才发展的导向。正是因为 CT 发展面向未来,所以我们更要了解清楚致力于 CT发展和培养的教师及研究人员他们自身的 CT 能力水平现状。想要对症下药,提出有针对性的提高教师 CT 教学能力的策略,还需对教师 CT 发展水平进行持续跟踪调查,以期发现复杂场域中不同要素对未来教师 CT 发展的影响。

参考文献

[1]吴军.智能时代:大数据与智能革命重新定义未来[M].北京:中信出版社,2016.

[2]范文翔,张一春,李艺.国内外 CT 研究与发展综述[J].远程教育杂志,2018,36(2):3-17.

[3]罗力强,王冬青,方远豪,等.我国 CT 的研究热点及趋势分析[J].中国教育信息化,2020(2):1-6.

[4]ISTE.ISTE Standards [EB/OL].[2019-06-27].https://www.iste.org/standards.

[5]YADAV A, STEPHENSON C, HONG H. Computational thinking for teacher education [J]. Communications of the Acm,2017(4):55-62.

[6]KORKMAZ Z, BAI X. Adapting Computational Thinking Scale (CTS) for Chinese High School Students and Their Thinking Scale Skills Level [J]. Participatory educational research,2019,6(1):10-26.

[7]GROVER S, PEA R. Computational Thinking in K-12:A Review of the State of the Field [J]. Educational researcher,2013,42(1):38-43.

［8］AHO A V. Computation and computational thinking［J］. Computer Journal,2012,55,832-835.

［9］CSTA. K-12 Computer Science Standards［EB/OL］.［2018-06-26］. https://c.ymcdn.com/sites/www. csteachers. org/resource/resmgr/Docs/Standards/2016StandardsRevision/INTERIM _ FINAL _ 07222.pdf.

［10］何克抗.TPACK——美国"信息技术与课程整合"途径与方法研究的新发展（上）［J］.电化教育研究,2012,33(5):5-10.

［11］于颖,谢仕兴.让 CT 为智能时代的教育赋能——ISTE《CT 能力标准（教育者）》解读及启示［J］.远程教育杂志,2020,38(3):38-46.

［12］冯利,于海波,唐恩辉.准教师教学实践能力的现状考查与提升策略研究［J］.黑龙江高教研究,2013,31(2):56-59.

［13］孙立会,王晓倩.计算思维培养阶段划分与教授策略探讨——基于皮亚杰认知发展阶段论［J］.中国电化教育,2020,398(3):32-41.

［14］陈兴冶,马颖莹.本土化 CT 评价指标体系的构建与探索——基于 1410 名高中生的样本分析与验证［J］.远程教育杂志,2020,38(5):70-80.

［15］ERTUGRUL-AKYOL B. Development of Computational Thinking Scale：Validity and reliability study［J］. International Journal of Educational Methodology,2019,5(3),421-432.

专题五

学校信息化建设与应用研究

基于中台架构的教育信息化数字治理研究

翟雪松[1] 楚肖燕[1] 张紫徽[2] 陈文智[2] 许家奇[1] 朱雨萌[1] 章 欣[1]

(1.浙江大学教育学院,浙江杭州　310058;

2.浙江大学信息技术中心,浙江杭州　310058)

摘　要:教育信息化发展过程中存在阶段性差异,信息化建设各项标准未能完全统一,导致教育大数据难以支持精准决策,应用功能也无法实现个性化和特色化治理。近年来兴起的中台技术能够不改变原有信息系统架构,灵活抽调后台数据,建设以共享功能模块和前台微应用为中心的发展模式。文章综述了中台战略的概念、架构及作用,展望了以逻辑数据仓和业务模块共建"数据+业务"双中台的系统架构前景,提出了构建"条块"管理模式的信息组织体系和协同工作业态。以期充分挖掘数字潜能和业务效率,提高教育评价的科学性,提升校园数字治理效能。

关键词:中台;数字校园;数字治理;教育信息化;教育现代化

一、引言

我国教育信息化在建设初期多以单个的职能部门为主导建设单位、以具体的业务为建设内容、以同期的主流技术为建设环境,业务部门数据孤立、协同性不高,数据价值未得到充分挖掘。同时,重复采集基础数据、建设相似模块,新业务开发相对缓慢。

而"数据中台+业务中台"的双中台架构能够有效提高系统敏捷性和业务创新性,为当下校园数字治理转型提供新的思路。本研究对中台架构进行分析,结合目前学校数字治理中的困境,从数据、业务、组织三个层面提出了基于中台战略的数字治理方案。

二、研究现状

(一)当前校园数字治理困境及原因

1.数据资源的联通难以实现

作为智慧校园中的"软财富",数据资源是提高教育决策与服务效率的关键所在。然而,当前教育数据呈现出碎片化特征,无法形成完整的应用价值链,系统之间的数据、业务、管理都相对独立,形成了一个个数据孤岛。

2.基础功能模块的重复开发

"烟囱式"架构不仅给教育数据治理带来很多难题,而且不利于应用功能的沉淀和持续发展。不同部门、不同学校的业务系统在许多基础性的功能模块如注册发现、日志服务、鉴权管理等是相同的,然而这些功能无法模块化组合利用。同时,由于多个业务功能模块被封装在一个整体的业务系统之中,一个组件的更新或者变动可能会影响整个业务系统的运行。例如,在疫情期间,学校需要第一时间建设多个应用去解决健康监测、在线学习检测、无监考考试等问题。

3.数字治理困境的产生原因

以上困境的产生既有技术原因也有组织机制原因。首先,信息化建设初期各部门的规划和建设方案并不同步,不同部门系统的开发环境各不相同,数据存储、管理、调用的体系存在差异。其次,以往的校园信息化建设对数据管理工作重视不足,数据治理意识不强。特别是对于体量较小的基础教育学校,区域教育主管部门在校园数字化建设初期未能及时制定相关的标准和规定,统筹管理存在一定的滞后性。最后,学校不同的部门信息公开不充分,导致信息供给和收集的渠道狭隘或者不畅通,甄选和鉴别信息的成本提高。这些原因给校园数字治理的科学性和执行力方面带来制约。

(二)中台的定义及组成

中台架构最早由阿里巴巴基于芬兰 Supercell 公司的系统架构提出,指将产品技术力量和数据运营能力从前台剥离,成为独立的中台,实现服务共享,从而更好地满足业务发展和创新需求。

中台架构的两个重要组成部分为业务中台和数据中台,二者相互支撑。一方面,数据的业务化使得业务上的需求分析得到及时有效的反馈,实现数据治理;另一方面,业务的数据化便于将部分业务信息进行预处理,提升处理效能。"数据＋业务"双中台架构能够将数据处理与业务服务按照逻辑顺序及处理对象属性进行并列设计,为前台的应用提供更加便利的服务。

三、基于中台战略的数字校园治理

传统职能部门分别形成各自的业务系统和对应的数据库,难以支持协同治理和精准服务(见图 1)。而基于中台的校园数字信息化系统架构保留了原有的后台结构,对原数据库中存储的教育数据进行提取、清洗,且将业务系统中的共性能力模块进行整合,避免重复性建设(见图 2)。本研究从数据治理、业务应用以及机构重组三个方面提出数字治理转型方案。

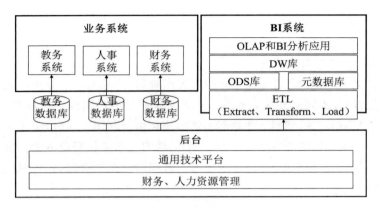

图 1 传统校园信息化系统架构

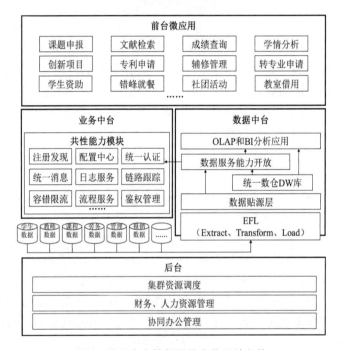

图 2 基于中台的校园信息化系统架构

（一）数据治理：从"数据库"到"数据仓"

1.制定中台数据标准规范

中台架构下,建立统一的规范标准是实现跨部门、跨学校之间数据和业务整合的基础。不同的系统数据往往按照不同的数据结构存储,在数据治理层面亟须制定权威的中台数据标准规范。标准的编制不仅要满足相关部门统计和管理的需要,更要在跨部门、跨学校之间进行数据交换与共享时发挥作用,如编制清晰、规范的数据字典,提供可靠的数据交换接口文档,使各类数据遵循相同的标准和口径,为数据交换提供统一的服务接口。

2.构建全量数据仓库

首先,数据仓库要具有集成性,能够对校园中的数据资产进行仔细的摸底和识别,将游离在外的教育数据纳入体系之内,建设支持多维数据源的全量数据仓库。其次,数据仓库也要具有主题性,它在对数字校园业务进行抽象分析的基础上,按照不同主题而非业务流程将数据划分为多个数据表,便于根据业务变化进行灵活配置,提升数据开放服务能力。

3.数据中台服务大数据分析

因为数据中台是对智慧校园中全量教育数据资源的整合,能够为大数据分析提供一个较为全面和立体的用户数字画像。利用数据中台的作用,能够整合考试成绩、学习过程、课余生活、生理反馈等多项学生数据,健全综合评价方案。此外数据仓库也能够提供组件化的数据加工能力,支持跨部门、多场景的数据调用,丰富智慧校园的大数据生态组件。

(二)业务应用转型:从"板块系统"到"精准应用"

1.拆分板块式系统

原有的板块式系统需要从技术架构和业务划分层面进行拆分。当前大部分校园信息化系统建设是以业务部门为单位,某个部门的全部信息化服务集中在同一个板块上,系统的耦合度过高,不利于校园应用服务的迭代更新。因此需要将大的应用板块进行物理留存、逻辑拆分,如将原先集中在教务系统中的选课、课表查询、成绩查询等业务分别拆分成前台的微应用,当课程数据或选课操作需要更新时,学生查询课表和成绩的应用不会受到干扰,依然可以独立正常运行。同时需要注意的是,在逻辑拆分过程中,业务部门要积极探索各逻辑板块之间"灰色"地带,因为先前的系统建设只考虑到了核心业务,而对于个性化服务开发不足。

2.建立共享服务中心

共享服务中心是业务中台的核心,由细分后的共同功能模块整合形成,能够为各类新应用的开发提供基础功能模块的高效组建。建立共享服务中心,首先需要梳理出不同系统之间共通的服务,如每个系统都会涉及的身份验证、信息发布、鉴权管理等操作。并且要注重与业务部门及时沟通,解决战略讲解、认知统一、业务边界等问题,基于学校业务需求,对传统的业务系统进行改造,将多部门、多领域、多场景、可复用的基础通用功能进行整合,以形成能够满足灵活的业务流程要求的共享服务中心。

3.开发精准性应用

从技术角度来看,中台架构下的前台应用大多采用微服务技术。微服务是一种细粒度的应用结构,每个服务只专注于单一的业务功能,可以独立运行,每个服务就是一个进程,且服务之间都采用轻量级的通信协议进行沟通,提升部署效率、伸缩弹性和容错处理。从校园服务来看,前台应用应该从用户视角出发,提供更多跨部门的精准服务。新应用的开发不应该再局限于各职能部门内部,而应该结合整个教育流程、治理体系和实际情况,切实开发符合真实教育场景的精细化、智能化应用。

(三)组织优化转型:从"各自为政"到"多元共治"

1.建设两级 CIO 的中台工作专组

由于学校各部门分别进行各自的信息系统建设工作,在没有外力的情况下很难打破现有的"烟囱式"系统。因此,需要学校基于中台战略,形成中台项目工作专组,统筹各职能部门协同开展基于中台架构的数字治理工作。首先,学校应进一步推动首席信息官(chief information office,CIO)制度与中台战略的有效结合,发挥CIO在教育信息化方面计划、组织、指挥、控制的作用,通过校级和部门两级CIO的建立,形成"条块化"管理模式,提高沟通和协作的效率。其次,工作专组需要了解各部门的具体职能分工、业务流程以及数据存储要求,逐渐打破各部门数据和业务相对封闭的状态,在学校层面进行整体的数字治理系统设计、开发和建设。

2.探索第三方服务支持

校园数字治理不仅需要发挥学校和区域教育主管部门的作用,还应积极引导校企展开合作。由于各类学校信息技术力量差距较大,对于信息技术能力较强的学校,特别是高等院校,可以自主建设中台。对于基础教育学校,区域教育局或学校在实施信息化建设的过程中可以结合已有的技术体系和发展目标,选择合适、可靠的平台式服务供应商,借助第三方技术服务建立校园数据中台。如受制于计算机的运算能力,建构中台往往需要采用云计算技术实现教育资源的共享与统一管理。完全依靠高校或者教育管理部门实现云计算的部署,技术难度较大。而一些互联网企业本身就有部署云计算的需求,可以适当地给学校提供专业的支持。积极引导教育信息化企业参与校园信息化建设,形成"政府规范引导、企业参与建设、学校购买服务"的工作方式。

四、结论与展望

从理论发展的角度来看,"中台"概念是我国在解决信息科学领域实践问题中提出的架构概念和组织战略,是建设有中国特色教育信息化理论的一个理论依据和发展方向。将这一理念运用于校园数字治理研究,既拓展了中台的应用价值,也为教育信息化建设的协同发展和节约型建设带来了更多时代性的理论贡献。在实践维度提出了同步建设校园数据中台与业务中台的"双中台"架构,为数字校园治理转型提供组织保障。

随着中台战略在电子商务和数字政府等领域的不断推进,教育研究者应当未雨绸缪,积极探索和推动基于中台的数字校园治理转型,实现中台技术与大数据、人工智能等前沿信息技术的深度融合创新,为制定教育评价改革、区域协同发展技术方案提供参考,推动未来学校治理体系和治理能力的现代化。

参考文献

[1]中共教育部党组部署关于教育系统学习贯彻党的十九届五中全会精神的通知[EB/OL].(2020-11-18)[2020-11-28].http://www.moe.gov.cn/jyb_xwfb/gzdt_gzdt/s5987/202011/t20201118_500643.html.

[2]教育部印发《2020年教育信息化和网络安全工作要点》[EB/OL].(2020-03-03)[2020-11-28].http://www.edu.cn/xxh/focus/rd_xin_wen/202003/t20200303_1714814.shtml.

[3]钟华.企业 IT 架构转型之道:阿里巴巴中台战略思想与架构实战[M].北京:机械工业出版社,2017.

[4]田贤鹏.隐私保护与开放共享:人工智能时代的教育数据治理变革[J].电化教育研究,2020,41(5):33-38.

[5]曲一帆,秦冠英,孔坤,等.区块链技术对教育变革探究[J].中国电化教育,2020 (7):51-57.

[6]张叶.基于 PAAS 中台架构的电商销售系统设计及实现[D].上海:上海交通大学,2019.

[7]刘峰,杨杰,李志斌,等.一种面向双中台双链架构的内生性数据安全交互协议研究[J].华东师范大学学报(自然科学版),2020(5):44-55.

[8]刘金松.大数据应用于教育决策的可行性与潜在问题研究[J].电化教育研究,2017,38(11):38-42,74.

[9]张养力,吴琼.学校首席信息官(CIO)制度框架及建设路径研究[J].电化教育研究,2020,41(4):122-128.

[10]万昆,任友群.技术赋能:教育信息化 2.0 时代基础教育信息化转型发展方向[J].电化教育研究,2020,41(6):98-104.

教育信息化背景下中小学教师教学风格研究

周铭翩　乐惠骁　贾积有

（北京大学 教育学院，北京　100871）

摘　要: 随着教育信息化 2.0 的到来，信息技术越来越多地被应用于课堂教学。信息技术支持的教学在其实施过程中，教师信息素养水平不高、原有的教学风格无法适应信息技术支持的教学等问题也不断显现。研究结合了定性分析与量化统计，采用结构化与半结构化的问卷与与教学风格量表作为工具，通过词频分析、回归分析等方法对优课获奖教师的教学风格进行了分析，找到优秀教师教学风格的共性与差异，形成画像，并探究了导致教学风格差异的影响因素，为教师信息素养提升和教学策略选择提供建议。

关键词: 教育信息化；教学风格；中小学；优课

一、研究背景

教学风格是指教师通过教学实践形成的教学偏好，包括教学策略、教学技巧等。基于此，学者们提出教学风格理论框架并开发了相关量表，试图通过量化的方式对教学风格进行测量。目前，国外研究中最成体系的关于教学风格的研究是 Grasha 对大学教师的教学风格的分类[1][2]。Grasha 认为，一个教师的教学风格由以下五个维度共同构成，分别是专家型、权威型、示范型、促进型以及授权型。

随着互联网时代的发展，教育信息化的进程不断推进，信息技术对教学的深层次变革作用日益凸显[3]。那么，如何提升教师的信息技术能力，如何找到适应当下教育信息化现状的教学风格，不同的性别、年龄、所在年段、教授学科的教师如何匹配适合自己的教学风格，等等，都是亟待解决的问题。

教育部开展的"一师一优课、一课一名师"活动为探索这些问题提供了良好的资料来源。本研究以能够在信息技术支持下开展教学并取得"优课"荣誉的教师为研究对象，结

---

① GRASHA A F, YANGARBER-HICKS N. Integrating teaching styles and learning styles with instructional technology[J]. College teaching, 2000, 48(1): 2-10.

② GRASHA A F. A matter of style: The teacher as expert, formal authority, personal model, facilitator, and delegator[J]. College teaching, 1994, 42(4): 142-149.

③ 祝智庭,魏非.教育信息化 2.0:智能教育启程,智慧教育领航[J].电化教育研究,2018,39(9):5-16.

合定性和量化统计,通过对优秀教师的教学风格分析找到共性与差异,刻画教育信息化背景下优秀教师的教学风格画像,为教师更好地进行计算机支持的教学提供参考。

二、研究设计

(一)研究对象

为了解教育信息化背景下北京市"一师一优课,一课一名师"项目中教师整合信息技术进行教学中的教学风格呈现。研究采用结构化问卷以及教学风格量表的方式对项目中的 69 位老师进行了相关研究,最后共回收有效问卷 62 份。

表 1　教师背景变量及其分布

背景变量	变量值	频数
性别	男	8
	女	54
年段	小学	35
	初中	17
	高中	10
年龄	39.39±6.85	—
教龄	16.92±8.62	—
	总样本数	62

(二)研究问题

本研究的研究问题是:

(1)了解优秀教师在课堂中应用信息技术进行教学的能力水平以及他们对于信息技术的接受度。

(2)刻画不同优秀教师群体的教学风格画像,寻找共性与差异。

(3)探究不同的性别、年龄、所在年段、教授学科对教师教学风格的影响。

(三)研究方法

1.问卷工具

访谈设计由三部分构成,第一部分为教师基本信息;第二部分为结构化的问卷,主要由 9 个半开放式的问题构成。

2.量表工具

Grasha 还开发了相应的量表(GRTSI)用于教师自测自己的教学风格。量表测量的是教师在五种基质上的得分,采用七点李克特式计分,由 40 道题构成。

3.量表信度分析

根据有效样本，问卷的信度结果如表 2 所示。从问卷整体来看，三个指标都显示问卷整体有较好的信度（大于 0.7）。

表 2　问卷整体和各维度信度

维度	Cronbach's alpha	Guttman's Lambda 6	Omega Total
问卷整体	0.93	0.98	0.95
专家型	0.57	0.85	
权威型	0.72	0.90	
讲授型	0.74	0.90	
促进型	0.82	0.94	
授权型	0.71	0.90	

三、研究结果

(一)问卷分析

1.问卷处理

对结构化问卷结果依据不同的问题进行合并整理，得到回答文本；通过对文本进行分词处理和关键词提取以及词频统计，结合典型回答进行分析。

2.结果处理

结构化问卷结果见表 3。

表 3　结构化问卷结果

维度	高频词	解读分析
了解工作场景和工作压力	忙碌、任教、任课、教学、班主任	教师的主要工作场景还是在课堂、教学设计、教研活动等，部分担任班主任的教师则还需要处理班级事务。教师普遍认为上课时间是充实紧凑的。此外，在学校中教师还需要完成一些事务性的重复性工作，使得教师的工作始终是一种忙碌的状态
了解教学效果	一等奖、获奖、国家/全国	对于教师个人而言，普遍获得了一种或多种奖；对于教师所教授的班级而言，大部分班级能够取得优秀或中等偏上的表现，但也有少部分班级存在两极分化严重的问题

续表

维度	高频词	解读分析
了解教学法背景	有益、提升	大多数教师认为自己参加过系统化的教学培训；小部分教师认为虽然参加过但不是系统化的。参加过系统化教学培训的教师普遍认为这种培训是有效的，对于课程设计等方面都有帮助。但也有教师提到，目前培训中理论和实际存在轻度脱节的现象
了解教学法背景	学情、目标、课程标准/课标、课件	教师的课堂教学设计主要有以下几种模式：①从学情出发；②从教学目标出发；③从知识出发。此外，大部分教师认为课件的设计与制作也是备课的重要环节，对于课程呈现具有重要的影响
了解 ICT 教学能力和技术接受度	提高、有助于、白板、视频/多媒体	技术接受度层面，教师们普遍认为信息技术有助于教学的进行，并对教学效果与教学效率都有一定的提高作用。在技术应用层面，不同教师的信息技术使用偏好不同。大部分教师在课堂中普遍加入了多媒体形式辅助教学，也有部分教师偏好结合电子设备，以提高课堂中的教学效率
了解教学风格	引导、思维、语言、亲和力	不同教师对于教学的关注点不同。一些教师侧重于启发式教学；一些教师侧重交流沟通；一些教师则是注重情感层面等
了解教学风格和课堂教学经验	提醒、纪律、吸引	在"有意管束"方面，少部分教师认为应该尊重学生的天性，要多采取鼓励等方式，同时他们普遍认为他们的课堂纪律是比较好的；大部分教师认为他们的课堂中需要课堂纪律对学生进行约束。教学中的管束，教师往往采取比较温和的方式
了解教学风格	交流、融洽、鼓励	首先是交流，善于倾听与沟通，一方面帮助教师得到同学们的信任，另一方面也促进了和谐关系的建立；其次是师生关系，一些教师倾向于与学生保持一定的距离，态度比较严肃，一些教师则认为平等的沟通有利于教学的进行以及与学生联系的建立
了解技术需求	制作、使用视频、课件	首先是制作，教师们目前仅掌握了比较基础的多媒体制作技术，因此需要更多实用制作技巧帮助多样化多媒体工具的制作。其次是使用，对于新技术、新硬件，教师可能不需要会制作，但是如何将其应用到课程中来则教师们认为需要进行培训等。最后是疫情背景下相关工具的制作、使用

(二)风格画像

1.不同性别教师的教学风格画像

根据描述性统计分析中各维度的均值，生成了样本教师教学风格的雷达图，如图1所示。

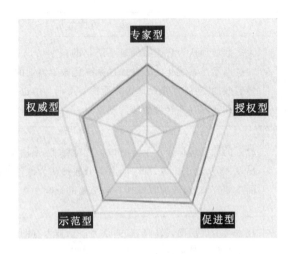

图 1　样本教师总体教学风格画像

由图 2 可知：男性教师自我报告的教学风格得分在大多数维度上均高于女性教师自我报告的结果，在授权型维度上则几乎没有差异。

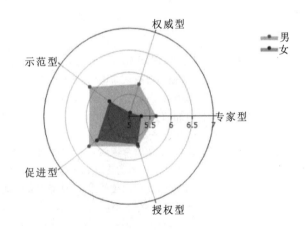

图 2　不同性别教师的教学风格画像

2.不同学段教师的教学风格画像

从图 3 可以发现，在授权型维度上，随着学段的上升，授权型维度的得分逐渐降低，而专家型维度则呈现出相反的趋势。此外，初中教师的权威型和示范型维度更大。

3.不同学科教师的教学风格画像

考虑到学科性质的不同，在统计时，对不同学科分为文科类学科、理科类学科和其他学科。从图 4 中可以发现，文科类学科教师的促进型、授权型和专家型维度的得分均较高，其他学科教师自我报告的教学风格值在各维度上均较低。

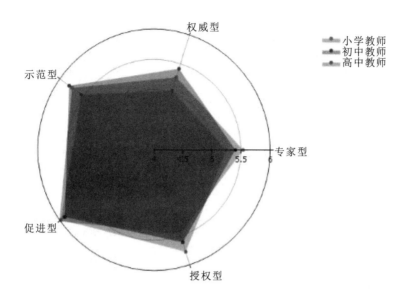

图 3　不同学段教师的教学风格画像

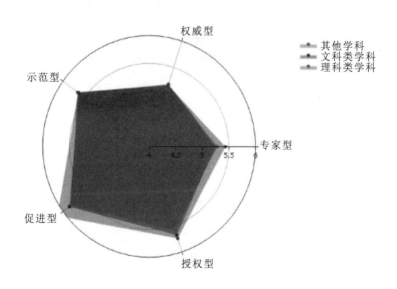

图 4　不同学科教师的教学风格画像

(三)回归分析

为了进一步探究样本教师教学风格的影响因素,建立多元线性回归模型,探究不同自变量对于教学风格各维度得分的影响。具体的变量说明如表 4 所示。

表 4　教师样本在五个教学风格维度上得分的描述统计

变量		类型	说明
自变量	性别	定类变量	教师的性别，男或女
	年龄	数值变量	教师年龄（岁）
	教龄	数值变量	教师教龄（岁）
	年段	定序变量	教师所在年段，从小到大为小学、初中、高中
	学科	定类变量	教师教授的学科，理科、文科或其他学科
因变量	专家型	数值变量	专家型维度得分（1~7）
	权威型	数值变量	权威型维度得分（1~7）
	示范型	数值变量	示范型维度得分（1~7）
	促进型	数值变量	促进型维度得分（1~7）
	授权型	数值变量	授权型维度得分（1~7）

由于在各模型中，年龄与教龄之间存在较强的相关关系，故在模型中将年龄这一自变量剔除，只保留教师教龄，最终结果如表 5 所示。

表 5　多元线性回归结果

	专家型	权威型	示范型	促进型	授权型
性别（女）	-0.536^*	-0.805^{**}	-0.738^*	-0.440	-0.099
教龄	0.007	-0.049	0.032	0.067	0.071
年段	$0.211(\cdot)$	$0.268(\cdot)$	0.261	0.107	-0.069
学科（文科）	0.325	0.211	$0.224(\cdot)$	$0.466(\cdot)$	0.194
学科（理科）	0.127	0.170	$0.173(\cdot)$	0.091	0.002
R^2	0.133	0.196	0.162	0.139	0.080

注：$***$ 表示 $P<0.001$，$**$ 表示 $P<0.01$，$*$ 表示 $P<0.05$，$(\cdot)$ 表示 $P<0.1$。

由于结果来自样本教师自我报告的教学风格，其中可能有一部分无法从数据中观测到的类似自我效能的效应的影响。例如，男性教师在所有维度上报告的得分均高于女性教师。但是，因为五个模型的样本、自变量完全一致，因变量也来自教学风格的五个独立维度，采用的是一致的测量方式。如果假设这部分无法观测的效应对教师自我报告时所有题项结果的影响皆一致，则在各个模型中自变量间的系数可以进行横向的比较，试着排除这一部分效应的影响进行推论：

（1）可以发现教师性别变量的系数大小在权威型和示范型维度上更小，这说明女性教师更不容易呈现出权威型和示范型的教学风格。

（2）对于年段变量而言,其在专家型、权威型维度上的系数更大且显著,这说明随着年段的上升,教师会更倾向于表现出专家型和权威型的特质。

（3）对于学科变量而言,文科教师示范型和促进型维度的系数较大且显著,说明文科类学科教师在教学中更容易呈现出促进型和示范型的特质。

四、讨论与结论

从样本教师的访谈、画像和影响因素的分析来看,可以得出如下几条结论和相应的建议:

（1）在信息技术接受层面,优秀教师普遍认为信息技术有助于教学的进行。因此,在教学中,他们倾向于主动探索并将信息技术应用到课程中去。因此,教师需正确认识技术与教学的关系,积极接受并适应技术带来的变革,主动探索技术与教育结合的可能性。

（2）在信息技术能力层面,优秀教师一般能够熟练运用多媒体技术,通过画面呈现辅助教学。但是,随着智能硬件等更多信息化工具进入课堂,教师仍需要不断学习,提高信息素养。

（3）女性教师更不容易呈现出权威型和示范型的教学风格。女性教师在教学中会更少地使用指示性和规范性的语句。这种风格能让学生在教学中更舒适,拥有更高的自主度,但是也缺少了对教学纪律和规则的强调。可以在教学情境中尝试增加一些规则性的指令,给予学生更明确的教学指导。

（4）随着年段上升,教师更易表现出专家型和权威型的教学风格。因为随着年段的上升,教学内容会逐渐变得复杂和抽象,但是学生对于这一类知识的接受能力也会有相应的上升。相比于低年级的教师而言,高年级教师更难将课堂教学设计为学生为中心的课堂。但是,给予学生更多的自主学习、合作探究的机会有利于激发其学习动机,促进深度学习。所以建议高年级教师有意识地在课程中尝试给予学习者更多自主学习的机会。

（5）文科类教师更容易呈现出示范型和促进型的教学风格。因为在文科类课程的内容更为抽象,较少存在确定的知识、良构的问题以及规范化的解决问题的步骤,而更多需要学生自主形成对于问题的解决方案的理解。对于文科教师而言,也可以尝试在课堂中使用一些更明确的指导学生的方式,例如将一些不确定的解决问题的方案抽象成一般化的解决问题的原则。

致谢:本文为 2020 年度北京大学教育大数据研究项目"基于大规模学生学习活动数据挖掘的自适应性智能教学系统研究(立项号:2020YBC07)"的一项研究成果。

参考文献

[1]GRASHA A F,YANGARBER-HICKS N. Integrating teaching styles and learning styles with instructional technology[J]. College teaching,2000,48(1)：2-10.

［2］GRASHA A F. A matter of style：The teacher as expert，formal authority，personal model，facilitator，and delegator［J］. College teaching，1994，42（4）：142-149.

［3］祝智庭，魏非.教育信息化 2.0：智能教育启程，智慧教育领航［J］.电化教育研究，2018，39（9）：5-16.

［4］PUENTEDURA R R. Transformation，technology，and education［EB/OL］.［2019-06-22］.http：//hippasus.com/resources/tte/puentedura_tte.pdf.

［5］郑旭东. 面向我国中小学教师的数字胜任力模型构建及应用研究［D］.上海：华东师范大学，2019.

在线学习的家长参与度探究

——以南京市两所初中为例

王羽萱 王婉晴 刘政凯 王 珺

(南京师范大学,江苏南京 210046)

摘 要:为研究在线学习的家长参与情况,本研究利用自编问卷对近 500 名初中一、二年级学生家长进行问卷调研,并使用 Amos 结构方程模型验证问卷结构的科学性。家长为学生在线学习提供资源及参与学生在线学习的态度总体比较积极,但家庭督导行为的频率较低;家长参与度受独立能力培养意识、亲子关系等因素的影响。家长对孩子的独立能力培养意识越强,在参与孩子在线学习上的表现得越好;亲子关系越融洽,家长参与度越高。

关键词:在线学习;家长参与;结构方程模型

相比于传统的学校教育形式,线上教育缺乏传统课堂中师生之间、生生之间的社会交互,而这正是学习本质的体现①。因此,为了弥补这方面的不足,家长参与将发挥更大的作用。

那么,家长参与子女在线学习的实际情况如何?家长参与情况受到哪些因素的影响?这些问题的明确有助于积累线上教育的经验,同时为后疫情时代下的教育做好积极的准备。

一、家长参与:历史发展与在线学习形式下的新思考

关于家长参与的模型结构,不同的研究者有不同的界定。Epstein 基于"影响叠加区模型"理论提出的将家长参与行为归纳为养育、交流、志愿者活动等六种类型的家长参与教育结构模型受到比较广泛的认可与应用②。在 Epstein 六分法的基础上,Hoover-Dempsey 将家长参与子女学习的行为体现为为子女完成学习任务提供物质和心理上的支持、与教师相互交流学习内容和过程、对子女的学习过程进行监督与检查等 8 种③。

在在线学习形势下,由于学生主要学习地点由学校变为家,以往家长参与模型中的许多指标已不再适用。针对新冠疫情下中小学生家长参与子女在线学习的现状,靳小玲、王

---

① 余胜泉,王慧敏.如何在疫情等极端环境下更好地组织在线学习[J].中国电化教育,2020(05):6-15,33.

② EPSTEIN J L. Toward a theory of family-school connections: teacher practices and parent involvement[M]//Social intervention: Potential and constrains. New York: De Gruyter,121-136.

③ HOOVER-DEMPSEY K V. Parental involvement in home-work[J]. Educational psychologist,2001,36(3): 195-209.

晓宇将 Hoover-Dempsey 的分类简化为提供支持、教师沟通、常规监督等八个维度,并通过问卷调查的方式,得出了家长参与在态度、行为、效果三方面正相关等结论[1]。白然等人则在针对小学生居家学习表现的自制问卷中提出了"家庭支持因素",并在家长学习参与维度设计了居家学习环境创设、陪伴时间等具体指标[2],注重体现家长在孩子居家学习中陪伴、监督、沟通等方面的作用。

总体而言,从模型指标的建构中可以看出家长参与在学生学习过程中的各个方面都有所体现,而教学方式在线化、教学场景家庭化的转变,使在线学习成为家长参与发挥作用的重要契机。因此,在实证调研的基础上探求符合在线学习的新特点和中国国情的家长参与模型将是在线学习的家长参与度探究的重中之重。

二、研究设计与实施

(一)研究对象

1.问卷研究对象

问卷以南京市处于城市地区且生源质量优良的两所初中的部分初一、初二学生家长为研究对象,经历 2020 年 9 月 28 日至 10 月 12 日两周时间,共回收问卷 496 份,其中有效问卷为 302 份,有效率为 60.89%(见表1)。

表1 研究对象基本信息

项目	选项	人数	百分比
身份	父亲	80	26.49%
	母亲	222	73.51%
职业	公务员/事业单位/政府工作人员	30	9.93%
	公司职员	111	36.75%
	专业技术人员(如教师、医生、律师)	18	5.96%
	自由职业者(如作家/艺术家/摄影师/导游等)	9	2.98%
	工人(如建筑工人/工厂工人等)	9	2.98%
	服务行业从业者(如服务员)	18	5.96%
	个体户/商人	50	16.56%
	务农	1	0.33%
	全职在家	38	12.58%
	退休	2	0.66%
	其他	16	5.30%

---

① 靳小玲,王晓宇.疫情期间中小学生家长参与子女在线学习的现状调查[J].唐山师范学院学报,2020,42(5):156-160.

② 白然,张伟远,管艳,谢青松.后疫情时代家校协同的变革路径探析——基于"停课不停学"期间1440个家庭的问卷调查[J].中国电化教育,2021(3):30-37.

续表

项目	选项	人数	百分比
学历	小学	2	0.66%
	初中	19	6.29%
	高中或中专	85	28.15%
	大专	96	31.79%
	本科及以上	99	32.78%
	未受过教育	1	0.33%

2.问卷信度和效度的检验

将调查数据输入 IBM SPSS Statistics 26 统计软件进行分析,家长问卷量表的 α 系数均在 0.9 以上,内部一致性良好,信度良好(见表2)。

表2　问卷信度

克隆巴赫 Alpha	项数
0.907	46

将调查数据输入 IBM SPSS Statistics 26 统计软件进行分析,家长问卷的 KMO 值为 0.893,大于 0.7,表明问卷变量之间具有很强的相关性,调研结果适合做因子分析。显著性为 0,小于 0.05,说明变量间存在相关关系(见表3)。

表3　KMO 和 Bartlett 检验

KMO 取样适切性量数		0.893
巴特利特球形度检验	近似卡方	6328.269
	自由度	1035
	显著性	0.000

(二)研究工具

1.问卷设计与模型建立

家长参与学生在线学习情况问卷共设置 43 个项目,包括了家庭的客观情况、家长参与度两个部分,部分问项采用李克特七级量表,作为考察家长参与度的测量工具。

数据分析方面,使用 SPSS 26.0 进行描述性统计、信效度检验及探索性因子分析;使用 Amos 24.0 平台对模型进行验证性因子分析,形成了最终模型(见表4)。

表 4 学生在线学习的家长参与度量表

变量	编号	问项
参与态度	AQ1	您认为家长参与孩子的在线学习有利于孩子的成长
	AQ2	您认为家长参与孩子的在线学习对家长也有益处，如更了解孩子的学习状态等
	AQ3	您认为家长参与对于学校教学工作的开展有重要意义
资源提供	RQ1	当您的孩子在线学习遇到设备或网络故障时，您能够帮助孩子解决问题
	RQ2	您会为了孩子的在线学习营造适宜的环境，比如相对独立且安静的学习空间
	RQ3	您会为孩子提供至少一台独立的电子设备（电脑、手机、平板等）以供学习
家庭督导	FQ1	在线学习时，您会帮助孩子复习功课
	FQ2	在线学习时，您帮助孩子安排做作业和其他事情的时间
	FQ3	在线学习时，您检查孩子的作业或试卷
	FQ4	疫情在线学习期间，您会主动通过电话或网络向老师询问孩子的在校表现

2.结构方程模型分析

在进行模型的评估之前，假设三个维度存在相关关系，建立结构方程模型，见图 1。

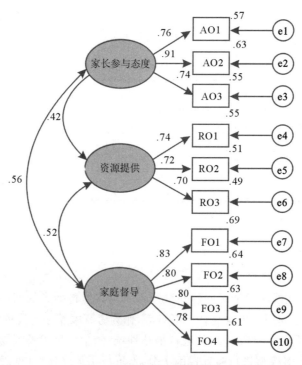

图 1 验证性因子分析模型

　　按照构建的结构方程模型,使用 Amos 24.0 平台检验数据与假设模型的拟合度,采用最大似然估计法对模型的各个参数统计量进行估计。模型各项指标为:CMIN/DF＝1.777,p＝0.004,GFI＝0.965,AGFI＝0.940,NFI＝0.960,IFI＝0.982,CFI＝0.982,RMSEA＝0.051,全部满足惯用标准 CMIN/DF＜2,P＜0.01;GFI 和 AGFI 小于 0.9;NFI、IFI、CFI 小于 0.9;RMSEA＜0.8,可以认为模型的整体拟合度较好,可以接受该模型。

三、结果与分析

(一)在线学习的家长参与模型认可度较高

　　结合 Amos 结构方程模型分析结果,并选取模型中较为重要且符合在线学习特点的部分,笔者构建了包含参与态度、资源提供、家长参与态度三个维度的家长参与度模型。从统计结果来看,三个维度的十个项目均值均高于 4,说明家长参与子女在线学习的总体状况较好。三个维度中,资源提供的得分最高,均值为6.15;态度的得分次之,均值为5.16;家庭督导的得分最低,均值为 4.79(见表 5)。

表 5　问卷数据描述性统计结果

维度	项目	均值	均值标准误差	中位数	标准差	最小值/最大值
参与态度	孩子成长	4.75	0.092	5	1.600	1/7
	了解孩子	5.19	0.088	5	1.527	1/7
	学校工作	5.54	0.081	6	1.416	1/7
资源提供	设备问题	5.81	0.071	6	1.227	2/7
	安静环境	6.39	0.051	7	0.885	3/7
	设备提供	6.25	0.064	7	1.109	2/7
家庭督导	帮助复习	4.86	0.089	5	1.549	1/7
	规划时间	4.64	0.097	5	1.678	1/7
	检查作业	4.88	0.092	5	1.601	1/7
	家校沟通	4.79	0.089	5	1.538	1/7

(二)家长参与度在对孩子的独立能力培养意识以及亲子关系上存在显著差异

　　基于独立能力培养意识得分情况,将参与统计的家长分为 3 组,从 1 至 3 代表培养意识从低到高,每组人数均在 100 人左右,以参与态度、资源提供、家庭督导、参与度为因变量,独立能力培养意识为因子,进行单因素方差分析。结果显示,独立能力培养意识不同的家长在态度、资源提供、家庭督导、参与度上均存在显著差异,且家长对孩子的独立能力培养意识越强,在参与孩子在线学习各个维度上表现得越好(见表6)。

表6　独立能力培养意识单因素方差分析

维度	参与态度	资源提供	家庭督导	参与度
培养意识弱	4.7536	5.7913	4.3826	4.9758
培养意识一般	5.3267	6.2079	4.9134	5.4827
培养意识强	5.5000	6.5543	5.1977	5.7506
显著性	0.000	0.000	0.000	0.000
LSD	3＞2＞1	3＞2＞1	3＞2＞1	3＞2＞1

注:1＝培养意识弱,2＝培养意识一般,3＝培养意识强。

基于亲子关系得分情况,将家长分为3组,从1至3代表亲子关系从低到高,每组人数均在100人左右,以参与态度、资源提供、家庭督导、参与度为因变量,亲子关系为因子,进行单因素方差分析。结果显示,亲子关系不同的家长在态度、资源提供、家庭督导、参与度上均存在显著差异,且亲子关系越好,家长在参与孩子在线学习各个维度上表现得越积极(见表7)。

表7　亲子关系单因素方差分析结果

维度	参与态度	资源提供	家庭督导	参与度
亲子关系一般	4.7690	5.6568	4.1683	4.8647
亲子关系较好	4.9788	6.2667	4.8432	5.3629
亲子关系好	5.8059	6.5495	5.4231	5.9261
显著性	0.000	0.000	0.000	0.000
LSD	3＞2＞1	3＞2＞1	3＞2＞1	3＞2＞1

注:1＝亲子关系一般,2＝亲子关系较好,3＝亲子关系好。

四、结论与讨论

(一)家长参与度在三个维度表现存在差异

研究发现三个维度根据平均得分从高到低排列依次为:资源提供、参与态度、家庭督导。这说明家长在参与态度上较为积极,在资源提供上表现良好,而家庭督导行为的频率较低。

(二)家长参与度在对孩子的独立能力培养意识上存在显著差异

研究表明,对孩子的独立能力培养意识越高的家长在参与情况上越积极。这看似与常规逻辑不符,但其实并不矛盾。重视培养孩子的独立能力的家长并不意味着对孩子教育的放松,反而这部分家长会更加关注孩子的教育,因此,面对在线学习这种新形式带来的未知变化,这些家长会更多地参与到孩子的学习中,从而确保孩子的学习效果。中学生的自我调节学习水平与所能取得的学业成就呈正相关[①],因而养成孩子自主学习的习惯,增强孩子自主学习的能力有助于提高孩子学业水平。

(三)家长参与度在亲子关系上存在显著差异

研究表明,亲子关系越融洽,家长参与情况越乐观;反之,则越消极。这可能是因为亲子关系融洽的家长往往采取民主的教养方式,而在此方式下,父母与孩子间更能形成良性互动。这在潘振娅的研究中也得到印证,"随着亲子关系融洽度的提高,家长参与家校合作的效果越好"[②]。家长可以以合作者、引导者的身份与孩子相互学习、共同分享,培养民主、平等、尊重、理解的家庭氛围,让孩子对家庭更具归属感,为家庭教育铺平道路。

但是,超过30%的家长表示参与时遇到了孩子拒绝家长介入的困难。初中学生往往处于叛逆期,存在抗拒家长参与等各种反应,亲子关系的维系面临难题。因此,如何面对孩子的叛逆等情绪问题、选择适合的家长参与方式以维持良好的亲子关系,是值得家长及社会各界思考的问题。

参考文献

[1]余胜泉,王慧敏.如何在疫情等极端环境下更好地组织在线学习[J].中国电化教育,2020(5):6-14,33.

[2]EPSTEIN J L. Toward a theory of family-school onnectons:Teacher practices and parent involvement[M]//Social intervention:Potential and constrains. New York:De Gruyter,121-136.

[3]HOOVER-DEMPSEY K V. Parental Involvement in Home- work[J]. Educational Psychologist,2001,36(3):195-209.

[4]靳小玲,王晓宇.疫情期间中小学生家长参与子女在线学习的现状调查[J].唐山师范学院学报,2020,42(5):156-160.

[5]白然,张伟远,管艳,等.后疫情时代家校协同的变革路径探析——基于"停课不停学"期间1440个家庭的问卷调查[J].中国电化教育,2021(3):30-37.

[6]李丽.家长参与及其与学生学习动机、学业成绩的关系研究[D].济南:山东师范大学,2004.

[7]潘振娅.影响家校合作的家长因素研究[D].上海:华东师范大学,2008.

[8]刘利民.线上线下混合学习将成为教育新常态[J].中小学数字化教学,2020(7):26-28.

---

① 潘振娅.影响家校合作的家长因素研究[D].上海:华东师范大学,2008.
② 刘利民.线上线下混合学习将成为教育新常态[J].中小学数字化教学,2020(7):26-28.

基于 CiteSpace 的国内中职
混合式教学的现状分析

韦玉朗　甘雪妹　何静茹

（广西师范大学，广西桂林　541004）

摘　要：21世纪中职教育对高质量人才培养的需求让线上线下混合式教学蓬勃发展。以 CNKI 期刊数据库中的相关文献为研究对象，借助文献计量工具 CiteSpace 软件，通过关键词共现和聚类计量分析，辨析中职混合式教学研究关注的热点话题，通过关键词时间线和时区图的绘制，了解国内中职阶段应用混合式教学的研究趋势。研究发现：国内中职教育阶段应用混合式教学开展实践，语言类课程以中职语文为主，技能类课程以计算机教学为主；文献研究呈现向不同专业课程深化应用的趋势，聚焦于混合式教学促进课程教学效果的研究主题；但仍需要对中职不同专业应用混合式教学中的教学资源、教学策略进行更加深入的研究，以促进中职生在不同学科核心素养的培养。

关键词：中职；混合式教学；CiteSpace 可视化分析

一、引言

混合式教学通过教师主导教学和学生自主学习的结合，依托丰富的在线教学资源让学生自主完成对课程内容的自学，加以课堂面对面教学使学生对知识进行深度把握。基于教育现代化 2035 战略提出全面提高人才培养质量核心任务，中职教育阶段需结合中职生身心发展特点构建适切教学模式，充分利用信息化教学环境提升教师信息化教学能力，促进中职学生职业技能的发展。

二、研究准备

（一）研究方法

基于知识图谱可视化分析视角，研究利用文献计量法，从中职教育阶段应用混合式教学的发展历程、课程类型占比及教学平台三方面对文献数据进行分析。研究工具为可视化分析软件 CiteSpace(由美国德雷塞尔大学信息科学与技术学院陈超美教授研发)①。首先,研究从共现网络分析角度,进行中职应用混合式教学的关键词共现与聚类分析,以总结中职应用混合式教学的关注话题。其次,研究从关键词时间线出发,总结归纳混合式教学应用于中职教育阶段的发展历程。最后,从关键词时区图进行研究趋势的分析,并探寻中职教育应用混合式教学需要注意的几个方面。

(二)研究数据来源

本文以中国知网期刊数据库为数据来源,在高级检索栏目下以"中职"并"混合式教学"为主题词进行"精确"检索,不设检索年限,截至 2021 年 5 月,经去重,剔除无关文献和重复文献,最终筛选得到 242 篇有效文献。

三、中职混合式教学文献研究的可视化分析

通过 CiteSpace 可视化分析,发现 2000 年以前未出现关键词,故在软件中进行时间段的设置为 2000 年到 2021 年,时间切片为 5 年,得到图 1。

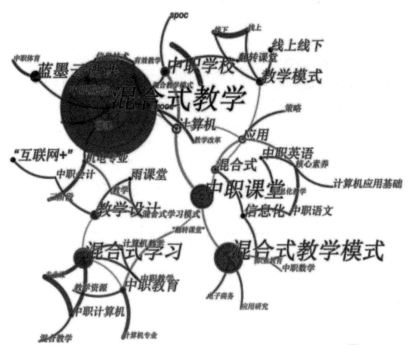

图1　关键词共现图谱

---

① CHEN C. Cite Space Ⅱ:Detecting and visualizing emerging trends and transient patterns in scientific literature[J].Journal of the american society for information science and technology,2006,57(3):359-377.

(一)高频关键词分析

1. 混合式教学模式

文献研究主要关注于将混合式教学模式应用于中职课堂当中。2017年,原始文献被引最多的是张其亮所提出的翻转课堂混合式教学模式,分别为教师和学生构建了在线和课堂的模块,从授课情况、学生学习情况,到学生自身能力培养情况都得到大幅度改善[1]。袁星华等利用其模式对中职数控专业进行教学实践,通过划分整体课程、搭建学习平台、调动学生的参与积极性等,为学生的兴趣和动力提供了更稳定的脚手架[2]。

从时间上看,混合式教学模式应用于中职教育开始的比较晚,环境建设和教师准备度还达不到,混合式教学应用于中职教育还需逐步推进。

2. 混合式学习

与"混合式学习"关键词共现次数较多的是"中职计算机""专业课""教学设计"等。于继华在2012年分析了中职生的特点,并探究了混合式学习如何促进中职生在计算机专业课中的学习,探讨在教学环节、教学资源和促进学生实践上如何体现学生主体性[3],但对混合式学习的理解以及模式分解还缺乏深度。对于让学生进行混合学习,混合的内容、时间、方法等多项要素的把握教师必须拥有清楚的认知,不同的课程内容需要采用不同的"混合"方法。

3. 以蓝墨云班课为主的教学平台

混合式教学依托于一定的网络教学环境,以丰富的在线教学资源为基础,让学生在线上自主学习的过程中能够促进自身知识的建构。随着互联网技术的发展,产生了大量的网络教学平台,通过关键词频数的排序,得到各网络教学平台的占比情况(见表1)。蓝墨云班课、雨课堂、超星学习通是很多研究者在应用混合式教学模式时普遍采用的教学平台。这些在线教学平台包含对教学要素的管理(如学生互动、资源、作业等)。由此可以看出,基于网络教学平台可以让教师更高效地组织和管理教学,让学生拥有更强的在线学习体验感。

表1　在线教学平台频数占比表

关键词	频数占比
蓝墨云班课	3.35%
雨课堂	1.05%
超星学习通	0.63%
网络教学平台	0.42%
微信	0.42%

---

[1]　张其亮,王爱春.基于"翻转课堂"的新型混合式教学模式研究[J].现代教育技术,2014,24(4):27-32.

[2]　袁星华,李丽.基于"翻转课堂"的中职数控专业课混合式教学模式研究[J].中国多媒体与网络教学学报(中旬刊),2019(5):163-164.

[3]　于继华.混合学习模式在中职计算机教学中的应用[J].农业网络信息,2012(6):133-134,137.

（二）关键词聚类及时间线图分析

1.聚类分析

通过 Citespace 绘制关键词聚类图,Q 值为 0.75 大于 0.3,说明聚类结构显著,S 值为 0.68 大于 0.5,说明聚类是合理的。通过图 2 可看出,形成六个聚类,分别是♯0 混合式教学模式、♯1 中职语文、♯2 三阶段、♯3 混合式教学、♯4 计算机教学、♯5 线上线下、♯中职教育。

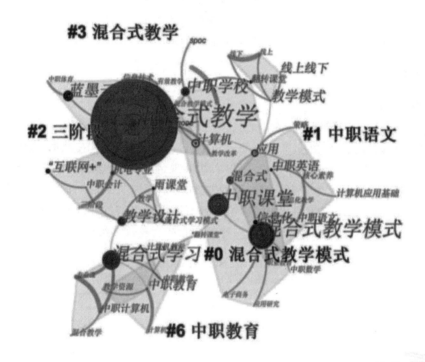

图 2　关键词聚类图

2.中职应用混合式教学文献研究的发展历程

为了了解国内中职学校应用混合式教学研究的发展历程,通过 CiteSpace 工具进行时间线图的绘制,分析中文数据库中 2011 到 2021 年间中职阶段应用混合式教学研究的文献内容,可将其大致分为三个阶段。

第一阶段为中职教育混合式教学初探期(2011—2015 年)。在中国知网中文期刊数据库中最早出现中职教育应用混合式教学的文献发表于 2011 年,这一时期的文献大部分是结合混合式学习培养中职生在计算机基础应用方面的探讨。这几年的中职混合式教学实践具备了基本的混合式教学模式理念和实施条件,国内众学者们对混合式教学的教学模式构建做了多方面探寻,但中职教育混合式教学实践范围较为局限,仍需继续深入探索。

信息技术教育研究进展(2021)

第二阶段为中职教育混合式教学完善期(2015—2019年)。2015年以后,教育部相继颁布关于做好职业教育教学资源库、推荐职业教育信息化教学专家、职业教育改革等方面的通知,如此一来,中职教育应用混合式教学的"施展空间"逐步扩大。从2015年到2019年,关键词节点数量增多,集中于混合式教学对特定专业的应用。这一阶段中职教育逐步在各专业领域进行混合式教学实践并重视在各教学环节的教学设计。

第三阶段为中职教育混合式教学进化期(2019至今)。这一阶段,出现了文献研究加快发展的景象,文献研究在所有检索文献数量中占比为73%,关注依托一些教学平台进行教学,也将视角转移到如何通过混合式教学培养中职生的学科核心素养的策略探究上,但建立可检测、可操作的教学评价标准是今后待解决的难题。

综合以上文献研究来看,中职教育阶段应用混合式教学研究从尝试应用到融合教学,逐步向探寻教学模式融合提升专业技能的培养和发展深化。

(三)研究趋势分析

1. 突现词分析

在CiteSpace中对关键词进行聚类后,在Control Panel选择Burstness中的view,共检测到2个突现词:混合式学习、蓝墨云班课(图3)。"混合式学习"持续时间为2011年到2017年,2011年是"混合式教学"与"中职"首次共现,混合式教学模式影响教师的教学策略的同时,混合式学习成为学生学习的新型方式,今后仍是持续热门的学习方式。"蓝墨云班课"持续时间为2018年到2019年,蓝墨云班课以其丰富的在线教学资源、灵活的活动及课堂管理、伴随性的数据评价等多项特色功能被众多教学实践者所喜爱。

Top 2 Keywords with the Strongest Citation Bursts

Keywords	Year	Strength	Begin	End	2000-2001
混合式学习	2000	3.1541	2011	2017	————
蓝墨云班课	2000	3.6402	2018	2019	————

图3　关键词突现图

2. 研究趋势分析

根据发文量的趋势来看(见图4),混合式教学在中职领域的文献研究趋势是平缓上升的,从2017年起文献数量开始骤增,主要是由于国家陆续发布相关政策加强职业教育信息化建设的实施力度。

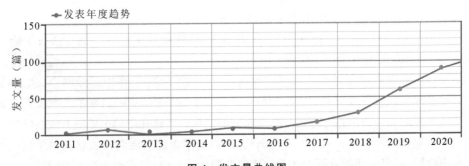

图4　发文量曲线图

使用 CiteSpace 工具进行关键词时区分析,得到图 5。为了了解混合式教学在中职领域的文献研究趋势,将对 2015 年至 2020 年这一时间段的文献进行分析。这一阶段的文献研究的关键词主要有混合式学习模式、计算机应用基础、线上线下等。

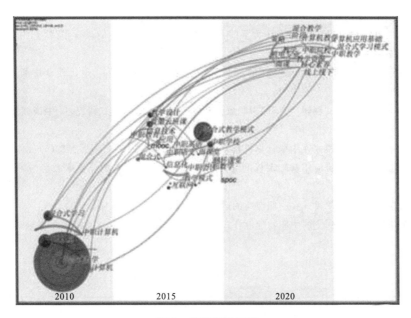

图 5　关键词时区图

四、研究结论

(1)发文量逐年上升并于 2017 年后数量骤增。到了 2017 年后,教育部对于职业教育的教学标准、教学改革实施方案、提质培优计划等众多政策的顶层设计,让中职教育对信息化教学环境、教学质量方面都进行了改进和提升。

(2)相关文献的研究类别主要是混合式教学模式、计算机教学两大类。混合式教学模式是线上教学和线下教学相结合,并进行三阶段式教学的模式已在业界形成共识;计算机课程教学最先能够有各方面的准备度进行混合式教学的实施,对这方面的文献研究占比较大。

(3)文献研究向“教学资源”“教学策略”“核心素养”等方向发展。国家为实现职业教育现代化,要提高中等职业教育发展水平,将混合式教学模式应用于中职课程教学当中,有利于教学资源的有效输送,改进中职教育的教学策略,促进职业教育公平。

中职教育混合式教学的理论与实践研究仍在探索的路上,通过国家对职业教育各方面工作的支持与帮助,中职院校也应当加强对学校教师在信息化教学能力方面的培训,组建高素质高技能的教师队伍。

参考文献

[1]CHEN C.Cite Space Ⅱ：Detecting and visualizing emerging trends and transient patterns in scientific literature[J].Journal of the american society for information science and technology,2006,57(3):359-377.

[2]余胜泉,路秋丽,陈声健.网络环境下的混合式教学——一种新的教学模式[J].中国大学教学,2005(10):50-56.

[3]张其亮,王爱春.基于"翻转课堂"的新型混合式教学模式研究[J].现代教育技术,2014,24(4):27-32.

[4]袁星华,李丽.基于"翻转课堂"的中职数控专业课混合式教学模式研究[J].中国多媒体与网络教学学报(中旬刊),2019(5):163-164.

[5]于继华.混合学习模式在中职计算机教学中的应用[J].农业网络信息,2012(6):133-134,137.

[6]马子毅.中职计算机应用基础课程的混合式学习探讨[J].广东职业技术教育与研究,2011(4):41-43.

[7]郑启慧.混合式教学模式在中职课堂的运用[J].才智,2014(28):92.

[8]丁蕾.基于"互联网+"的中职物理混合式教学[J].中国电化教育,2016(3):141-145.

专题六

中小学人工智能教育教学研究

近五年我国中小学人工智能教育的研究综述

郭可欣　刘俊强

（哈尔滨师范大学,黑龙江哈尔滨　150000）

摘　要:近年来,随着人工智能的发展,人工智能教育已逐步渗透到中小学教育领域,对于我国创新人才的培养具有重要意义。为了进一步了解我国中小学人工智能教育的发展现状,本文运用文献分析、内容分析等方法,通过对《电化教育研究》《中国电化教育》《现代教育技术》等7种核心期刊近五年论文的筛选,从课程、教学、相关研究等视角对我国中小学人工智能教育研究的文献进行了较系统的梳理,在此基础上提出了现阶段我国中小学人工智能教育研究存在的问题以及对未来中小学人工智能教育发展与研究的启示,以期为我国中小学人工智能教育研究提供参考。

关键词:中小学;人工智能教育;课程;教学

引　言

人工智能教育是指以人工智能的认识、体验、模拟创造和应用探索为教学内容的教育活动,教学内容丰富且自成体系,具有内在的连贯逻辑性[①]。近年来,我国高度重视人工智能教育。2017年,国务院颁布的《新一代人工智能发展规划》中指出:中小学需设置人工智能教育课程,构建中小学人工智能课程体系[②],这是开展全民智能教育的基础。2018年,《教育信息化2.0行动计划》中提到:要提升学生的信息素养,完善人工智能教育课程标准和课程内容[③]。2019年,教育部部长陈宝生在国际人工智能与教育大会中指出:智能时代已然到来,孩子们需要做的是迎接智能时代,做好学习、生活、就业等各方面准备[④]。

---

① 王海芳,李锋.人工智能应用于教育的新进展[J].现代教育技术,2008,18(S1):18-20.

② 国务院.新一代人工智能发展规划[EB/OL].(2017-08-24)[2021-03-07].http://www.gov.cn/zhengce/content/2017-07/20/content_5211996.htm.

③ 中华人民共和国教育部.关于印发《教育信息化2.0行动计划》的通知[EB/OL].(2017-04-18)[2021-03-07].http://www.moe.edu.cn/srcsite/A16/s3342/201804/t20180425_334188.html.

④ 教育部部长陈宝生在国际人工智能与教育大会上作主旨报告[EB/OL].(2019-05-17)[2021-03-07].http://laws.ict.edu.cn/laws/jianghua/cbs/n20190517_58978.shtml.

自 2003 年起,人工智能教育课程的实施,不仅开始在信息技术课程中开设,而且也渗透到了中小学 STEM 课程、创客课程、机器人课程之中,在未来,我国的中小学人工智能教育课程会得到更好推广。

一、中小学人工智能教育研究的基本情况

本文基于中国知网(CNKI)数据库,设定"人工智能教育"为主题,"中小学""基础教育"为关键词进行检索,选定文献发表时间为 2016 年 2 月—2021 年 2 月,精简处理后得到有效文献 140 篇。

(一)年发布量

由图 1 可见,中小学人工智能教育的相关研究总体呈上升趋势。其中在 2016 年涉及量少,自 2017 年《新一代人工智能发展规划》颁布以及"人工智能初步"被列入新课标必修模块中后,增幅明显上升。截至 2021 年 2 月,相关文献的数量依然呈现增长趋势。由于2021 年选定文献数量只包含在 2 月份内,因此图中 2021 年度文献数量有所下降,但可预估中小学人工智能教育依然是研究的热点问题。

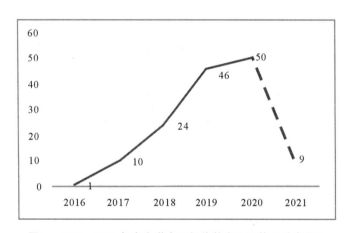

图 1　2016—2021 年中小学人工智能教育 140 篇文献变化图

(二)期刊分布

统计文献发布量大于 2 的期刊,生成 2016 年 2 月—2021 年 2 月期刊发布量统计图,如图 2 所示。

根据图 2 将文献来源锁定为发布数量排名前六位的核心期刊,《中国电化教育》《现代教育技术》《远程教育杂志》《电化教育研究》《现代远程教育研究》《开放教育研究》《基础教育课程》,得到文献 42 篇。对前六位核心学术杂志进行分析可知:中小学人工智能教育的相关研究具有较强的专业性、技术性,在某种程度上属于教育技术研究范畴,因此,其发展需要教育技术领域的研究者的推动和引导。

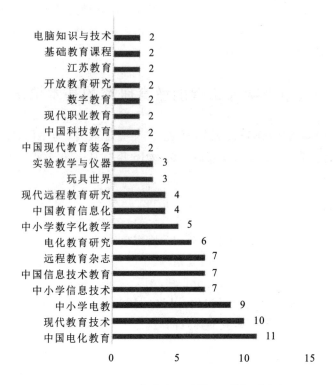

图2 2016—2021年发表文献量＞2的期刊分布

二、中小学人工智能教育的课程研究

(一)课程定位

课程建设是基于社会、学习者、知识三者之间矛盾关系而展开的。要建设中小学人工智能教育课程体系,必须正确把握中小学人工智能课程整体框架。刘栋等基于领域知识的认识,运用泰勒的课程开发框架构建了一种人工智能教育课程群的广义框架,包含三部分:主干学科科目组、领域应用科目组、基础学科科目组,并说明了各科目组与知识领域的映射关系①。于勇等对日本中小学人工智能教育课程体系进行分析,认为现阶段我国中小学人工智能教育体系的建立需与其他现有不同课程进行融合,并根据学习者的认知特点建立分层实施步骤②。王本陆等将中小学人工智能教育界定为:使用数字终端设备和基于人工智能技术的数字化软件,以培养"创造力、人文素养和计算思维"的学生为目标的

---

① 柳栋,马涛,容梅,等.中小学人工智能课程群建设的一种跨领域开放框架[J].中国电化教育,2020(12):16-21,28.

② 于勇,徐鹏,刘未央.我国中小学人工智能教育课程体系现状及建议——来自日本中小学人工智能教育课程体系的启示[J].中国电化教育,2020(8):93-99.

跨学科综合实践课程①。综上所述,研究者们观点的核心都是人工智能教育课程的整体设计要确保不同领域、不同学科的交叉融合,这种融合也是未来的一种发展趋势。但由于中小学人工智能教育的内容具有一定的复杂性与烦琐性,如何将二者进行融合,目前还没有特别成熟的理论和实践研究进行支撑。

(二)课程目标

中小学人工智能课程目标规定着教学目标的指向。从现有的研究结果来看,研究者对课程目标的定位各有偏重。有研究表明,全面推进人工智能教育,主要指向培养学生的编程能力与计算思维②。此类观点偏重于培养人工智能的专业人才。张丹等认为人工智能课程目标需要从操作技能训练转向信息素养提升,重在培养学生的信息意识、计算思维、数字化实践能力③。此类观点偏重于培养人工智能时代全面发展的人。方圆媛等认为中小学阶段开设人工智能课程,不是学习编程技术,不是使用人工智能产品,而是帮助学生形成一定的思维能力,学会解决问题的方式方法,学会适应智能环境,或为走上 AI 专业道路奠基。综合以上观点可知,定向于人工智能教育的课程目标不仅要培养未来 AI 专业人才,更要培养适应人工智能时代全面发展的人。

(三)课程内容

课程内容是课程建设的重点,中小学人工智能课程建设处于初步探索期,课程内容体系受到了诸多研究者的关注。陈凯泉等认为应根据学段以体验、操作、设计为侧重点将人工智能课程定位为技术类课程,认为小学设置的相关内容应围绕程序设计与感受机器人,获得感性经验;初中应培养机器人制作与应用技能,解决学习与生活中的问题;高中应了解程序设计思想与基本编程方法,发展学生个性,形成人工智能信息文化能力。谢忠新等参考了皮亚杰的认知发展规律理论设计了中小学人工智能的课程目标,并依据此从三个不同侧重点——感悟、体验、创新提出了相应的课程内容体系,见图3④。

王本陆等从人工智能课程专业性的角度出发,将人工智能课程内容设置为从边缘到中心逐级增强的课程层级系统,见图4。通过上述研究者的研究,可以看出虽然研究者们提出的课程内容角度不同、学段划分不同、课程定位不同,但是"体验""创新"是这些课程内容体系中的共同组成要素。有鉴于此,"体验"是中小学人工智能课程内容设计的灵魂,体验可以引发兴趣,在中小学阶段人工智能内容的设计要避免复杂,主要是保护和发展学习者的人工智能兴趣,培养人工智能素养以及培养创新能力。

———————————

①　王本陆,千京龙,卢亿雷,等.简论中小学人工智能课程的建构[J].教育研究与实验,2018(4):37-43.

②　陈凯泉,何瑶,仲国强.人工智能视域下的信息素养内涵转型及 AI 教育目标定位——兼论基础教育阶段 AI 课程与教学实施路径[J].远程教育杂志,2018,36(1):61-71.

③　张丹,崔光佐.中小学阶段的人工智能教育研究[J].现代教育技术,2020,30(1):39-44.

④　谢忠新,曹杨璐,李盈.中小学人工智能课程内容设计探究[J].中国电化教育,2019(4):17-22.

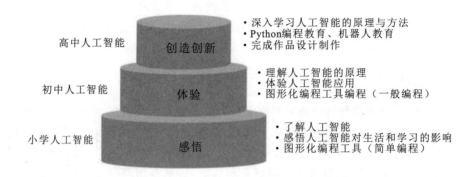

图3　中小学人工智能课程体系设计

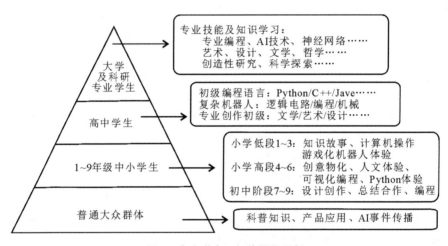

图4　中小学人工智能课程层级

(四)课程资源

课程资源是进行人工智能教育的实施载体,在课程建设中有着重要的地位。有研究表明,人工智能教育装备之间需彼此配合,比如:智能编程平台和智能机器人的配合(通过ukit编程软件发布命令使机器人动起来)才能实现人工智能的体验教学与实践教学[①]。同时,又有研究提出,教材是最有影响力的课程资源,是开展教学的重要依据和示范[②]。教育部门应该建立和细化教材的选用制度,通过制度来确保教材的质量问题[③],到2020年7月,剔除人工智能科普类教育书目,我国已开发出45种有关中小学人工智能教育相关的教材。在此基础上,要保障人工智能课程的顺利实施,更要关注和解决好教师资源的

---

① 刘俊波,乐进军.中小学人工智能课程建设初探[J].基础教育课程,2020(1):16-20.
② 赵慧臣,张娜钰,闫克乐,等.高中人工智能教材的特征、反思与改进[J].现代教育技术,2019,29(11):12-18.
③ 索桂芳.课程与教学论[M].北京:北京师范大学出版社,2016.

问题。《教育部教师工作司 2018 年工作要点》中提出启动"人工智能＋教师队伍建设行动"的计划，主要是为了应对新技术变革，探索信息技术与人工智能支持的教师教育、教师决策等路径。尽管目前为止我国仍缺乏课程资源，但这些研究与政策的颁布为课程资源的建设提供了着手的方向与角度。

(五)课程评价

从参与评价主体来讲，目前学界普遍认为，中小学人工智能课程评价可以从实施者、设计者、管理者、学习者等方面进行较为全面的评价，但就实施情况而言，课程评价主体比较单一。例如：张志新等在研究 A 市中小学人工智能课程中发现课程评价只从学生以及学校的角度出发，并未从第三方专家角度对课程进行评价，这表明课程评价的主体性、专业性有待提高；从评价内容来讲，注重学生认知领域的评价，忽视学生学习过程、能力培养以及情感态度等方面的评价。从评价方式来讲，詹泽慧等基于对高中四册《人工智能初步》教材的内容分析，认为评价方式主要应以项目的学习评价为主、知识检测为辅，更关注学生高阶能力的发展。还有研究者认为评价方式主要以过程性评价中的问题提出、课堂互动以及总结性评价中的知识自检、自评总结为主。从使用评价工具来讲，各研究者只是发现了课程中缺乏"评价量规"等工具的使用等问题，但并未给出具体解决措施。

三、中小学人工智能教育的教学研究

人工智能属于计算机学科分支，将其知识加入中小学课程中，对于学习者而言具有一定难度。而且，作为一种综合实践类课程，传统的授递教学模式已不适合于中小学人工智能教育。研究发现，更多的研究者在讨论基于"项目—任务—活动"的项目式教学模式，此模式在体验、应用的基础上，更强调发展学生的创造力、人文素养、计算思维等。可见，研究者们认为在选择中小学人工智能教育的教学模式时，要以体验性、实践性为基础，在项目中融合多学科知识，充分发挥学习者的主动性，最终目的是发展学习者的核心能力。

相较于中小学人工智能教育课程层面的研究，教学层面的研究文献数量相对较少，研究视角也相对局限，仅停留在教学模式的探讨上。可见，目前我国人工智能教育的探索仍然停留在课程层面，主要探讨中小学人工智能课程怎么设置，真正进入学校课堂的相对较少，很难落实在教学环节中。

四、中小学人工智能教育的其他相关研究

研究者们在探讨了中小学人工智能课程和教学研究之外，还在以下几个方面进行了研究和探索。

第一，从改进课程实施相关建议看，相关研究者认为课程标准、课程设置、教材选用、资金保障、人工智能课程如何与其他学科融合等方面是现阶段人工智能教育面临的难题。因此，教育行政部门应采取措施，发挥自身引导作用，组织各类教育人员研制完整的中小

学人工智能课程标准体系,与各专家研究者、一线教师研发教材,并且提供相应的政策资金支持。

第二,从外部资源建设与利用看,研究者对于中小学如何与高校、企业、社会机构合作、如何改善人工智能教育生态圈有共同的看法,认为学校可基于教育生态圈的理念,通过与其他企业、社会机构合作,建设人工智能平台、学习空间等,实现资源共享,随时可学。

第三,从师资队伍建设看,张志新、张珊珊等认为教育部门应建立中小学人工智能教师资格认定制度,并从职前职后两个角度进行讨论:从职前教育看,目前还没有专门培养人工智能师资的专业;从职后教育看,中小学可通过开展各类教师培训项目,比如"国培""省培"等提高教师相关业务能力。又有研究者认为,中小学很难招聘到精通人工智能和教育的跨学科人才,培养人工智能师范专业教师又不具现实性,信息技术教师仍然是人工智能课程开发与建设的主力军。尽管研究者研究的师资建设方向不同,但不论何种培养方式,都能够推进人工智能师资队伍的建设。

五、问题及启示

综上所述,尽管中小学人工智能教育越来越受到人们关注,以往也对中小学人工智能课程、教学、策略等进行了研究,但现有这些研究仍存在一些问题。

(一)对中小学人工智能课程的定位界定不清

我国多数研究者认为人工智能课程主要是培养人的创造力、人文素养和计算思维。但是教师在课程实施过程中却着重培养了学习者的操作技能,产生这种情况主要是对人工智能课程定位不清。由于对课程定位不清,人工智能课程的培养目标也出现了偏差。因此,在未来的研究中可以对人工智能的课程定位进行深入探索。如将中小学人工智能教育的各种概念进行分类,以便对课程进行准确定位,避免中小学人工智能教育的培养目标发生偏离;还可以将 STEM 教育、创客教育、机器人教育的教育理念融合于中小学人工智能课程中,但这种融合不等于过分模仿,这将导致中小学人工智能课程定位泛化。

(二)对中小学人工智能教育的师资队伍建设方向不明确

研究者认为,中小学人工智能教师可由信息技术教师来担任,一般信息技术教师同时兼任两职,其具备的专业知识与能力还未能达到人工智能专业教师的要求。又由于人工智能所学领域广、内容更新快、技术应用多,需不断学习,非专业人工智能教师很难把握人工智能课程的顺利实施。那么对于同时兼任两职的信息技术教师,是该学习人工智能知识、技术,还是保障教学顺利实施?怎样兼顾?本文认为可探讨一种"双师型"的信息技术教师,各中小学可请高等院校人工智能专业的教师进入中小学进行兼职授课,并给中小学信息技术教师培训人工智能知识,以此来推动中小学人工智能教育的发展;我国也可制定相关政策来解决教师的培养问题,如在高校开设专门的人工智能教师专业,填补教师缺口。

(三)对中小学人工智能教育课程的评价关注度不高

从现有的文献来看,中小学人工智能教育的评价体系是一个比较新的领域。现有的中小学人工智能课程教学评价主体比较单一,评价内容简化,评价工具缺乏。2020年国务院印发了《深化新时代教育评价改革总体方案》,提出了教育评价需改进结果评价,强化过程评价,探索增值评价,健全综合评价,充分利用信息技术,提高教育评价的科学性、专业性、客观性。可见,科学的评价体系对教育有着至关重要的作用。因此,在未来的研究中,研究者可依据此文件对中小学人工智能教育中各评价问题进行深入探索,比如可基于课程培养目标、课程内容、课程资源等宏观层面进行全方位、多元化的评价;也可探讨某个领域如学生对知识内容建构过程的评价,关注学生课前、课中、课后的知识体系动态变化,制定适合的评价量表进行测量,逐渐健全完善评价体系。

参考文献

[1]王海芳,李锋.人工智能应用于教育的新进展[J].现代教育技术,2008,18(S1):18-20.

[2]国务院.新一代人工智能发展规划[EB/OL].(2017-08-24)[2021-03-07].http://www.gov.cn/zhengce/content/2017-07/20/content_5211996.htm.

[3]中华人民共和国教育部.关于印发《教育信息化 2.0 行动计划》的通知[EB/OL].(2017-04-18)[2021-03-07].http://www.moe.edu.cn/srcsite/A16/s3342/201804/t20180425_334188.html.

[4]教育部部长陈宝生在国际人工智能与教育大会上作主旨报告[EB/OL].(2019-05-17)[2021-03-07].http://laws.ict.edu.cn/laws/jianghua/cbs/n20190517_58978.shtml.

[5]张剑平,王益.机器人教育:现状、问题与推进策略[J].中国电化教育,2006(12):65-68.

[6]深圳市教育局.关于人工智能与机器人走进中小学课堂项目实施工作计划通知[EB/OL].(2007-09-06).http://www.docin.com/p-1056281920.html.

[7]周建华,李作林,赵新超.中小学校如何开展人工智能教育——以人大附中人工智能课程建设为例[J].人民教育,2018(22):72-75.

[8]广州市教育研究院.广州创建全国智慧教育示范区的优秀成果——《人工智能》教材[J].教育导刊,2020(4):2.

[9]马涛,赵峰,王有学,等.海淀区中小学人工智能教育发展之路[J].中国电化教育,2019(5):128-132.

[10]方圆媛,黄旭光.中小学人工智能教育:学什么,怎么教——来自"美国 K-12 人工智能教育行动"的启示[J].中国电化教育,2020(10):32-39.

[11]柳栋,马涛,容梅,等.中小学人工智能课程群建设的一种跨领域开放框架[J].中国电化教育,2020(12):16-21,28.

[12]于勇,徐鹏,刘未央.我国中小学人工智能教育课程体系现状及建议——来自日本中小学人工智能教育课程体系的启示[J].中国电化教育,2020(8):93-99.

[13]王本陆,千京龙,卢亿雷,等.简论中小学人工智能课程的建构[J].教育研究与实验,2018(4):37-43.

[14]陈凯泉,何瑶,仲国强.人工智能视域下的信息素养内涵转型及 AI 教育目标定位——兼论基础教育阶段 AI 课程与教学实施路径[J].远程教育杂志,2018,36(1):61-71.

[15]张丹,崔光佐.中小学阶段的人工智能教育研究[J].现代教育技术,2020,30(1):39-44.

[16]谢忠新,曹杨璐,李盈.中小学人工智能课程内容设计探究[J].中国电化教育,2019(4):17-22.

[17]刘俊波,乐进军.中小学人工智能课程建设初探[J].基础教育课程,2020(1):16-20.

[18]赵慧臣,张娜钰,闫克乐,等.高中人工智能教材的特征、反思与改进[J].现代教育技术,2019,29(11):12-18.

[19]索桂芳.课程与教学论[M].北京:北京师范大学出版社,2016.

[20]王东丽,周德青,王亚如,等.中小学人工智能教材综述——基于45本已出版教材的分析[J].现代教育技术,2021,31(2):19-25.

[21]中华人民共和国教育部.关于印发《教育部教师工作司2018年工作要点》的通知[EB/OL].(2018-01-24).http://www.moe.gov.cn/s78/A10/tongzhi/201801/t20180124_325390.html.

[22]张志新,杜慧,高露,等.发达地区中小学人工智能课程建设现状、问题与对策——以某"新一线"城市为例探讨[J].中国电化教育,2020(9):40-49.

[23]詹泽慧,钟柏昌.高中人工智能教育应该教什么和如何教——基于四本《人工智能初步》教材的内容分析[J].电化教育研究,2020,41(6):68-74,82.

[24]李天宇.基于STEAM教育的中小学人工智能教育研究——以"机器会思考吗"一课为例[J].现代教育技术,2021,31(1):90-97.

[25]马超,张义兵,赵庆国.高中《人工智能初步》教学的三种常用模式[J].现代教育技术,2008(8):51-53.

[26]余燕芳,李艺.基于计算思维的项目式教学课程构建与应用研究——以高中信息技术课程《人工智能初步》为例[J].远程教育杂志,2020,38(1):95-103.

[27]赵飞龙,钟锟,刘敏.人工智能科普教育探究——以初中"语音合成"课为例[J].现代教育技术,2018,28(5):5-11.

[28]张珊珊,杜晓敏,张安然.中小学开展人工智能教育的挑战、重点和策略[J].中国电化教育,2020(11):67-72,96.

[29]中共中央国务院印发《深化新时代教育评价改革总体方案》[EB/OL].(2020-10-13)[2021-03-07].http://http://www.gov.cn/zhengce/2020-10/13/content_5551032.htm.

高中必修课进行人工智能教育探究

钟健华 张予瑶 白鑫鑫 孙书明

（清华大学附属中学,北京市 100084）

摘 要:在高中阶段开展人工智能教育、培养人工智能人才非常重要。目前的高中必修教材中对人工智能方法的知识涉及较少,因此,我们尝试对教材进行二次开发,增加人工智能方面的实践体验,增加人工智能算法与程序实现方面的内容,帮助学生对人工智能有更广泛、更深入的了解,同时培养学生的计算思维和编程能力,为培养人工智能方面的人才奠定基础。

关键词:人工智能教育;算法与程序实现;教材二次开发

一、概述

目前普通高中均开设了信息技术课程,有必修和选修课程两种形式在全体学生中普及人工智能教育。笔者所在的学校是一所北京市示范高中校,学生具有较好的文化课基础,喜欢接受新的知识,对新知识的接受能力较强,有利于普及人工智能教育。我校使用的教材是人民教育出版社和中国地图出版社联合出版的《信息技术·必修1》和《信息技术·必修2》。教材中必修1的第2章为《算法与程序实现》,介绍了 Python 程序设计;第4章为《走进人工智能》,介绍了人工智能相关的通识知识。由于篇幅限制,人工智能的应用、人工智能的相关算法及算法的 python 程序实现等内容未能展开。为了让学生更好地体验人工智能的实际应用、了解人工智能的编程方面的知识,我们将教材进行二次开发,调整教材顺序,增加人工智能相关内容。

二、课程二次开发的主体思路

算法与程序实现是人工智能实现的基础,人工智能算法的实现首先要对数据进行处理,然后才能进行数据训练、模型构建等操作,最后可以用训练好的模型进行推理等应用。

根据学生的学习进阶顺序及人工智能的流程,调整课程章节顺序。教材中的 4 章相关内容调整后的顺序如图 1 所示。

图 1　调整后的课程章节教学顺序

三、各章节的授课思路及课例

(一)在《算法与程序实现》单元,增加人工智能人机交互体验及二分查找算法

教材中的算法流程归纳为三种基本结构:顺序结构、选择结构和循环结构。在顺序结构和选择结构部分增加图形化人机交互的内容。

在数据输入输出部分,用 easygui 模块实现图形界面的输入输出,例题如下:

例题 1:小红在网上查到女儿的身高与父母的身高之间的关系可以用下面公式表示:女儿身高(厘米)＝(父亲身高×0.923＋母亲身高)÷2,请你编写程序,通过键盘输入小红父母的身高,计算并显示出小红成年后身高的预测值。

程序的运行结果如下:

第一步,在屏幕上弹出一个输入框,我们可以输入小红父亲的身高,比如 180。

第二步,在屏幕上又弹出一个输入框,我们可以输入小红母亲的身高,比如 160。

第三步,根据公式计算小红的身高,最后弹出一个消息框,显示小红身高的预测值。

在数据输出部分,使用 pyttsx3 模块让学生体验语音合成,将程序结果文字用语音说出来。

在选择结构部分,使用 easygui 模块的 choice 函数实现通过点击按钮实现交互。例题如下:

例题 2:编程实现通过按钮选择一种你喜欢吃的水果。

程序的运行效果如下:

首先程序会弹出一个对话框,用户可以点击一个喜爱的水果按钮。

选择喜欢吃的水果按钮,然后程序会弹出一个消息框,显示用户喜欢的水果。

在循环结构部,增加三部分内容:

第一部分内容为:使用 while 循环语句结合 easygui 模块和 random 模块实现猜数游戏,例题如下:

猜数游戏:由计算机生成一个 100～200 之间的随机整数,请用户去猜这个数。如果猜对了,显示"猜对了",并显示猜数次数,游戏结束。如果猜错了,计算机会提示用户猜的数太大了还是太小了,用户可以尝试再输入一个更小的或更大的数,直到用户猜对为止。

解题步骤:

步骤1:计算机生成一个100～200之间的随机整数 a;

步骤2:猜数,提示用户输入100～200之间的一个整数 x;

步骤3:变量 i 记录猜数次数,初始值为1;

步骤4:比较 x 和 a 的值,如果 $x!=a$,则执行步骤5,否则执行步骤9;

步骤5:如果 $x<a$,提示"猜小了",让用户继续猜数并且执行步骤7,否则执行步骤6;

步骤6:提示"猜大了",并且让用户继续猜数;

步骤7:猜数次数 i 增加1;

步骤8:返回执行步骤4;

步骤9:显示"猜对了",并显示猜数次数。

运行结果如下:

(1)首先出现猜数提示,用户可以输入所猜数字。

(2)如果猜的数比机器产生的数大了,则提示"太大了"并让用户继续猜数。

(3)如果猜的数比机器产生的数小了,则提示"太小了"并让用户继续猜数。

(4)如果猜的数和机器产生的数相等,则显示"猜对了",并显示猜数次数。

第二部分内容为:介绍人工智能相关的二分查找算法,利用 easygui、playsound 实现机器猜数。例题如下:

> 读心术:用户想一个正整数 a 到 b 区间的数字,让计算机猜,计算机显示所猜数字,如果数大了,用户告诉计算机大了;如果数小了,用户说小了;如果数对了,用户说对了。请编写程序模拟计算机猜数过程。

算法解析:

我们可以让机器使用折半查找的方法进行猜数。假设用户让计算机猜的数是1～10之间的一个数4,计算机第一次猜的数为 $(1+10)/2$ 的计算结果5,大了,则计算机第二次猜的数为 $(1+4)/2$ 的计算的结果2,小了,则计算机第三次猜的数为 $(3+4)/2$ 的计算结果3,小了,则计算机第四次猜的数为 $(4+4)/2$ 的计算结果4,猜对了。

第三部分内容为:while 循环语句结合 mkcloud 模块,体验与机器人聊天。

Python 的 mkcloud 模块可以实现与机器人聊天。

输入并运行图2所示的程序,体验人与机器聊天的过程:

```
File Edit Format Run Options Window Help
#导入mkcloud模块
import mkcloud
#反复执行while循环
while True:
    #输入与机器对话的内容,并赋值给变量say1
    say1= input("你要说点什么：")
    #机器根据say1的内容进行对话,并将对话内容赋值给response
    response = mkcloud.robot.chat(say1)
    #显示机器的对话内容
    print(response)
```

图2　人与机器人聊天程序

程序的运行结果如图 3 所示。

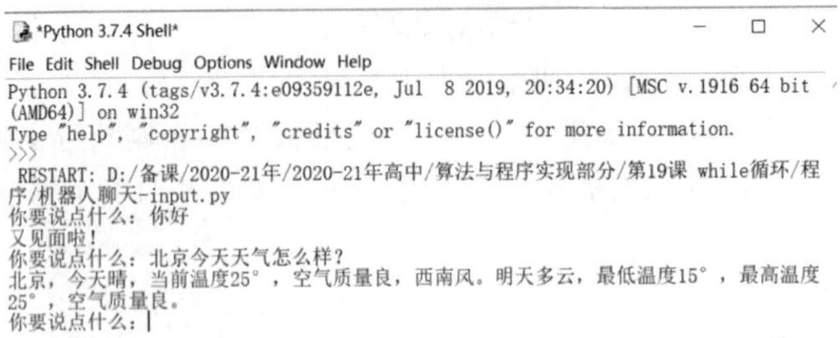

图 3　人与机器人聊天程序输出

(二)在第 4 章《走进智能时代》增加实践体验和人工智能算法的 Python 实现内容

第一部分:增加人工智能的实践体验

实践 1:在微信中搜索"百度 AI 体验中心",并体验"人脸识别""文字识别""图像识别""语音识别""语音合成"等功能。

实践 2:用谷歌 Chrome 访问黑胡桃实验室社区的"声控泰迪"网页①。

首先阅读"这是什么""怎么玩"等栏目了解游戏内容及规则,然后点击"开启体验之旅"按钮,玩游戏并体验人工智能的语音交互过程。

实践 3:访问 face＋＋网站②,体验人脸识别项目中的人脸检测、人脸比对、人脸关键点等功能。

注册(可以用微信扫码注册)后选择"技术能力"栏目,在"人脸识别"项目中选择"人脸检测""人脸比对""人脸关键点"等子项目进行体验。

实践 4:了解智能翻译。

用百度翻译网站提供的翻译功能,将一段英文翻译成中文。

在左边栏输入英文或上传英文文件,用鼠标点击翻译按钮,即可在右边栏显示出翻译后的中文内容。

实践 5:机器学习实践。

访问黑胡桃实验室的机器学习网站。在"训练动作一"按钮处按住鼠标左键,用左手对着摄像头做出"石头"动作 30 次以上,完成"石头"模型的训练,用同样的方法,分别按住"训练动作二"和"训练动作三"按钮,做"剪刀"和"布"的动作,完成相应模型的制作。然后用右手做出"石头"、"剪刀"或"布"的动作,观察机器识别动作的准确率(见图 4)。

实践 6:深度学习实践。

访问黑胡桃实验室的快速风格迁移网站,按照网页给出的操作说明制作一幅名画风格的肖像。

---

① 　CS231n: Convolutional Neural Networks for Visual Recognition ,http://cs231n.stanford.edu.
② 　face＋＋网站,https://www.faceplusplus.com.cn.

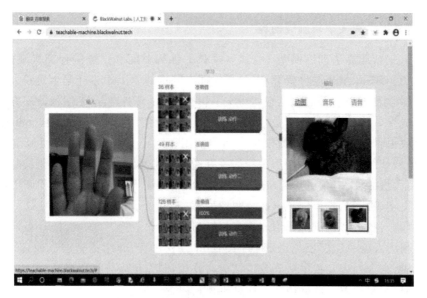

图 4　黑胡桃实验室——剪刀石头布体验

第二部分:增加机器学习和深度学习的简单算法讲解及 Python 语言实现。

通过第 2 章的学习,学生们已经掌握了基本的算法和 Python 语言的基本语法,学会简单编程。通过第 3 章的学习,学生了解了用 Python 语言处理数据的方法。在本章中,教材提到了机器学习和深度神经网络方面的知识,包括用数据训练模型,用模型预测新的数据以及深度神经网络等,但是只是简单地介绍流程。为了让学生更好地了解机器学习和神经网络算法及算法的程序实现,我们将教材中的机器学习部分内容进行扩充。

1.线性回归算法

介绍简单线性回归和多元线性回归的基本算法流程,辅以练习进行巩固。练习包括根据动物的大脑重量预测体重、根据 BMI 值预测体重、根据祖辈预测儿童身高等。

2.K 近邻算法

结合身高、体重预测体型的实例,讲解 K 近邻算法的思想及算法步骤。用电子表格讲解 KNN 算法的过程更容易被理解;用 sklean 模块进行程序实现。以"电影分类"中的《唐人街探案》进行分类练习。

3.人工神经网络

综合视频、可视化动手实践等方式让学生理解神经元的数学建模机制及误差反向传播机制。实验部分,用 Python 调用 TensorFlow 框架实现手写体数字识别。TensorFlow 是一个比较流行的深度学习框架,用 Python 调用 TensorFlow 可以方便地进行数据预处理、神经网络搭建、模型训练及评估、用模型预测数据等功能。通过实验,学生可以尝试用编程的方法搭建神经网络,建立模型。

通过上述算法讲解及程序实现的体验,学生对机器学习和深度学习有更深入的了解,也能尝试着使用机器学习的算法通过编程处理一些生活和学习中遇到的数据,构建模型,预测结果。

(三)将第 1 章《认识数据与大数据》的"1.2.3 数据编码"拆分为三节,增加语音识别与合成、计算机视觉和文字识别等内容

使用人工智能算法训练模型往往需要很长的训练时间和很强的计算机硬件设备,高中生课业负担较重,学校硬件资源有限,在时间有限的课堂上很难让学生实践大数据量的复杂的机器学习算法。目前人工智能在文字识别、语音识别与合成、图像处理方面已经取得了一些成果,一些公司已经开放了接口,供用户免费使用训练好的模型,opencv 等一些开源的模块也带有一些训练好的模型供用户使用。Python 语言可以方便地调用一些开源的库,加载训练好的模型。使用已经训练好的模型去预测数据,可以避免长时间地训练数据,占用大量的硬件资源。在数据编码这部分,主要让学生学会通过编程调用训练好的模型实现文字识别、语音识别与合成及图像处理、人脸识别等功能。

第一部分:在声音编码部分增加语音识别与合成。

介绍利用百度 AI 实现语音识别的 Python 编程过程,介绍语音合成原理,利用语音识别与合成,结合列表及枚举法等数据结构与算法,制作垃圾分类程序。

第二部分:图像编码部分增加了计算机视觉内容。

介绍计算机视觉的应用,包括人脸识别、物体识别、目标追踪、图像分割、图像风格迁移、人脸生成等;通过 opencv 模块查看图像信息、获取图像的尺寸及像素个数等属性;最后结合垃圾分类等有意义的热点情境,设计学习任务。例如:使用 opencv 截取图像中的一部分区域,如截取图 5 中的可回收垃圾桶部分。

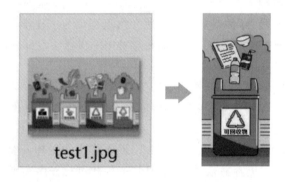

图 5　垃圾分类图像截取练习

第三部分:增加人脸识别内容。

讲解人脸识别原理,包括人脸采集、人脸定位、特征提取及人脸识别四个步骤,然后实践用 Python 调用 opencv 模块编程体验图片及视频中的人脸定位、为人脸增加微笑定位、猫脸定位、车牌定位、人脸鉴别等。

第四部分:在字符编码部分增加文字识别内容。

介绍并实践利用百度 aip 进行文字识别的 Python 编程过程、体验文字识别的综合应用,让计算机读文章。

　　通过这章的学习,学生们了解了语音识别、语音合成、图像处理、人脸识别等技术的原理,体验了用 Python 语言调用网络中开放的 aip 接口和一些公开的模型编程实现这些技术,并学习综合运用这些技术实现智能垃圾分类、智能读报等智能生活。

四、总结

　　本文是我们在近一年来通过高中信息技术必修课进行人工智能方面教学探索的一个总结。对必修 1 教材进行二次开发,在人工智能通识方面的实践体验,使学生能亲身体验人工智能的应用。在各个章节增加用编程实现人工智能算法的内容,培养学生的计算思维、编程能力,为培养人工智能人才奠定基础。

参考文献

[1]信息技术(必修1):数据与计算[M].北京:人民教育出版社,中国地图出版社,2019.

[2]朱慧,刘鹏,刘思成,等.小天才学 Python[M].北京:清华大学出版社,2019.

[3]知智一分钟[EB/OL].[2021-07-23].https://space.bilibili.com/237111975/channel/detail? cid＝26800.

[4]董付国,应根球.Python 编程基础与案例集锦(中学版)[M].北京:中国工信出版集团,电子工业出版社,2019.

[5]大大木瓜.Python 中使用 Opencv 进行人脸识别[EB/OL].[2021-07-23].https://www.cnblogs.com/do-hardworking/p/9867708.html.

[6]深入浅出 KNN 算法[EB/OL].[2021-07-23].https://www.cnblogs.com/listenfwind/p/10311496.html.

[7]普通高中信息技术教科书《人工智能初步》算法实训[M].杭州:浙江教育出版社,2019.

[8]opencv 开源的计算机视觉[EB/OL].[2021-07-23].https://docs.opencv.org/3.4.2/d9/df8/tutorial_root.html.

[9]CS231n.Convolutional Neural Networks for Visual Recognition[EB/OL].[2021-07-23].http://cs231n.stanford.edu.

[10]黑胡桃实验室社区[EB/OL].[2021-07-23].https://blackwalnut.zucc.edu.cn/exhibition_detail?id＝5cbc6083df1e30001f1b8fe6.

基于设计思维的
小学开源硬件教学实践研究
——以"智能小风扇"项目为例

刘钰钰

(宁夏大学,宁夏银川 750021)

摘 要:随着国家基础教育新课标不断深化改革,中小学信息技术教材开始由信息技术到信息科技发生转变。开源硬件是一种开放、智能、灵活的数字化学习工具,将设计思维方法融入中小学开源硬件教育教学中,不仅能够改变传统的信息技术课堂教学,而且能够显著提升学生的创造力、编程技能以及计算思维。本研究通过将设计思维方法融入小学开源硬件课程教学实践过程中,设计了"智能小风扇"项目教学案例,在 N 小学进行教学实践,研究旨在培养学生数字化学习与创新能力,并为一线教师开展开源硬件项目设计模块提供教学参考。

关键词:设计思维;中小学信息技术;开源硬件;数字化学习与创新能力;教学实施

一、引言

近年来,从以计算机为核心到以互联网为核心,再到现在的以数据为核心的智能化时代,为了培养学生的数字化学习与创新能力、编程技能,做中学"创造性智能化作品"的实践类课程日益增多。能够支持学生创新学习、培养学生复杂问题解决能力的开源硬件工具在基础教育领域日益受到重视。[1] 开源硬件项目设计模块进入课堂有利于激发学生对于创造创新的兴趣,关注学生掌握信息技术学科基础知识和基本技能的同时,启发其创新意识,培养其解决实际问题的能力,让学生从适应课程到亲近课程。

随着人工智能、大数据等新技术不断发展,小学信息技术课程改革不断深入,小学生学习开源硬件有关功能的实现在于日常生活的经验积累,主要培养学生在科学、数学、物理、艺术等其他学科方面的兴趣,学生通过硬件搭建以及程序代码编写学习相关科学、物理等方面知识,提升 STEAM 跨学科能力。

---

① 卢雅,杨文正,许秋璇,等.设计思维导向的开源硬件教学模式构建与应用研究[J].电化教育研究,2021,42(1):100-106.

二、小学开源硬件教学现状

(一)教学依赖于外界专业教师,忽视对本校教师的培养

现如今,小学开源硬件教学主要是以校内社团活动的形式或校外教育培训机构的形式开展。各个学校根据本校的需求引入相关创客实验器材和特色的开源硬件课程。但由于现在创客教师的稀缺,导致虽然学校大力推进建设创客空间,但课程的开展很难进行,学校大多数都是聘请外界专业的教师来开展相应创客和人工智能课程的学习,然而开源硬件社团课的有效开展必须要从源头上解决,应该从培养本校教师入手。

(二)开源硬件教学方法更新慢,缺乏创新性的有效指导

开源硬件教学应当秉承着信息技术学科核心素养,也就是强调学生在项目学习过程中培养其数字化学习与创新能力,让其学会创造、学会学习,形成利用信息技术认识外部世界的独特思维(主要包括计算思维、设计思维和批判性思维等)[①]。然而,目前教师过于重视相关课程知识的讲授,小心翼翼,总是担心学生在连接硬件过程中发生有关搭建零件的丢失,从而忽视了学生应该体验硬件搭建的过程以及亲身创造的乐趣,导致学生不能完全成为学习的主体,很难进行创造并解决实际生活中的问题。

(三)开源硬件教学中“以赛促学”的观念没有合理化应用

通过相关文献综述和对部分学校教师的访谈中可以得出,学校开展开源硬件教学主要是为了学生能够参加有关创客比赛或者为制作出符合本学校科技节相关展品进行教学,对于学生本身的发展和思维的培养关注较少,导致学生不明白自己学习该门课程能够获得什么技能。可见我们作为教师应该注重开源硬件的课堂教学,拓宽学生思维的广度和深度,为培养学生数字化学习与创新能力而努力。

三、相关概念

(一)设计思维

“设计思维”一词来源于英文 Design Thinking,目前对于设计思维内涵的解释有三种视角:(1)方法论说。设计思维是一套创新式解决现实问题的方法论体系。(2)过程说。设计思维是一个从分析问题、解决问题再到创新思考的循环迭代过程。(3)思考方式说。设计思维主要指的是设计人员进行深入思考、设计作品、解决现实中的复杂问题的方式,主要表现设计过程中的心理发展,并非设计的结果。基于以上思考,本研究将其界定为一

---

①　祝智庭,李锋.面向学科思维的信息技术课程设计:以高中信息技术课程为例[J].电化教育研究,2015,36(1):83-88.

种方法论，主要采用斯坦福大学设计学院提出的经典 EDIPT 设计思维模型，它主要分为五大步骤，分别是"同理心（Empathize）、定义问题（Define）、构想（Ideate）、原型（Prototype）和测试（Test）"①，本研究在整个实际教学过程中严格采用 EDIPT 设计思维模型进行开源硬件的教学。

（二）开源硬件

"开源"顾名思义指的是开放的源代码，秉承着创客教育的开放、自由、分享、灵活的精神。开源硬件主要指的是用与开源软件相同方式设计出来的电子物理制品，它引导用户循序进行修改、创造、开发和使用②。开源硬件具有开放共享、重复开发、可扩展性、跨平台性、成本较低等优势。在实际教育教学过程中，学生通过自己具有创造力的想法设计、开发、搭建出面向实际生活的具有智能性的场景，在指导教师的鼓励下进行需求分析、积极探究，激发其数字化学习与创新能力。

四、设计思维与小学开源硬件项目教学过程的契合点

通过总结相关文献资料，设计思维主要流程是同理心、定义问题、构想、原型和测试五大步骤，然而在开源硬件教学过程中可以发现教师能够依据设计思维五大步骤进行教育教学。以智能小风扇为例进行分析，在开展教学过程中应当以学习者为中心，明确任务，让学生绘制同理心地图，再进行实践探究，然后设计方案，构造出相应的原型，进行迭代分享交流、评估改进，最终实现作品展示。开源硬件在信息技术教学过程中主要突出信息技术学科核心素养，以及创客教育所关注的"创新实践、开放共享、动手设计和作品创造"的过程体验，它与基于设计的学习具有内在一致性，两者都是强调在真实的学习情境中进行探究实践、设计开发、迭代改进和成果化展示。与开源硬件有关的项目式教学能够更好地培养学生的设计思维，基于设计的学习也能够为开源硬件的教学实践提供相应的指导。综上所述，设计思维与小学开源硬件项目教学过程十分契合，可以实现学科核心素养的培养以及创造力的激发。

五、基于设计思维的《智能小风扇》项目教学设计方案

（一）教学实施背景

在全国创客教育浪潮的推动下，笔者有幸于 2021 年春季走进 N 小学担任智能家居社团专业老师，开展为期一学期的开源硬件教学，选取的智能小风扇项目已经在本学期使用基于设计思维方法教学完毕，使用的教学器材主要是 WeeeMake 硬件套件与

---

① CARROLL M, GOLDMAN S, BRITOS L, et al. Destination, imagination and the fires within: design thinking in a middle school classroom[J]. International journal of art & design education, 2010(1):37-53.

② 雒亮,祝智庭.开源硬件:撬动创客教育实践的杠杆[J].中国电化教育,2015(4):7-14.

WeeeCode 软件。经过两个月的教学实践,目前形成了对基于设计思维的小学开源硬件教学的深刻认识,在此分享给中小学一线教师,以期为他们开源硬件的教学提供帮助。

(二)教学对象分析

N 小学关于开展智能家居社团的教学对象主要是 3～5 年级的学生。经调查访问得知,该社团学生都属于第一次接触开源硬件,但学生接触相关编程软件的水平参差不齐。通过前期与学生们的深度交流,了解到学校绝大多数学生都是因对智能家居项目感兴趣自愿加入开源硬件社团课,只有少部分同学没有选上自己感兴趣的社团课而被分配到该班,但社团内绝大多数学生都学习过编程课程。

(三)教学目标确定

新课改下笔者采用学科核心素养进行"智能小风扇"教学目标制定。(1)信息意识:①了解超声波传感器、130 风扇模块、温湿度传感器、触摸传感器、红外遥控模块的工作原理及其控制方法;②掌握变量积木的使用方法,连接 WeeeMake 控制板与传感器,编写相关控制程序。(2)计算思维:①体会信息技术学科中如何将问题简化,用计算主体的思维来解释问题,并且设计解决方案;②能够将真实的技术问题抽象化,最终形成相应的设计解决方案。(3)数字化学习与创新:①知道信息技术中问题解决常用的一种方法——画流程图法;②理解同理心换位思考、抽象定义、创意构想、原型迭代、迁移应用的设计思维方式;③能利用前期所学内容动手搭建风扇成品,得出控制智能小风扇转动的特点;(4)信息社会责任:①增强技术利用中的责任感和技术创新的使命感,培养学生正确的科学技术应用观;②通过使用开源硬件的搭建使用,使得学生养成严谨、科学的学习习惯。

(四)教学环境分析

N 小学虽然针对智能家居社团课有专门建设的创客空间,但由于资金问题,还没有向创客空间内配备电子白板和主控电脑,故本文的教学实践在微机教室内开展。

(五)教学内容分析

"智能小风扇"的教学任务主要是让学生学会超声波传感器、130 风扇模块、红外遥控模块、温湿度传感器、触摸传感器等模块的使用方法以及智能小风扇基础结构的搭建与编程,熟练掌握变量积木的使用方法。4～5 人分工完成风扇搭建、程序编程与测试,最终通过自己的设计实现风扇的自动开启与关闭。

(六)学习工具

WeeeMake 硬件套件、WeeeCode 软件、笔记本电脑。

(七)教学过程设计

1.创设情境,引出创意

首先,教师作为课堂的引导者以情境导入的方式开展本项目的学习:"炎热的夏天,你们最喜欢的降温方式是什么？结合自身在学校真实的生活体验,哪一种方式既便宜又节能?"学生针对教师提出的问题展开激烈的讨论,然后教师播放自己准备的微课视频,辅助学生深入探索、产生共情。紧接着,教师提示本次小组探究项目主要依据开源硬件来解决大家想要实现降温的方式,多角度思考问题。在激烈探讨期间,有一部分同学发现我们可以通过控制风扇来实现降温,由于前期教学过程中学生们已经充分了解 WeeeMake 硬件套件里各类型传感器,所以每个小组都有自己控制风扇的方法:超声波测距、红外遥控、温湿度控制等。紧接着教师进行总结,每组的想法都具有创新力,最终提出制作《智能小风扇》项目的挑战,鼓励学生完成实物作品。

2.定义问题,探究实践

首先,教师引导各小组通过头脑风暴对同理心地图进行绘制,然后整合相关信息,深度探索用户真正的需求,最终实现定义和设计问题。在教师的指导下,每小组商讨选出2~3个有意义的问题,以此作为自己想要解决的设计问题,教师给定 5 分钟的时间进行观点分享交流。然后,各小组开始进入探究实践,主要探究的内容有:各类开源硬件的功能、特征,进而熟悉套件,鼓励学生们能够打破思维定式,选择适当的开源硬件进行设计。

3.探索构想,设计方案

本环节是设计思维过程的关键,对学生创造性的培养十分重要,它主要包括方案设计和优化。各小组需要对问题进行深入分析,组间可以相互分享想法,进而获取更多的信息与灵感。经过相互探讨交流,各小组产生新的创意与需求,最终聚焦于解决问题的关键点。紧接着,各小组开始撰写智能小风扇的设计方案,主要包括项目需求、所需开源硬件、程序设计、外观搭建、所需辅助工具、反思总结。教师在此期间进行巡视,为每组提出有效的建议与指导,最终有 5 个小组优化与改进了方案。

4.制作原型,进行迭代

本环节主要是将学生的创想、设计方案变成现实的过程。学生利用开源硬件的套件进行连接搭建,然后编写实现设计方案的程序,完成初步作品原型。最后,各小组通过真实场景演示模拟对作品进行测试,列出相关问题清单,不断进行调整。

5.分享交流,迁移应用

通过一系列设计思维活动步骤,各小组的作品也都基本完成。5 个小组分别上讲台,介绍组内每个人的分工并开始汇报产品功能以及小组如何在设计过程中解决问题,教师在观看作品的同时,对各小组设计过程的合作性、创新性、内容性、技术性以及作品牢固与艺术性等进行评价,学生在互相观看作品的同时,开始互评反思和总结。在整个智能小风扇项目的教学实施过程中,学生们不仅掌握了开源硬件项目设计的相关知识与技能,而且学会应用设计思维方法对用户需求进行分析、迁移应用,有助于本项目作品的优化,从而培养学习者跨学科解决问题的能力,使自己数字化学习与创新的能力得到提升。

六、结束语

设计思维主要注重培养学生需求分析、提出创想、设计方案、原型迭代、跨学科解决问题的能力等,其中探索构想,设计方案的过程是其关键,直接影响学生数字化学习与创新能力,需要学生能大胆进行实践探究、项目设计与再设计、迭代分享、反思总结等一系列思维过程。基于设计思维的小学开源硬件教学实践一定要讲究学习者的实际情况,教育者需要不断对当前开源硬件课程项目的设计进行优化,通过将设计思维融入开源硬件教学,进而培养学生数字化学习与创新能力、编程技能与计算思维。

参考文献

[1]卢雅,杨文正,许秋璇,等.设计思维导向的开源硬件教学模式构建与应用研究[J].电化教育研究,2021,42(1):100-106.

[2]祝智庭,李锋.面向学科思维的信息技术课程设计:以高中信息技术课程为例[J].电化教育研究,2015,36(1):83-88.

[3]沃尔特·布伦纳,福克·尤伯尼克尔.创新设计思维:创造性解决复杂问题的方法与工具[M],蔺楠,曹洁,周萍,等译.北京:机械工业出版社,2018:5-6.

[4]CARROLL M, GOLDMAN S, BRITOS L, et al. Destination, imagination and the fires within: design thinking in a middle school classroom[J]. International journal of art & design education, 2010(1):37-53.

[5]雒亮,祝智庭.开源硬件:撬动创客教育实践的杠杆[J].中国电化教育,2015(4):7-14.

人工智能在语言学习中的应用研究

李田田　徐艳萍　王兴华

(青岛大学师范学院,山东青岛　266071)

摘　要:人工智能在教育领域发挥着不可替代的作用,在语言学习中也不例外。文章旨在综述人工智能在语言学习中的研究,运用关键词检索、滚雪球的方式对在线数据库进行检索,共收录32篇文献。研究从学习内容与环境、学情分析与个性化学习、教学管理与情绪识别、机器人辅助语言学习四个方面对人工智能在语言学习中的应用现状以及前景进行分析。总的来说,人工智能在语言学习中的学生口语表达、阅读、写作能力等方面都显示出巨大的潜力,但也不能排除在某些情况下,人工智能并没有促进语言学习的进步。鉴于此,本研究在总结前期文献的基础上,展望了人工智能在语言学习中未来的研究前景并对人工智能在语言学习中的具体应用提供了建议。

关键词:人工智能;语言学习;机器人;教学

一、引言

随着科技以及信息技术水平的高速发展,人工智能已成为推动现代社会进步的核心技术之一,被广泛应用到农业、工业、医疗等众多领域,各个行业都在积极利用人工智能探索发展的新方向,教育也不例外[①]。我国学生的语言学习模式多年来并没有实质性的改变,更多的是传统的课堂授课,检验学习的效果多体现在成绩及等级考试中,背离了学习语言的本意,即在生活中的交流和应用,因此语言教学改革迫在眉睫。而人工智能技术中的语言处理、语音识别、机器翻译等技术与语言学习密切相关,人工智能技术应用于语言学习符合社会进步趋势,更是打破我国固化语言学习模式的关键。

---

① 马玉慧,柏茂林,周政.智慧教育时代我国人工智能教育应用的发展路径探究——美国《规划未来,迎接人工智能时代》报告解读及启示[J].电化教育研究,2017,38(3):123-128.

二、研究背景

(一)人工智能与教育

在美国达特茅斯大学举行的讨论会中,人工智能(Artificial Intelligence,简称 AI)这一术语被首次提出。人工智能是研究、开发用于模拟、延伸和扩展人的智能的理论、方法、技术及应用系统的一门新的技术科学[①]。

近年来,随着教育的不断变革以及人工智能技术的快速崛起,国家出台了许多政策来支持 AI 在教育中的发展,《全球教育机器人发展白皮书》中提到:"通过以技术来加快推动人才培养,最终实现教育的规模化与个性化,要推动人工智能、大数据、物联网新兴技术支持下的教育模式变革和生态重构。"[②]

此外,国内外众多研究工作者也就 AI 应用于教育这一领域展开了深入的探究。Michael[③] 指出,教育人工智能主要是通过计算机和教学平台让学生更好地参与到教学中,帮助教师更有效地教学。陈凯泉等人[④]认为人工智能应用于教学是伴随计算智能、感知智能及认知智能的发展而逐渐被引入各类教学系统。

(二)人工智能与语言教学的相互关系

语言教学是一个复杂的过程,包含了软硬件环境、教师专业素养、学生兴趣等多种因素,AI 可以模拟人类的思维模式并再现其推理求解的过程。图灵测试、机器翻译、自然语言处理、语音图像识别都与语言学习有密切联系,学生学习语言的水平和兴趣的提高都是人工智能在语言学习中的价值体现。因此,AI 支持下的语言学习与传统语言学习相比,具有更加可行和广阔的应用和发展空间。

为了解 AI 在语言教学领域的发展程度及实际应用等问题,本研究回顾了近 10 年的相关文献,反思研究应如何将人工智能技术应用于语言教学实践。

三、研究方法

(一)数据来源和搜索策略

在中国知网中以 "人工智能(AI)""语言"为标题和关键字进行搜索,在 Web of science 核心数据库以"Artificial Intelligence""language"为主题词进行搜索,选择 2011 年

---

① 马少平,朱小燕.人工智能[M].北京:清华大学出版社,2004.

② 徐靖程.《2016 全球教育机器人发展白皮书》发布[J].中小学信息技术教育,2016(10):6.

③ MICHAEL J T. Letting artificial intelligence in education out of the box: educational cobots and smart class-rooms[J]. International journal of artificial intelligence in education,2016,26(2):701-712.

④ 陈凯泉,沙俊宏,何瑶,等.人工智能 2.0 重塑学习的技术路径与实践探索——兼论智能教学系统的功能升级[J].远程教育杂志,2017,35(5):40-53.

至 2021 年发表的文章。

(二)纳入标准

本研究采用以下纳入标准来决定哪些论文可以纳入本次筛选：
标准 1：论文发表于 CSSCI 或 SSCI 或北大核心。
标准 2：论文有清晰的研究目的。
标准 3：文章重点包括人工智能和语言学习。
标准 4：文章发表于 2011—2021 年。

(三)筛选流程

在搜索数据库时产生了 3226 篇文章的初始样本。按照上述的 4 个纳入标准，删除 3179 篇文章，剩余 47 篇文献，再采用三轮滚雪球的方法，每次使用向后滚雪球和向前滚雪球的迭代，很难找到新的论文时，循环结束。最后选取 32 篇作为样本进行后续综述。

四、研究结果

从研究场景来看，人工智能应用在语言教学领域中的高等教育阶段 17 篇、中学阶段 9 篇、小学阶段 4 篇、学前教育阶段 1 篇。人工智能技术主要聚焦在高等教育阶段，在其他教育阶段也有涉猎，可见人工智能技术在语言学习各个学段的应用和推广都有极大的可能性和价值。

从研究结论看，人工智能技术在多数语言学习类研究中(32 篇)都能有效实现其研究目标。

从近十年研究目的和效果看，人工智能在语言学习方面的研究中主要聚焦于学习内容与环境、学情分析与个性化学习、教学管理与情绪识别、机器人辅助语言学习。从文献分布情况来看，近 2/3 的研究(23 篇)包含"学习内容与环境"。

(一)学习内容与环境

从文献的研究结论看，AI 在语言学习中的学习内容与环境这一方面，主要研究听说(口语)学习、写作学习、翻译学习这几大方向。研究者们针对这几个方向展开了深入的研究[1][2][3]，并得出了许多有价值的结论和成果。

对于听说方面，机器能够迅速识别人类语言并及时给予相应的反馈，高效地支持学习者进行听说训练。华璐璐等人认为，智能语言学习平台能够及时判断学习者的发音并进行纠错，有助于改善"哑巴式英语"[2]。贾积有及其团队研发的"希赛可"人工智能英语教

---

① 陈颖.人工智能在中学英语教学中的应用探索[D].南昌：南昌大学,2013.

② 华璐璐,陈琳,孙梦梦.人工智能促进英语学习变革研究[J].现代远距离教育,2017(6):27-31.

③ 张艳璐.人工智能促进大学英语教学变革研究[J].教育现代化,2019,6(58):46-47.

学系统能够将自然输入的语言进行加工理解,从而促进语言学习的进步①。

对于阅读方面,李春琳提出基于 AI 的英语分级阅读相较于传统分级阅读可更高效地根据不同学生的爱好和英语水平进行数据挖掘,从而为阅读者推送符合其学习水平的读物,且智能阅读平台可以根据学习者阅读能力的提升加大文章的阅读难度,有效锻炼学习者的英语阅读水平,改善其阅读习惯②。

对于写作方面,不论在个人辅助写作、人机对话写作、机器自动写作,或者群体共同写作方面,AI 的应用都已经取得显著成果。学习者在写作练习时可以利用智能英语学习软件等工具,进行线上协作式写作③,就感兴趣的话题展开讨论、互动性强。黄涛等人提出人机协同支持的语文写作教学模型,引入 AI 辅助教学,解决写作障碍问题,通过实验验证了该模型能够诊断学生的写作问题,并能够有效提高写作水平④。

对于翻译方面,使用机辅翻译系统完成英语翻译,有利于锻炼学生利用人机结合的模式完成翻译任务的能力,也可以提升学生独立完成难题的兴趣和自信心;智能翻译平台可以追踪每个学生的翻译结果并及时反馈,形成评估报告,教师能够根据这些数据了解学生翻译过程中遇到的难题,从而进行个性化的翻译指导⑤。

综上所述,AI 在语言学习内容方面的应用非常广泛,涉及"听说读写"各个方面,综合文献研究结果,可以得出 AI 在教学中的融入能够普遍提高外语"听说读写"的能力这一结论。

(二)学情分析与个性化学习

学情分析指的是对学生在学习方面有何特点、学习方法和习惯如何、学生学习的兴趣和情感动机等,其能够实现各类学情数据和教师教学数据的贯通、聚集、归纳整理与分析。综合文献结论能够得出,AI 支持下的学情分析已广泛地应用于备课、授课、教研活动等相关场景中。

张艳璐认为人工智能可以分析学习者基本资料,自动为其适配听力材料和其他学习资源,强化其学习动机,实现个性且精准化的学习⑥。刘清堂等人认为智能教学技术能够帮助教师分析学生学情,判断学生情绪变化,了解学生实时学习动态,从而为其提供必要的支持⑦。

(三)教学管理与情绪识别

良好的教学管理模式可以推动整个教学进程;学生的情绪能够影响其学习态度、专注

①　贾积有.人工智能技术的远程教育应用探索——"希赛可"智能型网上英语学习系统[J].现代教育技术,2006(2):21,26-29.

②　李春琳.人工智能在外语教学中的应用及研究热点[J].中国教育信息化,2019(6):29-32.

③　ELOLA I, OSKOZ A. Collaborative writing:fostering foreign language and writing conventions development [J]. Language learning and technology,2010,14(3):51-71.

④　黄涛,龚眉洁,杨华利,等.人机协同支持的小学语文写作教学研究[J].电化教育研究,2020,41(2):108-114.

⑤　田静.人工智能翻译背景下对大学英语教学的思考[J].科教导刊(中旬刊),2019(32):141-143.

⑥　张艳璐.人工智能促进大学英语教学变革研究[J].教育现代化,2019,6(58):46-47.

⑦　刘清堂,毛刚,杨琳,等.智能教学技术的发展与展望[J].中国电化教育,2016(6):8-15.

力、动机等。AI 可以助力教学管理体系的完善,从而改善教学质量。祝智庭等人认为可以对语言学习中的原始数据进行处理分析进而进行数据挖掘和深入分析,用于评估学习过程、发现潜在问题①。胡雅丽提出智能机器人可以通过监控学习语言的过程,进行数据挖掘,更新学生特征库、知识库,并不断优化外语教学策略,促进外语教学管理的提升与进步②。

还可以利用 AI 中的图像识别技术,智能识别语言学习者的情绪,以此来判断学生学习的兴趣和动机、难点问题、专注力等。2018 年新东方公司发布的 BlingABC"AI 班主任",可通过人脸识别和分析及时发现学生在语言学习中遇到的困难,并根据学生课堂的情绪表现和学习结果来进行量化分析。

(四)机器人辅助语言学习

近年来,机器人越来越多地被用作第一语言和第二语言教育的导师,导致机器人辅助语言学习(Robot-Assisted Language Learning,RALL)领域发展迅速。

1.机器人辅助语言学习的特点

(1)功能方面

各种类型的机器人在语言学习中可以有多种用途,它们可以用来吸引学生作为他们的对话伙伴、学习词汇或语法、帮助发音、阅读理解、提高听力技能、评估语言能力、减少焦虑。

(2)形态外在方面

机器人和智能教学系统的区别在于其摆脱了单一的屏幕,作为一个实体存在于现实世界。在 RALL 中使用的机器人可以根据外观分为四类:拟人化、动物变形、机械变形或卡通状。有研究者提出拟人化外观是为了提高学生的参与度,并让学生认可其为真正的对话伙伴③。

(3)社会角色方面

用于语言学习的机器人可扮演四种社会角色:教师、教师助理、同伴/导师、学习者。在 RALL 中很少使用"教师"角色,因为教育工作者认为机器人能够与人类教师竞争,具有威胁力。相反,如果将机器人作为教学助手与人类教师进行合作时,可能会对学生的学习产生积极的影响,因为相较于"教师"角色,教学助手更容易被教育工作者接纳。

2.语言学习的结果

语言可以分为四个层次:字、词、分句、语篇/文本,而机器人已经能够影响各个层次的学习。先前的研究表明,利用机器人学习语言的兴趣、水平程度在性别上无明显差异④。

---

① 祝智庭,沈德梅.学习分析学:智慧教育的科学力量[J].电化教育研究,2013,34(5):5-12,19.

② 胡雅丽.机器人辅助教学及其应用[J].山西青年管理干部学院学报,2011,24(1):111-112.

③ CHANG C W,LEE J H,CHAO P Y, et al. Exploring the possibility of using humanoid robots as instructional tools for teaching a second language in primary school[J]. Journal of educational technology & society,2010,13(2):13-24.

④ KOSE H, AKALIN N, ULUER P. Ispy-usign humanoid assisted interactive sign language tutoring games[C]// 2013 IEEE RO-MAN. IEEE,2013.

还有研究表明,使用儿童机器人进行词汇学习的学生能够对学习产生更高的兴趣,接受更多知识。然而,有研究发现,虽然机器人可以提高学生的词汇量,但在简单的词汇教学中,机器人的表现与 iPad、人类教师相当①,可能因为机器人对于学生来说较为新奇,所以学生会对机器人产生更高的兴趣。但是对于语法和发音,目前尚未有有效的研究。

3.学习者情感变化

尽管机器人与其他技术相比在语言学习上的优劣尚不明确,但它对学习者情感产生的积极影响在研究中能够保持一致。研究证明,在这一领域使用机器人可以提高学生学习语言的动机和参与兴趣。已有研究证明,将机器人添加到学习环境中会导致学生学习语言的动机发生变化②。此外,机器人辅助语言学习还可以让学习者在交流时减少焦虑。

综合 RALL 的研究结果来看,无论是学习结果还是情感变化都需要保持长期探索。因为有研究发现,学习者对机器人的新奇感会影响他们的行为,但这种新奇感在与机器人多次接触后开始慢慢消退,学习效果也会随之减弱。

五、讨论与结论

本研究通过对人工智能在语言学习中的研究进行综述,认为人工智能技术应用到语言学习中可以影响语言学习的内容、环境、监管等多个环节,但研究结果并非都为正面影响。总体而言,人工智能能够有效推进语言学习的发展。

AI 的融入使语言学习的核心要素发生了变化。核心要素由学生、教师变为学生、教师、智能机器或系统,智能机器作为第二个教师能够全程、全方位陪伴学生学习。其次,AI 的融入使语言学习环境变为线下和线上虚拟教学环境相融合的多元交互环境。

但目前 AI 在语言学习方面还存在一定的不足,例如:学习者在面对海量语言学习资源的过程中,无法准确选择符合自身水平的资源;机器无法像人一样内化文化和沟通,学习者在与机器进行语言交流时会呈现模式化;语言学习仍然离不开教师和家庭的作用,需通过多方辅助,学生的语言学习水平才能有效提升;最后,多个研究的持续时间较短,研究结果大多只显示人工智能在语言学习态度和成绩方面的影响,没有针对学生学习语言的兴趣、方法等的改变进行深度研究,并不具备完全可信性。

最后,国内人工智能技术应用于小学阶段语言学习的研究相对较少,然而小学阶段是学生学习语言的最佳时期和定型时期,所以这个阶段尤为重要,建议多针对人工智能在语言学习的小学阶段进行深入研究,以帮助这个阶段的语言学习方式得到改善。

参考文献

[1]马玉慧,柏茂林,周政.智慧教育时代我国人工智能教育应用的发展路径探究——美国《规划未来,迎接人工智能时代》报告解读及启示[J].电化教育研究,2017,38(3):123-128.

---

① WESTLUND J K, DICKENS L, JEONG S, et al. Children use non-verbal cues to learn new words from robots as well as people[J]. International journal of child-computer interaction,2017:S2212868916300538.

② ALEMI M,MEGHDARI A,HAERI N S. Young EFL learners'attitude towards rall: an observational study focusing on motivation,anxiety,and interaction[C]// International Conference on Social Robotics,2017.

［2］马少平，朱小燕.人工智能［M］.北京：清华大学出版社，2004.

［3］陈颖.人工智能在中学英语教学中的应用探索［D］.南昌：南昌大学，2013.

［4］华璐璐，陈琳，孙梦梦.人工智能促进英语学习变革研究［J］.现代远距离教育，2017（6）：27-31.

［5］张艳璐.人工智能促进大学英语教学变革研究［J］.教育现代化，2019，6（58）：46-47.

［6］贾积有.人工智能技术的远程教育应用探索——"希赛可"智能型网上英语学习系统［J］.现代教育技术，2006（2）：21，26-29.

［7］李春琳.人工智能在外语教学中的应用及研究热点［J］.中国教育信息化，2019（6）：29-32.

［8］ELOLA I，OSKOZ A. Collaborative writing：fostering foreign language and writing conventions development［J］.Language Learning and Technology，2010，14（3）：51-71.

［9］黄涛，龚眉洁，杨华利，等.人机协同支持的小学语文写作教学研究［J］.电化教育研究，2020，41（2）：108-114.

［10］田静.人工智能翻译背景下对大学英语教学的思考［J］.科教导刊（中旬刊），2019（32）：141-143.

［11］张艳璐.人工智能促进大学英语教学变革研究［J］.教育现代化，2019，6（58）：46-47.

［12］刘清堂，毛刚，杨琳，等.智能教学技术的发展与展望［J］.中国电化教育，2016（6）：8-15.

［13］祝智庭，沈德梅.学习分析学：智慧教育的科学力量［J］.电化教育研究，2013，34（5）：5-12，19.

［14］胡雅丽.机器人辅助教学及其应用［J］.山西青年管理干部学院学报，2011，24（1）：111-112.

［15］CHANG C W，LEE J H，CHAO P Y，et al. Exploring the possibility of using humanoid robots as instructional tools for teaching a second language in primary school［J］. Journal of educational technology & society，2010，13（2）：13-24.

［16］KOSE H，AKALIN N，ULUER P. Ispy-usign humanoid assisted interactive sign language tutoring games［C］// 2013 IEEE RO-MAN. IEEE，2013.

［17］WESTLUND J K，DICKENS L，JEONG S，et al. Children use non-verbal cues to learn new words from robots as well as people［J］. International journal of child-computer interaction，2017：S2212868916300538.

［18］ALEMI M，MEGHDARI A，HAERI N S. Young EFL learners' attitude towards rall：an observational study focusing on motivation，anxiety，and interaction［C］// International Conference on Social Robotics，2017.

人工智能时代面向"少儿编程热"回归性反思

高秋月 张惠丽

(哈尔滨师范大学,黑龙江哈尔滨 150000)

摘 要:人工智能逐步走入大众的视野,编程教育由国外蔓延到国内,近几年我国也逐渐重视编程教育,一些培训机构蹭热度大力宣传编程课程,一时间少儿编程似乎成了一个"升学"的捷径,家长盲目跟风,"不让孩子输在起跑线上","学编程从娃娃抓起",但是试想大家对编程又了解多少,部分人只是为了盲从、为了缓解内心的焦虑来报名学习,针对这种现象,笔者提出一些思考,并分析出现"少儿编程热"的原因以及提出一些对策,希望通过这篇文章能给大家一些提示,人工智能时代孩子应该如何教育,以及应该如何正确看待少儿编程的学习。

关键词:人工智能时代;少儿编程热;回归性反思

一、"少儿编程热"的发展研究现状

(一)从国外的研究发展现状来看

目前全球最重视编程教育的国家是美国,美国少儿编程教育爆发式发展的源头是联邦的政策和代码组织(Code.org)举办的"编程一小时"项目[1]。据统计,早在 2019 年美国就已有 700 万儿童学习编程,编程也是幼儿园和中小学课堂备受欢迎的课程之一[2];日本也是实施儿童编程教育的先进国家之一,2018 年 2 月,日本文部科学省开展"儿童编程教育发展必要条件"的调查研究,通过对 3513 个教育委员会内小学实施儿童编程的情况分析,总结出儿童编程教育学校推行中存在的问题和应对措施,并指出在 2020 年把编程引入小学必修课[3];英国出台规定要求 5 岁以上儿童学习编程;欧洲 16 个国家把编程纳入教育体系;以色列早在 2000 年就将编程纳入高等学校的必修科目,同时要求孩子从小学

① 张娣.美国少儿编程教育研究[D].上海:上海师范大学,2020.

② HIGGINSON W. From children programming to kids coding:reflections on the legacy of seymour papert and half a century of digital mathematics education[J]. Digital experiences in mathematics education,2017(3):71-76.

③ 孙立会,刘思远,李曼曼.面向人工智能时代儿童编程教育行动路径——基于日本"儿童编程教育发展必要条件"调查报告[J].电化教育研究,2019,40(8):114-120,128.

一年级开始就要学习编程①。

(二)从国内的研究发展现状来看

我国的编程教育起步较晚,但是也在逐渐得到重视,与此同时,我国也陆续出台了一系列政策,如表1所示。

表1　国家政策

颁布时间	文件名称	文件内容
2016 年	教育部印发《教育信息化"十三五"规划》	文件指出将信息化教学能力纳入学校办学水平考评体系
2017 年	国务院印发《新一代人工智能发展规划》	文件中明确提出,即日起,从小学教育到大学院校统统增加人工智能课程
2018 年	教育部印发《普通高中课程方案和语文等学科课程标准(2017 年版)的通知》	将人工智能设为高中必修课
2019 年	教育部印发《2019 年教育信息化和网络安全工作要点》	文件指出要推进 STEAM 教育的普遍应用
2020 年	教育部印发《关于政协十三届全国委员会第三次会议第 3172 号(教育类 297 号)提案答复的函》	文件是针对全国政协委员提出的《关于稳步推动编程教育纳入我国基础教学体系,着力培养数字化人才的提案》予以回应

二、出现"少儿编程热"的原因分析

(一)大数据、人工智能对社会的冲击

智能时代对公民的能力素养提出了新的要求。随着人工智能技术的飞速发展,大规模、高效率、深层次的人机协同成为趋势,同时也会带来更为灵活、开放、联通的社会形态,培养符合智能化社会需求的创新人才,需具备良好的计算思维、编程能力和对智能化社会的深度认知,所以编程教育应运而生。

新冠疫情突如其来,这是人类前所未有的危机。但在疫情期间也不难发现,公安机关等部门运用大数据查找人们的出行记录以及个人信息,这也是能快速控制疫情的原因之一。从这方面可以看出大数据是非常强大的,并且人工智能逐渐普及,现在出现许多智能机器取代人类的现象,例如智能消防员、智能保安、智能家居、智能交通等,出现如此多的"智能人物",使人们在享受服务的同时也觉得危机重重。这些人工智能的出现导致了许多行业人员的失业,人们慢慢发现,只会简单的体力劳动,使用以前的思维方式仿佛在这个社会无法生存,不学习新技能会被未来社会所淘汰,所以会尽可能地让孩子学习人工智

---

① 周鲁. 别让"少儿编程热"冲昏了头[N]. 中国科学报,2019-07-05(006).

能、学习编程,培养编程思维。

(二)中国家长"起跑线焦虑""为了升学考试必须要学"的态度

《2021 少儿编程教育行业报告》预计,3～18 岁人口数量预计将超过 2 亿。随着居民教育消费能力和消费意愿提升,"80、90 后"家长愿意在编程教育上投入更多[①]。父母都望子成龙、望女成凤,希望孩子成材,在孩子的教育上非常舍得投入,不想让自己的孩子落后。由此涌现出了大量孩子学习编程的现象,所以"中国式家长的盲从"也是导致编程热出现的原因之一。

(三)编程培训机构的大力宣传

人工智能的普及为培训机构开拓了巨大的商机,少儿编程教育机构如雨后春笋般冒出来,一时间市面上出现了许多编程培训机构,例如 Scratch 和 Steam 教育,他们宣传国家如何重视编程、学习编程对孩子未来的重要性、"别让孩子跟不上时代的发展",并且培训机构的营销人员在向家长推荐课程的同时会用一个百试百灵的招数,那就是有意无意地提及编程与升学之间的关系[②],家长听过这些思想的灌输之后会更加焦虑,随后培训机构人员会利用销售技巧,采用对家长进行心理疏导、抓住家长的心理痛点、让学生试课等手段最后让家长报班学习,诱导家长为教育消费。由此编程培训机构的大力宣传也是出现"编程热"的原因之一。

综上所述,出现"少儿编程热"的原因一方面是大数据、人工智能的冲击;另一方面是家长的"攀比、盲从心理"。

三、"少儿编程热"的回归性反思

(一)回归性反思概念界定

20 世纪 60 年代,在西方出现了一种新的具有反西方近现代体系哲学倾向的文化范式——后现代主义(Postmodernism)。以威廉姆·多尔为代表的后现代主义者,不满于建立在现代主义理论上的封闭的、机械的现代课程观,立足于后现代主义哲学思潮和科学发现,提出了"4R"课程思想——即 Richness(丰富性)、Recursive(回归性)、Relational(关联性)、Rigorous(严密性),其中回归性也叫作循环性,强调在课程不断的回望反思,要敢于质疑,终点又可能成为新的起点,形成回归性反思,促使课程既具备稳定性,又处于不断变化与完善中[③]。本文所强调的回归性反思是对"编程热现象"的反思,反思这种现象出现的原因,反思学习少儿编程的目的。

---

①　林雨.少儿编程"火"起来[N].中国审计报,2021-04-19(007).
②　姚远.少儿编程,中国家长的"起跑线焦虑"?[J].记者观察,2021(1):89-91.
③　张勉.少儿编程教育的现状分析及其对策探讨[J].电脑知识与技术,2020,16(23):105-108.

(二)对"少儿编程热"的回归性反思

1.少儿编程的概念界定及作用

所谓少儿编程是通过可视化的图形、游戏等编程启蒙的方式来培养孩子的逻辑思维、计算思维以及创新能力的编程课程，一般采用线上和线下相结合的教学模式，一般来说是针对5～18岁的少年儿童，因而少儿编程教育往往具有编程基础化、游戏化、低龄化的特点，目的是激发孩子们学习编程的热情。整体来说，少儿编程确实在一定程度上可以提高青少年的逻辑思维、计算思维、空间想象力、动手实践能力等，但它绝不是编程教育的全部。

2.对现状的回归性反思

学少儿编程可能是为了培养学生的创新思维，但是大多数人忽略了孩子自身的想象力是更为丰富的，比电脑的程序化更加有创新力，并且生活中许多非逻辑比逻辑更重要，个性化的生活经验也会给孩子提供许多思考，如果将简单的生活程序化，难道不会束缚孩子的想象力吗？教育源于生活，并且学校也在不断重视信息技术教学，不断培养学生的高阶思维能力、动手能力，教育的本身是育人，我们不能因为一些盲从迷失了自己，可以给孩子报班，但要理性，不要为了所谓的"抢跑热度"浪费财力、浪费孩子的时间，这样反而会耽误孩子全面发展的最好时机。

孩子们0岁学游泳、两岁学认字、背唐诗、六岁学习奥数，现在又在时代的推动下从小开始学编程，家长仔细想一想，孩子刚学会写编程两个字就要学编程，低龄的孩子可能连电脑怎么操作都不会就要上编程课程，况且少儿教育怎能揠苗助长。就笔者目前的调查研究来看，一部分家长送孩子去学习编程，只是为了缓解家长自己的焦虑，抱着走捷径、升学有优势的态度去学习编程，而孩子什么都不懂也全无兴趣，不仅达不到好的训练效果，还会造成家庭经济上的负担，操之过急反而有可能导致一知半解、思维定式而不利于今后的学习提升。

四、启示

(一)让教育回归本源，释放孩子的"天性"

编程教育虽然可以培养儿童的创新思维、编程思维，但标准化、程序化的编程也有可能导致机械化、单一化的思维方式。教育的本源是育人，我们不能为了让孩子成材而扭曲教育的本质，不能为了教育而教育，要尊重儿童的天性，儿童应是充满童真、想象力和感性的，不要从小就被家长所谓的焦虑所感染，影响儿童正常的生长过程、破坏孩子的好奇心，因为并没有什么事情是一蹴而就的①。

---

① 詹德华.让教育回归课堂[N].沈阳日报,2020-12-31(011).

(二)学编程之前要认真审视

一是到底适不适合学习编程,二是编程培训班到底可不可靠。据相关研究表明,少儿编程培训作为一个刚刚起步的行业,发展还有些不成熟,还存在着不少的问题,如培训机构鱼龙混杂、资质不规范、师资缺乏等。据悉,少儿编程教育和音乐、舞蹈等兴趣班的培养不同,编程本身应该是一项创造性极强的思维活动,而如今国内大多数培训机构仅仅是使用 Scratch 软件来开发对应的编程课程,很多教育机构没有能力在 Scratch 的基础上进行二次开发,并未在创新性、逻辑性、趣味性上去钻研,导致了少儿编程变成了枯燥无味、作用不大的课程①,所以适不适合孩子的学习还需要家长审视。

(三)家长要理性看待少儿编程的学习

少儿编程不等于学习敲代码,少儿编程和编程还有一定的差距,从小学习编程不是为了长大以后一定去从事编程的技术岗位、不是为了考试加分,而是为了练就一种知识的交叉应用的思维方式。比如,可以运用到简单的数学模型,基本的英语词汇,问题的抽象拆分等等,这些知识串联的必备技能。让孩子从小养成有好奇心、善于观察、爱思考、爱动手的能力,这才是最重要的②。

综上所述,人工智能时代要培养孩子的学习力、创造力、思考力,但是这些能力不仅仅只有通过学习编程才能培养,可以从多方面进行培养,给予孩子更多的时间。学习编程只是一种选择,并不是必要,希望大家可以理性看待。

参考文献

[1]张娣.美国少儿编程教育研究[D].上海:上海师范大学,2020.

[2]HIGGINSON W. From children programming to kids coding:reflections on the legacy of seymour papert and half a century of digital mathematics education[J]. Digital experiences in mathematics education,2017(3):71-76.

[3]孙立会,刘思远,李曼曼.面向人工智能时代儿童编程教育行动路径——基于日本"儿童编程教育发展必要条件"调查报告[J].电化教育研究,2019,40(8):114-120,128.

[4]周鲁. 别让"少儿编程热"冲昏了头[N]. 中国科学报,2019-07-05(006).

[5]林雨. 少儿编程"火"起来[N]. 中国审计报,2021-04-19(007).

[6]姚远.少儿编程,中国家长的"起跑线焦虑"?[J].记者观察,2021(1):89-91.

[7]张勉.少儿编程教育的现状分析及其对策探讨[J].电脑知识与技术,2020,16(23):105-108.

[8]詹德华. 让教育回归课堂[N]. 沈阳日报,2020-12-31(011).

[9]郭学军,汪传建.少儿编程培训再认识[J].云南教育(视界综合版),2019(Z2):65-68.

[10]罗克研.少儿编程"火热"适不适合还要家长审时度势[J].中国质量万里行,2019(7):69-70.

---

① 郭学军,汪传建.少儿编程培训再认识[J].云南教育(视界综合版),2019(Z2):65-68.
② 罗克研.少儿编程"火热"适不适合还要家长审时度势[J].中国质量万里行,2019(7):69-70.

中小学人工智能课程内容设计探究

陈雅燕

（福建师范大学教育学部，福建福州　350117）

摘　要：为了适应人工智能发展所带来的社会变革，加强中小学人工智能教育成为迫切需求。当前的人工智能课程建设存在系统性不足，偏重编程教育、机器人教育，忽视人工智能道德伦理教育等问题。人工智能课程内容建设是影响人工智能教育水平的关键因素。中小学人工智能教育应以促进学生核心能力、多元思维、人文素养的全面提升为目的，以发展学生的人工智能素养为最终目标。人工智能课程内容体系的构建要实现社会需求、人工智能知识模块、学生认知发展三个方面的协调平衡，以实现设计的系统性、科学性。社会需求即人工智能素养要求。人工智能课程包括人工智能基础、算法与编程、机器人与智能系统、人工智能伦理道德四个知识模块。课程目标层次呈现以感知体验、知识学习、技能掌握、应用创新螺旋上升的状态。低学段（1～2年级）重视感悟与经验；中学段（3～6年级）重视体验与技能；高学段（7～12年级）重视开发与创新。

关键词：人工智能；课程内容；中小学

随着人工智能技术的不断成熟和完善，人工智能技术已成为国家综合竞争力的重要组成部分。2017年，国务院在印发的《新一代人工智能发展规划》中明确指出"实施全民智能教育项目，在中小学阶段设置人工智能相关课程，逐步推广编程教育"①。2018年教育部印发《教育信息化2.0行动计划》通知，明确提出"完善课程方案和课程标准，充实适应信息时代、智能时代发展需要的人工智能和编程课程内容"②。人工智能课程内容建设是影响人工智能教育水平的关键因素，设计并建构具有系统性、科学性的人工智能课程体系是开展人工智能教育的首要环节。然而，当前中小学开展人工智能课程更多偏重编程教育、机器人教育，忽视人工智能伦理道德教育，窄化了人工智能教育的本质内涵。因此，本文在分析人工智能时代对人的素养要求的基础上，分析中小学人工智能教育目标，设计中小学人工智能内容体系，以期能为中小学人工智能课程建设提供参考。

---

①　国务院关于印发新一代人工智能发展规划的通知[J].中华人民共和国国务院公报，2017(22)：7-21.
②　教育部关于印发《教育信息化2.0行动计划》的通知[J].中华人民共和国教育部公报，2018(4)：118-125.

一、人工智能教育目标定位

(一)人工智能素养框架

社会的发展对人的基本素养提出更大的挑战。随着人工智能技术的发展,人工智能会迅速占领所有标准化领域,那些靠记忆、搜索、整合和反复练习就能掌握的技能会逐渐被智能机器代替[①]。同时随着技术的不断成熟,人工智能逐步向实现人的意识、思维和情感发展。关于"人如何在智能时代生存"将成为一个重要议题。

为了适应人工智能带来的全新挑战,研究需要对人工智能时代人的基本素养做出新的界定。要解决这一问题,首先我们需要正确认识人工智能。人工智能是研究如何通过一系列方式实现机器模拟人类智能,使其具备人的意识、思维和情感。借助算法、技术,机器能够实现智能,却难以形成高级动物所拥有的智慧。智慧的含义是"利用知识经验做出好的(善的)决策和判断的能力"[②]。处于智能时代的人需要发展和生成有别于机器智能的智慧,强调具备批判性思维、问题解决能力、创新创造能力。其次,人工智能的时代有别于以往时代的重要特点是人机共存。身处于智能设备、AI产品环绕的社会,如何更好地进行学习、生活、工作? 这一问题可引申为如何学会利用现有技术产品来提高效率和质量,也就是人在智能时代解决问题的方式方法的转变。这要求每个人形成像计算机科学家解决问题的思维方式——计算思维。计算思维是运用计算机科学的基础概念进行问题求解、系统设计以及人类行为理解等涵盖计算机科学之广度的一系列思维活动[③]。其强调应用信息技术开展问题解决,它是一种人机结合解决问题的思维过程和思维方式。

为了推动社会的发展,智能时代对人才的高要求是能够进行创新创造,设计并开发智能产品。人工智能以程序或实体机器人为载体。机器人的设计、组装、搭建是呈现人工智能技术的关键环节,这对人的艺术审美、工程思维提出了要求。同时,人工智能的核心是算法,具备编程设计能力是理解人工智能的重要桥梁。

情感是人有别于机器的重要部分。适应智能时代,首先要形成对智能技术的积极态度,认可其价值意义,并在此基础上辩证看待人工智能引发的伦理道德问题,形成正确的智能时代价值观。综上所述,人工智能时代对人的思维、能力、情感提出了新的要求,基于此,可界定人工智能时代人基本素养的内容,包括多元思维、核心能力、人文素养三大部分(见图1)。

---

① 王本陆,千京龙,卢亿雷,等.简论中小学人工智能课程的建构[J].教育研究与实验,2018(4):37-43.

② Cambridge Dictionary. Meaning of "wisdom" in the English dictionary[EB/OL].[2017-05-23].http://dictionary.cambridge.org/dictionary/english/wisdom.

③ Jeannette M.Wing.Computational thinking[J].Communications of the ACM,2006(3):34-35.

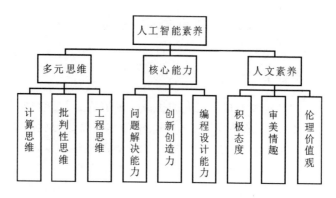

图1 人工智能素养框架

（二）人工智能教育目标

基于上述提出的人工智能素养框架，中小学人工智能教育应以发展人的多元思维、核心能力和人文素养为目标，全面提升学生的综合素质。综合素质的全面提升具体表现在学生生成智慧。祝智庭说，智慧是一种高阶思维能力和复杂问题解决能力。智慧的内核是伦理道德和价值认同，智慧强调文化、认知、体验、行为的圆融统整[①]。因此，中小学人工智能教育的目标应定位于：在学习人工智能基本知识的基础上，在行动体验过程中，全面提升学生核心能力、多元思维、人文素养，发展学生的人工智能素养。基于此，构建中小学人工智能教育目标体系，见图2。

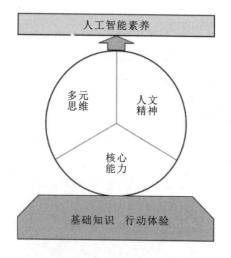

图2 中小学人工智能教育目标体系

---

① 祝智庭,贺斌.智慧教育:教育信息化的新境界[J].电化教育研究,2021,33(12):5-13.

二、人工智能课程内容规划

Tjeerd Plomp 等人在《教育设计研究:理论与实践》[①]中提出的课程内容观表明:课程应该包含哪些内容,解决这一问题的经典方法是在内容的主要来源,即知识、社会、学习者之间寻求一种平衡,依次进行内容筛选和优先权设置。因此,规划中小学人工智能课程内容应首先明确人工智能知识模块、学生认知发展特征、社会发展需求。基于此,构建如图3 所示的人工智能课程内容设计框架。

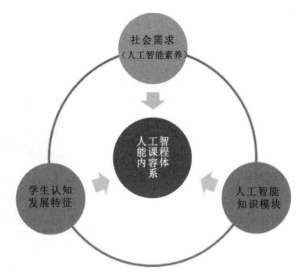

图 3　课程内容设计框架

(一)社会发展需求

教育目的是指把受教育者培养成为一定社会需要的人的总要求。人工智能时代需要具备创新精神、问题解决能力的综合素质人才。人工智能素养框架指明了人工智能时代下人应具备的基本素养。只有全面提升人的基本素养,才能为社会发展提供人才。当下人工智能技术逐渐渗入教育领域,广泛应用于教育教学,进而衍生出"人工智能进入教育,人机如何共存"的社会问题[②]。教育需要促进受教育者形成正确的社会价值观,对伦理问题的探讨必然成为中小学人工智能教育的重要内容。

①　PLOMP T,NIEVEEN N,王其云,等.教育设计研究:理论与案例[M].上海:华东师范大学出版社,2017.
②　杜静,黄荣怀,李政璇,等.智能教育时代下人工智能伦理的内涵与建构原则[J].电化教育研究,2019,40(7):21-29.

(二)人工智能知识模块

明确人工智能知识模块,首先要明确人工智能本质内涵。李德毅院士从内涵和外延两个角度解释人工智能。人工智能的内涵包括脑认知基础、机器感知与模式识别、自然语言处理与理解、知识工程这四个方面,人工智能的外延是机器人与智能系统——智能科学的应用技术。从人工智能的核心本质和基本本质来看,其核心本质是机器学习的算法,包括模式识别、统计学习和深度学习;其基本本质则是算法与其他信息的结合,如计算机视觉、自然语言处理、语音识别、生物特征识别①。

明确内容知识模块,还需要从整体角度看待人工智能,具体包括:人工智能的概念与特征、发展历程、核心技术、现实应用、价值与危害、未来发展。人工智能教育应考虑从这六个方面规划课程内容,帮助学生建立对人工智能的整体认识。人工智能核心技术是人工智能发展的关键,也是其他五方面内容的中心,其研究离不开对人类智能的探索,包括机器视觉、自然语言处理、机器学习、知识图谱、推理与决策、机器人。人工智能的三要素是算法、数据和算力,算法是人工智能核心技术的底层基础,是开展人工智能研究的必备技能,掌握人工智能编程语言是理解、编写算法的基础。

基于上述分析,结合人工智能教育目标体系,形成人工智能知识模块,如图4所示。

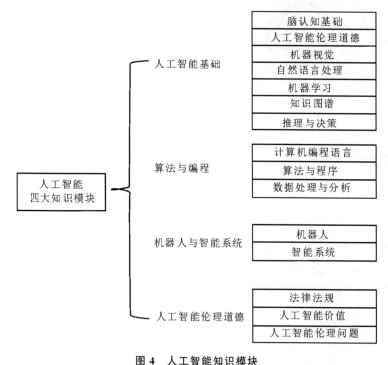

图 4 人工智能知识模块

---

① 刘克松,程广明,李尧.人工智能概念内涵与外延研究[J].中国新通信,2018,20(14):140-141.

(三)学生认知发展特征

依据皮亚杰认知发展理论,中小学学生处于认知发展的具体运算阶段和形式运算阶段。处于具体运算阶段的学生,其思维具备一定弹性,开始发展思维的逻辑性和系统性,但还不能进行抽象逻辑思维。而处于形式运算阶段的学生逐步发展系统思维能力,能够进行抽象的逻辑推理。基于学生的认知发展特征,中小学人工智能课程层次目标应呈现以感知体验、知识学习、技能掌握、开发创新螺旋上升的状态,各学段内容设计如下:第一学段(1~2年级):AI环境体验,现实智能感知;第二学段(3~4年级):软硬编程学习,智能模块搭建;第三学段(5~6年级):AI技术分析,自主操控智能;第四学段(7~9年级):AI原理探索,AI技术应用;高中阶段(10~12年级):深化原理算法,开发智能系统(详见图5)。低学段课程内容支撑高学段课程内容的开展,由简入繁、由易到难,逐级递升。同时在各学段应重视对人工智能伦理道德问题的辩证分析,促使学生形成正确的社会价值观。基于上述分析形成小初高各阶段课程目标层次,见图5。

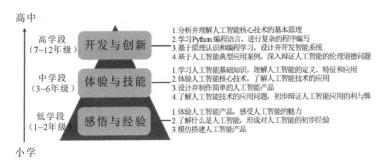

图5 小初高各阶段课程目标层次

三、人工智能课程内容体系

依据课程内容设计框架,中小学人工智能课程体系应从社会需求(人工智能素养)、人工智能知识模块、小初高各阶段课程目标层次三个方面出发进行规划,见表1。

(一)以人工智能基础为基,助力人工智能素养发展

掌握人工智能基础知识是学生发展人工智能素养的前提,只有深入理解人工智能的本质内涵,才能开展对智能时代人机共存事实的深度认识。通过脑认知基础理解人的智能的生成机制,帮助学生更好地理解机器智能;通过学习、理解人工智能的概念和特征,帮助学生形成对人工智能的基本认知;通过机器视觉来认识机器如何像人一样感知世界,涉及传感器代替人类感知器官的原理探索;通过自然语言处理,理解人与人、人与机器、机器与机器三方进行有效通信的方式;通过机器学习、知识图谱、推理决策,深入认识机器如何进行思考,从而模仿人的高级思维活动。

表 1 中小学人工智能课程内容体系

模块	人工智能基础									算法与编程			机器人与智能系统			人工智能伦理道德	
教学段 / 年级	AI概念特征	脑认知基础	机器视觉	语音识别	自然语言处理	机器学习	搜索	知识图谱	推理与决策	计算机编程语言	算法与程序	数据处理与分析	机器人	智能系统	法律法规	AI价值	AI伦理问题
小学 低学段 1~2	人工智能简单定义	大脑分区	产品体验	产品体验	产品体验												
小学 中学段 3~4						基本概念 / 实现过程				图形化编程			积木搭建				
小学 5~6	人工智能特征	认知活动的脑机制									简单编程	认识数据 / 数据获取与简单分析应用	简单机器人组装	智能系统体验	基本法规了解	AI价值初步体验	AI伦理案例与伦理要求

续表

模块	学段		人工智能基础	算法与编程	机器人与智能系统	人工智能伦理道德
初中	高学段	7~9	神经网络　学科领域专业定义　原理算法　技术体验	复杂编程	简单系统开发	法律法规解读　AI伦理案例与伦理问题
高中		10~12	设计开发　核心算法	Python语言　大数据技术；数据获取、分析、应用　复杂作品设计	复杂机器人组装　复杂系统开发	AI价值辩证分析　法律法规案例分析　AI伦理案例与伦理原则

（二）以算法与编程为心，搭建多元思维和核心能力发展的基石

算法是实现人工智能的底层技术，培养人工智能素养离不开编程能力的训练。掌握计算机编程语言是编程学习的首要条件，也是学生设计人工智能产品、开发智能系统的基本技能。从编程语言的抽象程度来看，图形化编程以封装的编程积木搭建程序，直观形象，易于理解。而 Python 语言代码简洁、语法简单。基于此，可将二者作为开展中小学编程教育的最佳选择，小学阶段采用图形化编程，初高中使用 Python 语言，并在课程开展过程中结合算法与程序的学习，以设计、制作面向问题解决的程序项目，促进学生计算思维、创新创造能力、编程设计能力的提升。同时结合人工智能实体作品制作，促进学生工程思维、审美情趣的全面发展。

（三）以机器人与智能系统为身，加速多元思维核心能力提升

机器人与智能系统是人工智能的具体应用，应作为学生深入理解人工智能、发展核心能力、培养多元思维的重要契机。机器人是人工智能技术的重要载体，是人工智能技术融合的集中体现。人工智能课程围绕机器人项目，引导学生经历体验、分析、设计、开发，最终走向创新的历程，是对学生创新创造能力、问题解决能力、编程设计能力、艺术设计能力由易至难的逐级考验，能够加速学生核心能力的提升，促进多元思维的发展。

（四）以人工智能伦理为情，培养人文素养和价值观

人工智能发展带来价值的背后也深藏人工智能伦理道德问题，人工智能素养不仅要求学习者提升核心能力、发展多元思维，还强调关注人文素养的发展。人工智能伦理道德模块包括法律法规、人工智能价值和人工智能伦理三部分。通过人工智能相关法律法规的学习，帮助学生理清法律界限，不轻易利用人工智能技术做出危害社会的行为；通过人工智能价值、人工智能伦理问题，引导学生从正反两面辩证看待人工智能，形成对人工智能的积极态度和价值观，促进其批判性思维的发展。

四、总结

本研究从社会需求的角度出发分析人工智能素养的基本内容，并构建中小学人工智能教育目标体系，基于对社会、知识、学习者之间的矛盾化解，从社会需求、人工智能知识模块、中小学学生认知发展特点三个方面规划人工智能课程内容体系，课程内容呈现以感知体验、知识学习、技能训练、开发创新螺旋上升的状态，各阶段课程内容设置符合学生认知发展，紧扣学生人工智能素养发展要求，具备科学性、系统性。

参考文献

[1]国务院关于印发新一代人工智能发展规划的通知[J].中华人民共和国国务院公报,2017(22):7-21.

[2]教育部关于印发《教育信息化2.0行动计划》的通知[J].中华人民共和国教育部公报,2018(4):118-125.

[3]王本陆,千京龙,卢亿雷,等.简论中小学人工智能课程的建构[J].教育研究与实验,2018(4):37-43.

[4]DICTIONARY C. Meaning of "wisdom" in the English dictionary[EB/OL].[2017-05-23].http://dictionary.cambridge.org/dictionary/english/wisdom.

[5]JEANNETTE M. Wing.Computational thinking[J].Communications of the ACM,2006(3):34-35.

[6]祝智庭,贺斌.智慧教育:教育信息化的新境界[J].电化教育研究,2021,33(12):5-13.

[7]PLOMP T, NIEVEEN N,王其云,等.教育设计研究:理论与案例[M].上海:华东师范大学出版社,2017.

[8]杜静,黄荣怀,李政璇,等.智能教育时代下人工智能伦理的内涵与建构原则[J].电化教育研究,2019,40(7):21-29.

[9]刘克松,程广明,李尧.人工智能概念内涵与外延研究[J].中国新通信,2018,20(14):140-141.

基于 JL 创享编程的少儿编程研究

王　欢　王　炜

（新疆师范大学，新疆乌鲁木齐　830017）

摘　要："智能＋"时代，社会需要集科学、技术、工程、艺术、数学等方面素质于一身的创新性人才。本研究旨在梳理少儿编程教育发展历程基础上，分析所存在的问题，应用了符合学生学习编程的特点的编程平台并制作相关教学案例，以帮助少儿更好地学习编程，培养编程思维。

关键词：少儿编程；创享编程；编程思维

随着新一轮科技革命和产业变革的风起云涌，人工智能等新技术的迅速发展正在给人类经济、社会与生活带来颠覆性影响，将深刻改变人类社会生活、改变世界。2017 年 7 月 8 日，国务院印发的《新一代人工智能发展规划》[①]中指出："广泛开展人工智能科普活动，全面提高全社会对人工智能的整体认知和应用水平。实施全民智能教育项目，在中小学阶段设置人工智能相关课程，逐步推广编程教育，鼓励社会力量参与寓教于乐的编程教学软件、游戏的开发和推广。"2018 年 1 月，教育部公布高中新课标，编程、计算思维成必修内容。以少儿编程为代表的信息技术学科将被纳入高考，编程地位直线上升，成为高中孩子的必修科目。2018 年 4 月 18 日，教育部印发《教育信息化 2.0 行动计划》，其中明确指出：将学生信息素养纳入学生综合素质评价。完善课程方案和课程标准，充实适应信息时代、智能时代发展需要的人工智能和编程课程内容[②]。在上述教育部出台的政策与文件中，明确指出现阶段编程教育对于建设创新人才的储备具有重要意义，学编程的核心，不仅是学计算机语言，而是更多地学习"编程思维"（计算思维），以及如何独立思考解决问题的能力。

一、少儿编程教育发展历程

综观编程教育实现工具的发展过程，根据编程工具可将编程分为文本编程、教育机器

---

① 中华人民共和国教育部.新一代人工智能发展规划[EB/OL].(2017-07-20)[2021-03-17].http://www.gov.cn/xinwen/2017-07/20/content_5212064.html.

② 中华人民共和国教育部.教育信息化 2.0 行动计划[EB/OL].(2018-12-31)[2021-03-17].http://www.gov.cn/zhengce/zhengceku/2018-12/31/content_5443362.html.

人、图形化编程以及高级编程。

(一)文本编程

文本编程最早是由麻省理工学院（MIT）开发的 Logo 语言，它是一种基于文本的编程语言，与自然语言非常接近①，它通过"绘图"的方式使学习者学习编程，学习者在键盘上输入基本指令，如前进（go）、后退（back）、左转（left）、右转（right）等，可使"海龟"按照命令绘制出相应的图形，对于儿童培养几何思维具有重要意义。

(二)教育机器人

教育机器人技术通过有形编程语言在物理环境中完成程序的设计，现实环境中的机器人给予直接的反馈。反映程序结果的机器人既可以是现有客体，也可以通过一种简单的编程语言建立机器人实体。建立机器人实体与编码机器人程序这两个过程似乎是激励、协作并最终创造新知识的理想平台②。这种可触摸的反馈不仅激发了儿童学习者的兴趣，而且对于编程有了新的体验。

(三)图形化编程

图形化编程是基于图形用户界面设计而实现，通过拖动计算机屏幕上的程序块或图标进行编码，将屏幕上的代码程序映射到图标的操作实现过程中。③ 麻省理工学院媒体实验室设计研发儿童编程工具 Scratch，为儿童提供了更形象化的编程方式，通过拖动操作块、排列操作块完成对运动过程的设计。这相当于将有形编程与计算机的优势相结合，既考虑了有形编程易操作、易理解的特点，又融合了计算机提供的虚拟环境。

(四)高级编程

Python 作为最接近人工智能的解释型超高级语言，是进入人工智能大门的一把钥匙。它具备交互式、可移植、面向对象等特点，功能广泛且适用于多种操作系统。2016年，教育部发布了《大学计算机基础课程教学基本要求》④，首次建议将 Python 语言作为首门程序设计课程的教学语言。很多省市将 Python 编程基础纳入信息技术课程和高考的内容体系，Python 语言课程化逐渐成为学生学习的一种趋势⑤。

---

① WATT M. What is logo? [J]. Creative Computing,1982(10):112-129.
② SAPOUNIDIS T,DEMETRIADIS S. Educational robots driven by tangible programming languages: a review on the field[A]. International Conference EduRobotics 2016[C]. Berlin: Springer,2017:205-214.
③ SAPOUNIDIS T, DEMETRIADIS S. Tangible versus graphical user interfaces for robot programming: exploring cross-age children's preferences[J]. Personal and ubiquitous computing,2013(8):1775-1786.
④ 教育部高等学校大学计算机课程教学指导委员会.大学计算机基础课程教学基本要求[J].北京:高等教育出版社,2017.
⑤ 嵩天,黄天羽.Python 语言程序设计教学案例新思维[J].计算机教育,2017(12):11-14,19.

二、现阶段少儿编程存在的问题

(一)图形化编程向代码编程过渡难

关于将编程纳入中小学阶段设置人工智能相关课程的举措,很多地区目前正在逐步实施。对于初中学生而言,学习编程可能要直接从代码编程开始学习,学习难度较大。部分学生直接从图形化编程过渡至纯代码编程,导致无法很快掌握纯代码编程的程序指令。针对此问题编程猫开发出"指令积木＋代码"的形式,以帮助学生在堆积指令积木的同时对照相应代码,但学生使用纯代码编程时仍然不能掌握其语法等,这就导致后续编程教育课程的开展中,学生难以进行系统化的深度学习。

(二)现有编程工具不能充分发挥学生的发散思维

目前中小学所使用的图形化编程软件大部分都是基于 Scratch 的编程工具,学生按照拖动程序积木的方式进行项目创作,这对于低年龄段的学生来说是很好的入门学习工具,但想要往高层次发展确实有一定难度,不仅要掌握各程序积木间的关系,还要在此基础上学习变量、函数等高阶程序命令。学生很快就到达了学习"天花板",很难实现自己奇特的想法。

(三)编程学习过程难于记录

学生在学习编程时,通常按照老师的教学安排完成拓展作品,在整个学习过程中,教师无法针对每个学生进行个性化的指导,学生之间也无法进行实时交流,几乎没有平台对学生完成作品的过程进行记录和数据分析。

三、JL 创享编程概述

(一)JL 创享编程简介

JL 创享编程是专为编程教育自主研发的智能编程语言平台,它通过编程游戏启蒙、可视化图形编程等课程,培养学生的计算思维和创新解难能力的课程。通过编程的学习可以提升学生的数字素养,培养信息意识,形成学科融合的能力;编程化计算思维的建立,为解决实际问题提供了更富有逻辑化的思路,最终能够实现技术创新,并且能够体验技术实践。

(二)JL 创享编程特点

1.全开放式自主创作

JL 创享编程的工作台界面简单,学生可自由发挥想象力、创造力完成自我创作,在创作中使用的素材获取方法简单,能够全面激发提升学生的创新能力。

2.可视化代码编程

JL创享编程融合了Scratch图形化编程的呈现方式,并集合了主流编程语言(Python、C++、Java等)特征,在可视化的编程环境中学习"面向对象"的编程语言,达到一种会、万种通的效果。在保证趣味性的同时,搭建起通向专业性语言学习的桥梁。

3.学习过程全记录

JL创享编程是集创作模式、教学模式、常用模式为一体的智慧编程平台,可在平台中实现备课、教学等环节,教师通过建立班级以便指导学生并使学生间实现实时交流。平台在创作模式中可记录学生的创作过程,如学生的创作思路、学生停留页面的时长、学生输入代码等方面。教师获取学习数据后进行分析,在教学中进一步讲解知识的重难点,还可对学生进行个性化的指导,帮助学生实现全优化发展。

四、JL创享编程案例

(一)《赛跑比赛》项目介绍

三个选手在跑道上赛跑,当按下开始按钮,三个选手跑向终点线,画面上显示第一名选手的名称。按下归位按钮,他们就回到起点。动画效果完成图如图1所示。

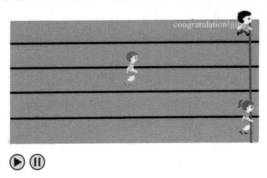

图1 动画效果完成图

1.项目素材

项目素材包括三个:任务对象;停止线对象;跑道背景。

2.项目知识点

设定小明、小红、小刚这三个对象的名称属性;调用go函数完成对象的移动;触发碰撞事件;使用say函数;调用rand函数。

(二)项目实施步骤

1.任务对象跑步

(1)选取素材

在舞台空白处按下鼠标右键,点击三个任务对象后在快捷菜单中按下拍照图标,出现对象的副本,用鼠标左键拖动副本对象移动到舞台下方工具栏的"+",以此添加到新的一页,同时依次修改副本对象的名称为 boy1、boy2、girl。命名终点线和开始按钮对象为 finishline、start。拍照获取对象副本、拖动对象副本到新页面。

（2）编写移动代码

打开工作台,首先设置 boy1 的初始位置$(x=0)$,可在属性编辑区查看对象的位置;其次利用 go 函数编写男孩对象的移动代码,选中开始按钮后,在它的点击代码编辑区中输入代码"boy1.go('R',1300,2000)";执行后发现 boy1 对象超过终点线后 boy1 对象位于 finishline 对象的下方,这里就要注意图层问题,要将终点线对象的图层置底。

2.终点线显示碰撞对象名称

（1）编写碰撞代码

选中终点线对象后,在属性编辑区勾选碰撞属性,在碰撞事件的代码编辑区输入指令:"self.say(f.hitshape,64,R,1,2000)"。

（2）执行程序

准备执行程序时,在编辑状态将 start 对象勾选按钮属性,然后切换为执行状态,在执行状态时点击 start 按钮。

最后,由于三个对象的动作是相同的,故复制 boy1 的代码,进行修改即可。

3.设定随机时间

在 go 函数中,跑步距离相同,可以通过设定随机的跑步时间改变他们的速度。这里,我们需要使用随机函数 rand 函数。

使用 rand 函数:在 start 按钮点击事件中编写代码"self.go('R',1300,1000 + g.rand(2000))"。

终点线只显示第一名通过选手的名称。

（1）终点线碰撞事件

选中终点线,添加修改碰撞属性的代码。在碰撞按钮的代码编辑区输入"self.isHittable = false"代码,让终点线的碰撞属性在第一次触发碰撞事件后就被取消,之后就不会触发碰撞事件。

（2）执行

点击执行,观察效果。执行后点击终点线的属性编辑区发现碰撞属性已经取消。

五、总结

教育是改变世界面貌的上层建筑,伴随着人工智能时代的到来,编程能力将是孩子在这个人工智能时代的基本素养。少儿编程教育任重而道远,在今后要不断探索适合少儿认知特点的编程教育,推动中国少年儿童安全地掌握人工智能时代必备的编程技能,给学生一个新的思考方式。

参考文献

[1]中华人民共和国教育部.新一代人工智能发展规划[EB/OL].(2017-07-20)[2021-03-17].http://www.gov.cn/xinwen/2017-07/20/content_5212064.html.

　　[2]中华人民共和国教育部.教育信息化2.0行动计划[EB/OL].(2018-12-31)[2021-03-17].http://www.gov.cn/zhengce/zhengceku/2018-12/31/content_5443362.html.

　　[3]WATT M. What is logo? [J]. Creative computing,1982(10):112-129.

　　[4]SAPOUNIDIS T,DEMETRIADIS S. Educational robots driven by tangible programming languages:A review on the field[A]. International Conference EduRobotics 2016[C]. Berlin:Springer,2017:205-214.

　　[5]SAPOUNIDIS T,DEMETRIADIS S. Tangible versus graphical user interfaces for robot programming:exploring cross-age children's preferences[J]. Personal and ubiquitous computing,2013(8):1775-1786.

　　[6]教育部高等学校大学计算机课程教学指导委员会.大学计算机基础课程教学基本要求[J].北京:高等教育出版社,2017.

　　[7]嵩天,黄天羽.Python语言程序设计教学案例新思维[J].计算机教育,2017(12):11-14,19.

协作问题解决学习中职前
教师的行为模式研究
——以机器人课程为例

黄水艳　陈岚鑫　莫莉姣　刘晓凡　钟柏昌

(华南师范大学教育信息技术学院，广东广州　510631)

摘　要:为解决各类复杂问题,人们逐渐采取跨领域的合作方式以实现共赢。在此过程中,协作问题解决学习发挥着巨大的作用。然而,现研究尚未概括出协作问题解决学习的重要行为模式。此外,机器人课程作为一门典型的跨学科课程,常伴有未知复杂的情境有利于探究协作问题解决学习的重要行为模式。为此,本研究在机器人课程中以职前教师为对象开展了四周的教学实验。通过分析协作问题解决学习中一系列的交互行为,归纳出行为模式的规律与变化。研究表明,教师积极监控协商和管理两种行为模式更有助于协作问题解决学习的开展。

关键词:协作问题解决学习;行为模式;机器人课程

引　言

　　面对愈发复杂的世界,如果学习者在正式的教育情境中学会了以协作的方式解决与现代社会中类似的复杂问题,他们就可以有效地应对未来生活和工作中可能会遇到的复杂问题[①]。为此,协作问题解决学习(Colloabotive Problem-Solving Learning,简称CPSL)作为一种学习方式备受研究者关注。CPSL是协作学习与问题解决学习的有机融合,从问题出发,通过社会性交互、对话、协商等协作方式,达成对某问题的共识,形成问题解决方案,以促进学习者的认知发展与领域知识的建构[②]。

　　作为人工智能在教育应用中的典型,机器人课程常伴有未知的复杂问题,如硬件连接、程序错误等问题。与此同时,CPSL的讨论是小组成员面对复杂问题,基于一定的交互方式进行知识建构的过程,这一交互过程必然暗含特定的、规律性的行为方式[③]。为此,本研究基于CPSL分析学生的交互行为,以摸索影响学生协作质量的行为类型和行为模式。

---

　　① SPECTOR J M. Cognition and learning in the digital age：promising research and practice [J]. Computers in human behavior,2008,24(2):249-262.

　　② 梁云真.网络学习空间中协作问题解决学习的交互机制研究[D].武汉:华中师范大学,2017.

　　③ 郑娅峰,张巧荣,李艳燕.协作问题解决讨论活动中行为模式自动化挖掘方法研究[J].现代教育技术,2020,30(2):71-78.

一、国内外研究现状

(一)CPSL 的应用

随着课程改革与教育信息化的发展,我国提倡以学生为中心的,强调自主探究、合作交流、问题解决的教学活动。CPSL 作为一种基于问题探索以实现更好的合作学习的学习模式,备受研究关注。

美国伊利诺伊大学数学与科学研究所曾开展过在线 CPSL 的"Superland"研究,指出 CPSL 中问题的选取与设计具有举足轻重的地位。在活动模型方面,付强(2005)建构基于网络的 CPSL 活动模式。在分析该模式的基础上,提出模式实施的原则及开展可能遇到的问题。最后,从理论的角度论述了 CPSL 模式的特点[①]。梁云真(2017)提出包括学情分析阶段、核心要素设计阶段、问题解决阶段的"三阶段"CPSL 活动模型,并发现 CPSL 中的知识建构水平、显著性行为序列和作品成绩皆高于协作学习活动[②]。此外,有些研究者结合支架任务进行了研究。例如,蔡慧英和顾小清(2015)指出在问题解决汇总提供的支架任务以及学习团体间的认知对于 CPSL 中的干预起到正向的作用[③];蔡慧英(2016)基于 CPSL 提出了整合语义图示工具支架学习任务和团体认知过程的干预设计思路。这一干预设计思路能指导教师有效地设计 CPSL,为变革传统知识接受式学习方式提供实践性指导[④]。

近几年,随着技术普及发展,研究者深挖在不同网络平台下的 CPSL。Fjermestad 也指出,计算机支持的协作中的学习者可能提供更完整的报告,可能做出更高质量的决策,计算机支持的 CPSL 是 CSCL 的重点[⑤]。例如,Larusson 等人探究了基于 WIKI 平台的 CPSL 的开展[⑥]。

(二)CPSL 的行为模式

CPSL 即学习者以小组为单位,围绕教师设定好的良构或劣构问题,通过线上或线下的方式进行意义协商,按一定的认知性操作序列,逐步探索问题解决方案,最终达到共识的学习活动[⑦]。

---

①　付强.基于网络的协作问题解决学习活动模式探析[J].现代远距离教育,2005(5):45-48.

②　梁云真.网络学习空间中协作问题解决学习的交互机制研究[D].武汉:华中师范大学,2017.

③　蔡慧英,顾小清.协作问题解决学习中支架学习任务和团体认知的设计研究[J].开放教育研究,2015,21(4):81-88.

④　蔡慧英.语义图示工具支持的协作问题解决学习的研究[D].上海:华东师范大学,2016.

⑤　FJERMESTAD J. An analysis of communication mode in group support systems research[J]. Decision support systems,2004,37:239-263.

⑥　LARUSSON J A, ALTERMAN R. Wikis to support the "collaborative" part of collaborative learning[J]. International journal of computer-supported collaborative learning,2009,4(4):371-402.

⑦　陈婧雅.微课支持的协作问题解决学习研究—过程支持及其活动设计[D].上海:华东师范大学,2015.

对问题解决过程中的行为进行准确分类,是 CPSL 行为分析的基础。Griffin 和 Care (2015)将协作问题解决按照发展的时间顺序划分为不同的行为阶段,如理解、计划、解决和检查等,这些都是一些通用的问题解决行为,无法细致地刻画实际的交互行为[①]。Jahang 等人(2010)基于共享知识的建构过程、会话分析等理论,提出 CPSL 中的一些重要因素,如管理行为对群组协作具有积极意义[②]。又如,Zheng 和 Huang(2016)认为情感是影响协作学习的一个要素等[③]。这些研究成果虽然从不同角度给出了一些协作问题解决的行为分析维度,但不能涵盖学生协作讨论过程中的一些重要特征行为,如查找资源引证观点、离题/话题分散、不断追问等。因而,需要进一步定义明确刻画 CPSL 的行为模式分类框架来满足更进一步分析的要求。

二、研究设计

(一)实验安排

本研究于 2020 年 10 月至 11 月在华南师范大学开展 4 周教学实践,每周 3 节课,共 12 课时。本研究以 18 名教育技术学专业大二学生为研究对象,包含 1 名男生和 17 名女生。该实验为单组实验研究,主要探究 CPSL 中的小组内部情况。

(二)实验材料

本研究选用的是 DFRobot 探索者 D1 教育机器人,它是一款入门级教育机器人套件,能够帮助学生认识机器人的各种机械和电子零件。在实际教学过程中,教师采用配套的 Mind＋软件进行编程。

(三)测量工具

本研究以行为模式为自变量,以学生的协作质量为因变量,采用问卷、录音或者测验的方式获得数据。

先备知识测试包括 5 道选择题,旨在调查学生的经验背景,如"你以前是否有过搭建机器人的经历吗? A.是,B.否"。通过数据分析发现,学生先备知识水平没有显著差异。

通过分析行为模式(从课堂录音获取)来检验学生实验前后的协作质量变化。首先,设计了讨论活动对话编码表(详见表 1)对录音进行转录。转录完毕之后,参考郑娅峰等

---

① GRIFFIN P,CARE E. Assessment and teaching of 21st century skills: methods and approach[M]. Dordrecht: Springer,2015:85-104.

② JAHANG N,NIELSEN W S,CHAN E K. Collaborative learning in an online course: a comparison of communication patterns in small and large group activities[J]. The journal of distance education,2010(2):39-58.

③ ZHENG L,HUANG R. The effects of sentiments and co-regulation on group performance in computer supported collaborative learning[J]. The internet and higher education,2016(1):59-67.

人创建的《基于协作问题解决的协作讨论活动行为编码表》①对文字进行编码。本研究依据课程实际对话对编码表中的"举例"条项进行了修改,详见表2。此外,编码一致性Kappa检验值为0.91,大于0.7,说明编码一致性好,信度高。

作品评价通过编程测试题来考查。编程测试总分100分,需要学生根据任务要求合作完成;根据任务完成测量,由教师、助教和他评(其他小组)依据作品评分表②共同评分并取平均值。

表1　讨论活动对话编码表

记录时间	2020/12/1	记录员	××
小组成员	学生1、学生2	讲话老师	×××

具体对话(C:学生1的姓氏首字母,Y:学生2的姓氏首字母,教师或助教:T)

C:

Y:

表2　CPSL行为编码表

类型	一级维度	二级维度	代码	解释说明	举例
C1	陈述	给出观点/方案	C11	提供或引入新观点、看法、建议或方案,明确问题	可以使用螺丝钉来固定舵机
		进一步解释观点	C12	对观点提供更详细的解释,提供进一步的补充、解释、说明	舵机上有螺纹,肯定有相对应的螺母
		修订观点/方案	C13	修订或完善已提出的观点	嗯嗯,我现在也觉得使用红外传感器可实现避障功能了
		总结观点/方案	C14	综合各观点或论述,做出提炼和概括	总结:舵机和电机都可以让摆臂转动起来
C2	协商	同意	C21	对其他人的观点表示支持	嗯,我觉得应该是这样
		同意并给出证据	C22	对其他人的观点给出证据支持,并给出进一步的支持理由	我觉得是的,舵机可以设置角度转动
		不同意	C23	对他人观点提出质疑或给出反对的表态,通常表现为质问	电机不能自主实现角度转动吧?并不是说不能转动,而是没有角度控制
		不同意并给出证据	C24	对其他人的观点给出反对,并给出进一步反对理由	电机是一直转太难控制了吧,除非有碰撞传感器的限制

①　郑娅峰,张巧荣,李艳燕.协作问题解决讨论活动中行为模式自动化挖掘方法研究[J].现代教育技术,2020,30(2):71-78.

②　康斯雅,钟柏昌.机器人教育中结构创新型教学模式的案例设计与实施[J].课程教学研究,2020(1):75-81.

续表

类型	一级维度	二级维度	代码	解释说明	举例
C3	提问	提出问题	C31	提出疑惑，表达不明确的地方	舵机放在哪里才能更好呢？
		追问	C32	要求提供更多信息以说明解释，通常以提问形式表达意图	同意你的说法，但为什么要用这个函数呢？
C4	管理	组织/分配任务	C41	方案执行的组织、资源管理及分配管理	我们应该先绘制图，然后激光雕刻
		协调管理/提醒	C42	协作方式、时间进度等的管理和提醒	大家可以在讨论区建一个放结果的帖子，把小组结果统一放那里
C5	情感	积极情感	C51	表达问候、情感支持等	有趣的想法！
		其他情感	C52	表达愤怒、沮丧、震惊、困难	真是太难了！
C6	其他	其他行为		表达与任务无关的言语	下课后大家赶快集合！

三、数据分析与处理

本研究的数据分析共分为三个部分，一是前测问卷，便于调查学生的经验背景；二是对讨论对话进行编码分析，以便于探究小组合作学习的内部机制；三是作品评价，通过作品质量来佐证小组行为转换情况对学生的影响。

（一）行为模式分析

1. 高、低质量组二级维度行为类型分布对比

为了更细致地考察协作讨论活动中行为模式的差异，本研究依据讨论质量评分对协作组进行分组：前27%为高质量组，后27%为低质量组。

从图1和图2可以看到，高质量组在二级行为类型统计分析中频次发生占比最高的是给出观点/方案（C11），占总发帖的27%；其次是追问（C32），占总发帖的19%；位居第三的分别是提出问题（C31）、进一步解释观点（C12）和同意（C21），都占总发帖的12%；而占比最低的是组织/分配任务（C41）、积极情感（C51），占总发帖的1%。

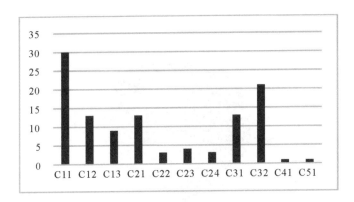

图 1　高质量组二级维度行为类型分布表

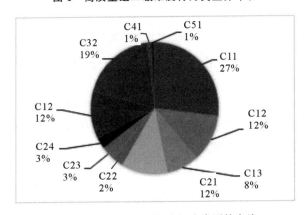

图 2　高质量组二级维度行为类型的占比

从图 3 和图 4 可以看到,低质量组在讨论活动中频次发生占比最高的也是给出观点/方案(C11),占总发帖的 37%;其次是提出问题(C31),占总发帖的 21%;位居第三的是进一步解释观点(C12)、修订观点/方案(C13)和追问(C32),占总发帖的 8%;而占比最低的是同意并给出证据(C22)。

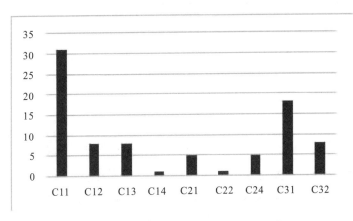

图 3　低质量组二级维度行为类型分布表

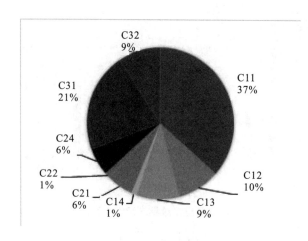

图 4 低质量组二级维度行为类型的占比

对比图 2、图 4 的结果可以看出：高质量组中追问(C32)发生频率较高，而在低质量组中这一行为发生频率极低，说明高质量组的学生在协作学习过程中讨论激烈；高质量组中同意(C21)占比较高，而在低质量组中这一行为所占比例非常低，不同意并给出证据(C24)占比却非常高。此外，高质量组中存在组织/分配任务(C41)这一行为，说明高质量组的学生对于整个协作学习活动更有全局观。

2. 高、低质量组行为转换结果对比

本研究进一步对高质量组和低质量组在协作讨论中的行为转换情况进行了分析。在高质量组中，共统计获得 32 种转换序列，排除只出现一次的转换序列，共获得 13 种转换序列。高质量组高频行为序列统计如表 3 所示，相应绘制出的高质量组高频行为转换图如图 5 所示。在低质量组中，共统计获得 22 种转换序列，排除只出现一次的转换序列，共获得 10 种转换序列。低质量组高频行为序列统计如表 4 所示，相应绘制出的低质量组高频行为转换图如图 6 所示。

表 3 高质量组高频行为序列统计表

转换类型	转换次数	转换类型	转换次数
C11→C31	4	C21→C11	3
C11→C32	4	C21→C31	3
C12→C11	4	C24→C32	2
C12→C13	2	C31→C11	2
C12→C32	2	C32→C11	4
C13→C32	2	C32→C12	3

表 4　低质量组高频行为序列统计表

转换类型	转换次数	转换类型	转换次数
C11→C11	2	C13→C21	2
C11→C13	2	C24→C13	2
C11→C31	6	C31→C11	6
C11→C32	2	C32→C11	3
C12→C11	2	C32→C12	3

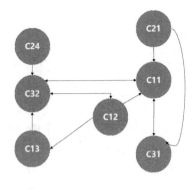 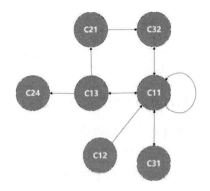

图 5　高质量组高频行为转换图　　　图 6　低质量组高频行为转换图

对比图 5 和图 6 的结果可以看出,高低质量组都存在高比例的给出观点/方案(C11)→提出问题(C31)行为转化;同时,高质量组还存在高比例的给出观点/方案(C11)→追问(C32)、进一步解释观点(C12)→给出观点/方案(C11)以及追问(C32)→给出观点/方案(C11)的行为转换,说明高质量的学生善于提出自己的主张,也会质疑他人的观点;低质量组存在的提出问题(C31)→给出观点/方案(C11)的行为转换非常高以及给出观点/方案(C11)→给出观点/方案(C11),说明低质量的学生在协作讨论过程中对问题的认识不清,呈迷茫的状态。此外,两组都无任何与总结观点/方案(C14)和同意并给出证据(C22)行为相关的高频转换出现。

(二)作品评价

本研究要求 3 个评分者独立完成学习任务单的结果判定,然后使用肯德尔(Kendall)和谐系数测量评分者之间的一致性,统计结果如表 5 所示,显著性 $P=0.021<0.05$,意味着 3 个评委的打分具有一致性;一般来说,Kendall's W 值分布在 0~1 之间,数值越大,一致程度越强。具体上看,Kendall's W 协调系数值为 0.605(大于 0.6),说明评分结果具有较强的一致性,也说明数据可信。

统计结果如表 6 所示,高质量组的平均分远远高于低质量组,这也侧面佐证了善于提问以及敢于提出质疑的讨论环节有助于激发小组成员的思维,以创作更有创意的作品。

表 5　检验统计

个案数	肯德尔 Wa	卡方	自由度	渐近显著性
3	0.605	30.854	17	0.021 *

注：a.肯德尔协同系数

表 6　小组平均分检验统计

组别	1	2	3	4	5	6	7	8	9
平均分	73.4	81.13	73.73	83.86	83.8	76.8	75.47	78.27	84.47

四、研究结论

(一)协商有利于小组实现深度讨论

在常规机器人课程的学习中,学生会遇到各种各样的问题,如硬件连接、程序错误等,这些问题导致学生无法按照任务要求实现特定效果[①]。面对众多未知的问题,学生需要互相交流沟通甚至是论证。本研究发现,在 CPSL 中高质量小组成员更善于对给出的观点提出质疑,并查阅资料后提供充分的解释。毋庸置疑,这种深度论证过程有助于促进小组成员的意见达成一致。而在低质量组中,对问题的认识不清使得小组成员停留在不断提出观点的阶段,而难以提出质疑,从而使得对话交流仅停留在浅层水平。这一结果表明,协商可以提高 CPSL 中的深层交互。通过主张、发表理由、给出证据以及质疑他人,学习者可以产生高水平的学习。因此,在协作实践中,如果教师观察不到持续的论证,就可以使用提问甚至是追问的方式去引导或者激发一些观点,以推进讨论的深化。

(二)良好的管理状态有助于提升学生的协作质量

Jahang 认为管理状态对达成良好的小组协作具有积极意义[②]。上述观点在本实验中得到了印证。高质量组能够在时间规划、冲突消解和技术问题支持等方面协调小组协作过程,从而获得更好的协作效果。而低质量组由于缺乏小组管理,导致在意义协商、缩窄观点鸿沟和克服个人冲突方面产生问题,不利于小组协作讨论。因此,在 CPSL 中,教师也需要对小组的管理状态进行监控,利用行为转换图来及时调整小组的后续行为,确保经过管理后小组能顺利回到了 CPSL 中。

此外,本研究发现高质量组的学业成就远远高于低质量组。在高质量组中,小组经过激烈的协商以及良好的管理状态不断推动着问题解决的进程,以创作出富有个性和

[①]　司秋菊,钟柏昌.纠错教学方法在机器人教育中的有效性探索[J].现代远距离教育,2019(5):67-76.

[②]　JAHANG N,NIELSEN W S,CHAN E K. Collaborative learning in an online course:a comparison of communication patterns in small and large group activities[J]. The journal of distance education,2010(2):39-58.

创新性的作品;而在低质量的小组因较长时间停留在对问题的清楚认识,阻碍了问题解决的推进,所以在规定时间内,其制作的作品还原度差、缺乏创新性。因此,教师在巡堂观察协作讨论过程时,可通过提问来让学生捋清主要问题,从而回到协作任务解决中。

五、研究局限与展望

(一)时间短,样本小

本次教学实践是面向本科生的一门选修课,在学生自然选课的情况下,最终选课人数为 18 人(17 女 1 男),出现了样本量少和性别比例失衡等问题。鉴于此,研究结论的推广性和普适性还有待进一步验证。在未来条件许可的情况下,可以设置对照组实验,开展多维度的比较实验,探究不同学习阶段、不同干预措施对于学习者协作能力的影响。

(二)采取在线论坛的方式记录讨论内容

本研究中采用人工编码的方式处理数据,当样本量变大时可能需要花费研究者大量时间和精力。另外,考虑到机器人课程中环境嘈杂和录音中断问题,建议在论坛上讨论,以减轻研究者处理音频的工作量和让学生清楚问题讨论的进展。在后续研究中,可以在平台上尝试实现自动化编码与分析,提高研究的效率,并能够保证研究的信效度。

(三)完善机器人课程中 CPSL 活动的编码表

在机器人课程中,各小组所遇到的问题各不相同,解决问题的步骤也各异;仅从小组的对话内容来分析小组协作问题解决能力略显单薄,还应该对学生的行为进行编码,即编码表还需要完善软硬件操作行为以及实现的效果的维度。

参考文献

[1]SPECTOR J M. Cognition and learning in the digital age: promising research and practice [J]. Computers in human behavior,2008,24(2):249-262.

[2]梁云真.网络学习空间中协作问题解决学习的交互机制研究[D].武汉:华中师范大学,2017.

[3]郑娅峰,张巧荣,李艳燕.协作问题解决讨论活动中行为模式自动化挖掘方法研究[J].现代教育技术,2020,30(2):71-78.

[4]付强.基于网络的协作问题解决学习活动模式探析[J].现代远距离教育,2005(5):45-48.

[5]梁云真.网络学习空间中协作问题解决学习的交互机制研究[D].武汉:华中师范大学,2017.

[6]蔡慧英,顾小清.协作问题解决学习中支架学习任务和团体认知的设计研究[J].开放教育研究,2015,21(4):81-88.

[7]蔡慧英.语义图示工具支持的协作问题解决学习的研究[D].上海:华东师范大学,2016.

[8]FJERMESTAD J. An analysis of communication mode in group support systems research [J]. Decision support systems,2004(37):239-263.

［9］LARUSSON J A，ALTERMAN R. Wikis to support the "collaborative" part of collaborative learning［J］. International journal of computer-supported collaborative learning，2009，4（4）：371-402.

［10］陈婧雅. 微课支持的协作问题解决学习研究—过程支持及其活动设计［D］.上海：华东师范大学，2015.

［11］GRIFFIN P，CARE E. Assessment and teaching of 21st century skills：Methods and approach ［M］. Dordrecht：Springer，2015：85-104.

［12］JAHANG N，NIELSEN W S，CHAN E K. Collaborative learning in an online course：a comparison of communication patterns in small and large group activities［J］. The journal of distance education，2010（2）：39-58.

［13］ZHENG L，HUANG R. The effects of sentiments and co-regulation on group performance in computer supported collaborative learning［J］. The internet and higher education，2016（1）：59-67.

［14］郑娅峰，张巧荣，李艳燕.协作问题解决讨论活动中行为模式自动化挖掘方法研究［J］.现代教育技术，2020，30（2）：71-78.

［15］康斯雅，钟柏昌.机器人教育中结构创新型教学模式的案例设计与实施［J］.课程教学研究，2020（1）：75-81.

［16］司秋菊，钟柏昌.纠错教学方法在机器人教育中的有效性探索［J］.现代远距离教育，2019（5）：67-76.

人工智能视域下人机协同的教学新样态

张梦丽 路 璐 庞兴会 何文涛

（浙江师范大学教师教育学院,浙江金华 321004）

摘 要:人工智能视域下,人工智能教育应用的智能化,促使人机协同教学。教育的特殊性、复杂性使得人机协同教学与人机协同内涵不可完全等同。从课前:智慧学习环境搭建与学情诊断,课中:知识情感对流与形成性评估及反馈,课后:教与学画像构建及数据回流三个层面对人机协同教学的新样态进行描绘。

关键词:人机协同;教学样态;人工智能

一、人机协同:人工智能应用教学的必然

近几年,随着大数据技术和深度学习技术发展突飞猛进,人工智能在教育领域应用的智能化、个性化特征日益凸显。例如,人工智能教育应用的典型——智能导师系统(Intelligent Tutoring System,ITS),其概念最早由 Sleeman 和 Brown 于 1982 年正式提出,他们认为智能导师系统是利用计算机模拟教学专家的经验来助力教学的计算机系统。1988年,Joseph Psotka 将智能导师系统定义为"一种能够给学习者提供及时且个性化的指导和反馈的教学系统"。2005 年,Graesser A 指出智能导师系统是利用人工智能技术提供个性化学习指导的自适应教学系统。2012 年,张利远提出,"智能导师系统是借助人工智能技术,由计算机扮演教师的角色以实施一对一的教学,向不同需求和特征的学习者传递知识"。从功能层面审视,目前智能导师系统能够基于多模态分析技术构建学习者画像,并进行实时跟踪测评与及时反馈[1]。人工智能应用教育的另一典型——智能机器人,由北京进化者机器人科技有限公司开发的小胖机器人(Fabo),可充当教师进行学科教学、辅导;可充当学伴为学习者答疑、阅读等;可充当助理生成 AI 课件等[2]。毫无疑问,这些智能技术的应用,可以改善传统教学中教师"双拳难敌四手""心有余而力不足"的"满堂灌""一刀切"的局面;助力学生脱离"死记硬背""题海战术"的困境,实现减负增效。

---

① 刘清堂,吴林静,刘嫚,等.智能导师系统研究现状与发展趋势[J].中国电化教育,2016(10):39-44.
② 柳晨晨,宛平,王佑镁,等.智能机器人及其教学应用:创新意蕴与现实挑战[J].远程教育杂志,2020,38(2):27-36.

二、人工智能时代的教师角色

人机协同教学大环境下，传统课堂中教师作为唯一知识传授者的局面被打破，形成了教师智能和机器智能协同主导的二元智能场域①。虽然人工智能无法完全替代教师，但是由于新的实践主体介入，教师角色与思维必须发生转变以适应传统教学结构的再造。同时，社会的快速发展引起一系列新的教育诉求，如人文关怀、核心素养等成为人工智能时代教学的立足点。这方面的诉求，人工智能技术难以满足，因而要求教师在人机协同中发挥人的智能承担相应职责。但教师无须像在传统教学中一样身兼数职，既传授知识，又扮演榜样、指导者等角色，而是转为着重某一方面的专家，如内容设计、课程建设、评估模式设定等②。也有研究提出了不同的看法，将以上职能归为两条路线，既可为人工智能支持下的全能教师，也可为精细个性化的专业教师③。还有研究者从技术现象学视角提出了不一样的审视，认为教师角色将会从"人技分离的教学者"到"人技合一的导学者"，从"教育数据的分析者"到"学生心灵的对话者"，从"机械工作的奴役者"到"高级智能的唤醒者"，从"教学效率的追求者"到"教育本质的探寻者"④。在未来人机协同教学大环境下，相关研究者为其构建了三重身份："积极的人工智能技术的发展者""理性的人工智能技术教育应用的建构者""自觉的人工智能技术教育应用的责任者"，这几重身份的定位，从人机协同教学外貌上为教师角色做了一个描绘，也就是技术使用者和生产者的接轨、技术应用教育的舵手、技术应用教育的安全卫士。以上这些研究，无论视角的切入和着眼点有何差异，其中心都是在论述人机协同教学环境下，教师角色亟须转变。

三、人工智能视域下人机协同的教学新样态

技术的发展促使教与学环境、教学目标、教学模式、教与学方式、教与学评价、教学管理等不断发生变革、创新，以更适应由工业时代走向智慧时代的发展。不同时代对教育的期待有所不同，因而转型是必然的。但是变革并不是对传统教学的"一票否决"，而是"去其糟粕、取其精华"，将其优点融入新的教学形态。人工智能技术支持下的人机协同教学融合人与技术两者的智能，那么教师、学生与技术三者之间的关系，既可以克服技术本身的工具理性，又可以融入传统教学中人的价值理性。本研究基于人工智能技术内融性渗透课堂形成新型人机协同智能，从课前、课中、课后三阶段来构建人机协同教学的新样貌。具体如图1所示。

① 秦丹,张立新.人机协同教学中的教师角色重构[J].电化教育研究.2020,41(11):13-19.
② 张优良,尚俊杰.人工智能时代的教师角色再造[J].清华大学教育研究.2019,40(4):39-45.
③ 余胜泉.人机协作:人工智能时代教师角色与思维的转变[J].中小学数字化教学.2018(第3期):24-26.
④ 韦妙,何舟洋.技术现象学视域下人工智能对教师角色的重塑[J].电化教育研究.2020,41(9):108-114.

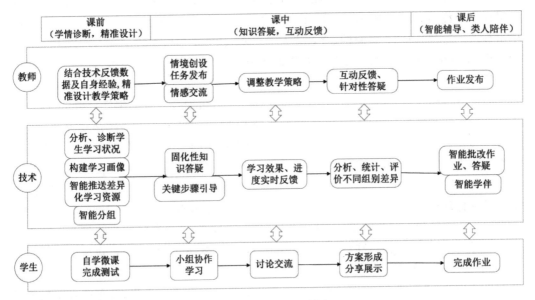

图1 人机协同教学样态

(一)课前:智慧学习环境搭建与学情诊断

在课前,教师一方面可依据经验了解学生,探索学生认知发展规律,进而借助技术工具制作微课小视频、学习资源库及测验库,并上传至智能教学平台;学生则在智能教学平台自学教师提前上传的学习视频、资源并完成测验。首先在这个阶段,学习行为轨迹记录系统会采集每个学生学习数据、记录学习路径,并借助大数据技术多维度分析、挖掘学生数据;其次,利用智能评测诊断技术对学生测验结果进行分析、诊断,并挖掘学生知识的薄弱点、易错点、盲点,结合学习+测验两方面的数据初步构建每个学生的学习者画像,并及时给予学生反馈评价,帮助学生定位自身能力水平,便于查漏补缺;再次,从学习资源库中智能挑选符合学生学情的知识,智能推送给学生;接下来,由智能分组系统依据不同学生学习状况,遵循"组间同质,组内异质"的原则,对学生进行分组;最后,将全班学生的所有数据汇总,对其进行分析以形成全班的学习数据画像。基于此,教师可在智能教学平台收到技术处理数据后的反馈,结合其自身的经验、价值判断,便可了解全班整体的学习水平,初步构建全班学习画像。教师可以依据全班学习画像进行精准的课中教学设计。

课前这一环节,由于技术的加持,打破了以往教师纯粹凭借经验了解、评估学生的局面,转为人机协同分析学生,弥补了教师"心有余而力不足"的缺陷,辅助教师全方位地了解学生,为课中教学精准安排教学进度、教学方式、教学目标、教学模式等指明了方向。

(二)课中:知识情感对流与形成性评估及反馈

课中,教师与学生之间包含两条数据流:知识流和情感流。尽管强人工智能时代,知识的传递可以交予技术,但在宝贵的课中,人与智能技术以具身、解释、背景的关系参与教师与学生的互动交往中,可能更为恰当。倘若它的智能学伴、智能导师在课中便出现,可能会削弱人类教师与学习者之间的情感对流，减少教师与学习者互动交往的机会，因为很难保证另一位"教师"出现在课堂，它不会对之前教师的地位造成影响。因而在本研究，课中出现的一般是具身的、解释的、背景的人工智能，这主要是出于防止技术侵入生命价值的考虑，对区分人类智能和人工智能特质的保护，对人类美好品质——爱、同理心、创造性等的敬畏。

人工智能时代，技术功能多样化，会技术的教师可借助技术创设丰富的情境、场景以适应教学主题和目标。情境、场景创设后，教师借助智能教学平台的教师端发布课前诊断的盲点、难点任务，学生以小组为区域就座，利用平板中的学生端接收任务。接下来便是学生合作学习时间，平板中有各式资源，学生可以自主挑选，同伴间相互交流、出谋划策、取长补短，探讨任务解决的不同方法。就像新木桶理论所说，每个人发挥自己的优势，而不是像木桶理论所说要不断补齐自己的短板。在小组合作学习过程中，教师要密切关注，并可根据智能教学系统实时了解不同小组任务完成进度，及时进行交流指导。在此任务完成后，需根据实时测评，及时反馈系统精准了解学生状况，并判断是否和预设的情况一致，接下来需要发布怎样的任务，采取怎样的教学策略，然后进入下一轮任务。需注意任务是呈阶梯式，难度要升级，要针对学生课堂生成性数据分析的结果，发布符合学生最近发展区难度的任务。任务次数的安排同样依据大数据学情分析技术对学生学习状况的判定。最后建议教师使用黑板书写去帮助学生梳理脉络，增强教师与学生之间的交互，知识、情感的对流。但需要注意，课中还存在智能传感器、课堂实录系统等，以及大数据驱动＋教学互动系统的及时反馈所进行的形成性评价，其均帮助教师实现精准教学，调整预设教学策略。这所有的数据便于课后对学生学习过程以及不同学生心理、生理的数据进行全貌的分析，以进一步完善学习者画像。

课中，技术的助攻，使得教师的决策不再凭借经验，还来自实时反馈的数据，便于教师对学生进行形成性评价，实现精准教学，推送差异化资源，进而学生也可实现个性化学习。

（三）课后：教与学画像构建及数据回流

基于课中各种智能技术、设备、系统对学生各方面数据及教师教学数据的收集与分析，最终形成完整的教师教学画像和学习者画像。由于人具有进化性，因而关于其的数据也是动态变化的。每次分析得到的差异化数据则需回流到上次构建的教与学画像，重新整合又形成新的画像。那么变化的学习者画像既有利于学生加深对自身知识水平的了解及生理心理的状态，也有利于教师更了解学生的学习、心理等状况，以在关键时候及时介入，给予学生指导。智能学伴、导师可在课后代替人类教师，及时对学生学习或者心理上的问题给予指导，并在学习者画像上标注或做出预警，提醒人类教师课中应深入沟通与交往。教学画像不仅可以帮助教师了解哪种教学策略、方式对哪些学生更有效，还可以了解自身教学不足与待改进的地方。网络是有记忆的，这些不同时刻形成的画像，都将被记录、存储下来，最终形成完整的路径变化图。

数据回流，主要是指不同阶段的数据并非相互孤立，而是像小溪一样，最终会汇聚成大海，教与学的数据也会越来越庞大、越来越完备，教学也可更精准，个性化学习也可得以发生。课后,人工智能承担了较多的角色为弥补人类教师缺席,并进行技术整合形成更加完善的教与学画像。

四、总结

随着人工智能技术的突破与发展,人工智能在教育领域中的作用越来越大,它具有的智慧性使得它在教学中的功能不再限于载体和工具,可代替教师部分工作,进行人机协同教学,形成二元智能新场域。人工智能时代,人机协同是一种常态,教师唯一知识传授者主体地位被打破,整合了人与技术两种主体智能。以往对人机协同的研究大多从理论上探讨教师角色和思维的转变、教育存在的意义等,但大多没有深入研究人机协同的具体样态以及如何协同。本研究在此基础上从课前——智慧学习环境搭建与学情诊断,课中——知识情感对流与形成性评估及反馈,课后——教与学画像构建及数据回流三方面对人机协同教学样态进行描绘。然而本研究主要从理论上进行构建,整体不够成熟以及未在实践中进行检验,实际效果无法保证,因而在以后的研究中将改进这方面的不足。

参考文献

[1]刘清堂,吴林静,刘嫚,等.智能导师系统研究现状与发展趋势[J].中国电化教育,2016(10):39-44.

[2]柳晨晨,宛平,王佑镁,等.智能机器人及其教学应用:创新意蕴与现实挑战[J].远程教育杂志,2020,38(2):27-36.

[3]秦丹,张立新.人机协同教学中的教师角色重构[J].电化教育研究,2020,41(11):13-19.

[4]张优良,尚俊杰.人工智能时代的教师角色再造[J].清华大学教育研究,2019,40(4):39-45.

[5]余胜泉.人机协作:人工智能时代教师角色与思维的转变[J].中小学数字化教学,2018(3):24-26.

[6]韦妙,何舟洋.技术现象学视域下人工智能对教师角色的重塑[J].电化教育研究,2020,41(9):108-114.

专题七

STEAM教育教学研究

STEM 教育理念下的人工智能学习项目设计

——以"智能垃圾桶"为例

蔡兹章　　包正委　　陈义顺

（福建师范大学教育学部,福建福州　350117）

摘　要:如何基于 STEM 教育理念,依托项目式学习的方式,促进学生掌握人工智能基础知识与技能,提升创新创造能力,是本研究关注的重点。本文首先分析了 STEM 教育理念下的人工智能学习项目设计的意义;其次,从我国课程标准对中学人工智能教材的要求、初中阶段学习者特征分析两方面论述了学习项目"智能垃圾桶"的设计依据;随后,从学习项目选题、学习目标设计、学习内容设计、学习活动设计、学习资源设计和学习评价设计六个方面对 STEM 教育理念下的人工智能学习项目"智能垃圾桶"的设计过程进行了阐释;最后,从教学和评价两方面对学习项目的实施提出了建议。

关键词:STEM 教育;人工智能教育;项目式学习;学习项目设计

一、引言

在抗击疫情的背景下,对于置身其中的学生来说,抗疫过程是一种包括语文、数学、技术、环境、科学、社会、道德等多学科的教育,本学习项目抓住时机,基于 STEM 教育的理念,从人工智能教育的角度,将抗疫材料转化成有效的学习资源,要求学生参与到项目式学习的活动中,设计并制作出一个"智能垃圾桶",培养学生爱国、爱生命、爱科技的精神素养,促进学生全面发展。

二、STEM 教育、项目式学习和人工智能教育

STEM 教育主张"跨学科""协作""做中学"等新型学习方式。尽管科学(science)、技术(technology)、工程(engineering)和数学(mathematics)这四门学科之间是相互独立的,但在 STEM 教育中,这四门学科知识是有机整合的[①]。

项目式学习强调将教学内容与生活实际有效融合,学生通过开展自主学习和合作探

---

① 唐烨伟,郭丽婷,解月光,等.基于教育人工智能支持下的 STEM 跨学科融合模式研究[J].中国电化教育,2017(8):46-52.

究等活动,提升问题解决能力、团队协作能力等多方面能力。①

人工智能的内容核心包括机器智能、人机协同等,学习方式也主要采用项目式学习。我国当前高度重视对于学生人工智能素养的提升,已制定相关政策推动人工智能教育的发展,开展多项人工智能相关赛事,帮助学生掌握人工智能基础知识与技能。

三、研究意义

STEM 教育与项目式学习理念均强调以学习者为中心,让学习者通过项目活动掌握知识与技能,提升综合素质。笔者认为,将 STEM 教育理念与基于项目的人工智能教学活动相结合,在人工智能学习项目中嵌入跨学科知识内容,这对于 STEM 教育理念下的人工智能教学活动的实施具有推进作用,不仅能够帮助学生掌握人工智能相关知识,而且有利于培养学生科学探究、小组协作等多方面的能力。同时,本研究也将为 STEM 理念下的人工智能学习项目活动设计与实践提供新的思路。

四、学习项目设计依据

(一)信息技术课程标准的要求

国家课程标准是编写教材的依据,本研究编写的人工智能学习项目教材《智能垃圾桶》在内容安排上符合信息技术课程标准的要求②。具体表现为以下四个方面:教材内容围绕培养学生的计算思维;教材内容强调基础知识的学习与应用体验;教材内容注重理论结合实践;教材内容考虑信息社会责任的培养。

(二)初中阶段学习者特征分析

本学习项目的学习者为初中阶段学生,他们对人工智能课程具有浓厚兴趣,并愿意主动参与学习。在此之前,学生已学习过利用 micro：bit 进行数字量输出、模拟输入与数字输入,基于超声波传感器、舵机等电子元器件与 micro：bit 的互动编程等知识。总体而言,学生对于人工智能的学习具有较高积极性。

五、学习项目设计过程

(一)学习项目选题

学习项目抓住疫情防控背景,要求学生参与到项目式学习中,设计并制作一个智能垃圾桶,促进学生掌握人工智能相关知识,提升学生科学探究等多方面能力。

---

①　段世飞,龚国钦.国际比较视野下的人工智能教育应用政策[J].现代教育技术,2019,29(3):11-17.

②　中华人民共和国教育部.普通高中信息技术课程标准(2017 年版)[M].北京:人民教育出版社,2018.

（二）学习目标设计

学生完成"智能垃圾桶"项目任务需要融合应用多种学科知识，提升多方面能力，根据学习任务的安排，本人工智能学习项目"智能垃圾桶"从基础知识掌握及能力提升两方面进行分析，具体学习目标设计如表1所示。

表1　学习目标设计

学习任务	基础知识	能力提升
探究与发现	信息技术：利用计算机获取、分析、处理相关信息以及了解人工智能相关知识与应用； 生命科学：了解新型冠状病毒的传播途径、易感人群和预防方法等方面的信息； 社会责任：增强利用人工智能服务社会的责任感	科学探究能力：搜集有关知识与信息、探析新型冠状病毒传播途径和预防方法；利用人工智能技术，借助 micro：bit 开源硬件及 Mind＋编程开发平台设计、制作出"智能垃圾桶"； 信息检索能力：完成目标信息的搜索、筛选与甄别，正确处理信息
分析与讨论	计算思维：解决问题的基本过程与方法； 写作：描述项目，撰写项目报告； 信息技术：利用计算机等工具对信息进行处理	小组协作能力：各小组根据成员能力水平进行合理分工，实施有效协作学习； 逻辑思维能力：利用 Micro：bit 与各类电子元器件互动编程，实现人与设备交互
设计与实施	艺术审美：对机器进行外观设计等； 计算思维：思维导图、算法流程图等的设计与绘制	动手实践能力：制作智能垃圾桶模型； 工程设计能力：采用工程思想设计、制作智能垃圾桶，并不断进行优化升级； 问题解决能力：根据垃圾桶原型，测量与计算出各部分尺寸，合理选用制作材料
展示与交流	信息技术：利用信息技术手段呈现设计方案； 批判思维：相互之间对设计方案进行评价，提出修改意见	沟通表达能力：对项目设计方案进行汇报，清晰描述作品特点与功能，表达自己的想法；能够积极与同学进行沟通与交流，采纳他人建议
评价与反思	工程：软硬件系统制作与集成； 信息技术：程序编写； 写作：项目报告撰写	评价反思能力：能够反思自身的优势与不足；对各组设计制作的智能垃圾桶进行评价，提出建议

（三）学习内容设计

为了能够实现 STEM 跨学科知识的深度融合，笔者以人工智能项目"智能垃圾桶"的设计与制作作为学习内容，并将学习内容转化为一个个可操作的具体任务，在设计学习内容过程中注重以下三点：第一，学习内容的选择是联系学生生活实际的。项目紧抓抗击新冠肺炎疫情的时事背景，将抗疫材料转化成有效的学习资源；第二，学习内容的选择是跨学科领域的。学生从多种角度和方式解决实际生活问题，学习多学科知识，掌握多方面能力;第三,学习内容的选择是适合实施项目式学习的。在设计与制作"智能垃圾桶"的过程中,学生可以真正参与到项目式学习的活动中,利用信息技术手段进行合作探究,实现学科之间的深度融合。

(四)学习活动设计

学习活动是整个人工智能学习项目的核心,也是落实本项目教学目标的载体。学习活动根据STEM教育、人工智能教育、项目式学习三者的特征及关系,以建构主义学习理论和"做中学"为理论依据,以项目式学习的基本模式为直接参考,以"智能垃圾桶"为具体教学内容,结合《普通高中信息技术课程标准(2017年版)》的基本理念与培养核心素养的要求,将教学内容分解为一个个可实施的任务,根据项目学习模式的环节设计,本研究将STEM教育理念下的人工智能学习项目分为"探究与发现—分析与讨论—设计与实施—展示与交流—评价与反思"五个主要阶段,每个阶段相互关联、相互依赖。

在探究与发现阶段,从真实的问题情境出发,引导学生发现存在的问题;在分析与讨论阶段,学生进行头脑风暴,并构想问题解决的实施步骤,即制订项目实施计划;在设计与实施阶段,学生需抉择出可行的实施方案,利用多学科知识,共同制作作品;在展示与交流阶段,学生分享与交流作品特色及其制作经验;在评价与方式阶段,进行组内评价、组间评价、教师评价等评价活动,学生对评价内容及整个学习过程进行反思。

(五)学习资源设计

学习资源配有多个学习任务单,包括获取资料记录单、讨论记录单、实施步骤表、小组分工表、电路连线图、程序流程图、外观设计草图作品优化方案记录单、作品简介表、反馈信息表、反思与评价表等,这些学习任务单贯穿整个项目实施的过程,引导学生有目的、有条序地组织开展活动,完成作品的设计与制作,同时记录学生的学习过程,方便学生回顾并梳理学习过程收获,反思学习过程中存在的不足之处,也有利于教师对学生的学习情况有更加清晰的把握。

此外,学习项目设有两次知识链接,分别在"探究与发现"和"设计与实施"两个模块中,而这两个模块也是项目实施的重要环节,通过知识补充的方式,既有助于学生掌握多方面、多学科、多领域的知识,也有利于整个学习项目的推进。

(六)学习评价设计

STEM教育的评价应该以过程性评价为主贯穿学习者整个学习过程。人工智能学习项目"智能垃圾桶"的评价内容,除了需要检验学生基础知识的掌握情况之外,还应注重评价学生的项目设计与实践能力、小组互动与协作能力、沟通与表达能力、检验与反思能力等多方面能力。由于STEM教育强调跨学科性,所以对学生的评价也应包括学生多学科知识的融会贯通能力。当然,STEM教育理念下的人工智能学习项目的评价只是对学生学习过程及学习结果进行检验的一种方式,其目的是使学生能够将检验的结果转化为学习的动力,更好地掌握人工智能相关知识,提升多方面能力。

六、学习项目实施建议

（一）教学建议

人工智能与学生生活实际可以离得很近，也可以很远。垃圾桶是学生日常生活中经常接触的东西，但如何将垃圾桶智能化，这需要学生具有一定的生活经验和动手实践能力，教师在进行教学时需从生活实际出发，激励学生在项目实施过程中主动思考、积极合作、创新实践，逐步带领学生走向人工智能的世界，推动学生建立起已有知识经验和对人工智能的整体感知之间的联系，有效提升学生人工智能素养。

STEM教育理念下的人工智能学习项目"智能垃圾桶"融合信息技术核心素养，教师需分析人工智能的核心素养目标，设计符合学生知识与技能水平的学习活动。教师以教材为基础，以设计与制作智能垃圾桶为主题，让学生在项目学习过程中，体验设计与应用人工智能技术的基本过程与方法。当然，除了教材以外，教师还可根据课堂教学的具体情况，对教学过程进行灵活设计，围绕知识点，以学生已有经验为支撑进行拓展，丰富学生知识面，真正实现跨学科教学，促进学生多方面发展。

（二）评价建议

首先，教师需要注重过程性评价，了解学生在不同学习过程中的表现，看到学生的进步与不足，并对症下药，及时对学生进行针对性辅导并调整自己的教学策略；其次，教师在评价过程中应重视学生对于基础知识与技能的掌握，以及学生在学习活动中发现与解决问题的能力，注重学生综合素质的发展；此外，教师应注意多元的评价主题，利用多样的评价方式，从多个方面、多个角度评价学生的学习过程与学习结果，在进行学习结果的最终评价时，应注意使用定性描述，让学生对自己的学习表现有整体认知。

七、结束语

如何基于STEM教育理念，以项目式学习的方式，促进学生掌握人工智能基础知识与技能，提升创新创造能力，是本研究关注的重点。本文首先分析了STEM教育理念下的人工智能学习项目设计的意义；其次，从课程标准对中学人工智能教材的要求、初中阶段学习者特征分析两方面论述了学习项目"智能垃圾桶"设计的依据；随后，对STEM教育理念下的人工智能学习项目"智能垃圾桶"的设计过程进行了描述，从学习项目选题、学习目标设计、学习内容设计、学习活动设计、学习资源设计和学习评价设计六个方面进行了分析与阐释；最后，从教学和评价两方面对学习项目的实施提出了建议。

参考文献

[1]唐烨伟,郭丽婷,解月光,等.基于教育人工智能支持下的STEM跨学科融合模式研究[J].中国电化教育,2017(8):46-52.

［2］段世飞,龚国钦.国际比较视野下的人工智能教育应用政策［J］.现代教育技术,2019,29(3)：11-17.

［3］中华人民共和国教育部.教育部关于印发《教育信息化"十三五"规划》的通知［EB/OL］.(2016-06-22).http://www.moe.gov.cn/srcsite/A16/s3342/201606/t20160622_269367.html.

［4］国务院.新一代人工智能发展规划［EB/OL］.（2017-07-20）.http://www.gov.cn/zhengce/content/2017-07/20/content_5211996.html.

［5］中华人民共和国教育部.普通高中信息技术课程标准(2017年版)［M］.北京:人民教育出版社,2018.

［6］张丹,崔光佐.中小学阶段的人工智能教育研究［J］.现代教育技术,2020,30(1):39-44.

［7］苏永权.人工智能如何跨课程融合——以"智能人脸识别"课程项目设计为例［J］.中小学数字化教学,2019(12):66-68.

［8］于勇,徐鹏,刘未央.我国中小学人工智能教育课程体系现状及建议——来自日本中小学人工智能教育课程体系的启示［J］.中国电化教育,2020(8):93-99.

爱尔兰 STEM 基础教育政策研究与启示

李卉萌

（上海外国语大学，上海 201600）

摘　要：STEM 教育近年来逐渐成为各国重点发展的学科领域，爱尔兰对此给予了高度重视，针对 STEM 基础教育的发展提出并实施了一系列相关举措。本文据爱尔兰发布的系列报告对教育政策进行梳理，主要包括三阶段 STEM 教育政策、支持教师专业发展和实施非正规 STEM 教育计划三方面，并从教育政策的特点出发，为我国 STEM 基础教育的发展建言献策。

关键词：爱尔兰；基础教育；STEM

一、背景

科学、技术、工程和数学（STEM）是社会发展极其重要的学科，STEM 教育强调四个学科之间融合成有机整体，从而打破学科界限，提高学生的问题解决能力并促进其学科素养全面发展①。爱尔兰强调，如果国家想要成为技术创新中心，为学生提供高质量的 STEM 教育至关重要，爱尔兰需要技能完备的科学家、工程师、技术人员和数学家以保持国家的经济竞争力和潜力，这尤其取决于 STEM 教育毕业生的数量和素质。

尽管 STEM 教育占据着国家发展的关键位置，但爱尔兰 STEM 教育仍存在诸多问题等待解决。2010 年至 2016 年，爱尔兰 STEM 教育毕业生的人数占比一直保持在约 24％，并存在着 STEM 劳动力性别不均衡问题，从事 STEM 技能工作的劳动者中只有不到 25％ 为女性。据《推动经济增长：吸引更多年轻女性参与科学和技术》报告显示，爱尔兰的 STEM 教育系统中负面的陈规定性观念遗存已久，公众普遍认为 STEM 教育和职业更加适合男性，加剧了性别不平等现象；爱尔兰父母缺乏对 STEM 教育必要的了解，无法从零散的信息中形成关于 STEM 教育完整的认知体系；此外，STEM 行业的技能需求与教育考试科目之间存在脱节②。

因此，爱尔兰近年来采取了一系列举措以增加学生在 STEM 学科中的参与度与优质

---

①　李小红，李玉娇.美国推进 STEM 教育的策略[J].比较教育研究，2019，41(12)：87-93.

②　Accenture. Powering economic growth：Attracting more young women into science and technology[EB/OL].[2021-04-27].http://www.accenture.com/SiteCollectionDocuments/Local_Ireland/PDF/accenture-STEM-powering-economic-growth.pdf.

表现。本文通过对《爱尔兰学校系统中的 STEM 教育》①、《2017—2026 年 STEM 教育政策声明》②两份报告以及爱尔兰教育部近年来所采取的各项措施进行梳理,旨在了解爱尔兰 STEM 教育的基本情况及政策举措,并针对我国的发展现状提出三点建议。

二、爱尔兰 STEM 基础教育政策

(一)各学段 STEM 教育课程设置

STEM 教育涉及科学、技术、工程和数学四门学科,并通过跨学科的方法,建立四门学科以及学科之间所发展的知识和技能,所有 STEM 学习活动均由数学支持。爱尔兰教育系统中的 STEM 教育课程在小初高各学段均有设置,但各学段的教育侧重点有所不同,体现在设置的课程循序渐进,难度逐层增加,如表 1 所示。

表 1　爱尔兰 STEM 基础教育课程设置

学段	学科	课程主题
小学	Science	科学
	Technology	未设置课程主题,但小学课程致力于使用 ICT 加强教与学
	Mathematics	数学
初中	Science	科学
	Technology	技术、材料技术、金属加工
	Engineering	技术图形
	Mathematics	数学
高中	Science	生物、化学、物理、农业科学、物理与化学
	Technology	技术、设计、图形
	Engineering	工程、建筑研究
	Mathematics	数学、应用数学

爱尔兰将数学作为 STEM 教育的基础学科,1999 年爱尔兰政府推出小学数学课程(primary school mathematics curriculum,PSMC),目的是培养学生实施、解决问题、沟通和推理的能力。2011 年爱尔兰教育和技能部发布《用于学习和生活的识字和计算能力:2011—2020 年提高儿童和青年识字和计算能力国家战略》(*Literacy and numeracy for learning and life*:*The national strategy to improve literacy and numeracy among*

---

①　STEM Education Review Group. STEM education in the irish school system [EB/OL].[2021-05-03]. https://www.education.ie/en/Publications/Education-Reports/STEM-Education-in-the-Irish-School-System.pdf.

②　Department of Education. STEM Education Policy Statement 2017—2026[EB/OL].[2021-05-07].https://www.education.ie/en/The-Education-System/STEM-Education-Policy/stem-education-policy-statement-2017-2026-.pdf.

children and young people 2011—2020)，该战略强调增加学校数学教学时间的分配，提高学生的识字和算数水平。

自 1999 年以来，科学一直是爱尔兰小学生的必修课，与数学同期推出的小学科学课程（primary school science curriculum，PSSC）将重点放置在科学内容知识的传授和学生技能的发展上。自 2003 年初中学段正式设置科学课程，并分为普通和高等两个级别，课程非必修，评估方式包括书面试卷、书面论文以及基于项目的评估等。

(二)STEM 基础教育建设

爱尔兰的 STEM 教育从幼儿就已经开始，在最早的家庭环境中通过动手的多感官和创造力体验参与早期的 STEM 探索，并发展与小学阶段相衔接的好奇心、批判性思维和解决问题的能力。爱尔兰采取了多项措施以保障 STEM 基础教育的质量，如三阶段 STEM 教育政策的制定和实施、支持 STEM 教师专业发展以及鼓励非正式 STEM 教育计划的实施。

1.实施三阶段 STEM 教育政策

先前爱尔兰并未发布真正意义上的 STEM 教育政策，相关举措皆依托其他国家战略发布。为实现最佳的教育效果，爱尔兰教育部成立 STEM 教育指导小组，并在 2017 年 4 月至 6 月期间进行了广泛的利益攸关方咨询。STEM 教育的实施遵循以下三个基本原则：其一，激发学习者的好奇心，参与解决现实世界中的问题并做出明确的职业选择；其二，跨学科，学习者能够在真实的语境中学习并应用知识，发展创造性和批判性的思维技能；其三，体现创造力、艺术性和设计的培养特征。

遵循以上原则，爱尔兰 STEM 教育政策于 2017 年至 2026 年分为三个明确阶段实行：教育效果加强阶段（2017—2019 年）、教育政策嵌入阶段（2020—2022 年）、教育目标实现阶段（2023—2026 年），爱尔兰教育部门说明实施时间及部门职责，在各阶段做好监测与审查。除遵循三条基本原则外，爱尔兰三阶段 STEM 教育政策在制定及实施的过程中需要四项支柱的支持。

支柱 1：培养学习者的参与度

年轻人的 STEM 好奇心始于幼儿时期，并贯穿于整个学习生涯，因此支柱 1 所采取的行为包括提高各背景、能力和性别的学习者对科学、技术、工程和数学科目的理解；开展促进学习者提高认知的教学方案；加强对学习者 STEM 科目及行业选择的支持力度；大力发展 STEM 高等教育和继续教育与培训。

支柱 2：增强教师与早期从业人员的能力

提升教师能力是 STEM 教育发展的关键因素，爱尔兰教育部门需确保为教育工作者提供必要的专业支持和发展机会；促进学校之间、基础教育与高等教育和研究部门之间、教育与工商业之间的友好伙伴关系；专业发展伴随着一定的课程改革，学校应为教师提供支持；定期审查教师关于 STEM 教育专业学习的标准和质量。

支柱 3：支持 STEM 教育实践

STEM 教育实践中需要将学习者的需求放在教学、评估的核心，在 STEM 社区中建立牢固的群体关系。因此，教育部门和学校应持续对正规教育中的课程及教学材料进行定期的审查、开发和评估,与此同时制定非正式的学习方案,逐步形成完整的 STEM 社群;随着技术的发展,STEM 教育的实践应逐渐与数字技术相结合。

支柱 4:使用教育证据支持 STEM 发展

建立一个充满活力的 STEM 教育生态系统需要不断地创新,这需要学科研究所产生的教育证据的支持,帮助确定成功的教学策略,有助于课程改革和教师教育的持续发展,因此采取证据导向型的学科创新方法极为重要,基础教育阶段的 STEM 课程数据指标等对于缩小社会技能差异存在一定的借鉴之处。

2.支持 STEM 教师专业发展

任何改善学校 STEM 教育的方法都应当将教师专业发展作为重点,STEM 教师专业发展主要聚焦于增加教师对 STEM 学科本质的理解、加深在教学过程中的信念以及掌握关于 STEM 教育的各种教学方法。因此:(1)爱尔兰支持教师参与 STEM 相关行业的短期实习,并鼓励同 STEM 教育专家一起。(2)鉴于爱尔兰小学后的所有 STEM 教学均由教学委员会所认定的 STEM 教师进行,因此教育部门会尽快对教师资格进行审查。(3)在 STEM 学科中,培养教师的终身学习观念十分必要,爱尔兰持续、连贯且具有支持性的持续专业发展(continuing professional development,CPD)模式能够在整个教学过程中激励和支持教师,帮助教师更新和改进 STEM 教育的学科知识和教学方法。(4)教师教育连续性框架(The continuum of teacher education framework)也为爱尔兰教育体系中 STEM 教师持续的教学能力建设提供了合适的工具。目前 STEM 教育逐渐转向探究式和问题式的学习,教师同样需要转变持续专业发展的类型,CPD 的混合式学习方法为教师提供了各种在线课程及学习活动,为教师量身定制学习路线,并不断修订与 STEM 教育相关的教科书与在线资源。

3.实施非正式 STEM 教育计划

社会组织对于国家 STEM 教育议程的发展具有突出的贡献,鉴于此,爱尔兰十分鼓励非正式课外 STEM 教育计划的实施。其一,爱尔兰鼓励学生参与 BT 年轻科学家和技术展览会(BT young scientist and technology exhibition,BTYSTE),帮助学生通过设计与实施项目来发展自身的 STEM 技能。其二,爱尔兰科克这一城市自 2011 年起开办 CoderDojo 项目,该免费社区编程俱乐部能够帮助年轻人学习如何使用硬件和软件进行编码,通过教师指导、同伴互助学习和自我指导的学习享受社交环境中技术的乐趣;同时,该项目还通过建立特殊会议以特别鼓励女孩的参与。其三,Learnstorm 项目鼓励爱尔兰小学 4 年级至中学 5 年级的学生学习数学,据统计,在 2015 年的比赛中,已有超过 13000 名学生在可汗学院的免费在线数学学习平台上完成了比赛。其四,爱尔兰非正式 STEM 教育计划也十分关注学生未来的职业规划问题,由爱尔兰科学基金会(Science Foundation Ireland,SFI)与爱尔兰工程师协会(Engineers Ireland)合作管理的"Smart Futures"项目面向爱尔兰的教师、学生、父母等推广 STEM 事业,为 STEM 职业拓展活动提供全国性的支持,介绍 STEM 行业的工作经验和见解。

因此,非正式的课外学习环境,如竞赛、俱乐部、开放资源等为学生提供了学习和应用 STEM 概念的丰富机会,这有助于弥补正规教育的不足,逐渐减少并改善爱尔兰的 STEM 教育不平等现象。

三、对我国的启示

爱尔兰为促进 STEM 基础教育的发展,采取了以上三种主要措施以实现教育愿景,本文在总结其发展特点的基础之上,针对我国的发展现状提出以下三点建议。

(一)严格把控 STEM 教师的培育与上岗路径

爱尔兰 STEM 教师群体的建设整体呈现出三个特征:其一,重视初始教师教育,开展岗前培训,教师在上岗前均需要完成必要的课程以具备教授 STEM 课程的技能。其二,做好教师上岗资格审查,并不断核查教师 STEM 专业发展的标准和质量。其三,应用技术,使得教师培育与时俱进。技术为学习带来了新的可能性,教师培训也应当如此,技术支持下的混合式培训、在线资源平台学习等减轻了教师学习的负担,促进了教师碎片化培训的黏性。对比之下,我国目前尚未定义专业的 STEM 基础教育教师,对其的资格审查与后续培训力度较弱①,还应当进一步加强。

(二)集聚社会力量开展非正式 STEM 教育

除校方所提供的正规教育之外,爱尔兰十分重视非正式教育,强调其与正规教育的结合,如编程俱乐部、竞赛等,在课余时间激发学生的学习兴趣;除知识技能的培养外,爱尔兰还格外重视学生的职业规划,强调增加 STEM 毕业生的数量以及从业率。我国于2017年发布了《中国 STEM 教育白皮书》,强调目前我国缺乏战略层面的顶层设计,社会联动机制不健全,各机构之间的联系较为松散②。因此,除了国家的鼎力支持外,社会各力量的联合也十分重要,我国需提高社会对 STEM 教育的关注度,凝聚社会力量为学生提供课余锻炼的机会。

(三)构建 STEM 教育生态系统,加强校企合作力度

爱尔兰基础教育阶段的 STEM 政策实施效果良好,这得益于爱尔兰 STEM 教育生态系统的良好构建,这需要所有利益攸关方的共同努力,包括政府部门、社会组织、非正式学习环境下的组织者等,各方皆明确建立可持续的 STEM 教育生态系统是整个社会的责任。

STEM 教育生态系统的构建为发展的最终形成阶段,除教师专业发展、社会各方参与、课程建构外,校企合作是构建生态系统必不可少的一部分,学生所内化的知识技能需要真正应用到行业中才能够转化为国家实力,为加速这一转化过程,校企合作是其中的必要催化剂。我们可借鉴欧洲等国家的经验基础,着力构建适合我国的 STEM 教育生态系统。

---

① 马鹏云,贾利帅.推进 STEM 教育:学校如何改变?——STEM 教育发展报告《澳大利亚学校中 STEM 学习的挑战》解析[J].现代教育技术,2021,31(2):26-32.

② 中华人民共和国教育部.中国 STEM 教育白皮书发布:提高学科的本质认知和科学素养[EB/OL].[2021-05-13].http://www.moe.gov.cn/s78/A16/s5886/s7822/201801/t20180111_324362.html.

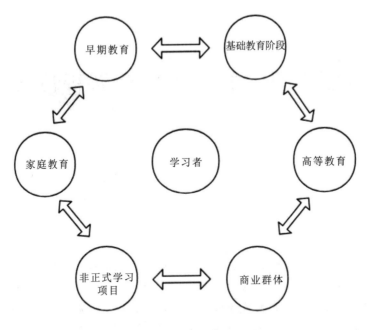

图1　STEM教育生态系统

参考文献

［1］李小红,李玉娇.美国推进STEM教育的策略［J］.比较教育研究,2019,41(12):87-93.

［2］Accenture. Powering economic growth：Attracting more young women into science and technology［EB/OL］.［2021-04-27］.http://www.accenture.com/SiteCollectionDocuments/Local_Ireland/PDF/accenture-STEM-powering-economic-growth.pdf.

［3］STEM Education Review Group. STEM EDUCATION IN THE IRISH SCHOOL SYSTEM［EB/OL］.［2021-05-03］. https://www. education. ie/en/Publications/Education-Reports/STEM-Education-in-the-Irish-School-System.pdf.

［4］Department of Education. STEM Education Policy Statement 2017—2026［EB/OL］.［2021-05-07］. https://www. education. ie/en/The-Education-System/STEM-Education-Policy/stem-education-policy-statement-2017—2026-.pdf.

［5］马鹏云,贾利帅.推进STEM教育:学校如何改变?——STEM教育发展报告《澳大利亚学校中STEM学习的挑战》解析［J］.现代教育技术,2021,31(2):26-32.

［6］中华人民共和国教育部.中国STEM教育白皮书发布:提高学科的本质认知和科学素养［EB/OL］.［2021-05-13］.http://www.moe.gov.cn/s78/A16/s5886/s7822/201801/t20180111_324362.html.

基于 STEM 理念的环境教育课程设计与实践

——以"环保小车"为例

张逸聪　　涂耀仁　　江丰光

（上海师范大学，上海　200234）

摘　要：环境教育被认为是保护自然的有力手段，也是提升公民环境态度、增加可持续发展行为的必要途径。本研究基于 STEM 教育思想，通过学习者与教学目标分析，采用 6E 教学模式进行环境教育主题课程设计与教学实践。研究采取单组前后测实验，探究课程对 13 位小学生的环境态度、环境关联度与环境行为的影响。结果表明，STEM 环境小车课程能激发学生学习兴趣，学生在环境态度、关联度、行为等方面具有显著差异，但在性别上没有发现显著性差异。课程的教学研究为我国开展基于 STEM 的环境教育课程提供了理论基础与可能的实践路线。

关键词：STEM 教育；环境教育；课程设计与开发

一、引言

在高速发展的现代社会，科技是第一生产力，在提升国家竞争力面前，创新型人才的培养显得尤为重要。虽然科技与人才的发展快速提高了生产力，但大气污染、资源短缺、水土流失、森林退化等环境问题也变得日益严重。STEM 跨学科课程为环境教育提供了重要的机会，它由科学（Science）、技术（Technology）、工程（Engineering）以及数学（Mathematics）这四门学科首字母缩写而成，可以更好地帮助老师与同学们学习知识内容，提高数学思维和问题解决能力。通过对国内外环境教育的梳理，我们发现环境教育活动不仅仅局限于湿地公园、植物馆等户外场景①，还与学校 STEM 课程相结合，发挥着不可替代的作用②。

---

① LIEFLANDER A K，FROHLICH G，BOGNER F X，et al. Promoting connectedness with nature through environmental education [J]. Environmental education research，2013，19（3）：370-384.

② 王惠. STEM 项目课程《环保小卫士》开发与实施的研究 [D].南京：南京师范大学，2017.

二、基于环境主题的 STEM 教育研究

环境教育有利于提升公民环境素养，并促进公民环保行为。雷茵茹等人在北京市 H 湿地自然保护区进行"认识湿地"科普宣教课程①。国外也有大量关于环境教育 STEM 的研究，Sellmann 等学者组织学生在生态植物园里开展为期一天的全球气候变化项目，体验最真实的大自然②；Liefländer 等学者让学生光脚和蒙眼睛通过水塘，使用多种感官体验自然③。

综上，我们发现环境教育主要为两种形式：第一种是学生根据学习单或任务主动探索大自然，第二种是以学科渗透为基础的教学策略，主要是将环境教育与学校课程进行跨学科整合。虽然国务院在 1978 年《环境保护工作汇报要点》中指出，普通中小学课程需要融入环境保护的内容，但我国教育界对环境教育的研究不够，不仅发文数量少，而且理论研究水平的深度和广度也不够。为此，本研究将 STEM 跨学科知识与先进技术相结合，设计与实践了新型环境教育课程。

三、"环保小车"STEM 课程教学设计与实施

(一)教学内容分析

课程主题为"环保小车"，主要利用智能集线器、马达、倾斜传感器等搭建硬件，用 WEDO 2.0 软件实现车辆前进后退与垃圾清扫的功能。教学内容是跨学科 STEM 整合，其中科学包含齿轮、马达的工作原理与空气中污染物的介绍；信息技术包含软件与硬件结合、代码的循环知识；工程涉及草图的绘制、小车的搭建与完善；数学涉及等待时间的选择、小车的速度与前进距离。此外，同学们还需要对小车进行装饰，在最终的小组作品展示环节汇报环保小车的功能与应用场景。

(二)学习者分析

学习对象是三到六年级的 13 名学生，由研究者通过社区招募的形式聚集，其中有 7 位男生 8 位女生。通过访谈，研究者发现招募的学生没有接触过编程知识，但对 STEM 机器人教育很感兴趣。

---

① 雷茵茹，崔丽娟，李伟，等. 环境教育对青少年亲环境行为的影响作用分析——以湿地科普宣教教育为例[J]. 科普研究，2019，14(1)：66-72，111-112.

② SELLMANN D，BOGNER F X. Effects of a 1-day environmental education intervention on environmental attitudes and connectedness with nature [J]. European journal of psychology of education，2013，28(3)：1077-1086.

③ LIEFLÄNDER A K，FROHLICH G，BOGNER F X，et al. Promoting connectedness with nature through environmental education [J]. Environmental education research，2013，19(3)：370-384.

(三)教学设计与实施

研究者采用 STEM 教学教法之 6E 教学法,在教学过程中遵循引入(E1,Engage)、探究(E2,Explore)、解释(E3,Explain)、工程(E4,Engineer)、丰富(E5,Enrich)与评估(E6,Evaluate)步骤[①]。该课程的教学设计与实施如表 1 所示,分为 6E 教学流程、教师活动、学生活动、资源与工具和设计意图。

表 1　"环保小车"STEM 课程的教学设计与实施

6E 教学流程	教师活动	学生活动	资源与工具	设计意图
引入	1.创设 WWF 环保志愿者情境 2.播放环境污染的视频	1.学生意识到生活中的环境污染及其危害	PPT	引发学生共鸣
探究	1.引导学生表达对环境污染的看法,列出主要的污染物	1.讨论环境污染如何影响人类,人类又该如何解决	视频	激发学生学习兴趣
解释	1.介绍二氧化碳、颗粒物、一氧化碳等,并列举生活中的环保行为	1.习得空气污染物的危害与环保知识 2.与同学与教师交流	学习单	提高学生环保态度
工程	1.建立任务,引导学生头脑风暴 2.指导学生小车模型制作,提供图纸教学支架	1.小组讨论并绘制工程草图 2.学生根据草图进行小车的搭建	学习单 小车图纸 WEDO 2.0套件	搭建创意模型
丰富	1.明确小车具备的功能 2.指导学生进行编程(速度与时间、循环语句、声音与灯光)	1.学生根据任务要求与草图完善自己的模型,确保稳定性与实用性,进行编程	PPT WEDO 2.0软件	完善自己的模型
评估	1.组织学生进行作品展示与说明 2.进行小组投票,教师对各组作品点评	1.汇报作品的外观与生活实际功能 2.回答其他同学的提问并反思,最后进行小组投票	PPT 摄像机	提升学生环境保护意识,增加低碳行为次数

教师以世界自然基金会(WWF)为背景,学生作为志愿者接到任务:"近期有儿童给我们组织写信,她发现空气中弥漫着很多脏东西,并且马路上的汽车尾气和雾霾让她呼吸困难,经常生病。她希望我们组织能举办低碳出行活动,鼓励人们用绿色出行方式代替汽车和摩托车,设计一款环保的小车。"

---

① BURKE B N. The ITEEA 6E Learning by DeSIGN model:maximizing informed design and inquiry in the integrative STEM Classroom [J]. Technology and engineering teacher,2014.

学生首先进行小组讨论,明确搭建的环保小车外观与装备的功能,绘出草图。然后再根据教师提供的 WEDO 2.0 乐高套件构建环保小车,安装小车外观与装备的功能,绘出草图。然后再根据教师提供的 WEDO 2.0 乐高套件构建环保小车,安装小车的框架、车轮、传动装置,并完成其他部位的搭建,最终形成完整的小车模型。教师在编程方面引导学生分工合作,将 WEDO 2.0 软件与乐高智能集线器通过蓝牙进行连接,测试马达、倾斜传感器、声音与灯光、时间等待与转速大小等。学生以小组为单位迭代与改进作品,增加功能并确保小车能完成教师预设的任务,最后小组展示环节向同学们介绍小车结构、功能与软件程序的编写,并回答同学们对作品的提问。同时,教师在学生搭建过程中进行及时反馈,表扬学生的创意想法,启发性地引导学生发现与解决问题。最后,教师带领学生进行课程的总结,反思存在的问题与解决方案。

四、实验研究设计与结果分析

(一)研究对象

本课程选取社区的学生为研究对象,通过网络宣传方式招募了 15 名学生,年级为三到六年级。研究采用问卷前后测的方式,最终回收问卷 15 份,有效问卷为 13 份,问卷回收率为 86.7%。

(二)研究工具

本研究采用环境态度量表(TEQ)[1]、环境与个人关联度量表(INS)[2]和环境行为量表[3]进行调查,量表基本数据包含学生姓名、性别与年级。TEQ 量表仅保留研究学生对环境态度的选项,该问卷包含以下 5 个维度:支持的意愿、关心资源、享受大自然、改变自然与人类统治自然。INS 量表由个人和环境两个圆圈组成,列举了 7 种不同的状态(疏远—紧密)。因为 TEQ 量表和 INS 量表都经过专家的修订并且有迭代修改,信效度都非常优秀,所以用于本研究。环境行为量表参考了 Halpemiy 学者与刘苗苗开发的量表,它有 4 个维度:说服行为、公民行为、财务行为与实践行为,其克隆巴赫系数＝0.884。研究者本人根据国内学情将部分题目的表述进行调整,符合我国小学生认知和理解,邀请了 2 位一线教师与 2 位专家进行修改,使题目更具科学性和权威性。

---

①　JOHNSON B,MANOLI C C. Using bogner and wiseman's model of ecological values to measure the impact of an earth education programme on children's environmental perceptions [J]. Environmental education research,2008,14(2):115-127.

②　LIEFLANDER A K,FROHLICH G,BOGNER F X,et al. Promoting connectedness with nature through environmental education [J]. Environmental education research,2013,19(3):370-384.

③　刘苗苗. 城镇居民环境价值观、环境态度对环境行为的影响研究 [D].镇江:江苏大学,2014.

五、研究发现

(一)描述性统计分析

13 份有效样本中男女比例大致相同,其中男生 7 位(53.9%),女生 6 位(46.1%)。参加的学生中四年级较多(38.4%),其余三年级(15.4%)、五年级(23.1%)、六年级(23.1%)。研究者对 3 个量表的数据进行统计分析(TEQ、INS、环境行为),以便了解学生态度与行为的情况。对于 TEQ 量表,样本的后测平均分大于 4 分,即意味着学生对环境持有积极的态度,但是对于改变自然这个维度,后测平均分(7.62)较低且低于前测分(9.38),说明学生更倾向于人类可以改变环境这个观点;对于 INS 量表,后测平均分(6.08)比前测高 1.15 分,表明个人与环境的关系更紧密,学生更留意周围的环境;对于环境行为量表,学生单项平均分后测(4.00)高于前测(3.69),但在实践行为这个维度来说,后测维度(26.77)平均分数低于前测该维度分数(27.31),值得我们进行下一步的探索。

(二)配对样本 t 检验

本研究通过问卷检验学生在上课前后的环境态度、环境关联度和环境行为的变化,共有两次量表的数据,分别是学生的前测分数与后测分数,其各维度 KS 值均大于 0.05,即服从正态分布。学生对环境的态度在 5 个维度上都有显著差异,说明学生后测分数较高并且显著提高了自己对环境的态度。对于 INS 量表,学生后测分数也存在极其显著的差异,表明课程能在一定程度上拉近学生与环境的距离。对于环境行为量表,学生在公民行为上存在显著差异,在说服行为、财务行为与实践行为上没有显著差异,表明学生会更关心环境问题,且能与周围人积极讨论环境话题。

(三)单因素方差分析

因为量表前后测中各维度都服从正态分布,所以研究者利用单因素方差探究性别差异。对环境态度量表来讲,前后测的 P 值均大于 0.05,即说明性别在前后测没有显著差异。男生仅在前测的改变自然维度(10.00)与后测统治自然维度平均值高于女生(8.67),其他维度都略低于女生,说明女生的环境态度相对较高;对 INS 量表来讲,性别在问卷前后测没有显著性差异,且女生平均分均高于男生(6.00>4.43);对环境行为量表来讲,性别在 4 个维度上没有显著性差异,女生在说服行为、财务行为与实践行为上的前后测的平均分均高于男生,本研究猜测女生由于性格相对活泼,更愿意与周围人讨论环境问题。

六、研究讨论

学生进行课程学习后,平均分在环境态度中的大多数维度有显著提高,但改变自然维度后测的分数显著低于前测,产生的原因可能是题目表述不清晰,学生难以理解。学生JYH(女):"我之前误认为题目表示人们可以利用土地种粮食,但其实是为了种庄稼而改变自然地形。"此外,性别对环境态度没有显著性差异,年级对于前测的改变自然维度(3.0>4.0;5.0>4.0)与后测的统治自然维度(3.0>4.0;6.0>4.0)呈现出 0.05 水平显著性。

INS 量表为 7 点李克特量表,数字越大代表个人与环境的关系越紧密。学生在课程结束分数显著高于前测,但在性别方面没有显著性差异。对于环境行为量表,学生仅在公民行为维度呈现出 0.01 水平的显著性($t=-3.951,P=0.002$),前测中公民行为的平均值(11.77)明显低于后测平均值(15.00),其中性别没有显著差异。

七、结论

本研究以 STEM 理念为核心制作环保小车,学生作为环保志愿者不断遇到一些环境挑战,他们需要在过程中建构科学的理解、组装小车、测试模型并优化迭代,最终汇报分享,充分渗透了"6E"的思维过程。此外,该课程将机器人套件用于环境教育,不仅能调动学生的学习兴趣与动机,还能提高学生对环境的态度与关联度,并增加学生低碳行为的次数。教师在课堂上传授的不是孤立、抽象且空洞的概念知识,而是将知识应用于真实环境,以项目的方式展开课堂。本研究希冀学生能在 STEM 课堂上最大化地发挥主观能动性,满足新时代学生的多元化发展,并且为学校开展环境教育课程提供借鉴。

虽然该课程能显著提升学生对环境的态度、关联与行为,但也有其自身局限性:(1)学生是社区招募的,所以参加课程的学生对该主题相对感兴趣,可能会影响实验数据的结果与分析;(2)研究的学生数量有限且为不同年级;(3)本研究的结论仅限于研究样本。未来的 STEM 环境教育课程可以聚焦学生们的日常生活,如空气污染、垃圾分类、水资源等主题。此外,环境教育还可以探究学生对环境的认知与意识,因为环境认知是参与保护环境的前提,意识又能影响学生态度,从而增加学生环保行为的次数。

参考文献

[1]LIEFLANDER A K,FROHLICH G,BOGNER F X,et al. Promoting connectedness with nature through environmental education [J]. Environmental education research,2013,19(3):370-384.

[2]王惠. STEM 项目课程《环保小卫士》开发与实施的研究 [D].南京:南京师范大学,2017.

[3]雷茵茹,崔丽娟,李伟,等. 环境教育对青少年亲环境行为的影响作用分析——以湿地科普宣教教育为例 [J]. 科普研究,2019,14(1):66-72,111-112.

[4]SELLMANN D,BOGNER F X. Effects of a 1-day environmental education intervention on environmental attitudes and connectedness with nature [J]. European journal of psychology of education,2013,28(3):1077-1086.

[5]LIEFLANDER A K,FROHLICH G,BOGNER F X,et al. Promoting connectedness with nature through environmental education [J]. Environmental education research,2013,19(3):370-384.

[6]BURKE B N. The ITEEA 6E learning by DeSIGN model:maximizing informed design and inquiry in the integrative stem classroom [J]. Technology and engineering teacher,2014.

［7］JOHNSON B，MANOLI C C. Using Bogner and Wiseman's model of ecological values to measure the impact of an earth education programme on children's environmental perceptions ［J］. Environmental education research，2008，14(2)：115-127.

［8］LIEFLANDER A K，FROHLICH G，BOGNER F X，et al. Promoting connectedness with nature through environmental education ［J］. Environmental Education Research，2013，19(3)：370-384.

［9］刘苗苗. 城镇居民环境价值观、环境态度对环境行为的影响研究 ［D］.镇江：江苏大学，2014.

基于 STEAM 教育理念的
Scratch 游戏化教学应用研究

吕彩云

(哈尔滨师范大学,黑龙江哈尔滨 150000)

摘　要:STEAM 教育理念是集合科学、技术、工程、艺术、数学于一体的综合教育理念。Scratch 是专为 8 岁以上的儿童设计的免费视觉化程序软件,对学生高阶思维的发展具有很大的帮助。传统的教学方法忽视了学生学习的主观能动性,课程缺乏趣味性。为激发学生学习 Scratch 编程的兴趣,实现超越学科的限制,得到全面发展,该文在 STEAM 教育理念的指导下将游戏化教学融入 Scratch 编程课程的教学中,结合游戏化教学模式和应用规则,以具体的 Scratch 编程课程为案例进行教学活动设计,并进行应用。目的在于实现"寓教于乐",让学生在"做中学,玩中学",提高学生的跨学科素养和学习编程的兴趣。

关键词:STEAM 教育;Scratch;游戏化教学;教学活动设计

一、STEAM 教育理念

STEM 教育起源于美国,自 20 世纪 80 年代逐渐发展起来,它是为提高美国学生对理工科知识的学习兴趣而建立的课程。STEM 教育是一门跨学科的课程,包括科学(Science)、技术(Technology)、工程(Engineering)、数学(Mathematics)四门学科。STEM 教育是倡导问题解决驱动的跨学科教育,旨在培养学生的问题解决能力、团队合作能力、设计能力和实践创新能力[1]。之后将 Art(艺术)也加入进来,构成了完整的 STEAM 课程。自 2016 年以来,STEAM 教育在我国发展迅速,我国将 STEAM 教育纳入国家发展战略。在 2020 年 7 月,教育部颁发的《中小学教师培训课程指导标准》中指出,将 STEAM 课程开发纳入教师文化知识学习研修主题,可以看出 STEAM 教育变得越来越重要[2]。

STEAM 教育理念引入信息技术学科的教学中,将使学生学到更多跨学科的知识,有利于学生信息技术核心素养的提升。在信息技术课堂教学中采用游戏化教学法,会使课堂变得生动有趣,真正做到寓教于乐,快乐学习。在 STEAM 教育理念下,将 Scratch 编

---

① 郑贤.基于 STEAM 的小学《3D 打印》课程设计与教学实践研究[J].中国电化教育,2016(8):82-86.

② 于颖,陈文文,于兴华.STEM 游戏化学习活动设计框架[J].开放教育研究,2021,27(1):94-105.

程与游戏化教学相结合,通过在课堂上完成布置的游戏任务来获得相应的奖励,这种教学方式对于学生兴趣的培养、学生的团队意识和合作精神的培养都具有积极的作用。

二、Scratch 程序的特点

Scratch 程序是由美国麻省理工学院开发的一套源程序。它专为八岁以上儿童设计,在教学实践中,它具有"操作简单,趣味性强;指令多样,内涵丰富;功能强大,运用广泛;Java 结构,分享创造"等众多优点①。Scratch 软件可以编写游戏程序,这一特点有助于将Scratch 课程与游戏化教学结合,将游戏任务贯穿于整个课堂,最后使学生制作出来自己的小游戏,激发学生学习编程的兴趣。有研究表明,在课堂教学中,图形化的编程工具与游戏化的教学策略相结合,将有助于学生计算思维的发展②。

三、游戏化教学模式

对游戏化的定义,唐文中等学者认为"游戏化教学"是以教学为目的,教师通过科学地选择或设计并将它与教学过程整合的一种教学活动类型。它将教学因素和游戏因素结合在一起,是传统教学的延伸③。笔者认为游戏化教学是教师根据学习者的年龄特征和心理发展特征,科学地设计课堂活动内容与教学流程,将游戏化元素与课堂内容相融合,让学生沉浸在课堂中,通过沉浸式体验游戏,与教师进行互动,快乐地获取知识的一种教学方式。

目前游戏化教学主要有两种应用形式:一是将游戏应用到教学活动中,将某个游戏或游戏元素加入教学过程中,起辅助教学的功能。二是将整个教学活动设计成游戏的形式,即依照游戏的理念将整个教学活动设计成一个游戏④。

通过文献梳理,在我国现阶段主要有三种游戏化教学模式:探究式游戏化教学模式、引导式游戏化教学模式和技能训练式游戏化教学模式。

(一)探究式游戏化教学模式

探究式游戏化教学模式强调利用游戏活动,给学生提供真实情境或游戏情境,让学生通过游戏活动、自主探索、小组合作,解决游戏活动中的任务或是问题⑤。探究式游戏化教学模式是为学生创设一个自主探究发现的学习环境,通过趣味性的游戏活动任务,使学生合作探究,发现问题,解决问题,获得新知。

---

① 凌秋虹.Scratch 在小学信息技术课堂中的应用与实践[J].中国电化教育,2012(11):113-116,129.
② 熊秋娥,葛越.Scratch 游戏化编程培养小学生计算思维的实证研究[J].基础教育,2019,16(6):27-35.
③ 唐文中,郭道明,李定仁.小学游戏教学论[M].江西:江西教育出版社,1995:1-12.
④ 胡晓玲,赵凌霞,李丹,等.游戏化教学有效性的系统评价与元分析[J].开放教育研究,2021,27(2):69-79.
⑤ 吴湉.浅谈高中信息技术课堂探究式教学策略的设计[J].中国教育信息化,2011(22):26-27.

(二)引导式游戏化教学模式

引导式游戏化教学模式强调教师合理地引入教育游戏将学习者带入游戏情境,激发其学习兴趣;通过游戏活动,使学生获取到本节课所需掌握的知识点、技能,教师对学生进行游戏活动的过程中出现的问题或困难有的放矢地引导帮助,形成以教师为主导、学生为主体的游戏化教学课堂①。引导式游戏化教学模式主要是在导入新知的环节,借助游戏活动来激发学生兴趣,引导学生进行探究。

(三)技能训练式游戏化教学模式

技能训练式游戏化教学模式主要用于培养学习者的某种操作性技能。教育游戏作为学生的操练和练习工具,充分发挥其即时反馈、个别化学习、趣味性和挑战性等优点,使枯燥乏味的操作练习更有吸引力,维持学生对操作和练习的动机。技能训练式游戏化教学模式主要借助一些已开发和使用的教育游戏作为辅助工具,使学生在巩固练习阶段得到辅助②。

四、基于 STEAM 教育理念的 Scratch 游戏化教学活动设计

(一)基于 STEAM 教育理念的 Scratch 游戏化教学元素设计

游戏元素是指各类游戏的基本构成要素。通过文献的研究,大多数游戏化系统都使用了三种游戏化元素:点数、徽章、排行榜。

1.点数

点数是玩家完成游戏任务或任务完成情况的一种记录。如"连连看"游戏中,玩家每通过一关就会获得一颗星星作为奖励。点数不仅可以为游戏玩家有效计分、为玩家持续地提供积极的反馈,还能为游戏设计师提供数据,便于分析玩家的体验情况。在 Scratch 游戏化教学课程中,教师可根据学生积累的点数情况调整教学进度,合理地安排教学内容,以确保学生有效、快乐地学习。

2.徽章

徽章是一种视觉化的成就,用来表示玩家在游戏过程中所积累的点数和取得的级别。徽章为玩家提供目标方向,是对玩家在游戏过程中表现的一种肯定。徽章是一种虚拟身份的象征,教师可以根据本节课的教学目标,围绕教学的内容设置不同的徽章来激发学生想要获得徽章的兴趣。在 Scratch 游戏化教学过程中,教师可以设计"通关徽章""合作奖励徽章""创造小能手徽章"等,从不同的角度、不同的方面来评价学生的作品和课堂表现。

① 匡静璇.游戏化教学在高中信息技术课程中的应用研究[D].武汉:华中师范大学,2018.
② 苗红意.教育游戏在学科教学中的应用研究[D].金华:浙江师范大学,2006.

3.排行榜

玩家们要想知道在所有玩家中自己的表现和位次如何，可以通过排行榜进行对比。排行榜有助于玩家了解自己的排名信息，会激发玩家的竞争意识，使其更加认真努力地学习来提升自己在排行榜中所处的排名。在 Scratch 游戏化教学过程中，教师可根据学生的学习情况设置相应的玩家排行榜。在设置排行榜时，建议教师只公示排名前几名的玩家，这样既可以激励排名靠后的玩家，又保护了他们的自尊心。

（二）基于 STEAM 教育理念的 Scratch 游戏化教学活动形式设计

1.小组合作闯关形式

在 Scratch 游戏化教学过程中，可采用小组合作闯关的形式进行教学。小组合作闯关的形式不仅仅局限于课堂中的某一个环节，可将整堂 Scratch 教学过程设计成关卡的形式，通过小组之间的合作进行闯关。

2.角色扮演形式

在 Scratch 游戏化教学与 STEAM 教育理念相结合中，可让学生通过角色扮演的形式参与到课堂中，担任一定的角色机制，学习跨学科的知识，设计出相应的编程语句，提高课堂参与度，培养创造性思维能力与合作交流意识。

五、应用案例——基于 STEAM 教育理念的 Scratch"垃圾分类"游戏化教学活动设计

（一）教学分析

1.教学内容分析

垃圾分类已成为被广泛关注的热门话题，垃圾分类知识在中小学科学课程中已有涉及，传统的教学主要采用教授法，是以教师讲解、学生听讲为主的方式。在垃圾分类知识点的学习过程中，学生们需要多次对垃圾进行识别归类，将它们投入对应的垃圾桶中。这与信息技术 Scratch 编程中的重复执行、条件判断、侦测指令相对应。科学课程中的垃圾分类知识与 Scratch 编程课程可相互融合，体现了 STEAM 教育中"跨学科，学科交叉融合"的特点。教学目标与 STEAM 教育对应的关系如表 1 所示。

2.学习者分析

本研究的教学对象为 M 中学八年级的学生，根据著名儿童心理学家皮亚杰提出的儿童认知发展阶段理论，八年级的学生正处于认知发展阶段的第三个阶段——具体运算阶段，进入逻辑运算时期，形成了新的认知和思维结构。他们渴望知识的学习，但缺乏自我约束，注意力容易分散。而 Scratch 编程课程是一种可视化的程序设计软件，学生可直接拖拽模块化的程序指令进行编程操作，制作小游戏，实现快乐学习，符合八年级学生的认知特点，也降低了学生学习编程的难度。

表 1　教学目标表

STEAM 教育	三维目标		
	知识与技能	过程与方法	情感态度与价值观
S(科学)	能识别四种垃圾分类的类型	在情境导入环节采用"角色扮演"的游戏化教学形式,使学生充当"环境保护使者"的角色,激发学生的学习兴趣。学生能用美术元素设计出垃圾箱,并能正确使用 Scratch 循环、判断和侦测模块,设计出对应的程序	激发学生对垃圾分类的兴趣与社会责任感。培养学生将生活中的实际问题抽象为程序模型的能力。培养学生团队合作意识,问题解决能力和创造性思维能力
T(技术)	能掌握 Scratch 编程中条件判断、重复执行脚本指令的使用方法,能够设计出垃圾分类 Scratch 小游戏程序		
E(工程)	能够根据立体图形的空间构造,设计并制作出四种类型的垃圾箱		
A(艺术)	能够对设计出的垃圾箱外观进行装饰和改造		
M(数学)	掌握分类和多对一的函数关系,能够对不同的垃圾进行分类		

(二)教学活动具体实施过程

1.情境创设

课前通过向学生播放现实生活中垃圾乱堆放的现象,引起学生的注意和社会责任感。利用生活中真实的情境引发学生的思考。在课前角色扮演"我是环境保护使者"的小游戏中,让学生以小组的形式进行角色扮演,回答假如他们是"环境保护使者",他们会怎样来保护环境这个问题。通过角色扮演后激发学生的社会责任感,并引出本节课的主题:利用 Scratch 编程软件来设计出垃圾分类的小游戏。

2.制定游戏规则

该节课所用到的游戏化教学元素是"点数、徽章、排行榜",采用"小组合作闯关"的游戏活动形式。利用"班级优化大师"软件中的课堂管理功能,将学生进行分组,学生可在"班级优化大师"中设置自己的小组队名及头像。教师向学生发放"通关手册",学生每通过关卡即可获得相应的通关徽章。"通关手册"如表 2 所示。

表 2　通关手册表

通关手册	
关卡一:搜集垃圾分类投放规则知识	★获得"知识小能手"徽章
关卡二:小组合作设计流程图	★获得"小小设计师"徽章
关卡三:作品优化完善	★获得"小小作品家"徽章
关卡四:作品分享	★获得"垃圾分类小能手"徽章

在整个教学过程中，教师可根据每组成员的通关情况和完成任务进度情况，在"班级优化大师"中对每组进行积分，每组成员的积分和排名情况都能通过排行榜显示出来。最先通关的小组将获得"垃圾分类小能手"的徽章。

3.小组合作探究

每个小组上网搜索资料，查找垃圾分类的知识，了解各类垃圾投放的规则。教师在这个环节中对学生给予一定的启示，引导学生了解一次次投放垃圾是在重复执行分类操作，确认垃圾投放是否正确是在进行条件判断，并讲解本节课的重难点知识：Scratch 中重复执行、条件判断指令的应用。

4.设计作品

各组同学在听完教师的讲解之后，设计出自己的程序算法流程图。学生尝试将游戏模拟中的自然语言与 Scratch 图形化脚本语言进行一一对应和转换，随后添加角色，分析角色之间的关系，思考动作实现的策略，完成程序设计开发，并进行迭代优化。

5.分享评价

各组同学展示自己设计出来的作品，教师鼓励同学们进行小组互评和自评。教师结合"班级优化大师"的排行榜和最终的作品展示结果，评选出本节课的最优组，颁发"垃圾分类小能手"徽章。

六、总结

随着信息时代的发展，Scratch 编程的教学将会得到越来越大的推广，受到越来越多孩子的喜爱、家长的青睐。作为中小学信息技术老师，我们需要更进一步地思考在 Scratch 编程课程中，如何能将游戏化教学融入编程学习中，改变传统讲授的教学方法，使学生既能在课堂上学到知识，发散思维，开发想象力，又能激发学生学习编程的兴趣，从"怕编程学习"到"爱上编程学习"。

参考文献

[1]郑贤.基于 STEAM 的小学《3D 打印》课程设计与教学实践研究[J].中国电化教育,2016(8):82-86.

[2]于颖,陈文文,于兴华.STEM 游戏化学习活动设计框架[J].开放教育研究,2021,27(1):94-105.

[3]凌秋虹.Scratch 在小学信息技术课堂中的应用与实践[J].中国电化教育,2012(11):113-116,129.

[4]熊秋娥,葛越.Scratch 游戏化编程培养小学生计算思维的实证研究[J].基础教育,2019,16(6):27-35.

[5]唐文中,郭道明,李定仁.小学游戏教学论[M].江西:江西教育出版社,1995:1-12.

[6]胡晓玲,赵凌霞,李丹,等.游戏化教学有效性的系统评价与元分析[J].开放教育研究,2021,27(2):69-79.

[7]吴湉.浅谈高中信息技术课堂探究式教学策略的设计[J].中国教育信息化,2011(22):26-27.

[8]匡静璇.游戏化教学在高中信息技术课程中的应用研究[D].武汉:华中师范大学,2018.

[9]苗红意.教育游戏在学科教学中的应用研究[D].金华:浙江师范大学,2006.

基于大湾区 STEAM 实践
共同体的机制和实践探索

吴鹏泽[1]　邬丽萍[2]　刘　广[1]　胡晓玲[1]

（1.华南师范大学，广东广州　510631；

2.深圳市龙岗区麓城外国语小学，广东深圳　518112）

摘　要：实践共同体突破行为主义、认知主义把学习作为个体外部行为或内部心理过程的范式，对 STEAM 教育具有重要的理论和实践指导意义。研究基于教育部实践共同体项目"基于大湾区 STEAM 实践共同体"，首先从实践共同体和 STEAM 两个方面进行了理论溯源；对大湾区实践共同体"基础差距大、研究内容杂""师资不全备、教研课时少""学校、教师、学生 STEAM 发展路径不明确"等问题，基于文献研究和实践探索，通过专家指导制度、共同体成员联动制度等六个方面建立共同体运作机制，进而建立了"四跨四共"混合教学模式，合作开发了 STEAM 案例，并开展了 STEAM 教学。实践证明，建立的实践共同体运作机制和混合教学模式对共同体教师、学生发展具有良好的促进作用。

关键词：大湾区；STEAM；实践共同体；运作机制；实践

一、研究背景

"独学而无友，则孤陋而寡闻"是儒家提倡的大学之法[①]。脑科学研究也发现，与人充分的联系与互动，是基于长期进化而形成的生理需求，可以刺激大脑内部的奖赏机制[②]。莱夫和温格提出实践共同体的概念[③]，突破长久以来行为主义和认知主义把学习作为个体外部行为过程或内部心理的学习观。

《教育信息化"十三五"规划》提出积极探索跨学科学习（STEAM 教育）新模式的应用，促进学生的全面发展。教育部 2018 年开始教育信息化教学应用实践共同体项目的建设工作，2019 年设立跨学科学习（STEAM 教育）类别。

粤港澳大湾区作为我国开放程度最高、经济活力最强的区域之一，面向大湾区经济、社会、文化等多元发展现实问题，组建了大湾区 STEAM 教育实践共同体，入选教育部共

---

①　礼记[M].陈澔注，金晓东校点.上海：上海古籍出版社，2016.

②　L. 马修·利伯曼.社交天性：人类社交的三大驱动力[M].贾拥民，译.杭州：浙江人民出版社，2016.

③　J. 莱夫.情景学习：合法的边缘性参与[M].王文静，译.上海：华东师范大学出版社，2004.

同体项目名单,开展了系统的基于实践共同体的 STEAM 实践。

二、STEAM 与共同体理论发展

STEAM 从教学内容和形式上适配了创新型人才培养的需求,但在政策文件、理论研究和不同区域的教学实践中存在多元化理解,作为大湾区实践共同体的核心概念,需要从内涵和发展两方面对其进行溯源。

(一)STEAM 内涵和发展

STEAM 起源于美国,1958 年颁布的《美国国防教育法》,把数学、科技、外语作为培养人才、保持国家科技竞争力的关键课程。1986 年美国国家科学基金会颁布《本科生的科学、数学和共创教育》第一次明确提出 STEM 问题,2015 年在《STEM 教育法》中将 STEM 定义为科学、技术、工程、数学、计算机的学科教学。2019 年 Langevin 等在美国众议院发起修正案提出把艺术和设计加入 STEM 支持的课程中。

STEM 既包括数学、科学等分学科教学,也涉及跨学科的融合教学。G.雅克曼构建了 STEM 学科框架,提出 STEM 和各学科、课程的对应关系。美国 STEM 逐步由单学科教学向跨学科整合扩展,出现了 STEMx 倾向,x 即指扩展的学科、因素,如融入艺术、设计后的 STEAM,融入宗教、信仰后的 STREM 等。我国科技创新驱动发展的战略推动 STEAM 快速发展。不同于美国对学科教学的强调,在中国常常把 STEAM 作为"一种以项目学习、问题解决为导向的课程组织方式,它将科学、技术、工程、数学有机地融为一体,有利于学术创新能力的培养",更多强调的是核心素养的培养和跨学科教学与项目式学习的方法。

(二)实践共同体的理论发展

J.莱夫和温格在《情景学习:合法的边缘性参与》中提出了实践共同体概念,指关心某一特定知识领域的人共同参与这个领域的活动,参与者从一个边缘性参与的新手逐渐成长为一个中心参与的熟手。实践共同体有三个基本的要素:知识领域、关心这一领域的一群人和为了在这一领域中发挥效用而共同开展的实践活动。

推进信息技术与教学的创新融合,一方面要注重教师信息化教学能力发展,另一方面,要有与信息技术适合的教学模式与方法。共同体理念和方法拓展了原有的自上而下的信息技术能力培训传统,是一种可以基于内部动机驱动、发挥学习者主体性的自发的教学技术采用方式。

三、大湾区 STEAM 实践共同体建设的问题与应对运作机制

(一)实践共同体建设的问题和挑战

大湾区 STEAM 共同体在建设中面临以下四方面的问题和挑战。

(1)共同体成员校"基础差距大,研究内容杂"的问题。共同体以大湾区学校为主,但学校之间还是存在基础条件差异,特色课程差异。共同体成员校在开设的 STEAM 项目中,资源条件不同、兴趣点不同、研究方向不同,成员校研究范围广,研究内容杂,如何将不同研究主题的成员校联合在一起是实现共同体建设的首要难题。

(2)共同体成员校存在"学段跨度长,地域分布广"的问题。实践共同体覆盖了从学前学段到高中学段的 K12 全学段学校,不同学段的老师如何在一起进行教研,教学资源如何做到共享,成员校间如何互动和教研成为共同体需要解决的又一个难题。

(3)共同体成员校存在"师资不完备,教研课时少"的问题。大部分成员校没有STEAM 学科的专任教师,而 STEAM 课例的开发需要多科老师的配合。共同体内成员教师如何实现同步教研,各校教师在本职工作之余,如何确保成员校间教师的教研时间,教研又将通过哪些平台进行是第三个问题。

(4)共同体实现成员校"学生、教师、学校三发展"的路径不明确。共同体的建设目标是实现各成员校学生、教师、学校的全面发展,同时又能让共同体成员校得到更好的发展,共同体组织实施路径急需确认。

(二)共同体运作机制

针对共同体建设目标、面临的问题和挑战,在共同体建设实践过程中,基于理论研究和实践探索逐步形成六大运作机制,保证了共同体的良性运转。

1.伴随式专家指导机制

共同体外部的指导对 STEAM 课程开发和共同体活动组织有纠偏和促进意义。在实践中,组织不同领域、岗位专家根据实践共同体不同阶段的目标任务和建设重点需要给予伴随式指导。包括由政策与平台支持专家提供的政策指导、顶层设计与学术支持专家提供的 STEAM 专业指导、项目运行与执行专家提供的 STEAM 案例和活动执行指导。在项目顶层设计、共同体运行中对于项目结题、成果推广及应用均给予陪伴式指导。

2.共同体成员校联动机制

共同体不是组织严密的组织机构,自上而下的行政命令和强制性的制度规定在共同体中不具有可能性和可行性,需要建立能激发各成员校和教师主体性的联动机制。(1)建立校长轮值制度。成立校长联席会,成员校参与轮值,轮值为期一个月。(2)建立核心教研制度。成员学校老师组成核心教研组,并通过线上、线下进行分主题传帮带、协同教研、交流讨论,实现共同体成长。(3)建立协作共享制度。核心教研组在课程牵头校的带领下,召集学生共同确定与大湾区多元文化相关的研究主题,组织学生进行选题与分工。使用微信、钉钉共同制定行事历,实现成员校间备课与教学的协作共享。

3. 校企融合创新 STEAM 内容

大湾区 STEAM 实践共同体牵头学校处于"双区示范"的深圳、毗邻港澳,环绕一批世界知名的信息技术企业,具有最新的人工智能、大数据、虚拟现实等信息技术产品与技术方案,可以引入 STEAM 课程教学,共同体学校与这些企业紧密合作,采用购买产品和服务、聘请企业工程师进校园、学生参观企业、共同开发课程等形式,开设了《AI 战疫情》《像火箭一样驱动小车》等 STEAM 项目。

4.大湾区多元文化交融机制

共同体学校大部分地处岭南,具有文化同源的基础,同时各地又有自己独特的文化传统和特点特色,可以进行多元文化交流融合。共同体以中国特色社会主义文化为引领,以中华优秀传统文化为根本、以岭南文化为依托,构建粤港澳大湾区多元文化融合机制,包括师生互换交流、课程共建、跨地域协同教学等。面向多元文化真实的问题情境,设计有意义的开放性活动或任务,运用信息技术在学习过程中解决问题,在多元文化交流中加深对知识的理解和应用,从而实现知识的创造。

5.共同体激励机制

在实践共同体构建之初,成员对共同体的主题、工作、任务尚不明了,需要由熟手群体组成的牵头单位进行激励,包含外部激励和内部激励等,促进成员不断参加共同体实践。如通过共同体标志设计激发共同体认同与归属感;通过举办校长联席会、共同体开题、线下研讨会等活动,不断激励成员参与共同体实践。通过推文等方式进行学校展示、名师风采展示。

6.成果推广应用机制

共同体以试点先行、点面结合作为成果推广机制,推广优质成熟的 STEAM 案例,扩大项目成果的传播途径,通过推荐发表论文、资助出版案例集、公众号报刊媒体等新闻媒介介绍等途径扩大成果的传播;通过组织成果交流活动或线上线下会议传达等途径,促使成员学校教师接触、认识项目成果;通过组织培训报告、咨询活动、研讨活动,帮助共同体成员理解、认可项目成果;通过现场观摩、操作指导等,为成员学校仿效和开发应用提供直观性的示范。发挥共同体成员校的主体性作用,通过向周边地区扩散影响,逐步实现整体进步和发展。

四、STEAM 实践共同体教学模式

大湾区实践共同体总结提炼出基于"四跨四共"的 STEAM 混合教学模式。

(一)"四跨四共"的 STEAM 教学模式

"四跨"是指跨区域、跨学校、跨年级、跨学科。跨区域是指在"国家教育资源公共服务平台"等网络平台的支撑下组建网络形式实践共同体,实现跨区域协同。跨学校是指在实践共同体多学校开展群体教研、协同教学、跨学校教学。跨年级是指不同年级的教师进行协同教研、教学、评价,不同年级的学生进行协同学习,实现跨年级教与学。跨学科是指在实践共同体的统一主题下,开展多学科融合的创新实践活动,实现多学科知识的相互融通。

"四共"是指共师、共生、共享、共发展。共师是指以一位老师多个课堂进行跨区域教学的协同,包括双师课堂、校外导师、实验指导、户外讲解等形式。共生是指跨学科融合课程以及多位老师同时对同一类别学生进行指导,包括多校一课、校外指导、任务分担、"小先生"汇报等形式。共享是指教师与学生对课程中所产生、使用的相关材料进行共享,共享的形式包括资源共享、活动共享、成果共享、课程框架共享。共发展是指教师和学生在与共同体协作探究、交互激励学习的过程中,使教师专业与学生学业都得到共同发展。

(二)大湾区 STEAM 共同体教学方法

共同体混合教学模式倡导项目化学习方式,依照项目化学习的六个流程:情景化导入现实世界与社会发展需要解决的问题;项目选题与小组分工;协作设计项目方案;探究改进项目方案;实施项目方案与作品制作;作品交流展示与评价迭代实现案例的提炼和开发,开展教学。

在教学评价中,着重从跨学科素养、信息素养和融合创新能力三个方面入手,就学生在科学(S)、技术(T)、工程(E)、艺术(A)、数学(M)方面各项素养的习得情况,以及项目中信息意识、信息和信息技术的知识与能力、信息社会伦理道德的渗透情况,以及融合创新意识、融合创新思维和融合创新技能的表现情况开展多维评价。按照实际情况,在选题形式和设计、改进与实施项目方案四个主要环节,呈现了多种"四跨四共"混合教学课程开发模式。

五、总结

经过一年多的实践,大湾区 STEAM 实践共同体不断发展壮大,成员单位辐射至粤港澳大湾区,取得了良好的示范效应。共同体成员开发了 14 个面向大湾区现实世界与社会发展问题以及多元文化交流、新一代信息技术应用的 STEAM 课程案例,以信息技术赋能"四跨四共"混合教学模式。教师通过共同体进行了跨学科合作交流,跨学科知识、整合能力和知识建构能力得到提升,而学生跨学科素养、信息素养和融合创新能力也得到较好的提升。

参考文献

[1]礼记[M].陈澔注,金晓东校点.上海:上海古籍出版社,2016.

[2]L. 马修·利伯曼.社交天性:人类社交的三大驱动力[M].贾拥民,译.杭州:浙江人民出版社,2016.

[3]J. 莱夫.情景学习:合法的边缘性参与[M].王文静,译.上海:华东师范大学出版社,2004.

[4]张奎良.人的本质:马克思对哲学最高问题的回应[J].北京大学学报(哲学社会科学版),2015,52(5):5-17.

[5]李红专.当代西方社会理论的实践论转向——吉登斯结构化理论的深度审视[J].哲学动态,2004(11):7-13.

附录　会议组织机构

主办单位：中国教育技术协会信息技术教育专业委员会
承办单位：福建师范大学
支持单位：《电化教育研究》杂志社　　　　　　《中国电化教育》杂志社
　　　　　　《现代教育技术》杂志社　　　　　　《中国远程教育》杂志社
　　　　　　《开放教育研究》杂志社　　　　　　《远程教育杂志》杂志社
　　　　　　《现代远程教育研究》杂志社　　　　《现代远距离教育》杂志社
　　　　　　《中国信息技术教育》杂志社　　　　《中小学信息技术教育》杂志社
　　　　　　《数字教育》杂志社

会议主席：
　　　　王长平　教授（福建师范大学校长）
　　　　张义兵　教授（中国教育技术协会信息技术教育专业委员会主任委员）

会议学术委员会：

主 任 委 员：董玉琦　教授（上海师范大学）
副主任委员：李　艺　教授（南京师范大学）　　　解月光　教授（东北师范大学）
　　　　　　张义兵　教授（南京师范大学）　　　王　炜　教授（新疆师范大学）
委　　　员（按姓氏笔画排序）：
　　　　王　伟　副教授（东北师范大学）　　　王　锋　教授（黄冈师范学院）
　　　　刘　力　教授（沈阳师范大学）　　　　刘　军　教授（贵州师范大学）
　　　　江丰光　教授（上海师范大学）　　　　李　艳　教授（浙江大学）
　　　　李玉斌　教授（辽宁师范大学）　　　　李兴保　教授（曲阜师范大学）
　　　　李红美　教授（南通大学）　　　　　　李晓东　教授（哈尔滨师范大学）
　　　　杨　宁　副教授（福建师范大学）　　　吴鹏泽　教授（华南师范大学）
　　　　邱飞岳　教授（浙江工业大学）　　　　汪基德　教授（河南大学）
　　　　张　玲　教授（宁夏大学）　　　　　　陈仕品　教授（西华师范大学）
　　　　陈兴冶　高级教师（上海市实验学校）　陈明选　教授（江南大学）
　　　　周　越　教授（内蒙古师范大学）　　　孟祥增　教授（山东师范大学）
　　　　赵呈领　教授（华中师范大学）　　　　胡世清　教授（深圳大学）
　　　　钟柏昌　教授（华南师范大学）　　　　俞树煜　教授（西北师范大学）
　　　　姜　强　教授（东北师范大学）　　　　姜玉莲　副研究员（北京开放大学）
　　　　钱松岭　副教授（吉林师范大学）　　　曹雪丽　高级教师（广东省佛山市禅城
　　　　　　　　　　　　　　　　　　　　　　　　　　　区教研室）

傅钢善　教授(陕西师范大学)　　　　谢作如　正高级教师(浙江省温州中学)

翟雪松　特聘研究员(浙江大学)　　　颜士刚　教授(天津师范大学)

会议组织委员会:

主 任 委 员:林伟川　教授(福建师范大学教育学部常务副部长)

副主任委员:张振华(福建师范大学教育学部副部长)

　　　　　张　虎(福建师范大学教育学部副部长)

委　　　员:杨　宁(教育技术系主任)　　　　张　杰(教育技术系教授)

　　　　　陈凤斌(教育技术系副系主任)　　李　哲(教育技术系教授)

　　　　　刘　爽(教育技术系副系主任)　　包正委(教育技术系副教授)

　　　　　林木辉(教育技术系副教授)　　　杨启凡(教育技术系副教授)

　　　　　汪　滢(教育技术系讲师)　　　　马子骍(教育技术系讲师)

　　　　　苏佩尧(教育技术系高级实验师)　陈宏敏(教育技术系讲师)